孙昌武文集

28

佛教：文化交流与融合

中华书局

图书在版编目（CIP）数据

佛教：文化交流与融合/孙昌武著. —北京：中华书局，2020.7
（孙昌武文集）
ISBN 978-7-101-14556-4

Ⅰ.佛…　Ⅱ.孙…　Ⅲ.佛教-宗教文化-中国-文集
Ⅳ.B949.2-53

中国版本图书馆 CIP 数据核字（2020）第 075919 号

书　　名　佛教：文化交流与融合
著　　者　孙昌武
丛 书 名　孙昌武文集
责任编辑　吴爱兰
出版发行　中华书局
　　　　　（北京市丰台区太平桥西里 38 号　100073）
　　　　　http://www.zhbc.com.cn
　　　　　E-mail:zhbc@zhbc.com.cn
印　　刷　北京市白帆印务有限公司
版　　次　2020 年 7 月北京第 1 版
　　　　　2020 年 7 月北京第 1 次印刷
规　　格　开本/920×1250 毫米　1/32
　　　　　印张 12¼　插页 2　字数 303 千字
印　　数　1-1500 册
国际书号　ISBN 978-7-101-14556-4
定　　价　88.00 元

孙昌武文集

出版说明

孙昌武先生，一九三七年生，辽宁省营口市人。南开大学教授，曾在亚欧和中国港台地区多所大学担任教职和从事研究工作。

孙先生治学集中在两个领域：中国古典文学和中国宗教文化。孙先生学术视野广阔，熟谙传统典籍和佛、道二藏，勤于著述，多有建树，形成鲜明的学术特色。所著《柳宗元传论》(人民文学出版社,1982)、《佛教与中国文学》(上海人民出版社,1988)、《道教与唐代文学》(人民文学出版社,2001)、《中国佛教文化史》(中华书局,2010)、《禅宗十五讲》(中华书局,2017)等推进了相关学术领域研究，在国内外广有影响；作为近几十年来中国传统文化研究成果，世所公认，垂范学林。

孙先生已年逾八秩。为总结并集中呈现孙先生学术成就，兹编辑出版《孙昌武文集》。文集收录孙先生已出版专著、论文集；另增加未曾出版的专著《文苑杂谈》、《解说观音》、《僧诗与诗僧》三种；孙先生在国内外学术刊物发表的论文未曾辑入论文集的，另编为若干集收入。孙先生整理的古籍、翻译的外国学者著作，不包括在本文集内。中华书局编辑部对文字重新进行了审核、校订，庶作为孙先生著作定本呈献给读者。

北京横山书院热心襄助文化公益事业，文集出版得其资助，谨致谢忱。

中华书局编辑部
二〇一九年五月

目　录

前　言

　　二〇〇四年,南开大学建校八十五周年,笔者作为多年受教于南开、服务于南开的一员,编辑个人论作以为纪念,把自一九八四年踏出国门后二十年间游学国外以及在台、澳、港发表的文字结为一集,命曰《游学集录》。所录文字内容集中在本人专注的唐代文学和佛教与文学关系诸课题。虽然自知所述新意无多,但总算是"劳心"所得,又是游学踪迹的记录,遂不揣谫陋,结集出版。时也匆匆,九年过去了。对于笔者,这是跨越"古稀"的九年。这九年间,虽然年已衰迈,仍然游学未辍。每居一处或每到一地,免不了开口论说或发表文章,查点起来又积累相当数量,还是敝帚自珍,选择部分,再结成一集,命为《佛教:文化交流与融合》。所录文字更多与佛教相关,又多是应约写作,也可见这是如今得到广泛关注的学术领域。和前所结集一样,这些文字,内容深浅不一,亦有重复之处,甚或有浅陋不足道者,又因为是在国外或台、澳、港所讲、所写,角度、口吻自有不同,敬希读者谅察,不吝赐教。

孙昌武

二〇一三年五月于南开园

印度佛教对中国文化的影响

印度佛教输入中国①,不只是传播一种新的宗教,更是中国历史上第一次"西学东渐"的巨大潮流,是古代中国人历时千余年、大规模地对于外来文化的吸纳,是人类文化交流史上的壮举。佛教在某种程度上改变了中国面貌,特别是中国的文化与文学艺术的发展受益匪浅。有一位外国学者总括说:"佛教是印度对中国的贡献。并且,这种贡献对接受国的宗教、哲学与艺术有着如此令人震惊并能导致大发展的效果,以至渗透到中国文化的整个结构。"②

概括说来,佛教对于中国的贡献和影响主要有以下六个方面:

第一,佛教向中国输入一种新的社会组织——僧团。这种具有相当规模的"方外"组织的存在与活跃,对于社会生活、思想观念、伦理道德、文化艺术等多方面的影响是深远的。

二十世纪初英国著名印度学家查理斯·埃里奥特说:

> 佛陀的伟大实际成就,就是建立了一个宗教团体。这个团体叫做僧团,一直存在到今日,其成员称为比丘。他的宗教

---

① 释迦牟尼诞生在今尼泊尔境内的迦毗罗卫,佛教发展于今南亚的印度、巴基斯坦、中亚的阿富汗广大地区。称"印度佛教",是约定俗成的概念。

② J. 勒卢瓦·戴维森《印度对中国的影响》;巴沙姆主编《印度文化史》(*A Cultural History of India*, Edited by A. L. Basham, Oxford University Press, New Delhi,1984),第 669 页,闵光沛等译,商务印书馆,1997 年。

之所以能够持久,主要是因为有这个组织。①

当代荷兰学者许理和也指出:

> 佛教不是并且也从未自称为一种"理论",一种对世界的阐释:它是一种救世之道,一朵生命之花。它传入中国不仅意味着某种宗教观念的传播,而且是一种新的社会组织形式——修行团体即僧伽(Saṅgha)的传入。对于中国人来说,佛教一直是僧人的佛法。因佛寺在中国的存在所引起的作用力与反作用力、知识分子(intelligentsia)和官方的态度、僧职人员的社会背景和地位,以及修行团体与中古中国社会逐步整合(integration),这些十分重要的社会现象在早期中国佛教的形成过程中都起到了决定性的作用。②

僧团梵名 Saṅgha(僧伽),意译为"和合众""法众"等,是出家人以个体修道者身份、通过自由集合的方式而形成的特殊的社会群体。出家人"遁世以求其志,变俗以达其道"③,度过所谓"清净梵行"即弃绝所有世俗欲望和现世利益的生活。从理论上说,僧人不受世俗王法管束,也不对团体负有任何义务。所以如谢和耐所说:"对于个人来说,出家入道是一种思想和物质上的解放。"④僧团这种组织形式,作为"方外"即世俗社会之外的团体,是游离于中国传统上以血缘关系为纽带的宗法制度和等级专制政治体制的社会群

---

① 《印度教与佛教史纲》(Charles Eliot: *Hundusm and Buddhism, An Historical Sketch*)第 1 卷,第 342 页,李荣熙译,商务印书馆,1982 年。

② 《佛教征服中国》(Erich Zürcher: *The Buddhist Conguest of China: The Spread and Adaptation of Buddhism in Early Medieval China*),第 2 页,李四龙等译,江苏人民出版社,1998 年。

③ 《沙门不敬王者论》,《弘明集》卷五,《大正藏》第 52 卷,第 30 页中。

④ 《中国 5—10 世纪的寺院经济》(Jacques Gernet: *Les aspect économiques du Bouddhisme dans la société chinoise du Ve au Xe siècle*),第 199 页,耿昇译,上海古籍出版社,2004 年。

体之外的。当然这只是观念上的要求，或者说是一种"理想"。从实际情形看，中国历史上佛教僧团从来没有也不可能摆脱世俗政权的约束和管辖，真正完全超脱世俗约束的僧侣也是凤毛麟角。不过，这种"方外"组织的存在，它所体现的观念的存在，对于社会生活和思想文化所造成的影响还是十分巨大的。

从南北朝到隋唐时期，僧团规模十分庞大。据文献记载，北魏末年各地僧尼多达二百余万人；唐末毁佛，还俗僧尼达二十六万人。这还不算依附寺院的大量民户，如北魏的浮图户、僧祇户、唐五代的寺户，还有大量私度僧、尼和给寺院服劳役的行者、奴婢等。例如，唐代边疆地区的沙州（敦煌），据《新唐书·地理志》，开元年间户口数是四千六百余户，一万四千余口，另据九世纪中期吐蕃统治时期寺院当地文书，有寺院十七所，僧尼千余人，其时户口数不会距开元数字太远，这样出家人占人口总数的比例就近十三分之一；文献里记载敦煌寺户的资料很多，所占人口比例应当更大。宋元以后，僧、尼的绝对数量减少了，但人数仍相当可观。在出家僧尼之外，还有作为僧团外护的广大居士阶层。这样僧团就是庞大的、在专制国家世俗体制之外的特异的社会群体，它们实行特殊的戒律，遵守不同于世俗的伦理原则，成为历史发展中举足轻重的力量，必然对社会生活、对思想观念造成重大影响，以致酿成各种严重社会问题（比如寺院经济膨胀对国计民生的干扰）。这也是中国历史上朝廷几度采取毁佛酷烈行动的基本原因。

值得注意的是，在中国，如此庞大的"方外"组织，参与者相当一部分并不是虔诚的信仰者。下层民众很多是因为生计无着而出家的，战乱、饥馑年月更是如此；上层人士则往往由于人生失意、仕途不利，还有改朝换代之际不仕新朝等原因而遁入空门。这样，僧团这种社会组织实际又是在世俗生活之外提供的另一种人生出路，树立起另一种生活"模式"。僧团实际代表一种不同于正统和世俗的思想意识、价值观念、生活方式、人生理想。因而单是这种组织存在本身所造成的影响就是十分巨大的。所以佛教僧团被评价为令人惊异的"世界上的伟大力量之一"①。

至于僧团组织所倡导的伦理观念和人生理想的意义如何？是积极的还是消极的？是否原原本本地得以贯彻、实施？这是另外的问题。

第二，佛教向中国输入一种新的信仰。中国人接受这种具有系统教理支持、以实现普遍救济为目标的新信仰，相当程度地改变了精神面貌。

法国启蒙主义思想家孟德斯鸠概括中国文化的特征说：

> 他们把法律、宗教、风俗、礼仪都混在一起。所有这些东西都是道德。所有这些东西都是品德。这四者的箴规，就是所谓礼教。中国统治者就是因为严格遵守这种礼教而获得了成功。②

中国古代传统的道德、礼教建立在朴素"天命"观基础上，"天人之际"是古代思想、学术的基本课题。"天不变道亦不变"，永恒的、至高无上的天命、天道决定宇宙和人事的一切；而"天命靡常""惟德是辅"，决定天命的则是先验的道德原则。相信天，相信命，也就缺乏个人救济意识。而佛陀不仅为人们树立了修道榜样，他作为"导师""医王"，更给人指引解脱、救济的道路和前景。佛教是个人救济的宗教。

佛教信仰的一个重要特点是突出"自力"，即肯定个人求得救济的可能性和现实性，把成就佛果的根据主要归结到人的自身，而佛陀救世济人的愿力则是可靠的辅助和保障。佛教告诉人们命运不是上天决定的，也不是自然命定的，而是个体历劫轮回报应的结

---

① 查理斯·埃里奥特《印度教与佛教史纲》第 1 卷，第 344 页。
② 《论法的精神·中国政体的特制》，译文见何兆武等主编《中国印象——世界名人论中国文化》上册，第 42 页，广西师范大学出版社，2001 年。

果。这当然有"宿命论"的意味。不过轮回只决定现状,而未来的命运则完全依靠自己,看你是否皈依三宝(佛、法、僧),发菩提心(无上正等正觉,阿耨多罗三藐三菩提),认真地"诸恶莫做,诸善奉行"等等。而且,无论修行还是得果,又都是不问品级高下、贫富贵贱的。这和中国传统的等级人性论又是全然不同的。佛经(《阿阇世王授决经》《贤愚经·贫女难陀品》等)里有个贫女一灯故事,说阿阇世王请佛,燃灯供养,具百斛麻油膏大量燃灯,自佛陀所在的祇洹精舍一直陈列到宫门口,而一贫女乞得二钱,点燃一灯,其炽盛却超过国王的千百灯。像这样的故事,必然会给贫苦无告的百姓以无限鼓舞,启发和坚定无数人的皈依心和信仰心。

特别是发展到大乘佛教阶段,随着新的佛陀观、佛土观形成,在"自力"观念前提下,又发展出具有巨大影响力的"上求菩提,下化众生"的自利利他的菩萨救度理想,并更加突出现世救济的直截和简易。观世音是菩萨观念的典型代表。他以无限慈悲和巨大愿力对陷于苦难的众生"闻声往救",并且只要执持观世音名号(还有念《观世音经》、顶戴观世音像等)就可以得救。大乘佛教发展出净土信仰,在中国传播极广,宣扬净土信仰的《阿弥陀经》里佛说:

> 舍利弗,不可以少善根福德因缘得生彼国。舍利弗,若有善男子、善女人,闻说阿弥陀佛,执持名号,若一日,若二日,若三日,若四日,若五日,若六日,若七日,一心不乱,其人临命终时,阿弥陀佛与诸圣众现在其前,是人终时心不颠倒,即得往生阿弥陀佛极乐国土。[1]

这是说,一个人只要怀抱信心,无需任何其他努力,更无关任何功德,只要"执持名号",临终时阿弥陀佛与诸菩萨就会降临,引导往生无限光明、安乐的净土。净土经典的这种说法,乃是彰显信仰效

---

[1]《佛说阿弥陀经》,《大正藏》第12卷,第347页中。

应的极端形态。中国的净土宗倡导"称名念佛"的"易行道"，和要求历劫修持的"难行道"相对比，更加体现救济的方便和简易。

这样，输入中土的佛教信仰给渴求救济的人提供了更加广泛也更加坚实的依恃，因此也就产生了更大的影响力。

信仰是宗教的根本，也是人类精神生活的核心内容。它指引人们的实践活动，成为社会活动的巨大原动力。佛教信仰赋予中国人精神世界新的内容，对于历史发展产生不可估量的作用。当然这种作用是应当具体分析和评价的。但可以肯定的是，佛教信仰给中国人灌输了敬畏心（比如畏惧轮回报应之苦）、忏悔心（佛教把忏悔当作解脱罪责的重要手段）、感恩心（比如感激佛陀的慈悲加护）、慈悲心（拔众生苦、与众生乐是菩萨的根本精神）等等，这些作为"宗教情怀"都具有普世的价值。它们提升了人们的精神品质，丰富了人们的精神境界。佛教的救济观念又体现了民众解脱苦难的渴望，树立他们对于自身得救的能力和前途的信心。这种强调个人精进努力以改变命运的信仰和教理，大幅度地充实了中国传统思想意识的内容。

第三，佛教作为宗教，以其丰厚的思想、理论内容见长，其教理、教义包含丰富、复杂而细致的哲理和极其严密的逻辑论证。所以关于佛教有"智信而非迷信"之说。佛教这种注重学理的特征在中土注重理性的传统中得以发挥，佛教多方面地推动了中国思想、学术的发展。

陈寅恪指出：

> 二千年来华夏民族所受儒家学说之影响，最深最巨者，实在制度法律公私生活之方面，而关于学说思想之方面，或转有不如佛道二教者。[1]

---

[1] 陈寅恪《冯友兰〈中国哲学史〉下册审查报告》，《金明馆丛稿二编》，第251页，上海古籍出版社，1980年。

这是说，佛、道（道家和道教）二教在中国的思想、学术发展上做出了很大的贡献，产生深远的影响。其中佛教尤其显著。

佛教在古印度形成，在南亚和中亚地区发展，近代学术划分为"原始佛教""部派佛教""大乘佛教"几个大的段落，出现众多部派、学派，结集出千经万论，这是内容极其复杂丰富、异说歧出的庞大的学术堆积。具有高度理论水平和精密思维方式乃是佛教教理、教义的特征。中国人以弘通的态度全面地传译了印度佛教大小乘、各部派、各学派典籍。相对于中国思想学术传统上更注重政治、伦理，佛教在宇宙观、人生观、认识论、方法论，特别是有关人的心性等诸多领域提出许多新鲜概念、观念、思想，见解深刻，体系严整，论证严密，具有重大理论价值和实践意义。中国僧俗在本土传统悠久而丰厚的思想理论基础上，对外来佛教教理进行批判、分析，先是形成发达的义学师说，进而建设起中国佛教宗派，培养出一代代卓越的佛教思想家，发展出汉传佛教的教理体系，极大地充实和发展了中国的思想学术内容。自东晋"十六国"时期（佛教对于中国高层次的思想文化领域造成巨大影响是从这一时期开始的）到唐五代这几百年间（自宋代佛教逐步衰落），佛教是中国思想、文化领域中重要而活跃的力量。在这一时期，重要大乘经论如《般若经》《法华经》《维摩经》《涅槃经》和《大智度论》《中论》《成唯识论》等成为文人教养的必读书。佛教典籍向中国文人灌输了全新的思想，影响了他们的精神世界。如上所述，中国知识界接受的传统儒学教育重在政治、伦理，是"方内"的思想和学问，而佛典所展现的，宏观上宇宙之大、历劫之久，微观上蚁子之小、"种子"（意识）之微，无论是丰富多彩、光怪陆离的玄想世界，还是深入细微、牛毛茧丝的理论思辨，对困于儒家繁琐章句的人们都是一种思想上的解放。这种解放进一步成为许多人进行思想、文化创造的推动力。只要粗略地看看中国思想史就会发现，历史上这一时期做出重大建树、取得重大成就的思想家相当部分是出身佛教的（还有少数道教）。这也可以印证前面引述的陈寅恪的论断。佛学又成为后来宋儒构建"新儒学"的重要理论资源，而"新儒学"的形成乃是中国思想文化领域的重大转变。

至于佛教对于一些具体学术领域如在哲学、伦理学、心理学、史学、语言学、逻辑学（因明）、地理学、美学、翻译学、中外文化交流史以及自然科学（例如天文历算、医药学）等众多学科的贡献和影响，内容丰富，成果众多，每一领域都需要做专门研究，这里就无力赘述了。

第四，佛教教理、教义里包含丰富的伦理内容，具有重大普世价值，极大地丰富和补充了中国伦理思想与原则。这也是佛教在中土受到欢迎并得以扎根和发展的重要依据。

近代德国神学家、思想家施韦策（Albert Schweitzer）论及中国人为什么会接受佛教时指出：

> 首先，这当然是大乘佛教的热情伦理赢得了中国人的同情……佛教那种慈悲伦理的崇高与内在性使他们陶醉了。①

佛教伦理自有其消极的一面，比如主张轮回报应，带有浓厚"宿命论"色彩；宣扬"忍辱"，不抵抗"恶"，姿态显得过于消极；在人生取向上要求离俗、出家，采取虚无态度，不仅不合中国传统孝道，也不合一般社会伦理，等等。但是另一面，佛陀的教义虽然要人"出世"，却又内含关注人生的热情，也多方面体现积极的入世精神。特别是发展到大乘佛教阶段，这种精神更得到发扬，其伦理的积极内容也得以更充分的发挥。

佛教本是在与婆罗门教相对抗、斗争中形成和发展起来的。婆罗门教实行黑暗、落后的种姓压迫制度。佛教当然不可能从根本上否定、取消压迫和剥削，但其早期基本教理的"人我空"观念已

---

① 《印度思想及其发展》，译文见何兆武等主编《中国印象——世界名人论中国文化》上册，第259页。

内含人性平等意识，是与婆罗门教的种性理论相对抗的。发展到大乘阶段，更明确主张"自证无上道，大乘平等法"①，主张众生在业报轮回规律面前平等，接受济度的机会和可能平等，证得正觉没有高下贵贱之别而平等，等等。这是相当彻底的人性平等观念，是人类人性理论发展中的重大成就。这种观念全然不同于中土传统的等级人性论，传入中国即成为思想领域"平等"理论的宝贵资源。"是法平等，无有高下"在中国历史上曾是动员民众反抗阶级压迫的口号。基于这种观念，又主张对于一切"有情"无差别地慈悲为怀、关心与尊重。这也是极富于人情味、又具有实践意义的伦理原则，在中国加以宣扬，也造成广泛影响。

中国佛教在伦理层面突出发扬了大乘重现世、重人生践履的精神，要求"诸恶莫作，诸善奉行""庄严国土，利乐有情"，大大消减了佛教教理本来具有的悲观、出世色彩。特别是佛教发扬慈悲、平等、施舍、护生、维护和平、反对战争等理念，历代佛教信徒救死扶伤、救荒济贫、救济鳏寡孤独、修桥铺路、植树造林、创办社会救济机构等善举，在中国古代社会救济和环境保护事业中，往往成为创始的或主要的力量。这样，佛教伦理虽然有其消极内容并造成相当的负面影响，但无论是观念还是实践又都具有重大普世价值，丰富了中国传统伦理体系，对于社会生活发挥了积极作用。

第五，佛教有力地推进和丰富了中国的文学、艺术、工艺等领域的发展。在佛教滋养下，这些领域取得了诸多重大成果，积累下宝贵的遗产，成为后代可资借鉴的文化财富。

法国学者里奈·格鲁塞特称佛教为"东亚无与伦比的虔诚的和人格性的宗教"，并说这种教义"通过佛教艺术本身，它们赢得了民众的情感"②。这就把佛教文学艺术看作它得以征服群众的主要

---

① 《添品妙法莲华经》卷一《方便品》，《大正藏》第9卷，第141页上。
② 《中华帝国的崛起》第11章《佛教的启迪》，译文见何兆武等主编《中国印象——世界名人论中国文化》上册，第95页。

凭借之一。

佛教在文学创作领域取得了很大的成就。中国本来就具有优异、丰厚的文学传统。外来佛教作为文化载体，输入了印度和中亚的文学成果。大量汉译佛典具有浓郁的文学成分，其中包括纯正的文学（更多是富于文学情趣的）作品，被称为"佛教的翻译文学"。作为不同民族、不同文化环境中的产物，这些作品具有迥异于中土传统的鲜明特征。被中土文人接受，实现两大优秀文学传统的结合，有力地推动了中国文学的发展。外来的"翻译文学"在主题、题材、体裁、人物、情节、事典、语言、表现技巧和手法等众多领域给历代文人创作提供了广泛、丰富的借鉴。晋宋以来，历代优秀作家大都得到佛教的滋养，如谢灵运、沈约、王维、杜甫、白居易、柳宗元、苏轼、王安石、黄庭坚、李贽、龚自珍、谭嗣同等，都是一代文坛宗主、文学领域的领军人物，无例外地都热心结交僧侣、研读佛书、热衷佛说。佛教广泛而深入地影响了这些人的思想、生活和创作。从历史发展总体看，在儒家经学居于统治地位的思想、文化环境中，佛教的宗教生活、宗教思想对于突破统治思想束缚又发挥了特殊的作用。在中国文学发展史上，佛教是推动创新和发展的重要动力。

佛教是外来文化的载体。中国的佛教艺术，如石窟、塔寺等建筑，佛教雕塑、造像、绘画、书法等，取得了极其卓越的成就。中国艺术以佛教为津梁所吸取的，不只是印度和中亚的，还有远至伊朗、希腊的艺术成果。历代艺术家和工匠们积极地汲取、消化外来滋养，推陈出新，创造发挥，实现了中外艺术传统广泛、深入地结合，极大地丰富了中国民族艺术传统。

第六，也是意义十分重大的一点，即从更广阔的角度看，佛教在历史上又成为中华民族各民族间团结与融合的津梁，促进了统一的中华民族大家庭的形成、巩固和发展，也是与周边各国友好交流的纽带。

　　中国是多民族国家,中华民族是经过历史上长期不断融合而形成的。在这长远过程中,佛教起了积极的推进作用。又,中国幅员广大,各地区发展不平衡,广大领域内部南北、东西的经济、文化交流对于促成和巩固国家统一十分重要,佛教也是这种交流的重要构成部分。中国历史上多次出现分裂割据状态,终究归于统一,佛教所提供的各民族的共同信仰,佛教伦理中的慈悲、平等、和平等观念,成为促进、维护这种统一的重要力量。

　　西晋灭亡,"五马渡江",北方陷入所谓"五胡十六国"少数民族割据与纷争状态。这也是中国佛教广泛传播、步入兴盛的时期。当时匈奴、羯、鲜卑、氐、羌这些原本活跃在北部的边疆民族大举南下,造成民族迁徙的浪潮。他们在传统的中国本部建立政权,各民族混居杂处,成为佛教传播的有利机缘。对于这些民族来说,"佛是戎神,正所应奉"①,他们对佛教怀抱一种特殊的认同感、亲切感,因而他们接受先进的中国文化,佛教是最早也是最为重要的部分之一。佛教有力地提高了他们的文化和伦理水平,又成为促进他们迅速融入中华民族大家庭的推动力。当隋代再度实现统一之后,这些已定居中土的民族的居民绝大多数都顺利地融入以汉族为主体的居民之中。

　　统一、繁荣的唐代是中国历史上极其兴盛的时期,也是国内各民族和国际间经济、文化交流十分发达的时期。玄奘西行求法,同时向西域各国和印度宣扬大唐声威,介绍中华文化,其成就辉耀史册。唐王朝与海东的"三韩"、日本密切交流,佛教是重要内容。唐王朝周边诸族,如东北的渤海、西南的吐蕃都接受佛教。唐王朝版图内部更是佛教兴旺发达,敕建佛寺遍布寰宇。这也成为文化统一的表征。佛教对于这种统一起了促进和保证作用。

　　后梁贞明二年(916),契丹族领袖阿保机在龙化州(今内蒙古

_____

① 《高僧传》卷九《晋邺中竺佛图澄传》,第352页,中华书局,1992年。

通辽市八仙筒一带）筑坛即帝位，以族名"契丹"为国号，建元神册。
两年之后，采纳汉人韩延徽建议，在黄河流域契丹故地建"西楼"
（今内蒙古自治区赤峰市巴林左旗林东镇以南）为皇都，得汉僧五
十人，建天雄寺；至天显十三年（938，后晋天福三年），改西楼为上
京临潢府，"诏建孔子庙、佛寺、道观"①，"城南别作一城，以实汉人，
名曰汉城，城中有佛寺三，僧尼千人"②。天显十一年，契丹从后晋
夺取燕云十六州，领地扩展至长城以南传统中国本部地区；大同元
年（947），建"大辽国"，其政治、经济中心迁移到燕京（今北京市）。
这本是唐代以来佛教兴盛地区。辽代大兴佛教，周叔迦总结说：

> 契丹接受汉族的文化，以佛教成为主流。③

陈垣也指出：

> 辽时文化本陋，惟燕云十六州为中华旧壤，士夫多寄迹方
> 外，故其地佛教独昌，观缪（荃荪）、王（仁俊）二家所辑遗文，属
> 佛教者殆十之六七。④

建立金国的女真族则在开国以前已从高丽、渤海国输入佛教。
《建炎以来系年要录》记载：

> 自金人兴兵后，虽渐染华风，然其国中之俗如故。已而往
> 来中国，汴洛之士，多至其都，于是四时节序，皆与中国侔矣。⑤

后来南下灭辽，占领辽国故地，完全继承了辽国崇佛遗风。天会四
年（1126）灭北宋，占领汴京，又受到宋代佛教的影响。南宋建炎三

---

①《辽史》卷一《太祖纪上》，第13页，中华书局，1974年。
②《旧五代史》卷一三七《契丹传》，第1830页，中华书局，1976年。
③周叔迦《中国佛教史》，《周叔迦佛学论著集》上集，第256页，中华书局，1991年。
④陈垣《中国佛教史籍概论》卷四，第84页，中华书局，1962年。
⑤《建炎以来系年要录》卷一九《建炎元年（1129）九月》，第381页，中华书局，
　　1988年。

年(金天会七年,1129),洪皓作为大金通问使使金,被羁留十五年,后来遇赦放免①,回朝后作《松漠纪闻》,其中描写当时金国奉佛情形:

> 金俗奉佛尤谨。公卿诣寺,则僧坐上坐。燕京兰若相望,大者三十有六,然皆律院。自南僧至,始立四禅,曰太平、招提、竹林、瑞像。贵游之家多为僧,衣盂甚厚。延寿院主有质坊二十八所。僧职有正、副判录,或呼司空,出则乘马佩印,街司、五伯各二人前导,凡僧事无所不统,有罪者得挞之,其徒以为荣。出家者无买牒之费。金主以生子肆赦,令燕、云、汴三台普度。凡有师者皆落发,奴婢欲脱隶役者,才以数千,嘱请即得之。得度者亡虑三十万。旧俗奸者不禁,近法益严,立赏三百千,它人得以告捕。尝有家室,则许之归俗。通平民者,杖背流递。僧尼自相通及犯品官家者皆死。②

至海陵王完颜亮于贞元元年(1153)迁都燕京,进一步加速"汉化"过程,佛教也得到大力支持,发展迅速。辽国旧地燕云十六州一带本来流行南山律宗和华严宗,金国疆域扩展到中原,大批禅宗"南僧"北上,在燕京建立禅寺。《大金国志·浮图》条谓:

> 浮图之教,虽贵戚望族,多舍男女为僧尼。惟禅多而律少。在京曰国师,帅府曰僧录、僧正,列郡曰都纲,县曰维那。披剃威仪,与南宋等。所赐号曰大师,曰大德,并赐紫。国师者,在京之老尊宿也,威仪如王者师,帝有时而拜,服真红袈裟,升堂问话讲经,与南朝等。

---

①《大金国志》卷一一:"(皇统三年)夏六月,皇子生,大赦,诏境内童行有籍于官者悉度为僧、尼、道士,始许宋使洪皓等南归。"注谓:"洪皓等以皇子生大赦,方获南归。宋建炎后,来使者几三十人,生还者惟皓及张邵、朱弁三人而已。"此记载时间相差一年。
②《松漠纪闻》卷一。

金代禅宗流行,所行威仪、制度谨守汉地传统。金代佛教也是女真人接受汉地文化的重要部分。

占据西北一隅的西夏自十六国前凉就是佛教发达地区。又地处河西走廊,历来是佛教输入的孔道。西夏势力延伸到今青海北部,是藏族活跃地带。西夏政权尊崇佛教,汉传与藏传两系佛教同样得到大力支持。西夏是相当典型的多民族构成的政权,佛教对于联系、统合各民族同样起了重大作用。

蒙古族早自兴起的成吉思汗征战时期,汉传和藏传佛教僧侣即已在其诸部活动。力图创建世界大帝国的成吉思汗给予各宗教平等待遇,佛教也得到优遇。成吉思汗兴兵南下,首先经营西北甘、藏地区,灭西夏,攻大理,居住在这一区域的回纥人、党项人、吐蕃人信仰藏传佛教。正是在攻灭西夏过程中,蒙古人和藏传佛教萨迦派建立起联系。贵由汗二年(1247)正月,大汗窝阔台(太宗)次子、西凉王阔端与藏传佛教萨迦派教主萨迦班智达在凉州举行了对蒙、藏双方具有重大历史意义的会盟,确定西藏地区正式纳入中国版图。后来蒙古人统一中国,建立元朝,大力尊崇藏传佛教。虞集指出:

> 我朝秘密之兴,义学之广,亦前代之所未有。①

在蒙元统治者支持下,藏传佛教传入中原,对后世中国的发展造成多方面重大影响。蒙元朝廷同样支持汉传佛教。汉僧海云印简曾得到成吉思汗、窝阔台、贵由汗、蒙哥汗开国四位大汗的礼重。辅佐成吉思汗的辽贵族后裔耶律楚材是著名临济宗师万松行秀的俗弟子,辅佐忽必烈的刘秉忠经天宁虚照禅师遣徒剃度,法号子聪,对创制元朝一代典章制度起了重要作用。忽必烈正式继位前治理汉地,"仪文制度,尊用汉法"②,尊崇汉传佛教也是其重要内容。元

---

①《佛祖历代通载序》,《大正藏》第 49 卷,第 477 页上。
②《元史》卷一二五《高智耀传》,第 3073 页,中华书局,1976 年。

朝廷优礼汉族名僧,对汉地寺院采取赏赐土地、蠲免赋税等措施加以支持。黄溍曾记载杭州一地情况说:

> 至元十一年肆命宰臣,会师南伐,不三载而胜国之社遂墟。二十一年,有旨即其故所居杭州凤皇山之行宫,建大寺五,分宗以阐化。其传菩提达摩之学者,赐号禅宗大报国寺。乘法力以畅皇威,宣天休以隆国势也。比丘妙齐承诏开山,朝廷既授以田若干亩,而蠲其税赋。齐复置宜兴庄田若干亩,而赀用日益丰。①

这是说当时曾给宗派佛教建寺;所谓"建大寺五",据"《(成化)杭州府志》云:宋故宫寝殿基为尊胜寺,和宁门基为般若寺,后殿基为小仙林寺,垂拱殿基为执国寺,与元兴(寺)而五"②。元代汉僧活跃,在文化领域取得重要成绩。

女真族后裔满族建立清王朝。清初的几位皇帝都热心接纳、推尊汉僧:顺治曾从南方召请名僧玉林通琇、茆溪行森、木陈道忞入京,问法谈禅,并一度有意出家为僧;康熙本是具有雄才大略的政治家,对佛教怀抱相当理性的态度,但他作《重修天竺碑》有云:"能仁之量,等于好生;佛道之成,关乎民隐,不其伟欤! 将使般若之门,随方而启,仁寿之域,举世咸登,有其兴矣,曷可废哉!"雍正热衷习禅,编定《御选语录》前、后集共十九卷。在后集下序言里,他写自己事佛和开悟经过,曾说:"朕少年时,喜阅内典,惟慕有为佛事,于诸公案,总以解路推求,心轻禅宗,谓如来正教不应如是。"③乾隆南下江南,北上五台,每到一处启建道场,驻足名刹,礼接僧人。清廷推尊佛教,显然有政治上怀柔被统治各民族的目的,但客观上也起了团结、融合各族民众的作用。

---

① 黄溍《凤皇山禅宗大报国寺记》,《金华黄先生文集》卷一一。
② 厉鹗《元西天元兴寺钟题名跋》,《樊榭山房文集》卷八。
③《御制后序》,《续藏经》第 68 册,第 696 页上—中。

清廷对藏传佛教表示尊崇,优待蒙藏大喇嘛。康熙坦率地说:

> 盖中、外黄教,总司以此二人(指达赖和班禅),各部蒙古,一心归之。兴黄教,即所以安众蒙古,所系非小,故不可不保护之。①

清礼亲王昭梿也说:

> 国家宠幸黄僧,并非崇奉其教以祈福祥也,只以蒙古诸部敬信黄教已久,故以神道设教,藉仗其徒,使其诚心归附,以障藩篱。②

这样,崇奉藏传佛教乃是安定蒙藏边疆的国策。清代执行这种策略是成功的。

在中国历史发展的漫长过程中,尽管多次出现分裂割据局面,但观念的统一、文化的统一,一直是恢复和维护国家统一的强固保证。而佛教正是这种统一的文化与观念的重要组成部分。佛教给中华民族各族民众提供了统一的信仰,虔诚的信仰形成民族融合与团结的重要精神力量。

值得注意的是,古代中国与周边各国、各民族所进行的交流中,佛教是重要部分,又是实现交流的纽带。汉传佛教在三韩、日本、越南传播、发展、扎根,在相当程度上决定了这些国家与中国的关系和它们各自的发展面貌,对于所谓"汉语文化圈"的形成与发展起了重要作用。中国佛教直到今天仍然是促进各国、各民族友好、和平、互利、合作的桥梁。

总之,佛教无论是作为社会组织形式,还是作为信仰、伦理与文化,都是整个人类历史所积累的宝贵财富。在历史上,中国人接受佛教,实现了印度与中国两个伟大文化传统的交流与结合;佛教

---

① 《清高宗实录》卷一四。
② 《啸亭杂录》卷一〇。

在中国的思想、文化土壤上发展，成功地实现了"中国化"，创建了汉传佛教一大体系，成为中国文化的重要组成部分。佛教大幅度地丰富、促进了中国文化诸多领域的建设和发展，推进了中华民族大家庭的统一与巩固；汉传佛教对世界文化做出了重大贡献，促进了国际间的交流与团结。当然，作为历史产物，佛教必然有其局限，有消极、落后的方面，但是从主导方面看，佛教作为人类认识和改造世界漫长、曲折进程中的产物，成就巨大，成果丰硕。佛教乃是人类创造的宝贵文化遗产的重要部分，值得珍重，值得认真地总结与借鉴。

　　　　　　　（本文是作者 2005 年 7 月 2 日在日本京都大学远东地区文化交流研究会主办的"文化中的'自己'与'他人'——与异文化的接触"讲演会上的讲稿）

关于辽金元佛教与文化的研究

一年多以前，方满锦先生来天津，在舍下商谈召开"佛教与辽金元文化"学术研讨会事宜。当时我的想法比较保守：一是认为这方面的研究，国内外基础都比较薄弱；再是恐怕愿意远道来港的学者不会太多，因而估计难以取得理想成果。但这次会议的实际情况远远超出预料。会议通知发出后，受到热烈欢迎；多数学者积极回应和支持，提交了高水准的论文，保证会议取得圆满成功。

参加此次会议的，来自内地的学者计三十六人，台湾学者二人，本港学者三十八人；外国学者新加坡一人、日本一人；总计八十人。三位特约嘉宾作了讲演；与会者提供论文三十三篇。从整体看，这些论文内容广泛，主题多样。有对辽、金、元和西夏佛教与文化相关问题的宏观分析；有对具体作家（特别是这一时期的几位主要作家如耶律楚材、李纯甫、元好问等）、具体作品的微观分析；有关于辽、金、元时期（包括西夏）佛教的社会作用、佛教信仰、教团制度、寺院建设、塔寺建筑等方面的探讨；还有许多是关于文学思想、文学体裁、文学创作的分析和评价。有些论文填补了历来研究的空白，更多论文提出了新颖见解或新鲜资料。这次会议确确实实把辽、金、元和西夏佛教与文化关系的研究推进了一步。同时通过这次会议，联系和团结了中外学者，内地和港、澳、台学者。这对于进一步推动相关领域的研究必将产生长远影响。

本人没有能力、实际也没有时间和必要来重复大家的精彩言论。会后还将出版论文集，供大家仔细研读和讨论。特别因为本人不是辽、金、元和西夏佛教与文化领域的专家，难于提出更多具体、详细的评论和意见。现在仅就会议上个人所受到的教益和启发，把有关这一时期佛教与文化发展取得突出成就的几个方面提出来，供大家参考。

第一，辽、金、元时代是中国历史上民族斗争、民族融合的又一个重要时期。在这一历史进程中，佛教对于北方新兴各民族融入中华民族大家庭起了重要作用。

按照传统的"尊王攘夷"历史观，对于自唐末、五代北方相继兴起的契丹、党项、女真、蒙古各民族扩张势力南下、建立政权往往强调其消极方面，而忽视这一局面推动中华民族大家庭继续形成的积极意义和巨大作用，著名历史学家汤因比对于蒙古族立国的历史作用作过这样的评论：

> 蒙古帝国使得许多地域性文明发生了迅速的互相接触，而在此之前，这些文明在其发展中很少把自己彼此联系在一起，甚至很少知道同时代的其他文明，他们与同时代的其他文明只是通过传导性的欧亚大平原被潜在地联系在一起。[①]

实际上，辽、西夏、金立国的活动也具有类似的意义，不过规模、范围较小而已。而在这些民族纷争、割据政权形成的过程中，佛教乃是促成民族和睦与融合的重要力量，也是推动这些新兴民族接受中原先进文化的纽带。当时的佛教作为汉族先进文化的载体，寄托着宗教信仰的虔诚和高度普及性，因此能够更有效地吸引和团结各族民众。

契丹族在其发祥伊始，就着意吸收南方汉族先进文化，其重要内容之一就是佛教。据传早在唐天复二年（902）辽太祖始置龙化

---

① 阿诺德·汤因比《人类与大地母亲》，第469页，上海人民出版社，2001年。

州,即已创建开教寺;天显二年(927)攻陷渤海国,又从那里吸收了佛教;至太宗天显十一年夺取燕云十六州,正是佛教盛行的地方,更促进朝野佛教信仰的兴盛。圣宗、兴宗、道宗三朝即十世纪末至整个十一世纪百余年间,辽国佛教呈极盛之势。党项族自唐末兴起,五代时期在中国西北一隅建立西夏王朝。这是一个多民族地方政权,延续时间很长,与两宋和辽、金相始终。这个王朝虔信佛教,由于领地包括今部分甘、青藏族聚居地区,汉传和藏传佛教同时得到发展,形成独特的佛教文化,对后代造成深远影响。女真族则在开国以前已从高丽、渤海国输入佛教。后来南下灭辽,完全继承了辽国崇佛之风;占领汴京之后,又受到宋代佛教的影响。金代国祚短促,但佛教发展的成绩却足以骄人。蒙古族在成吉思汗征战时期,佛教已经传入诸部。成吉思汗对于传来的各种宗教给予平等待遇,表现出宏阔的胸襟。就是在这一时期,正是通过藏传佛教萨迦派的中介,西藏纳入中国版图,这是中国历史发展中的又一个极其重大的事件。世祖忽必烈即位以前,已约请西藏名僧八思巴(1239—1280)东来,并拜为帝师,后来并命其掌管全国佛教。从而藏传佛教渐次进入中原,对中国佛教以至整个中国的发展影响巨大而深远。辽、西夏、金、元四朝都是文化后进的民族立国。辽、西夏、金建立割据政权,元乃是统一中华大地的第一个少数民族政权。它们能够立国,取得政治、经济、文化上的成就,正与积极向南方先进的汉族学习有直接关系。而佛教不仅直接成为学习的内容,更有效地带动了他们的"汉化"过程,促进这些民族与汉民族的融合。佛教在这个过程中也得到发展,创造了自身的成就。

　　值得注意的是,佛教对异教不是取简单地排斥态度,更不鼓动不同教派的仇杀和战争,这对于中国这样的多民族国家的形成和建设特别重要。著名英国佛教学者查理斯·埃里奥特在其名著《印度教与佛教史纲》里说:

　　　　甚至佛教的反对者也不得不承认它具有许多优良性质。

它宣讲道德和仁爱,而且是第一个宗教向全世界——而不是向一个种姓和国家——宣称这两件事是教法的基础,如果遵守这个教法,就能获得快乐。它教化了许多民族,例如西藏人和蒙古人。它如果不是毫无例外地也至少是比任何其他伟大宗教更普遍地实行容忍和真正的超凡脱俗。它直接鼓舞了艺术和文学,而且就我所知他从未反对过知识的进步。①

不仅是对于西藏人和蒙古人,对于契丹人、党项人、女真人同样可以如是说。

大家知道,自两宋之际,佛教在中国本土已逐渐衰落了。理学的繁荣剥夺了佛教的理论资源,也很大程度上消弭了佛教信仰的依据;佛教在印度本土衰亡,南宋领土促狭,中土佛教发展失去了外来资源。但是,在新兴的契丹、党项、女真、蒙古民族中,佛教却能够在相当程度上重现生机。这是因为它们作为新兴民族,更容易接受外来文化的滋养;特别作为文化较落后的民族,对于宗教信仰更怀抱着特殊的热情。而具有长远而优秀传统的汉传佛教被这些民族接受,融入其民族性格和民族特征,也就能够产生出具有鲜明特色的民族佛教文化。

第二,辽、金、元僧人的诗文创作成就突出,反映僧团文化的高水平。

本次会议上邓绍基先生和另几位先生就这方面作了论述。仅《四库》收录,这一时期僧人的诗文别集就有白云山人释英《白云集》三卷、云屋善住《谷响集》三卷、牧潜圆至《牧潜集》七卷、蒲室大䜣《蒲室集》十五卷、梦观大圭《梦观集》五卷等。无论是思想内容,还是艺术表现,这些作品都取得了引人瞩目的成就。其中如云屋善住,四库馆臣评论"造语新秀,绝无蔬笋之气,佳处亦未易及"②。

---

① 查理斯·埃里奥特《印度教与佛教史纲》第 1 卷,第 88 页。
② 《四库全书总目》卷一六六《集部·别集十九·谷响集三卷》。

他的诗极多秀句，五言如"古涧流寒碧，幽花堕晚红""雨声寒绕树，野色静连山""城鸦归晚色，庭树入秋风""片月生松顶，孤泉出石根"；七言如"野岸烧烟添柳色，败垣春雨长苔衣""幽鸟带云归树宿，轻钟和月出楼鸣""木叶暗随林杪落，草虫寒并夜床吟""江郭雨昏山色古，柳桥风暖鸟声春"等等。其论诗主张"典雅始成唐句法，粗豪终有宋人风"，可见其艺术上的追求。四库馆臣对牧潜圆至则评论说："自六代以来，僧能诗者多，而能古文者不三五人，圆至独以文见，亦缁流中之卓然者。"①对于大䜣《蒲室集》，顾嗣立《元诗选》指出："虞邵庵序之，谓䜣公以说法之余事为文，莫之能御。吸江海于砚席，肆风云于笔端，一坐十年，以应四方来者之求，殆无虚日；铿宏轩昂，感厉奋激，老于文者，不能过也。欧阳圭斋之序蒲庵复公也，亦曰：由唐至宋，大觉琏公、明教嵩公、觉范洪公，以雄词妙论大弘其道于江海之间，一时老师宿儒，莫不敛衽叹服；皇元开国，若天隐至公、晦机熙公，倡斯文于东南，一洗淳熙之陋，赵孟頫、袁桷诸先辈委心而纳交焉……"②他的《月支王头饮器歌》《太白观瀑布图》《骏马图》等歌行，音节漫长，激昂慷慨，颇有唐人之风。如后一首：

> 世无伯乐亦久矣，骏马何由千里至。披图犹似得权奇，岂伊画师知马意。何人致此铁色骊，悬毛绕腹新凿蹄。帝闲远谪天驷下，驰来月窟浮云低。古王有土数千里，八极周游宁用尔。方今万国效奔命，合遣龙媒献天子。飙驰电没争辟易，万里所向无前敌。男儿马上定乾坤，腐儒诗书果何益。几愁骨折青海烟，黄沙野雪穹庐前。幸逢好事写真传，似向长鸣谁与怜。嗟我身如倦飞鸟，十年茧足愁山川。安得千金购神骏，揽辔欲尽东南天。

---

①《四库全书总目》卷一六六《集部·别集十九·牧潜集七卷》。
②《元诗选》一集《蒲室大䜣蒲室集》。

又禅史上著名宗师中峰明本(1263—1323)有《中峰广录》三十卷,揭傒斯为序,谓其提倡激扬,如四渎百川,千盘万转,冲山激石,鲸吞龙变,不归于海不已,其大机大用,见于文字有如此者。中锋屡辞名山,屏迹自放,常住在船上或城旁土屋,名曰"幻住",自作《幻住庵记》,赵子昂、冯海粟为之执役服劳。他的代表作《四居》诗(《船居十首 己酉舟中作》《山居十首 六安山中作》《水居十首 东海州作》《廛居十首 汴梁作》),如《船居》云"随情系缆招明月,取性推篷看远山""主张风月蓬三叶,弹压江湖舻一寻";《山居》云"雪涧有声泉眼活,雨崖无路藓痕深""白发不因栽后出,青山何待买方归";《水居》云"波底月明天不夜,炉中烟透室长春";《廛居》云"玩月楼高门巷永,卖花声密市桥多"等等,都堪称绝妙好辞。又元叟行端禅师有《寒拾里人稿》,其中所拟寒山子诗百余篇,四方传诵。林田石隐居吴山,赠以诗曰:"能吟天宝句,不废岭南禅。"其被见重于时如此。其他如宗衍、清珙、本诚、子庭等人,创作成就均颇为可观。

此外,万松行秀(1166—1246)作为禅宗宗师,所作评唱古德公案的《从容录》和《请益录》,是《碧岩录》以后禅门优秀著作,也具有一定的文学价值。他本人与文坛有密切联系,耶律楚材、元好问等许多著名文人都对他礼敬有加,为俗弟子,从而对文坛也发挥了广泛的影响。

历代僧人诗文创作(包括禅籍)乃是文学遗产的重要部分。僧人生存的特殊环境和修养造成其作品独特的思想内容、艺术情趣和创作风格。辽、金、元这一特殊历史时期的僧人创作有着非同寻常的意义和价值。

第三,辽、金、元时期塔寺建筑和造像成就巨大,如今遗存丰富。

现存辽、金、元(包括原西夏地区)时期的塔寺建筑数量众多。著名的古建筑,如天津蓟州区独乐寺观音阁和山门,再建于辽统合二年(984)；天津宝坻区广济寺的三大殿建于辽太平五年(1025)；大同市下华严寺和上华严寺分别建于清宁二年(1056)和八年；此外辽代所建佛寺现存的还有辽宁义县奉国寺、河北易县开元寺等。金代寺院著名者有大同市普恩寺，太宗天会六年(1128)建；朔县崇福寺阿弥陀殿，熙宗皇统三年(1143)建。元代建筑存留更多，兹不缕述。这些建筑不仅取得了杰出的艺术成就，又体现出不同的民族风格。元代朝廷崇奉藏传佛教，在佛寺建筑上添加了藏式成分。这些都丰富、发展了中国建筑艺术传统。

佛塔是这一时期艺术上取得重大成就的建筑样式。楼阁式塔和密檐式塔是中国佛塔建筑中占主导地位的两种类型。楼阁式塔以木结构居多，难以保存，山西应县佛宫寺释迦塔是得以保存至今的古代木结构楼阁式塔，是中国古代木结构建筑艺术的典范。该寺建于辽清宁二年，殿堂均经清代重建，塔为平面八角形，外观为五层六檐楼阁式，通高67.31米，塔身耸立在砖石基座上，造形古朴典雅，没有画栋雕梁的装饰，但高矗的塔身，配合长短错落的屋檐、奇形异状的斗拱，朴素中见玲珑，典雅中显华丽，成为木建筑的杰构。这一时期砖石密檐塔存留较多，多有精品。它们大体保持唐塔庄严雄伟的风格。虽然从整体发展趋势看装饰趋于华丽，但风格与江南追求温婉秀丽不同，雕砌刻画更繁复细密，给人以豪放明朗的印象。代表作有北京天宁寺塔(辽)、河北昌黎市源影塔(辽)、山西浑源县圆觉寺塔(金)、辽宁北镇市崇兴寺双塔(辽金)、辽宁辽阳市白塔(金)、洛阳市白马寺齐云塔(金)等。天宁寺塔坐落在北京广安门外天宁寺内，本有北魏古寺，今塔建筑梁思成考定为辽建，八角十三层，塔高57.8米。崇兴寺双塔位于北镇市城内东北隅崇兴寺南，双塔东西对峙，相距43米，形制全同，是八角十三层砖砌密檐式塔，建筑年代不可确考，应在辽中晚期，结构和风格大体与天宁寺塔相同。辽阳白塔位于辽宁辽阳市白塔公园内，建于金大定二十九年(1189)，也是八角密檐十三层，高71米，密檐下也用叠涩,其特别处是底层更高。这些塔同样均多用雕饰。除了上述两种主流形制的塔,这一时期另有形制繁多的塔。建筑的多样和繁荣体现了多样化的民族风格,又反映追求欣赏和愉悦效果的趋向。例如天津蓟州区白塔(辽),形制是窣堵波式与楼阁式相结合,同类的还有宁夏贺兰县宏佛塔(西夏)。自晚唐已流行起"花塔"这一新塔型,宋、辽、金时期遗物有十余座,制作方式渐趋成熟。其特征是花蕾状或火焰状锥形塔顶。典型的花塔顶部由层层仰莲构成,莲瓣上各立小塔一座,象征《华严经》所说的"莲花藏世界"。著名的有河北正定县广惠寺塔(金)、北京市镇岗塔(金)、河北涞水县庆华寺塔(金)等。随着塔的象征和欣赏价值越发突出,所体现的信仰和实用的意义逐步淡化了,众多塔型的创造体现了更高的审美要求,其丰富和多样也表明建筑美学的发展和人们审美情趣的丰厚。

辽、金、元造像艺术成就也十分显著。代表作品如蓟州区县独乐寺观音阁内有辽代塑像八尊,主尊观音立像 16 米,是国内最高的泥塑佛像;义县奉国寺大雄宝殿佛坛上并列七尊辽塑大佛,虽屡经后世妆銮,仍可窥知当初的气势。其主尊高约 8 米,背光高约 16 米,两旁依次减小,可能是后代补制,这些佛像造型比例匀称,表情端庄肃穆;菩萨头戴宝冠,足踏莲花,或仰或俯,姿态不一。辽金时期盛行单体小型造像。北京故宫博物院藏辽统和二十六年(1008)铜菩萨像、北京首都博物馆藏辽代铜观音像、1993 年河北固安县于沿村金代宝严寺塔基出土一金二银三尊菩萨像、北京首都博物馆藏 1964 年北京丰台区瓦窑金代塔基出土瓷观音像等等,均为艺术精品。同类造像国内外收藏亦多。

进入元代,随着藏传佛教输入内地,汉、藏、蒙各民族艺术融合,从而形成了造像的新风格和新局面。在这方面做出重大贡献的有尼泊尔人阿尼哥(1244—1306)。中统元年(1260)八思巴在西藏建塔,一批尼泊尔匠人来到西藏,其中就有擅长画塑的阿尼哥。

他少读佛书，兼技艺优异，完工后即随八思巴出家，并相随来到大都，受到忽必烈的器重。当时"两京寺观之像，多出其手"①。至元十五年(1278)受命还俗，授大司徒，领匠作院事，一时宠遇无比，死后赠国公，谥敏慧。元代有许多西藏和蒙古的造像工匠来到内地。"如塑造大圣寿万安寺佛像大小一百四十尊的禀搠思哥斡节儿八哈失，塑造青塔寺四天王像助手阿哥拨，铸造三德殿三世佛、五方佛等瑜石像，又制造文殊、弥勒布漆像的诸色人匠总管府总管杂儿只和奉文宗皇后命铸造八臂救度母等瑜石像的八而卜等，多是阿尼哥的徒弟"②。阿尼哥有汉人徒弟刘元，从学"西天梵相，亦称绝艺……至元中，凡两都名刹，塑土、范金、抟换为佛像，出元手者，神思妙合，天下称之"③。所谓"抟换"即夹纻漆像。至于元代造像题材，以前汉地大乘佛教流行的主要是三世佛、三方佛、弟子、菩萨、罗汉、天王等，这一时期增加了西藏密宗信仰的白度母、绿度母、大黑天神、各类金刚护法以及男女合体的双神像，还有密教祖师莲花生、宗喀巴等造像。在制作方法方面，密教的多神信仰容许造像超越仪轨而做出更自由的发挥，例如观音的坐骑有麒麟、金毛狮子、羊等，文殊、普贤的天冠上出现了化佛等，都明显地丰富与变化了。至于造像的风格特征，黄春和总结说，"从题材上看，佛像特征表现为：头顶平缓，肉髻高隆，额头宽平，五官端正，肩宽体壮，四肢粗硕，衣纹简洁(萨尔纳特式手法)，躯体光洁圆润，气势雄浑。菩萨像的特点是：形象媚妩，装饰繁缛，姿势优美，富于动感和肉感"④。北京故宫博物院等机构收藏有大量藏式金铜佛像，典型地反映了这些特点。在南方，杭州飞来峰是现存藏式造像较多的一处，116

①《元史》卷二〇三《方伎传·八思巴传》，第4546页。
②《永乐大典》本《元代画塑记》，转引林子青《元代佛教》，中国佛教协会编《中国佛教》(一)，第109—110页，知识出版社，1980年。
③《元史》卷二〇三《方伎传·八思巴传》，第4546页。
④黄春和编著《佛教造像艺术》，第131页，河北省佛学院，2001年。

尊造像中藏式占 46 尊。后来清代朝廷崇重格鲁派藏传佛教,藏式造像再次得以流行,并显示出巨大的影响。如北京市雍和宫乃是格鲁派上院与行宫,其殿堂建筑和造像都结合了汉、藏艺术特征。元代以来汉、藏艺术的交流与融合对于推进中国艺术发展起了重大作用。

附带说明,辽、金、元在佛藏的整理和刻印方面成就巨大。辽圣宗太平元年(1021)得到宋刻蜀本《大藏经》,遂倡刻所谓《契丹藏》,有大字本和小字本,工作始于兴宗重熙年间(1032—1054),道宗清宁五年(1059)完成主要部分①,其后继续补刻,至咸雍四年(1068)完成。全藏五百七十九帙,改卷子本为折本,填补宋版不少缺本。《契丹藏》久佚,在 1974 年山西应县木塔检修中发现十二轴,又上世纪八十年代在河北丰润辽塔中发现辽刻《华严经》等五部,分别是大字本和小字本遗存,得以了解其真面貌。这部大藏经对后代藏经和雕造石经产生较大影响。特别是其印本东传高丽,适逢其地再雕《丽藏》,曾用以校补订正。《金藏》的刊刻始于熙宗皇统九年(1149)之前,由比丘尼崔姓女法珍发愿,信众资助,历时三十余年,至世宗大定十三年(1173)完成。这是民间刻经的辉煌成就。全藏六百八十二帙,约七千卷,现存四千八百十三卷。1933年抗日战争时期偶然在山西赵城县广胜寺发现印本,后经八路军抢救、转移得以保存。《金藏》具有重大价值,是新编《中华大藏经》的重要底本之一。又北京房山区石经山的石经是中国刻经史上的奇迹,雕刻始于隋代,至唐末中绝,辽圣宗时地方官韩绍芳奏请续刻,得到朝廷支持,遂募集资财,刻经事业大规模地恢复。现存石经中的《涅槃》《华严》《般若》《宝积》四大部都是这一时期刻成的,金代又陆续补刻,辽金遂成为石经雕刻再度兴盛时期。现存六千余则施刻人题记,有明确纪年的占四分之一,以辽代为最多,具有

---

① 参阅《契丹に於ける大藏經雕印の事實を論ず》,《東洋學報》第 2 卷第 3 号。

极重要的史料价值，其次是唐代和金代，正反映这些时代刻经的盛况。元代也刻有《普宁藏》和《元官版大藏经》。西夏曾依据汉文《大藏经》翻译、编辑西夏文《大藏经》，于元初校勘、补充、印造；自公元七世纪佛教传入西藏，陆续翻译经典，元代根据萨迦寺八思巴所藏经本编成《那塘大藏》（写本），是第一种藏文《大藏经》。又，这一时期汉、契丹、西夏、蒙、藏等不同语文佛经的众多互译，不仅直接推动了佛教的传播，也是民族间重要的文化交流活动。

第四，辽、金、元时期居士佛教发达，对于推动文化、文学的发展起了多方面的作用。

一方面，这一时期战乱频仍，民族矛盾严重，时局动荡不安，形势有助于信仰心的滋长；另一方面，自宋代以来，居士阶层已逐渐成为支持佛教活动的主力，习佛逃禅的传统在这一时期被继承和发扬。特别是元代作为统一王朝，蒙古统治者歧视、压制汉族知识分子，许多人不得不隐遁民间，逃避到佛教之中寻求精神寄托。这样，这一时期出现了一批有才能、有影响的佛教居士。

其中有些人如耶律楚材（1190—1244）、刘秉忠（1216—1274）等托身佛门，曾积极参与政事，其宗教身份和佛教信仰在政治活动中都发挥了积极影响。另有些人如李纯甫（1185—1231?）、胡长孺（1249—1323）等，热衷于阐发佛说，在思想领域有所建树。更多的人如赵秉文（1159—1323）、元好问（1190—1257）、赵孟頫（1254—1322）、冯子振（1257?—1314?）、袁桷（1266—1327）、虞集（1272—1348）、揭傒斯（1274—1344）等，是文学家或艺术家，有的是活跃在社会上的著名居士。他们从事文学著术活动取得的成就此不赘述。值得特别提出的是，宋代以来，佛教逐步衰落，直到晚清，文人居士阶层的活动有力地保证了佛教的文化水准，对于佛教的存续起了重大支撑作用。涉及这方面，本次会议有不少专论进行个案分析，帮助我们对于这一时期佛教发展情形，特别是居士佛教在历史上的作用和影响有更深入的了解。

　　在座的一位学者在写作论文时曾对我说,通过对具体课题的研究,更深入地认识辽、金、元佛教与文化相关研究,可发掘的内容很多,待探讨的题目很多。发现更多的问题,意识到更多难点,这大概是每个人学术道路中必有的心得。用禅宗的话说,就是大疑才能大悟。这次会议的一个重大收获也在这一方面。辽、西夏、金、元佛教与文化相关现象的研究是个有待开拓的、具有广阔发展前途的学术领域,值得大家付出更多努力;而只要付出努力,必将取得更大的收获。

　　组织本次会议的香港能仁书院表示,将继续支持开展佛教文化研究,预定每年主办一次学术会议。希望这一想法能够实现,也希望大家积极参与,给予支持。

（本文是作者 2004 年 11 月 23 日在香港能仁书院主办的"佛教与辽金元文化"国际学术研讨会的总结发言）

中国文学与宗教^①

一、中国历史上影响文学与宗教关系的
三个重要因素

　　中国历史悠久。中华民族是多种宗教、多种信仰的民族。制度化、组织化的教团宗教在中国形成较迟。但如世界其他民族一样，中土初民即有宗教信仰、宗教活动。讲历史上宗教与文学的关系，除了中国历史上主要的佛、道二教之外，应当还包括其他宗教，如伊斯兰教、天主教、基督教以至火祆教、摩尼教等；中国民间宗教活动亦有长远、悠久的传统，宋、元以来十分兴盛，与民间文艺活动有密切关联；中国历史上少数民族宗教和宗教信仰情形复杂，特别是藏传佛教一系，自唐代以来广泛传播于藏、蒙等民族，关涉内容十分丰富，包括文学领域。但是，就传统的中国本部地区和中国文化的主体说，自佛教输入、道教形成，即成为影响中国文化包括文学发展的两大主要宗教。因此本文讨论"中国文学与宗教"，以佛

―――――――――

① 本文所论中国文学只限于古典文学，即清王朝灭亡以前的文学；宗教则指佛教、道教与民间宗教，不涉及基督教（景教）、伊斯兰教、拜火教（祆教）、摩尼教等外来宗教。

教（汉传）和道教为中心。

在中国，制度化、有组织的教团宗教直到外来佛教于公元纪元前后传入、道教于东汉末年逐步形成。而它们对中国文化包括文学发挥较大影响，则要到公元四世纪初，大体即历史上的两晋之际。当时的中国正进入一个大分裂、大动荡时期。战乱连年，灾患频仍，北方边疆民族大举南下，形成民族大迁徙，给宗教的传播和发展提供了适宜土壤。到这一时期，佛教传入中土已三百余年，经典传译已基本完备，僧团组织已具有相当规模，其传播也已相当普及，特别是赢得社会上层相当普遍的欢迎和信重；道教则由教理粗陋而分歧、又多具有鲜明的反体制性格的分散教派，一方面向社会上层发展，另一方面教理、戒律逐渐规范化和系统化，从而逐步消弭社会反叛性格而得以更广泛地传播。这两大宗教在发展中均主动地适应中土文化固有传统，又得到南北各朝廷的支持，也就有可能对文化诸领域包括文学艺术产生巨大作用和深远影响。

值得注意的是，在中国古代辉煌灿烂、丰富多彩的文化遗产中，文学艺术和佛、道二教关系十分密切，其发展又相互影响，相互促进。而讨论中国历史上宗教与文学的关系，则有三个重要因素起着巨大作用。

就统治体制和社会结构而言，中国自殷周时期已经通过民族融合逐步形成统一国家。在春秋战国分裂割据之后，秦王朝建立起中央集权的统一帝国。到汉代，这种统一的社会体制进一步得到巩固和发展。在这种体制下，一方面皇权成为君临天下的最高权威；另一方面维护政治、思想的统一也成为社会主流意识。在这样的社会体制和思想传统中，既不允许宗教凌驾于世俗统治权威之上，也不允许它们游离于现实体制之外。东晋时期的佛教高僧释道安已明确意识到"不依国主，则法事难立"①；北魏著名道士寇

---

① 《高僧传》卷五《道安传》，第178页。

谦之"清整"道教，主要也是破除不适应现实体制的越科破禁、邪僻妖巫的所谓"三张"（东汉末年五斗米道的张陵、张衡、张鲁祖孙）伪法。历史上虽然有过东晋高僧慧远等人主张"求宗者不顺化"，坚持"不敬王者"①，但就总体发展趋势看，无论是佛教还是道教，都在更加紧密地向统治体制靠拢。当初以"神异"著名的高僧佛图澄在石赵，被称为"天师"的寇谦之在北魏，虽然都以"王者师"自居，但实际已沦为朝廷臣仆。南北朝以来，多有高僧、高道出入宫廷，结交权要，膺受朝命。这也成为佛、道二教的"传统"。历代封建王朝又都相沿贯彻"三教并立"方针，"以教辅政"，把佛道二教当作施行教化的手段；佛、道二教则主动替世俗统治制造宗教幻想，发挥求福消灾、礼虔报本的宗教功能。有时候他们甚至直接参与政治斗争。典型的例子如梁代高道陶弘景曾辅助梁武帝争夺帝位，被称为"山中宰相"；李唐创建，少林寺僧人和楼观道士都曾直接参与军事，王远知等道门领袖还曾密传符命。南北朝时期，南北各朝廷分别建立起僧官和道官制度，标志佛、道二教已被纳入世俗政权的直接管辖之下。到唐代，朝廷对于佛、道事务的管理更加严密和制度化：主要寺院、宫观由朝廷敕建；大型寺、观主持者"三纲"（佛寺是上座、寺主、都维那；道观是上座、观主、监斋）由朝廷任命；出家由官府批准，发给度牒，严禁"私入道"；制定严格的僧、道户籍编制和管理办法；制定"道僧格"，对僧、道触犯刑律的处罚做出规定；甚至纯粹宗教内部事务，如关于戒律的论争、宗主的楷定，朝廷往往也直接干预并有决定权。这样，在朝廷对佛、道二教强加以有力的支持和保护的同时，宗教的神圣权威完全屈从于世俗皇权之下了。

就思想层面而言，周秦以来，中国就形成所谓"实践理性"和人本主义传统，成为对于一切形而上的、超然神秘的观念与信仰的强大的抵制力量。汉武帝"罢黜百家，独尊儒术"，儒家经学不仅在思

——————————

① 《沙门不敬王者论·求宗不顺化第三》，《弘明集》卷五，《碛砂藏》本。

想领域确立起一家独尊的地位,更成为施行思想统治的御用学术。在这之后兴起的佛、道两大宗教,不能不适应这样的思想环境。佛教本来是外来宗教,在中国扎根并发展为传统文化的重要组成部分,一个重要原因在于它具有调和、包容性格,无论是内容还是形式都能够积极地适应中国固有思想、文化土壤而不断"中国化"。道教在世界宗教史上是形态特殊的宗教,"是以成'仙人'为目的的宗教"①。它的养练目标是长生久视或飞升成仙,是超越时间(可以永生)和空间(可以在宇宙间遨游)的特殊的人。这一方面体现强烈的生命意识,而一般宗教都是否定或轻视现世人生的;另一方面它又能够适应统治阶层企望长生逸乐的精神需求。这样,在统治阶层大力支持下,佛、道二教就有可能与居于思想意识统治地位的"儒术"相调和。在中国历史上,儒、佛、道"三教"间,特别是佛、道间曾进行过相当激烈、反复的斗争,也曾有过"三武一宗"(魏武帝、周武帝、唐武帝、周世宗)那样由朝廷主持的大规模酷烈的毁佛行动,但"三教"在矛盾、冲突中交流与融合却成为总的趋势。东晋时期的孙绰已明确提出:"周、孔即佛,佛即周、孔,盖外、内名耳。"②同时期著名道教理论家抱朴子宣扬成仙之道,则把遵行儒家的仁义道德当作必要条件。六朝时期的"三教调和"论主要还是主张"三教"各适其用:"儒以治国、佛以治心、道以治身。"到隋唐时期,三者间的矛盾渐趋消弭,更多人则认为儒、佛、道三教只是行迹有殊而精神实质与达成目标完全一致了。典型的表现,如把佛、道二教的五戒(佛教的五戒一般是指不杀、不盗、不邪淫、不妄语、不饮酒;道教的五戒本是模仿佛教制定的,指不得杀生、不得荤酒、不得口是心非、不得偷盗、不得邪淫)等同于儒家的五行(仁、义、礼、智、信)。唐代兴盛的禅宗是彻底"中国化"的、适合士大夫精神的佛教,其

①《吉崗義豐著作集》第 4 卷,第 6 页,五月书店,1989 年。
②《喻道论》,《弘明集》卷三。

"明心见性"的纲领乃是儒、释、道相融合的产物。金元以后的道教教派全真道、正一道也都把儒家世俗道德当作养练的主要内容。"三教"并立，三者同时被统治者推重，也就让任何一方都失去了宗教信仰必需的唯一性和绝对性。这也促进了它们之间的交流与融合。北宋之前，历朝都曾采取过禁限佛、道的措施，佛、道论争持续不断，但其后世俗政权与佛、道间，佛、道二教之间则基本相安无事了。这是因为"三教"调和乃至"合一"的过程已经基本完成了。

　　再一点，在中国高度发达的文化环境中生存和发展的佛、道二教，创造出高水平的宗教文化。文化与宗教并生。宗教是文化的重要构成因素，就是说，宗教内容包含在文化各领域之中；宗教又是文化的重要构成部分，这意味着，宗教与文化的其他领域密切关联，相互影响。宗教与文化二者交融的直接成果是形成宗教文化。宗教文化本来是附属于宗教的。但是它除了宗教的内涵与意义之外，还具有独立的文化例如学术、文艺层面的价值。而如果宗教文化的学术、文艺成分被高度发展，人们追求其独立的价值与意义，信仰的神圣、绝对性质就会被淡化以至消蚀。在中国高度发达的思想文化环境中发展的佛、道二教，创造出十分发达的宗教文化，正体现上述情形。这也成为中国宗教的主要特征。就佛教而论，晋宋以来混迹于"名士"队伍里的"名僧"、贵族沙龙里的"义学沙门"，还有活跃在南北各朝的许多学僧、艺僧，从一定意义上说乃是披着袈裟的知识分子。比起修行实践来，他们更专精于宗教义学和世俗文化。到唐代，这种情况进一步发展。例如玄奘、义净、不空等人在译经方面取得总结性成绩，又是成就卓越的翻译家、中外文化交流的使者；各宗派的宗师如吉藏、善导、法藏、慧能、神会、宗密等都是贡献卓著的思想家；众多僧侣活跃在文坛、艺坛，成为特殊身份的文艺家，等等。道教也同样：东晋时期的抱朴子葛洪、南北朝时期的陆修静、寇谦之、陶弘景等都是高水平的思想家、文学家；隋唐以后，上清派的王远知、司马承祯、吴筠、杜光庭等人和全真道的祖师们同样在学术、文艺领域取得多方面成就。这样,佛、道二教的众多僧、道多才多艺,著述宏富,不仅丰富、发展了高水平的宗教学术,在一般的哲学、伦理学、历史学、语言学、美学等诸多学术领域取得了卓越成就,做出了重大贡献,在文学艺术创作方面成绩亦十分突出。日本学者塚本善隆指出:

> 南朝文化,如晚唐诗人杜牧(803—853)在《江南春》诗"南朝四百八十寺,多少楼台烟雨中"所怀念的,并非是佛教的全盛;与其说作为宗教的佛教全盛,不如说是佛教文化的全盛。有佛教文化率先发达,南朝贵族文化极尽繁荣华丽。这里不说佛教而说"佛教文化",是因为当时的贵族佛教并不是追求觉悟、精进求道的宗教,也不是出自宗教体验、有意献身社会而活动的宗教。极端而言,这只是耽溺于佛教,并在享受佛教文化。①

这对于佛、道二教是具有典型意义的现象。形成文化上的这种优势,实际又是佛、道二教在中国传统思想、文化环境中生存和发展的必要条件。如此一来,它们也就有可能积极地融入社会文化主流,吸引广大知识阶层接近、接受它们,并在社会广大层面得到普及,发挥作用。

以上三个方面,决定中国宗教,主要是佛、道两大宗教鲜明的世俗性格,与现实政治、社会生活的紧密联系以及包容丰富的文化内涵。在中国历史上,不论佛、道二教势力曾发展得如何盛大,得到统治者怎样的尊崇和保护,都没有也不可能取得绝对神圣、超然的地位。但是,宗教的这种"弱势"状态无论是对于它们自身,还是对于民族文化发展的意义和作用又都不是负面的。正是在上述情形之下,佛、道二教(以及后来的民间宗教)才能够在思想、学术、文学、艺术等领域多所建树,进而融入中国主流文化之中;就文学领

---

① 《中国净土教史研究》,《塚本善隆著作集》第 4 卷,第 113 页,大东出版社,1976 年。

域而言,也才能对文学创作发挥巨大而深刻的影响。

二、中国文学中狭义和广义的宗教文学

中国宗教对中国文学直接造成影响的是宗教文学,主要是佛教的、道教的,还有民间宗教的。

"宗教文学"是个模糊概念,人们对其内涵和外延的理解大不相同。按一般狭义理解,应当把宗教经典里的或宗教信徒创作的、直接宣扬宗教信仰的文学作品算作"宗教文学";而如作宽泛理解,则反映宗教观念和受到宗教影响的教内外、文人和民间的创作都可以包含在内。这种分歧恰恰反映了宗教对文学影响的广泛和深刻。中国的情形尤其如此。以下首先讨论严格意义的中国的"宗教文学"。

中国宗教特别是佛、道二教典籍里包括许多真正的文学作品,它们传布广泛,也给世俗文学创作提供了丰富的可资借鉴的资源。

中国佛教的基本经典是从外语(梵文、巴利文和各种"胡语")翻译而来的。如果从东汉后期算起,到北宋,大规模的佛典翻译事业进行了千余年,译出经典上万卷(因为历代多有佚失,具体数字难以统计)。一种宗教积累数量如此庞大的经典群在世界上是绝无仅有的。近代学者提出"佛教的翻译文学"或"佛典翻译文学"概念,用以指翻译经典中具有文学价值的作品。但是如何判断文学价值,看法有所不同。不过有些经典即使从最严格的意义上看也具有鲜明的文学性格,是众所公认的"宗教文学"作品。例如译成汉语的描述教主佛陀生平事迹的佛传有多种,乃是独具特色的传记文学创作;本生经、譬喻经包含大量的寓言、神话、传说等,是古印度和西域民间文学创作的结晶;在一般的经、律、论"三藏"里,也有为数不少的富于文学情趣、可当作文学作品来阅读的部分。例

如大乘经《法华经》广泛利用譬喻手段说法，被看成是譬喻文学宝库；《维摩经》场景鲜活，对话生动，如多幕戏剧；《华严经》描摹幻想的佛国境界，诡异生动如神怪小说；解说戒律的律藏和论证教义的论藏里也包含许多文学趣味浓郁的故事。这些翻译经典形成于和中土截然不同的文化环境中，其内容、形式、语言、表现手法、创作风格都具有鲜明特色。这样一大批经典输入中国，宗教意义不言而喻，也必然给文人以震撼，向他们提供创作灵感，对中国文学创作产生深远的影响。

中国佛教信众也创造了许多经典，有不少同样富于文学性质。如所谓"伪经"《高王观世音经》宣扬观音灵验，《净土盂兰盆经》讲目连救母故事。重要的还有数量巨大的禅宗典籍。这个特别适合中国士大夫口味的佛教宗派，标榜"以心传心""不立文字"，它的许多祖师都具有杰出的文学才能，创造出大量语录、偈颂、禅史、灯录等。这一大批称为"禅文学"的作品，有散文体的，也有诗歌体的，从文学创作角度看亦极富价值。

道教本来从分散的民间教派发展而来，经典制作一方面利用本土资源，另一方面大量借鉴佛教典籍。六朝时期是道典的所谓"自由创作"时期，制作的经典富于文学性质的不少。早在战国末期神仙思想急速发展，已形成许多仙界和仙人传说，并在文学作品里得到广泛表现。例如署名屈原、实为战国末期创作的辞赋《远游》已经写到赤松、韩众等仙人。后来道教经典中吸收和创造众多仙人传说，形成《列仙传》《神仙传》《汉武帝内传》等大批仙传类著作①，也堪称独具特色的传记文学作品。神仙传说后世仍不断被创

①《列仙传》旧题汉刘向撰，自古学界多有疑问，撰作人与撰作年代意见分歧很大，王叔珉认为"是书即非向撰，亦不致全晚至魏、晋也"，参阅所著《列仙传校笺·序言》，台湾"中央研究院"中国文哲研究所筹备处，1995年。《神仙传》，葛洪撰。《汉武帝内传》撰作年代，有东汉末（李剑国）、葛洪（余嘉锡）、"魏晋间文士"（《四库提要》）、东晋道士王灵期（李丰楙）、"齐梁间好（转下页）

造出来。例如著名的刘晨阮肇、董永遇仙等故事，成为后代小说、戏剧创作的素材。又注重存思、修真和神仙术的上清派形成于江南贵族间，其宗师亦多具相当高的文学素养。这一派道经也表现出浓厚的文学性格。例如陶弘景撰辑的《真诰》一书，是东晋以来逐步形成的众仙真扶乩降笔、仙真传记、修行杂事等的结集，设想离奇，辞藻华丽，其中包括许多情趣浓郁的仙歌、众真降临的生动故事，作为文学创作独具特色，达到相当水准。晚唐五代道教宗师杜光庭编撰《神仙感遇传》《墉城集仙录》等，文学史上被当作唐传奇的一类，前者中《虬髯客传》在唐传奇中堪称优秀篇章。

道经同样大量采用诗歌形式。《汉武帝内传》《真诰》等经典里包含许多假托出自仙真之口的歌辞。道教类书北周《无上秘要》、北宋《云笈七签》集录大量这类作品。这类所谓"仙歌"采用传统诗歌体裁，与翻译佛典里的偈颂风格不同，体制和写作手法都具有鲜明特色。与道教直接相关、艺术成就更为突出的还有游仙诗和步虚词。前者以"列仙之趣"为题材，描绘仙人和仙界景象，抒写作者的信仰、幻想或意愿；后者是典型的"道家曲"，本是斋醮仪式中步虚舞乐的曲辞，"备言众仙缥缈轻举之美"①，同样多发抒个人心迹。众多诗人利用这两类题材从事创作，不乏优秀的作品。

明清民间宗教不具有佛道二教那样高的文化层次，更多利用通俗文艺形式（民间故事、民间曲艺等）来宣扬教义、鼓动民众。例如作为典型的罗教《五部经》。罗教又称无为教、罗道教等，创始人是明中叶的罗梦鸿（1442—1527）。据说他于成化十八年（1482）悟

（接上页）事者"（胡应麟）等不同说法，钱锡祚对此书作了详细校定，认为是"大约东晋以后，浮华之士，转相祖述"（《丛书集成》本《序言》），日本学者小南一郎根据其内容进行详密考证，也断定这部书是根据道教传统资料、东晋以后编撰起来的，参阅其《中国的神话传说与古小说》第四章《汉武帝内传的形成》，第232—379页，孙昌武译，中华书局，1993年。
① 郭茂倩《乐府诗集》引唐吴兢《乐府古题要解》。

道,四出传教,门徒渐众,从创立教派到《五部经》刊刻,经过二十几年时间。《五部经》指《苦功悟道卷》《叹世无为卷》《破邪显正钥匙卷》《正信除疑无修证自在宝卷》《巍巍不动泰山深根结果宝卷》。其中《破邪显正钥匙卷》上、下两册,又称"五部六册",是罗祖宣教口授,由教徒整理、写定的。每经分品,这是模仿佛经体制;内容一方面宣说罗祖悟道经过,另一方面通俗地宣讲教义即所谓"无为大道",描绘教主形象,情节生动曲折,颇为动人;行文利用韵、散结合方式,韵文用五、七言诗体或三、三、四字"十文"句式,这是适宜叙事的节奏,表述通俗易懂,容易口耳相传。从性质看,这是纯粹的民间宗教宣教文献;从形式看,作为面向民众的宣传品,则是真正的民间曲艺作品。罗教的传播借助宝卷这个民间文艺体裁,宝卷作为讲唱体裁经罗教利用又得以发展。明清时期众多民间教派普遍利用民间曲艺、民间故事传说等民间文艺形式,对于宣教起到巨大作用。

以上讨论的算是严格意义的"宗教文学"。

广义的宗教文学包括文人或民间创作的、受到宗教影响的作品。由于创作者有无信仰和信仰的真挚程度不同,作品宗教"色彩"的多少浓淡大有差异,从体现宗教观念、使用宗教题材、表现宗教主题到单纯利用宗教所提供的材料如人物、情节、文体、事典、语言等等,情形大不相同。从总体看,它们与前述宗教经典里的文学作品或宗教信徒创作的以"辅教"为目的的作品不同。这一类作品的思想内容往往另有超越宗教信仰的意义,也体现更鲜明的艺术追求。例如有些诗人创作"游仙"题材作品,但完全无关神仙信仰而另有寓意,这就与道教经典里的那些"仙歌"全然不同了;再如《西游记》这样的小说,利用佛教史事为素材,思想意义却已远远超出佛教教理和信仰。这类多方面、多层次接受宗教影响的文学创作,可看作广义的"宗教文学",也可以说是宗教影响文学的成果。大量、多样的这类作品出现,正反映宗教对文学影响的广泛和深入。

　　这种影响对于文人作品和民间创作又大不相同；相关联的，对于诗文和戏曲、小说也有所不同。

三、宗教文学中士大夫的和民间的两个传统

　　就中国文学发展历史看，士大夫文学和民间文学可明显区分出两个传统。本来就中国宗教的传播情形看，文人士大夫的宗教观念和民众的宗教信仰无论是内容还是形式也都有很大差异。当然无论是文学还是宗教，士大夫的和民间的两个传统之间交流交融，相互影响，又难以截然分开。鲁迅指出："旧文学衰颓时，因为摄取民间文学或外国文学而起一个新的转变，这例子是常见于文学史之上的。"[1]在具体作家身上、具体作品中，这种相互影响的关系表现得更为复杂。

　　但是在中国等级社会制度之下，士大夫和一般民众文化层次不同，接受和理解宗教的情形大有差异，是很显著的。关于佛教信仰情形，清初尤侗向朝廷上奏章说："夫佞佛以祈福，愚夫愚妇之事也；学佛以了生死，士大夫之见也。"[2]纪昀在《阅微草堂笔记》里转述五台山明玉和尚针对辟佛的评论也说："盖昌黎所辟，檀施供养之佛也，为愚夫妇言之也；宋儒所辟，明心见性之佛也，为士大夫言之也。"[3]这都是指出历史上一般民众和知识精英等不同社会阶层对待、接受佛教的不同态度。

①《且界亭杂文·门外文谈》，《鲁迅全集》第6卷，第95页，人民文学出版社，1981年。
②《华阴山志》卷一七。
③《阅微草堂笔记》卷一八《姑妄听之四》。

陈寅恪指出：

> 中国自来号称儒释道三教，其实儒家非真正之宗教，决不
> 能与释道二家并论。故外服儒风之士可以内宗佛理，或潜修
> 道行，其间并无所冲突。他时代姑不置论，就渊明所生之东
> 晋、南北朝诸士大夫而言，江右琅邪王氏及河北清河崔氏本皆
> 天师道世家，亦为儒学世家，斯其显证。然此等天师道世家中
> 多有出入佛教之人，惟皆为对于其家传信仰不能独具胜解
> 者也。①

这样，士大夫阶层接受佛、道二教就是历史发展形势决定的。因此
东晋以后，在佛道二教广泛传播形势下，文人与佛道的交涉十分紧
密。柳宗元说：

> 昔之桑门上首，好与贤士大夫游。晋、宋以来，有道林、道
> 安、远法师、休上人。其所与游，则谢安石、王逸少、习凿齿、谢
> 灵运、鲍照之徒，皆时之选。由是真乘法印与佛典并用，而人
> 知向方。②

这样的传统后来一直被延续和发扬。历代文人普遍地结交僧、道，
阅读佛、道经典，以至参禅悟道、求仙炼丹，受菩萨戒、受道箓者更
代不乏人，他们的思想、生活、创作相当普遍地、或多或少地受到
佛、道二教的影响。但是对于绝大多数文人而言，他们觅举求官，
必须遵循儒家经世之道，不容许他们超然出世；儒学教养、"三教"
调和观念又使他们不可能投身狂热的信仰实践。因此即使是那些
作为宗教外护的居士文人，对待宗教也多保持若即若离、若信若疑

---

① 陈寅恪《陶渊明之思想与清谈之关系》，《金明馆丛稿初编》第 196 页，上海古
　籍出版社，1980 年。
② 柳宗元《送文畅上人登五台遂游河朔序》，《柳河东集》卷二五，下册第 422
　页，上海人民出版社，1974 年。

的关系。他们接受佛教，正如汤用彤指出的：

　　　　溯自两晋佛教隆盛以后，士大夫与佛教之关系约有三事：
　　一为玄理之契合，一为文字之因缘，一为死生之恐惧。①

佛教宣扬佛陀以一大事因缘示现于世，即生死大事、"生死之恐
惧"。这是树立信仰的基石，属于宗教信仰，被放在末一位；而"玄
理之契合"和"文字之因缘"被放在前面。前者指思想理论层面，后
者指文字写作层面；一个属于作品内容，另一个属于表现形式。正
是在这两个方面，佛教对于文人士大夫发挥更大影响。这样的论
断同样适用于道教。

　　就"玄理之契合"即思想理论层面说，如何尚之《答宋文帝赞扬
佛教事》里所说："范泰、谢灵运每云：'六经典文，本在济俗为治耳。
必求性灵真奥，岂得不以佛经为指南耶！'"②这表明，如范泰、谢灵
运那样以好佛著称的文人，在佛教中重视的是儒家学说所缺乏的
对于"性灵真奥"的阐发，即佛教教理中有关心性的理论。这也是
佛教思想中有高度价值的部分。

　　联系这一课题，韩愈与柳宗元的辩论是具有典型意义的。两
个人是好友，同是唐代"古文运动"主将，但柳宗元好佛，韩愈辟佛，
进行过反复、激烈的论辩。后来韩愈贬潮州，结识南宗禅石头希迁
法嗣大颠，一时传闻他已皈依佛法，他在给友人孟简的信里辩
解说：

　　　　有人传愈近少信奉释氏，此传之者妄也。潮州时，有一老
　　僧号大颠，颇聪明，识道理，远地无可与语者，故自山召至州
　　郭，留十数日，实能外形骸以理自胜，不为事物侵乱。与之语，
　　虽不尽解，要自胸中无滞碍，以为难得，因与来往。及祭神至

①汤用彤《隋唐佛教史稿》，第193页，中华书局，1982年。
②《何令尚之答宋文皇帝赞扬佛教事》，《弘明集》卷一一，《大正藏》第52卷，第
　69页中。

海上，遂造其庐。及来袁州，留衣服为别，乃人之情，非崇信其
法，求福田利益也。①

这里所称赞的"外形骸以理自胜""胸中无滞碍"云云，正是南宗禅
所提倡的"无心""无念"境界；而所谓"求福田利益"等等，也是禅宗
所反对的。当初柳宗元为自己信佛辩护时说：

> 儒者韩退之与余善，尝病余嗜浮图言，訾余与浮图游……
> 浮图诚有不可斥者，往往与《易》、《论语》合，诚乐之，其于性情
> 奭然，不与孔子异道……退之所罪者其迹也。曰："髡而缁，无
> 夫妇父子，不为耕农蚕桑而活乎人。"若是，虽吾亦不乐也。退
> 之忿其外而遗其中，是知石而不知韫玉也。吾之所以嗜浮图
> 之言以此。与其人游者，未必能通其言也。且凡为其道者，不
> 爱官，不争能，乐山水而嗜闲安者为多，吾病世之逐逐然唯印
> 组为务以相轧也，则舍是其焉从。②

这样，两个人对待佛教态度虽然不同，看法却是基本一致的，即都
是从心性修养角度来肯定佛法的。实际如韩愈论人性，严分"性"
与"情"，说"性也者，与生俱生也；情也者，接于物而生也"③，正是佛
教性净情感的思路。陈寅恪精辟地指出：

> 退之从其兄会谪居韶州，虽年颇幼小，又历时不甚久，然
> 其所居之处为新禅宗之发祥地，复值此新学说宣传极盛之时，
> 以退之之幼年颖悟，断不能于此新禅宗学说浓厚之环境气氛
> 中无所接受感发，然则退之道统之说表面上虽由孟子卒章之
> 言所启发，实际上乃因禅宗教外别传之说所造成，禅学于退之
> 之影响亦大矣哉！宋儒仅执退之后来与大颠之关系，以为颇

---

① 马其昶《韩昌黎文集校注》卷三，第 212 页，上海古籍出版社，1986 年。
② 柳宗元《送僧浩初序》，《柳河东集》卷二五，下册第 425 页。
③ 马其昶《韩昌黎文集校注》卷一，第 20 页。

获赃据，欲夺取其道统者，似于退之一生经历与其学说之原委犹未达一间也。

他又说：

> 新禅宗特提出直指人心见性成佛之旨，一扫僧徒繁琐章句之学，摧陷廓清，发聋振聩，故吾国佛教史上一大事也。退之生值其时，又居其地，睹儒家之积弊，效禅侣之先河，直指华夏之特性，扫除贾、孔之繁文，原道一篇中心旨意实在于此……①

这样，如果剥弃外表的形迹看实质，韩愈是接受、赞同佛教有关心性的理论的。特别是经过禅宗发挥的佛教的心性理论，乃是当时思想理论领域先进的部分。就这样，唐代的禅宗受到士大夫阶层的普遍欢迎，他们也成为推动禅宗发展的重要力量。

以上是佛教教理中有关心性的思想对于古代文人的影响。这只是佛教影响文学的一个具有典型意义的方面。就思想理论水平说，道教总体不及佛教，但同样具有丰富的内容和巨大的价值。知识阶层的接受情形大体与佛教类似。

如前所述，就佛教说，民众间流行的是"檀施供养""福田利益"的佛，他们所求于道教的则是消灾避祸、驱鬼避邪、赐福降祥的道。这也体现为创作表现内容的不同。鲁迅论早期小说指出：

> 大共琐语支言，史官末学，神鬼精物，数术波流；真人福地，神仙之中驷，幽验冥征，释氏之下乘。人间小书，致远恐泥，而宏笔晚起，此其权舆。②

这里"真人福地"等指道教仙传作品，如《列仙传》《神仙传》之类；"幽验冥征"等则指刘义庆的《宣验记》、王琰的《冥祥记》以及傅亮、

①陈寅恪《论韩愈》，《金明馆丛稿初编》，第286、287页。
②鲁迅《〈古小说钩沉〉序》，《鲁迅全集》第10卷，第3页。

张演、陆杲的三种《观世音应验记》①等所谓"释氏辅教之书"。这些在文学史上都被看作是志怪小说的一类。它们虽然经过文人辑录和修饰,但基本取自民间传说。这些作品清楚体现出自民间的一般特色:往往更真切地反映民众朴素的宗教需求和真挚的信仰心态;一般来说情节比较简单,结构往往程序化;它们的语言和表达手段比较拙朴、通俗;它们的主旨在起到宗教宣传的"辅教"作用等等。从文学水准看,这类作品作为小说草创期的产物,难免受到"滥俗文学"②之讥。但如鲁迅所指出,它们作为后世小说发展的"权舆",其意义和价值不可低估。

慧皎《高僧传》里写到倡导这一通俗、形象的宣教方式:

> 至如八关初夕,旋绕行周,烟盖停氛,灯惟靖耀,四众专心,又指缄默。尔时导师则擎炉慷慨,含吐抑扬,辩出不穷,言应无尽。谈无常,则令心形战栗;语地狱,则使怖泪交零。征昔因,则如见往业;核当果,则已示来报。谈怡乐,则情抱畅悦;叙哀感,则洒泪含酸。于是阖众倾心,举堂恻怆,五体输席,碎首陈哀。个个弹指,人人唱佛……③

在敦煌写卷里发现一批唐五代民间创作的讲经文、变文,可作为上述情形的证明。这些作品主要是宣扬人生无常、轮回报应以诱导人的信仰心的。敦煌写卷的通俗文学作品也有道教内容的,如话本《叶静能诗》以道士的神奇传说为题材。曲辞是敦煌俗文学中另一种重要类别,其中不少是"佛子之赞颂"④,单纯做宗教宣传的;而

①《宣验记》《冥祥记》,鲁迅《古小说钩沉》有辑本;傅亮等三书有笔者点校本《观世音应验记三种》,中华书局,1994 年。
②陈寅恪《敦煌本维摩诘经文殊师利问疾品演义跋》,《金明馆丛稿二编》,第185 页。
③《高僧传》卷一三《唱导论》,第 521—522 页。
④王重民辑《敦煌曲子词集·叙录》,第 17 页,商务印书馆,1956 年。

如《临江仙》《别仙子》《洞仙歌》等则显然与道教神仙信仰有关系。从书写情形看,这类作品在当时曾广泛流传于民众间。还有艺术价值更高的曲子词,乃是中唐以后新兴诗歌体裁"词"的滥觞。

宋元以来的民间文学创作,各种形式的民间戏曲、曲艺、故事传说等多与宗教有密切关系。典型的如前面已提到的宝卷,至明代嘉靖、万历年间发展臻于极盛。推动宝卷兴盛的主要是包括罗教的民间宗教。佛道二教也都积极地利用宝卷。明清时期民众中佛道信仰与民间教派的界限本来不那么清楚,许多民间教派利用佛教和道教的名义。这种情形在宝卷创作中也体现出来。在许多宝卷里,儒、佛、道和民间宗教的内容是相混淆的。自清康熙年间官府禁限"邪教",宝卷屡遭查禁。但宣卷作为布道方式一直广泛流传于民间。宝卷作为与宗教密切相关的民间文学创作形式,是具有相当的典型意义的。后来的鼓词等说唱形式可以说是宝卷的嫡传。

四、佛道二教对文人诗文创作和小说戏曲
创作的不同影响

与上面所述中国历史上士大夫与民间文学创作两个传统的区分相关联,文学史上诗文与小说、戏曲创作接受佛、道二教影响也大不相同。

在中国文学发展史上,唐宋是重大转折时期:这一时期诗文创作臻于鼎盛,新的文学样式小说、戏曲(还有曲子词)逐渐兴盛起来,后来并在一定意义上成为文学创作的主流。诗文与小说、戏曲创作方式有所不同,日本著名汉学家吉川幸次郎对此做过精辟分析。他说"重视非虚构素材和特别重视语言表现技巧"是中国文学

的"两大特长"①,主要指士大夫的诗文创作。熊十力鄙薄汉以后的
"诗文家",指出:

> 诗人除少数触境抒情、表现其闲适、悠远、冲澹之生活为
> 不容菲薄者外,自余感遇之作,得君而喜、失官而戚。散文如
> 序、传、碑、志诸作,亦以记述职官、赞扬荣宠,居其大半。②

这种评价不无偏激,但古代诗文所述多局促于文人生活的小圈子、
多属实用之作确是实情。而又如吉川幸次郎总结的:

> 小说与戏曲使文学从以真实的经历为素材的习惯限制中
> 解放出来,而且他们用口语写作,也使文学用语从规范的文语
> 的戒律中解放出来……戏曲和小说都是虚构的文学。③

诗文与小说、戏曲创作的表现内容和写作方式这种重大差异,有社
会发展等多方面原因,与之关联的,是作者群体与接受对象不同:
相对于诗和散文基本是士大夫阶层的创作,反映这一阶层的生活
与感情,小说和戏曲创作过程更贴近城乡民众,他们也成为接受的
主体;如果说士大夫诗文基本是实用文体,小说、戏曲则主要供人
娱乐。因而如前所述,诗文创作从佛道二教接受的主要是汤用彤
所谓"玄理"与"文字",小说、戏曲则更多从佛道二教借鉴题材、故
事以及玄想虚构的思维方式,开拓出艺术表现更广阔的境界。

鲁迅精辟地指出唐人"始有意为小说"。他引用明胡应麟的
话:"变异之谈,盛于六朝,然多是传录舛讹,未必尽幻设语,至唐人
乃作意好奇,假小说以寄笔端。"进而做出论断:"其云'作意',云
'幻设'者,则即意识之创造矣。"④六朝的志怪小说还不脱神话传说

---

①吉川幸次郎《中国文学论》,《我的留学记》,第 168 页,钱婉约译,光明日报出
  版社,1999 年。
②熊十力《仲光记语之二》,《十力语要初续》,第 188—189 页,上海书店,2007 年。
③吉川幸次郎《中国文学史之我见》,《我的留学记》,第 176 页。
④鲁迅《中国小说史略》第八篇《唐之传奇文》(上),《鲁迅全集》第 9 卷,第 70 页。

的格局,志人小说还类似丛残小语的杂记,所以就小说发展说,真正的如鲁迅所说的"意识之创造"是从唐传奇开始的。这实际也是人的主观心性得到发扬在文学创作上的曲折体现。这一转变的发生与整个社会思想意识的演变相一致,又受到佛道二教的推动。因此可以说,佛道二教(还有后来的民间宗教)给予戏曲、小说的发展以决定性的影响。

体现在内容层面:小说、戏曲除大量利用宗教题材外,更多作品纳入佛道二教的主题、人物、故事等等,从而极大地拓展了艺术表现境界。宋代以后的短篇白话小说——从《清平山堂话本》到以后"三言""二拍"等大量话本、拟话本,直到清代蒲松龄的《聊斋志异》、袁枚的《子不语》等文言短篇小说,很多篇章都是表现佛道题材、宣扬佛道教义的。我国长篇章回小说"四大名著"——《三国演义》《水浒传》《西游记》《红楼梦》,从观念、素材到人物、情节、语言等也都包含大量取自佛、道的要素。就戏剧发展情况看,北宋孟元老《东京梦华录》记载开封"构肆乐人,自过七夕,便般《目连经救母》杂剧,直至十五日止,观者增倍"①,这是中国戏剧演出的最早记录。元杂剧里神仙道化剧是艺术上特色突出的一类。明初朱权把杂剧分为十二科②,其中"神仙道化科"是扮演道教神仙的,"神头鬼面科"则是表现神、鬼和佛、菩萨的。对于明清传奇,吕天成依据题材划分为六门:"一曰忠孝,一曰节义,一曰仙佛,一曰功名,一曰豪侠,一曰风情。"③这都表明,无论是杂剧还是传奇,仙与佛都是重要表现内容。清人慨叹"近来牛鬼蛇神之剧充塞宇内"④,可见表现宗教题材的剧目当时之普及和深入。

又从总体比较,文人受到佛道影响,当然写出不少鼓吹宗教信

①《东京梦华录》卷八《中元节》。
②参阅《太和正音谱》。
③《曲品》卷下。
④《笠翁十种曲·风筝误·总评》。

仰、宣扬宗教教义的作品,但更多的是抒写精神追求、人生情趣、生活方式等等的,艺术表现上也更为精致。而小说、戏曲则往往构造轮回报应、地狱天堂、成佛成仙的情节来宣扬惩恶劝善、皈心教化之类主题。它们的表现相对浅显,艺术上也多显得凡庸,然而内容却更贴近民众的生活与感情。

在艺术表现层面,佛道对小说、戏曲发展的影响更为明显。特别是体现为鲁迅所谓"意识之创造"的自觉,积极地"作意""幻设",艺术想象得以发挥,多种多样的表现手段得以利用,开拓了艺术表现的境界。

佛道二教建立起弥纶六道、笼盖三世的宇宙观,表现出极其大胆、丰富的想象力和十分诡异、离奇的思维方式。东汉末年最初接触佛典的人已经惊异于它们"说不指其事,徒广取譬喻","深妙靡丽"[1]。范晔说到佛典的表现方法指出:

> 然好大不经,奇谲无已,虽邹衍谈天之辩,庄周蜗角之论,尚未足以概其万一。又精灵起灭,因报相寻,若晓而昧者,故通人多惑焉。[2]

道教建立在对幻想中的仙人、仙界信仰的基础之上。道典的表现同样以大胆悬想和夸饰为特征。中土传统思维尚质实、重人事,文学创作重真实、轻虚饰。马克思论述古代社会指出:"想象力,这个十分强烈地促进人类发展的伟大天赋,这时候(指人类的'野蛮时期'——笔者)已经开始创造出了还不是用文字来记载的神话、传奇和传说的文学,并且给予了人类以强大的影响。"[3]这种"想象力"和由之创造神话、传奇和传说的文学是中土传统相对缺乏而在佛

---

① 周叔迦辑撰,周绍良新编《牟子丛残新编》第 14、15 页,中国书店,2001 年。
②《后汉书》卷八八《西域传论》,第 2932 页。
③ 马克思《刘易斯·亨·摩尔根〈古代社会〉一书摘要》,《马克思恩格斯论艺术》第 2 卷,第 5 页,人民文学出版社,1963 年。

道二教中却十分发达的。它们赋予中国小说、戏曲创作以丰富的"想象力"，拓展出艺术构思的新天地。这又是和表现内容的拓展相关联的。

佛道二教给小说、戏曲提供了大量"人物"。佛教的有些是外来经典中的，如佛、菩萨、天龙八部（其中龙和他的家族在中国文学里得到充分表现）。道教里有各种各样的仙人，所谓天仙、地仙、谪仙、尸解仙等等。佛教的净土、道教的仙界作为幻想的境界，无限地美妙庄严，体现人们的理想和追求，是世界文学史上"它界"描写的一种典范。佛道二教玄想的、夸诞的思维方式提供许多新的构想和表现方法。如六道、三世（过、现、未）、神通、变形、分身、幻化（化人、化物、化现某种境界）、魔法、异变（地动、地裂、大火、大水等）、离魂、梦游、入冥（地狱）、升天、游历它界（净土、地狱、仙界、龙宫、大海等）等等。这些原本是体现宗教教理、意在启发人们信仰的，其超凡的想象和奇异的构思演化为艺术手段，小说、戏剧创作中加以撷取、借鉴，对艺术表现发挥了巨大的积极作用。

这样，历史上中国宗教对文学的影响，这种影响的积极与消极作用及其造成的结果，呈现相当复杂的状态。而从整体看，宗教乃是推进中国文学演进的决定性因素之一，文学又有力地推动了宗教的传播与发展。在这两者相互影响、相互推进的进程中，无论是文人的还是民间的创作，也无论是诗文还是小说、戏曲，都得益于宗教的影响，不断地创新与丰富，不断地取得进展。

（本文是作者2004年7月在香港举行的国际比较文学学会第十七次大会上的发言稿）

佛教的翻译文学

一

从外语（南亚和中亚的梵文、巴利文和各种"胡语"，后来还有藏语）翻译成汉语的佛教经典，包括经、律、论所谓"三藏"，包含许多文学作品，另有更多经典具有程度不同的文学价值。因而这些翻译经典可以看作是外来文学的载体。荷兰汉学家许理和曾指出，自有记载的第一位译师安世高系统地翻译佛典，就"标志着一种文学活动形式的开始，而从整体上看来，这项活动必定被视为中国文化最具影响的成就之一"①。近代学者如梁启超、胡适、鲁迅、陈寅恪等人都十分重视这类经典的研究，提出"（佛典）翻译文学"（梁启超《翻译文学与佛典》，《佛学研究十八篇》）或"佛教的翻译文学"（胡适《白话文学史》）概念，给予这类经典很高评价。对于相关领域的研究，他们做了开拓性的工作。如果说外来佛教的输入乃是古代中国与中亚、南亚诸国历时久远、成就巨大、影响深远的文化交流，那么"佛教的翻译文学"作品的传译则是这种交流的重要

①《佛教征服中国》，第46页，李四龙译，江苏人民出版社，2003年。

构成部分,对于中国文学的发展,对于中国思想、文化的发展,贡献
都是十分巨大的。

　　不过"佛教的翻译文学"或称"佛典翻译文学"是个不确定的概
念,对于它们可以作狭义的或广义的不同理解。本来从人类文化
历史的发展进程看,宗教与文学一直保持密不可分的联系:宗教宣
传与教化要利用文学形式,文学乃是宗教活动的重要领域,又是影
响宗教发展的重要因素。佛教继承了古代印度悠久而优秀的文化
传统,本是具有高度文化水准的宗教;佛陀及其许多弟子都是极富
文学才华的人。佛陀创建教团伊始,活动已注重利用文艺形式,显
示出浓厚的文学性格。关于这一点,渥德尔曾指出两条清楚的发
展线索:

> 　　第一是佛教徒参加诗歌的新潮流,这种潮流大概在佛陀
> 同时期发源于摩揭陀,在以后三个世纪左右创造出许多音韵
> 学和作诗法的新技巧。第二为了满足一般群众对小说故事的
> 需要,稗官野史以及有时称为古训的叙事文章都精心编造出
> 来附入小阿含中,有些部派还附入毗奈耶(附入毗奈耶中的佛
> 陀历史细节大大地扩展了,其中掺入了许多不同的故事和诗
> 歌)。①

一般认为今存《阿含》类经典(在巴利文佛典里包括五部,四部被译
为汉语,即《杂阿含经》《中阿含经》《长阿含经》和《增一阿含经》)基
本保持了佛陀弟子们结集导师说法的原貌,其表达形式大体可区
分为哲理的、训喻的和文学形象的三种风格。这三种风格并不能
严格区分开来。因为从总体看,佛陀全部说法都多用比喻、象征等
手法,富于文学情趣,具有文学意味,很难区分出哪些部分可算是
真正的文学作品。

---

①《印度佛教史》(A. K. Warder: *Indian Buddhism*, *Motilal Banarsidass*, Second
　Revised Edition, Delhi, 1980),第 209 页,王世安译,商务印书馆,2000 年。

　　这样,佛陀开创了说法教化、结集经典注重文学性的传统。如渥德尔指出的,这一传统被他的后世信徒所继承和发扬。后来在佛教历史发展的漫长过程中不断结集出新的经典,文字、风格纷杂多样,从文学创作角度看,情形更大不相同。有些谈不到文学价值,如大部分论书是从理论上阐发"经"和"律"的,基本采用论辩体裁。具有文学价值的部分区别也很大:有些经典本来是利用已有文学作品改编而成的,例如一些本生、譬喻故事,本来是民间文学创作,被组织、附会到教义说明上来;有些作品如佛传、佛弟子传是按文学创作方式撰集的;有些宣扬教义的作品采用韵文形式,等等。这些可算作是典型的"佛教的翻译文学"作品。另有些原本作为宗教经典结集,或者插入了具有文学情趣的情节,或者采用了文学表现方法,语言多作修饰,叙写形象而生动,具有一定的艺术性。这些也可以包含在广义的"佛教的翻译文学"范围之内。也有人取最广义的概念,把所有的佛典统称为"佛教文学"。针对这种观念上的模糊状态,本文取折中立场:既称为"文学",就要符合作为文学的基本条件,起码在表达的形象和语言的修饰两个方面达到一定水准。即使按这样的标准,可归入"佛教的翻译文学"的经典数量也是相当庞大的。例如一些大部头的大乘经就合于这个标准,阐述戒律的"律藏"和论说义理的"论藏"里也包含许多具有文学情趣的部分。顾随曾说:

　　　　假如我们把所有佛经里面的故事,或大或小,或长或短,搜集在一起,那壮采,那奇丽,我想从古代流传下来的故事书,就只有《天方夜谈》(《一千零一夜》)可以超过了它⋯⋯小泉八云说:研究《圣经》(即《旧约》和《新约》)而专从宗教的观点去看,则对于其中"文学美"底认识,反而成为障碍。我想小泉氏这说法,我们拿来去看佛经,恐怕更为确切而适合一些。①

————————
① 顾随《佛典翻译文学选——汉三国晋南北朝时期》,《顾随说禅》,第91页,上海古籍出版社,1998年。

又,阅读和研究"佛教的翻译文学"经典,应当注意到,不论具体作品的文学性质多么鲜明,文学价值多么巨大,它们作为宗教经典的根本性质并没有改变。经典的宗教内涵借用文学形式表达和发挥出来;文学的表现则有教义、教理来支持。作品的文学价值和审美性质是附属的。当然肯定这一点,并不是否认或看轻这些作品的文学水准。从一定意义上说,正是这些作品的宗教圣典的本质,宗教性与文学性在其中相交融,才形成它们在艺术表现上的许多特点,造成特殊的艺术魅力,取得独特的艺术成就,从而在中国传译,也给中国文学提供了宝贵的资源与借鉴。

从佛教发展史看,"佛教的翻译文学"是中国人接触佛典最早的部分之一,也是佛教对于历代文学发挥重大影响的部分。史书上关于佛教输入中土明确记载最早的材料见于《三国志·魏志·东夷传》注所引三国魏鱼豢《魏略·西戎传》,其中说"昔汉哀帝元寿元年,博士弟子景卢受大月氏王使伊存口授《浮屠经》"①。这《浮屠经》就应是描写佛陀的佛传一类作品。这是容易被接受的以典型形象传达教义的作品。鲁迅讲中国古小说的发展又曾说:

> 中国本信巫,秦汉以来,神仙之说盛行,汉末又大畅巫风,而鬼道愈炽;会小乘佛教亦入中土,渐见流传。凡此,皆张皇鬼神,称道灵异……②

这又是说当初佛教"灵异"故事能够感动人心,随着佛教传播开来。一直到后来,佛教经典中那些描写人物、讲述故事、富于文学性的即所谓"佛教的翻译文学"作品,乃是全部经典在民众中容易流传、受到欢迎的部分,也是对于历代作家、各体文学创作发挥巨大、持

---

① 《三国志》卷三〇《魏书·乌丸鲜卑东夷传》卷三〇,第 859 页。《魏书·释老志》"景卢"作"秦景宪",《世说新语·文学》篇注引"复立"作"复豆"。
② 鲁迅《中国小说史略》第五篇《六朝之鬼神志怪书》(上),《鲁迅全集》第 9 卷,第 43 页。

久影响的部分。

二

部派佛教时期，随着佛陀信仰的提升，出现多种多样的赞佛作品。其中文学成就突出的一类有佛传。从文学价值看，作为一类特殊的传记文学作品，它们是传记文学的瑰宝，在世界文学史上占有一席重要地位。

佛陀无论是作为宗教教主，还是作为历史人物，都是人类历史上贡献杰出、影响巨大的不世出的伟人。佛传所塑造的佛陀的光辉形象，堪称世界文学中的不朽典型。如上所述，佛传是中土最早传入的佛教经典的一部分，以后陆续传译多种，受到教内外广泛推重，对于佛教在中国的传播，对于中国文学特别是叙事文学的发展产生巨大影响。

佛传的结集有特殊的背景。佛陀作为历史人物，是执着的修道者、成功的求道者和热情的布道者，是人类历史上能够以一个人力量大幅度改造世界的极少数的伟人之一。他的人格、胸怀和意志，他的思想、学识和技艺，无论哪一方面都是十分杰出的。他走过曲折的人生道路，具有极其丰富的阅历和经验，对于宇宙、人生"终极关怀"的各种问题提出了深刻见解，在世界广大范围内推动了思想、文化的发展。他的活动、业绩、言教是传记文学的好素材。佛传本是其弟子和后世信仰者逐步结集起来的。他们纂辑和传播这些作品，怀抱着高度的信仰热忱，又具有明确的赞颂、传扬目的，从而形成它们在构思、表现上的一系列特点，造就了它们作为传记文学作品独具的特色。

今传不同时期结集的佛传反映佛教发展不同阶段的思想内

容,艺术水平和文学价值也不相同。佛陀寂灭之后,大迦叶带领众弟子追忆佛陀在世言教,阿难诵经,优波离诵律,回忆导师在什么时候、什么地方,对什么人说了什么教法或制定了什么戒条,得到大家认可,记录下来,这已经包含传记成分。例如描述佛陀初成道,到鹿野苑找到当初追随他但经不起考验而离去的五个弟子,说苦、迹、灭、道“四圣谛”即所谓“初转法轮”,叙述这一段故事,成《转法轮经》,包含在《杂阿含经》里,是早期结集的经典。下面还将说到,“转法轮”也是各种佛传的一个段落。《转法轮经》早在公元150年前后已译为汉语,是最早输入中土的佛典之一。又如描写佛陀寂灭前后情况,汉译佛典有《长阿含经》卷二至卷四《游行经》(同本异译有西晋竺法护译《佛般泥洹经》、失译《般泥洹经》),叙写佛陀寂灭前后弟子们悲痛欲绝情景,记录他对弟子的谆谆教诲,内容不同于后出的宣扬佛性思想的大乘《涅槃经》,也成为后来各种佛传着重描述的又一个情节。正是在最初结集的、保存在经或律里的这样一些佛陀行事片段的基础上,到部派佛教时期,随着佛陀观的发展,形成叙述佛陀一生业绩的完整的佛传。由于各部派关于佛陀的传说不尽相同,从部派佛教到大乘佛教佛陀观又不断发展,从而结集起各种不同的佛传。就中土翻译情形说,如前所述,佛传传入甚早,版本众多。按所出年代,现存汉译专门的佛传有:东汉竺大力译《修行本起经》(约197;异译吴支谦《太子瑞应本起经》、刘宋求那跋陀罗《过去现在因果经》),东汉昙果、康孟祥译《中本起经》(207)、西晋竺法护译《普曜经》(308;异译唐地婆诃罗《方广大庄严经》),东晋迦留陀伽译《十二游经》(393),北凉昙无谶译、马鸣作《佛所行赞》(412—421)[1];异译刘宋宝云《佛所行经》),隋阇那崛多

---

[1] 据《房录》和《开元录》;《出三藏记集》作“失译”(苏晋仁、萧炼子点校《出三藏记集》,第124页,中华书局,1995年)。又参阅周一良《汉译马鸣佛所行赞的名称和译者》,《周一良集》第3卷《佛教史与敦煌学》,第242—249页,辽宁教育出版社,1998年。

译《佛本行集经》（587—591），宋法贤译《佛说众许摩诃帝经》（973—1001）等，尚有些缺本不存。此外先后译出的《阿含》（包括很多单本异译）和律藏（除了汉传四部广律《四分律》《五分律》《摩诃僧祇律》《十诵律》之外，重要的还有义净所译有部律《说一切有部毗奈耶》，存部分）里也包含大量有关佛陀传记的片段记述。

佛传作为宗教教主的传记具有独特的结构方式。一方面佛陀示现在世，作为现实人物，有其从生到死和凡人一样的过程；而另一方面，他又是不同凡俗的超现实的神奇人物，一生经历充满不可思议的奇迹。体现两者的结合，他的一生事迹被归纳为八个段落：下天、入胎、住胎、出胎、出家、成道、转法轮、入灭（依据大乘观念或无"住胎"而有"降魔"），称为"八相示现"（或称"八相作佛"）。所谓"示现"，意谓现世佛陀乃绝对的法身为了弘扬佛法而显现于人世。就汉译不同佛传看，内容涵盖这"八相"的情形不一。如《修行本起经》只讲到出家，《中本起经》则从转法轮开始。但所有佛传内容统一按八个段落顺序来组织是没有例外的。这样，众多佛传描绘人物就有固定框架，形成固定的程式；而要通过人物描写来表达教义，就要穿插说教，必然造成教条化的偏向。但是，结集者却能够充分地利用想象、象征、夸张等艺术手段，在固定的程式里，以饱满的热情施展才华，描摹形容，塑造丰满、感人的人物形象，造成生动、强烈的艺术效果。这样，独具艺术特色的佛传，乃是宗教文学创作的巨大成就，成为另类传记文学的不朽经典。

汉译佛传艺术成就最高的是生活在约纪元后二世纪的印度马鸣菩萨所造、北凉昙无谶所出《佛所行赞》（另有宝云异译）。这是歌颂佛陀一生伟大业绩的长篇叙事诗，在印度本土广泛流传，影响深远。又有隋阇那崛多译《佛本行集经》，是一部六十卷本的庞大经典，是由五部不同佛传汇集而成的，可看作是佛传类经典的总结性典籍。

马鸣是迦腻色迦王朝时代著名佛教思想家和文学家。从部派看他属于有部。马鸣的著述包括戏剧、小说多种。译成汉语的除了《佛所行赞》，重要的还有譬喻类经典《大庄严经论》。《佛所行赞》采用古印度流行的大宫廷诗形式，描写佛陀一生事迹，全篇二十八品，约九千三百行、四万六千字，是古代中国典籍里篇幅最长的叙事诗，比古乐府中最长的《孔雀东南飞》要长出数十倍。其结构按"八相示现"固定程式组织，从佛陀出生到圆寂后八分舍利，完整地描写了主人公的一生。本来如前所说，"八相示现"的严格程式对于作品整体结构、情节造成限制。但是马鸣在展开故事时发挥高度想象，一方面对于佛陀一生八个段落的活动，就具体情节加以生发，细致地加以描摹；另一方面注重场面刻画、气氛烘托，从而造成生动鲜活的艺术效果。古印度宫廷诗体裁，内容主要表现战争和爱情，又要贯穿治国、做人的道理。马鸣描写的佛陀，经历过在俗豪华生活，曾娶妻生子、宫嫔成群，这是世俗情爱的情节；佛陀没有战斗经历，但却经过精神上的搏斗与磨炼，在作品里表现为与恶魔的斗争；而整篇作品宣扬佛陀求道、修道、成道、弘道的经历，思致广大而深刻。这些都符合大宫廷诗传统的表现内容和形式。马鸣在创作中又充分吸取古印度神话传说和婆罗门教圣书《吠陀》《奥义书》和大史诗《摩诃婆罗多》《罗摩衍那》等经典的艺术技巧，借鉴各部派经、律中有关佛陀的传说和已结集的各种佛传的内容和写法，创造出佛传艺术的一个新高峰。

　　佛传艺术上的突出成就在塑造出独具特色的典型人物。日本哲学家和辻哲郎论佛教造像曾说：

　　　　"佛像"就原理说与文学同样，是赋予"神"以人的姿态，而不是人的姿态的神化。①

这里讲到"文学"，典型的就是佛传。佛传着力刻画传主佛陀作为

---

①和辻哲郎《佛教倫理思想史》，第289页，岩波书店，1985年。

"人"的形象,成功地塑造出具有典型意义的宗教教主的人物性格。关于《佛所行赞》,另一位日本学者平等通昭又指出:

> 作者思想上是站在上座部说一切有部的立场,不是把释尊看做具有本体佛意义的应化佛,而是具有觉悟的人的肉体的生身佛,只是在寂灭后才作为法身存在。换言之,是把释尊当做完善的人来描绘,而不当做绝对的神,或毋宁说是接近神的神人。①

即是说,马鸣是把佛陀当作现实人物来表现的,但这又是一个不同凡响的"神圣"人物。因而就总体看,排除那些出于玄想的神秘化的、超现实的情节,作为释迦族青年"太子"的佛陀基本被描绘为一个聪明智慧、热情敏感、心怀慈悲的年轻人。他受到现世苦难的刺激,善于思索,勇于反省,果敢地面对人生的挑战。他一旦意识到五欲轮回之苦,就坚决地摒弃,义无反顾地走上艰难的求道之路。他既能经受苦行的磨炼,又能战胜恶魔的诱惑,意志极其顽强,信念极其坚定。他对前来规劝他回家的人说:

> 明人别真伪,信岂由他生?
> 犹如生盲人,以盲人为导,
> 于夜大暗中,当复何所从?
> ……
> 我今当为汝,略说其要义:
> 日月坠于地,须弥雪山转,
> 我身终不易,退入于非处!
> 宁身投盛火,不以义不举,
> 还归于本国,入于五欲火!②

---

① 平等通昭《印度佛教文學の研究》第一卷《梵文佛所行讚の研究》,第 336 页,日本印度学研究所,1967 年。
②《佛所行赞》卷二《推求太子品》,《大正藏》第 4 卷,第 18 页下。

他又善于批判地汲取众多修道者的经验教训,经过艰巨的精神探索,终于大彻大悟。当他体悟到解脱之乐的时候,又毫不利己,勇于承担,开始四十五年漫长的传道施化生涯,直到八十高龄圆寂,病逝于游行传法的道路上。这样,结集佛传的立意,当然在颂扬作为导师的教主,借教主的形象来宣说教义,但留给人们印象更深刻的是他伟大的人格、他探索真理的强烈欲望和不屈意志、他战胜内心矛盾和外界诱惑的勇气和毅力、他解救世人的大慈大悲的胸怀。这样的人格的内涵和意义,远远超出伟大的宗教教主,具有崇高的普世价值,乃是人类精神史上的宝贵财富;从文学角度看,则成功地塑造了一个永远辉耀于人类历史上的"圣哲"的典型。

中土传统以《左传》《国语》《史记》《汉书》为代表的史传作品注重"实录",长于叙事,主要是通过行为、语言、矛盾冲突来刻画人物。而以《佛所行赞》为代表的佛传却长于场面的描摹、环境的铺陈,特别是注重人物内心世界的刻画,用相当大的篇幅抒写人物的感情、情绪、感受等心理动态。这正是中土文学传统表现手法的薄弱之处。例如,讲到太子出走,陪同他的仆人车匿带着白马回来,合宫悲痛万分,先是描写车匿回归一路的心情,当来到王宫时:

宫中杂鸟兽,内厩诸群马,
闻白马悲鸣,长鸣而应之,
谓呼太子还,不见而绝声。
后宫诸彩女,闻马鸟兽鸣,
乱发面萎黄,形瘦唇口干,
弊衣不浣濯,垢秽不浴身;
悉舍庄严具,毁悴不鲜明,
举体无光耀,犹如细小星,
衣裳坏褴褛,状如破贼形。
见车匿白马,涕泣绝望归,

> 感结而号咷，犹如新丧亲，
> 狂乱而搔扰，如牛失其道。①

接着描绘姨母瞿昙弥"闻太子不还，竦身自投地，四体悉伤坏，犹如狂风吹，金色芭蕉树……"她回忆太子形容的美好和在宫中的优裕生活，"念子心悲痛，闷绝而躄地"；又描绘诸夫人，特别是佛陀在俗妻子耶输陀罗的悲痛，整个场面渲染得活灵活现。

宋人叶梦得说：

> 长篇最难。魏晋以前，诗无过十韵者。盖常使人以意逆志，初不以叙事倾尽为工。至老杜《述怀》、《北征》诸篇，穷极笔力，如太史公纪、传，此固古今绝唱。②

这是称赞杜甫的长篇叙事诗。而如《佛所行赞》，乃是九千余行的长篇，其表现的奥衍繁复、奇谲变怪是中土文字所未见的，写作技巧、手法更有很多独创的地方。饶宗颐举出其《离欲品》和《破魔品》连用"或"字排比句法，作为其影响中国诗歌创作的一例：《离欲品》描绘宫女诱惑太子的种种媚态，《破魔品》描绘魔和魔女对太子的攻击、恐吓，都连贯地利用"或"字排比句，极尽夸张形容之能事。如后者描写魔波旬形象：

> 或一身多头，或大腹身长，
> 或面各一目，或复种多眼。
> 或羸瘦无腹，或长脚大膝，
> 或大脚肥踵，或长牙利爪，
> 或无头目面，或两足多身。③

如此连用三十余"或"字构成叠句，刻画恶魔形象的诡异骇人。饶

---

① 《佛所行赞》卷二《车匿还品》，《大正藏》第 4 卷，第 14 页下。
② 叶梦得《石林诗话》，何文焕辑《历代诗话》上册，第 411 页，中华书局，1980 年。
③ 《佛所行赞》卷三《破魔品》，《大正藏》第 4 卷，第 25 页下。

宗颐指出韩愈《南山》诗"用'或'字竟至五十一次之多,比马鸣原作,变本加厉"①。这只是修辞方法的具体例子。《佛所行赞》的许多表现方法新颖、独特,乃是中国古典诗歌表现艺术的新收获。不过汉译佛传与译经的一般情形一样,往往有意译、有加工、有增删,还有误译和曲译,如此等等,并不完全忠实于原文。汉译《佛所行赞》同样,"译者的目标显然不是传译文学作品而是译经,因此保存了原文的主要内容,不过多少也注意到汉语诗体的要求"②。因此,如果按当时汉语诗歌已达到的艺术水准来衡量,译文在表达的雅驯畅达、格律的精严整饬、词语的修饰准确等方面差距还是相当大的。

代表宫廷诗传统源头的是大史诗《罗摩衍那》,中间经过马鸣的《佛所行赞》,发展到迦梨陀娑的《沙恭达罗》,这成为代表印度古代文学成就的长篇叙事诗的连贯的传统,由此可见马鸣这部作品的成就、贡献和在历史上的位置。

汉译佛传中另一部值得重视的作品是隋阇那崛多所出《佛本行集经》。如前所述,这是一部各部派佛传的总结性作品,不仅篇幅最长,内容最为翔实,描写也相当充分。由于这是一部辑录作品,整体显得庞杂,艺术表现上也欠优美精致。

中国古代以史传为中心的传记文学取得巨大成就,形成卓越的传统。其基本精神是反对"增益实事"③,追求"实录"。佛传输入了另一个外来的宗教传记文学传统。这是一个富于创造想象的传统。它以独具特色的思想内容和艺术成就丰富了中国的传记文学。中国本土宗教道教的经典中有作为传记文学的仙传。这是中国宗教文学的另一方面成就。佛传、仙传与各种体裁、各种类型的

①饶宗颐《马鸣佛所行赞与韩愈南山诗》,《梵学集》,第316页,上海古籍出版社,1993年。
②金克木《梵语文学史》,第262页,江西教育出版社,1999年。金著对比梵文原典和汉译,对汉文《佛所行赞》的表现艺术作了讨论。
③张衡《论衡》卷二九《对作篇》,第442页,上海人民出版社,1974年。

传记相互影响与借鉴，汇集为中国古代传记文学的洋洋大观，成为
古典文学作品中成就巨大、具有多方面价值与意义的部分。

三

　　佛传描绘的是作为佛教教主的人间的佛陀，基本是现实世界
的典型人物。现世的佛陀曾经"来此世界八千返"[①]，即是说他在现
世成就佛果以前曾作为"菩萨"（《本生》里的"菩萨"是部派佛教观
念，意思是"大心众生"，即心量无限广大的有情），转生为鸽、鹿、
罴、金翅鸟等各种生物和国王、修道者、商贩、贫民等各种人物，无
数次降生到此娑婆世界，做无数善事，积累无数功德。记录他的这
些经历的故事，构成《本生经》[②]，或称作"本生谭"，成为佛典翻译文
学中的另一类文学价值很高、古今中外受到普遍欢迎的部分。它
们被称为古印度"民间寓言故事大集"[③]，与希腊伊索寓言、中国诸
子寓言并列成为古代世界寓言文学的宝典。
　　《本生经》的形成大体与结集佛传同时，二者都是部派佛教时
期的产物。在今印度中央邦首府博帕尔附近的桑奇村有阿育王所
建塔三座（原八座），一号塔即俗称桑奇大塔的牌坊是公元前二世
纪巽伽王朝建造的，上面有佛传和本生故事浮雕，表明当时这两类
故事已经流行。汉译佛典里有一部《贤愚经》，是北魏僧人昙学等

---

①《梵网经卢舍那佛说菩萨心地戒品》第一〇卷下，《大正藏》第 24 卷，第 1003
　　页下。
②本来意义的"本生谭"就是关于佛陀的。后来又有关于三世诸方佛如阿閦
　　佛、阿弥陀佛以至佛弟子、后世信仰者的类似故事，有的学者也把它们归到
　　本生一类。
③季羡林主编《印度古代文学史》，第 135 页，北京大学出版社，1991 年。

八人到西域于阗游方，根据当地法会上所听宣讲内容追记的，其中也包括大量本生故事，则是后来流传在西域的。这表明数量众多的同类作品被陆续创作出来。

在南传佛教巴利文佛典"小部"里，保留一部《本生经》，计547个故事，是五部《阿含》中《小尼迦耶》（《小部》）的第十部经。现存汉译《阿含》四部，《小尼迦耶》未译，所以汉译佛典里没有完整的巴利文《本生经》译本。但由于各部派在结集"三藏"时大量把本生故事编入其中，那些流行的故事在汉译佛典里大体均有相应译文，而且往往不止一种。另有比较集中地保存本生故事的汉译佛典十几部。主要有吴支谦所出《菩萨本缘经》、康僧会所出《六度集经》、西晋竺法护所出《生经》、失译《菩萨本行经》等；此外各种譬喻经、辑录佛教故事的《贤愚经》《杂宝藏经》以及佛传如《佛本行集经》等各类经典里也编入不少。这样，本生故事在汉译佛典里就占有相当篇幅。特别是它们被广泛用于宣教，被世俗文学创作利用，以至改编为民间故事传说，流传就更为广远。

与佛传相比较，《本生经》可说是更为纯正的文学作品。早出经典里的本生故事多数取材古印度流传的神话、传说、寓言、笑话（愚人故事）、奇闻轶事等民间文学作品，其中许多篇章以动物为主人公，显然是古印度流行的寓言，另有不少以国王为题材的如"顶生王本生""大善见本生"等则取材古印度先王传说。它们被附会以说教，仍保持民间创作的质朴风格。如金克木指出："这一类故事和另外一种完全是夸张想象以至堆砌辞藻的经和故事显然是两种风格，有两种来源，起两种作用。"①所以《本生经》可以看作是古印度叙事文学优秀传统的产物，其思想内容与艺术表现都达到了相当高的水平。

本生故事原文体裁多种多样，有散文、诗歌、格言等，译成汉语

---

① 金克木《梵语文学史》，第175页。

基本采用韵、散结合的文体,并有固定的程式化的结构。这也体现出宗教文学的特征。每个故事分为三部分:第一部分是佛陀在现世活动情形,这一部分比较简单;接着是作品主体,描述他在过去世的行事,他身为菩萨,示现为动物或不同身份的人,精勤修道,积累善行,这多是取自民间文学创作的内容;最后是关联语,回到现世,由佛陀出面说明过去世的故事与现世人事的关联,指出当初行善的某某就是自己,作恶的某某就是现在加害或反对他的人,从而表达喻意,阐发教义。这样,从结构看,故事情节比较单纯,但是所表现的矛盾冲突集中,"人物"善恶分明,富于情趣,寓意突出。这都鲜明地体现出民间文学特色。

"本生"故事内容的主要特征是其强烈的伦理性格。故事的基本主题是扬善惩恶。虽然每篇作品结穴的主旨在作教义宣传,但是从客观意义看,大部分故事宣扬慈悲、平等、友爱、和平、抚孤爱幼、珍惜生命等观念,都是具有普世价值的伦理原则,反映了佛教教义本来具有的宝贵的人文精神,同时也体现这些作品取材民间、反映民众意愿的渊源。

"本生"故事的一个常见主题是舍己救人。这也是佛教慈悲观念的典型表现。著名的如尸毗王以身代鸽故事,汉译见于《杂宝藏经》《菩萨本生鬘论》《大庄严经论》等多部经典。故事说曾有大国王名尸毗,生性仁慈,爱民如子;其时三十三天的天帝释即将命终,世间佛法已灭,诸大菩萨不复出世,大臣毗首告以阎浮提今有尸毗王,志固精进,乐求佛道,当往投归;天帝释听了,决定加以考验,说偈曰:

> 我本非恶意,如火试真金;
> 以此验菩萨,知为真实不。

他让毗首变成一只鸽子,自己变成一只鹰,鹰追逐鸽子来到国王面前,鸽子惊恐地躲藏到国王腋下。鹰作人语对国王说:"今此鸽者,是我之食;我甚饥急,愿王见还。"国王说:"我本誓愿,当度一切。鸽来依投,终不与汝。"鹰说:"大王今者,爱念一切,若断我食,命亦不济。"他又说必须吃血腥的鲜肉。结果国王决定以身代鸽,即取利刀,自割股肉。鹰又要求肉的分量一定要与鸽相等。国王让人取来秤,把从身上割下的肉和鸽子分别放到秤的两端,股肉割尽,较鸽身尚轻,以至臂、肋、身肉俱尽,犹轻未等。最后,国王奋力置身秤盘,心生喜足。天帝释问:"王今此身,痛彻骨髓,宁有悔否?"国王说不,并发誓说:"我从举心,迄至于此,无有少悔如毛发许。若我所求,决定成佛,真实不虚。得如愿者,令吾肢体,当即平复。"当他发出这一誓愿时,身体恢复如初。这时天神、世人都赞叹稀有,欢喜踊跃,不能自已。故事的最后,佛告诉大众:"往昔之时,尸毗王者,岂异人乎?我身是也。"①这个故事立意在赞颂菩萨功德,结尾处明著训喻意义,把舍己救人的高贵品德表现得淋漓尽致。另有萨埵太子舍身饲虎故事,也表达同样主题。

　　许多"本生"故事里描写恶人恶行,拿来和菩萨善行作对比,对他们进行强烈谴责。其中经常出现的是提婆达多(另译"调达")。他本是在俗佛陀的从兄弟,佛教史上记载他随佛出家,后来与佛陀意见相悖,分裂教团,在故事里被表现为佛陀的敌人、教团的叛逆者、极恶之人。《六度集经》卷六有个九色鹿故事,汉译另有单行《九色鹿经》。故事说菩萨昔为九色鹿,曾从大水里救出溺人,溺人感谢他,表示要为他作奴供驱使;九色鹿拒绝了,告以"欲报恩者,莫道我在此,人贪我皮角,必来杀我";时国王夫人欲得九色鹿皮作褥,得鹿角作拂柄,国王募于国中,若有能得九色鹿者,分国而治;溺人闻王募重,心生恶念,就告发了鹿的去处;国王捕到鹿,鹿说明原委,王甚大惭愧,严责溺人,放了鹿,下令国内不得驱逐此鹿,结果众鹿数千皆来依附,国家太平,灾害不生。佛陀说:尔时九色鹿

①见《菩萨本生鬘论》卷一,《大正藏》第3卷,第333页中—334页上。

者,我身是也;时溺人者,今调达是①。按文学作品分类,这个故事属于地方风物传说一类,是用来说明鹿野苑地名缘起的;又立意在谴责调达,有明确的宗教内涵。但故事揭露以怨报德的恶行,客观寓意和中土"东郭先生"寓言类似。又许多以国王为题材的本生故事批判统治者的暴虐、贪婪,赞扬仁民爱物、悱恻为怀的美德,宣扬和平、富足、国泰民安的社会理想。《六度集经》的《国王本生》里大臣说"宁为天仁贱,不为豺狼贵",百姓说则"宁为有道之畜,不为无道民"②,鲜明地表达民众对于清明政治的渴望。至于汉译本生故事里多使用"仁""德""孝""忠"等词语,多掺杂"天""命"之类概念,则是在翻译中融入儒家观念,也是中国和印度两大伦理体系相结合的体现。

有些本生更富宗教意味,如《大涅槃经》里雪山童子"舍身闻偈"故事。内容是说当初世尊在世修菩萨道,作婆罗门,在雪山苦行,称作"雪山大士"或"雪山童子";天帝释为了试验他的诚心,变作罗刹,对他说过去佛所传半偈:"诸行无常,是生灭法。"童子听了,心生欢喜,四面观望,只见罗刹,就对他说:"大士,若能为我说是偈竟,吾当终身为汝弟子。"罗刹说:"我今定为饥苦所逼,实不能说。"他又说所食惟人暖肉,所饮惟人热血,但自己已无力取杀。童子答说:"汝但具足说是半偈,我闻偈已,当以此身,奉施大士。"罗刹就说出后半个偈:"生灭灭已,寂灭为乐。"童子听了,就在石头上、墙壁上、树木上、道路上,书写这个偈,然后升高树上,投身地下。这时罗刹现天帝释形,接取其身体,雪山童子以此功德超生十二劫。故事最后指明雪山童子就是佛陀的前身③。这里所说的偈

①见《佛说九色鹿经》,《大正藏》第 3 卷,第 452 页中—453 页上。《祐录》作失译,后题后汉支谦译。吕澂《新编汉文大藏经目录》"附西晋录",第 67 页,齐鲁书社,1980 年。

②《六度集经》卷五《忍辱度无极章第五》,《大正藏》第 3 卷,第 26 页下。

③《大般涅槃经》卷一四《圣行品》,《大正藏》第 12 卷,第 450 页上—451 页上。

就是所谓"雪山偈"，又名"无常偈"，它与"法身偈"（又名"缘起偈"：
"诸法从缘起，如来说是因，彼法因缘尽，是大沙门说。"）、"七佛通
戒偈"（"诸恶莫作，诸善奉行，自净其意，是诸佛教"）是表达佛教基
本教义的三个偈。这个故事本是宣扬教义的，但描写雪山童子为
求法而不惜身命，扬弃其宗教训喻内涵，那种为追求真理、不畏牺
牲的坚定、崇高品格，是具有普遍的教育意义的。

　　如上所述，早期佛典里的"本生"故事本来取材民间，作为创作
体裁延续了民间文学传统，艺术上相当充分地体现了民间创作的
特征和优长：构思单纯、质朴，叙写鲜明、生动，感情色彩浓厚，善恶
分明；多使用夸张、象征等富于形象性的手法，等等。但作为宗教
文学，理念表达和结构方法又有一定程式；为了达到宣教效果，摹
写形容往往夸饰过度，这些在艺术上则显得幼稚了。

四

　　《杂阿含经》记载佛陀教诲：

　　　　今当说譬，大智慧者以譬得解。①

《法华经》里也记载佛陀对弟子舍利弗说，过、未、现诸佛"以无量无
数方便，种种因缘譬喻言辞，而为众生演说佛法"②。

　　汉语"譬喻"用在写作实践中意义所指不同：修辞的比喻格，行
文中的譬喻情节，作为文体的寓言，等等。这些作为写作方法都是
佛典多使用的。如大乘佛教说明"我法两空"的基本教理，有著名
的"大乘十喻"，什译《金刚经》精练为"六如"："一切有为法，如梦、

①《杂阿含经》卷一〇，《大正藏》第2卷，第71页中。
②《妙法莲华经》卷一《方便品》，《大正藏》第9卷，第7页中。

幻、泡、影,如露亦如电,应作如是观。"①这是以"具象"的梦、幻等等
来比喻"诸法性空"的抽象义理。佛教概括全部经典,划分为"十二
分教"或称"十二部经",其中专门有"譬喻"一类,梵文音译阿波陀
那,指宣教的譬喻故事。这类故事广泛穿插在佛陀说法中,后人把
它们辑录起来,成为专门的譬喻经一类。实际扩展开来看,前面所
述"本生"也是譬喻;又"十二分教"里还有"因缘",指佛陀教化的因
缘故事,也是譬喻。广泛利用"譬喻"说法乃是佛教教化方式,也是
佛典表达的重要特征。这与印度民族的思维方式有关系。佛教外
学中有"因明"即逻辑一科,实际也集中体现了印度民族的思维方
式。因明的基本结构是所谓"三支论法",每立一"宗"(论点,如说
"声音"是无常的),先明"因"(论据,如解释为什么声音无常,"为所
作故",即本是因缘合和而成的),再举喻(最后用譬喻来解释,"如
瓶",像瓶一样是"所做"的)。"喻"与"因"并列,被当作论理的基本
根据,可见在印度民族思维中"譬喻"的重要地位。这是一种特别
重视形象比喻的思维方式。佛典大量利用"譬喻",与这种思维方
式有直接关联。

龙树《大智度论》又指出:

> 譬喻为庄严论议,令人信著故……譬如登楼,得梯则易
> 上;复次,一切众生著世间乐,闻道德、涅槃则不信不乐,以是
> 故,以眼见事喻所不见。譬如苦药,服之甚难,假之以蜜,服之
> 则易。②

这也是说,利用"譬喻"是实施教化时让人易于接受的方便做法,特
别是在对一般民众宣传艰难义理的时候。

1926 年鲁迅先生为校点本《百喻经》作题记说:

①鸠摩罗什译《金刚般若波罗蜜经》,《大正藏》第 8 卷,第 752 页中。
②《大智度论》卷三五,《大正藏》第 25 卷,第 320 页上。

　　尝闻天竺寓言之富，如大林深泉，他国艺文，往往蒙其影
响。即翻为华言之佛经中，亦随在可见。明徐元太辑《喻林》，
颇加搜录，然卷帙繁重，不易得之。佛藏中经，以譬喻为名者，
亦可五六种，惟《百喻经》最有条贯……①

鲁迅在这里指出丰富的寓言乃是"天竺"文艺的特点。他曾亲自校
点并出资印刷了《百喻经》。这是汉译专门譬喻经中艺术成就最
高、最重要的一部。汉语佛典里辑录譬喻故事、立名"譬喻"的经典
现存另有多部：题为吴康僧会所出《旧杂譬喻经》、题为支娄迦谶所
出《杂譬喻经》②、失译《杂譬喻经》、比丘道略集、鸠摩罗什译《杂譬
喻经》(有异本《众经撰杂譬喻经》)，僧迦斯那撰、南齐求那毗地所
出《百句譬喻经》(即《百喻经》)后出。另外还有许多单本譬喻经，
僧祐在《出三藏记集》里著录"失译杂经"时指出，这类经典一卷已
还者五百余部，"率抄众经，全典盖寡"③，他列出一大批这类经典名
目，如《恒河譬经》《须河譬喻经》《马喻经》《鳖喻经》等。又有《法句
譬喻经》，下面还将介绍，是利用譬喻故事解说"法句"的。此外另
有许多别有标题的譬喻故事经集，如题为支谦译《撰集百缘经》，姚
秦竺佛念译《出曜经》，马鸣撰、鸠摩罗什译《大庄严论经》，北魏慧
觉等出《贤愚经》，北魏吉迦夜共昙曜译《杂宝藏经》等。大乘经里
叙说的许多故事，也可以看作是广义的譬喻。

　　这里介绍几种专门的譬喻经集。它们的结集情况多种多样。
有些故事是从"修多罗藏十二部经中抄出"④的，有些是创作的。创

①鲁迅《〈痴华鬘〉题记》，《鲁迅全集》第 7 卷，第 101 页。
②上述两种的译者为后人所题，不足为据，根据内容和译语，当为后出。
③现存"譬喻经"除《百喻经》有梵文原本外，其他均不见外语原典，所以有人径
　认为它们都是"在中国结集成书的抄译经"。参阅丁敏《佛教譬喻文学研究》
　第六章《譬喻佛典研究之三——六部以"譬喻"为名的佛典》，第 275—388
　页，东初出版社，1996 年。
④《百句譬喻经前记》，《出三藏记集》卷九，第 355 页。

作的部分,有的是翻译即外来的,有些是本土的;从外语翻译的,有些是印度的,有些是西域"胡族"的。譬喻故事附会到教义说明上,贴切程度又大不相同。有些故事,特别是那些为宣传教义专门制作的,往往是替说教作图解,如用简单的情节来说明施舍则得到财富,慈心则得到善报,等等。这类故事是程式化的,情节简略,表述粗陋,读(听)起来索然寡味。在艺术上有价值的,是那些在宗教喻意之外,另有更普遍、更深刻的训喻意义、艺术上也富于情趣的作品。

如果说"本生"故事内容以伦理训喻意义为特长,那么譬喻故事则多具有哲理意义。就这些故事的本意说,和"本生"一样,当然在宣说教义;但故事所反映的客观内容则多包含人生的、社会的或宇宙的哲理。它们往往与"本生"中所体现的伦理内容同样是具有普世价值的。例如失译《杂譬喻经》卷下第二十九经"瓮中见影"故事,说新婚夫妇二人看见瓮里自己的影子,怀疑对方藏有情人;《旧杂譬喻经》里二道人根据象迹判断是怀孕母象;《百喻经》第十《三重楼喻》写不想造下面两层屋而让工匠直接造第三层屋的愚人。经文对于寓意都有直接说明:第一个故事是讽刺"世人愚惑,以虚为实",所谓"实"是指佛法的"真实";第二个故事说明"夫学当以意思维",所谓"思维"指忆念佛法;第三个故事是教育四辈弟子"精勤修敬三宝",不要"懒惰懈怠"。这些解说讲的都是宗教修持道理,但很明显故事客观上表达了具有普遍意义的、更深一层的哲理。后出的《百喻经》多讥刺愚人,以愚人的蠢事衬托出智慧,日本佛教学者岩本裕指出它们是从古印度民间流行的愚人故事脱胎而来①。

有一部分譬喻故事所指示的修道方式和态度,实际和人生处事的普遍原则相通。如《旧杂譬喻经》写鹦鹉以翅羽取水,欲扑灭

---

① 岩本裕《佛教説話研究》第二卷《佛教説話の源流と展開》,第 118 页,开明书院,1978 年。

山中大火,颂扬其"知其不可而为之"的不屈意志;《杂宝藏经》卷一
《弃老国缘》,说过去有一弃老国,国法驱弃老人,有一大臣孝顺,在
地下掘一密室孝养老父,借老父的智慧替国王解答了天神的问题,
终于使国王改变了弃老法令,则是宣扬敬老意识的,又符合中土仁
孝观念。《贤喻经》卷三《贫女难陀品》,讲佛经里常常提到的"贫女
一灯"故事,本来是宣扬施舍的,但那种为了达到一定目标而精诚
努力的精神,同样体现一种可贵的品格。譬喻故事里宣扬戒绝贪、
瞋、痴,提倡施舍、忍辱、精进努力的篇章很多,都包含普世的人生
哲理。

　　不少譬喻故事反映社会矛盾,表达政治观点,具有批判意义。
《旧杂譬喻经》里的"祸母"故事,说过去有个国家,富足安乐,但国
王贪心不足,忽发奇想,派人到邻国买"祸",结果祸害了民众,闹得
饥荒遍地,故事结尾说:"坐厌乐,买祸所致。"故事本是戒"贪"的,
但对统治者的残暴荒唐作了揭露和讽刺。在一些国王题材的譬喻
故事里,常常带着鲜明爱憎,拿贤明国王与残暴国王作对比,揭露
暴君滥杀无辜、贪得无厌、盘剥百姓、侵略别国的罪行;而对仁政爱
民的国君则加以赞扬。如《杂宝藏经》里一个故事揭露国王"七事
非法":"一者耽荒女色,不务贞正;二者嗜酒醉乱,不恤国事;三者
贪着棋博,不修礼教;四者游猎杀生,都无慈心;五者好出恶言,初
无善语;六者赋役谪罚,倍加常则;七者不以义理,劫夺民财。由此
七事,能危王身。"又指出"倾败王国"的"三事":"一者亲近邪佞谄
恶之人,二者不附贤圣不受忠言,三者好伐他国不养人民。"①这是
对统治者贪残罪行相当全面、深刻的揭露与批判。《贤愚经》卷八
《盖事因缘品》借鉴佛陀为太子时出游四门情节描写国王出游,他
"见诸人民耕种劳苦",问大臣人民何以如此,大臣回答说:"国以民

---

① 《杂宝藏经》卷八《拘尸弥国辅相夫妇恶心于佛佛即化导得须陀洹果》,《大正
　　藏》第 4 卷,第 485 页中。

为本,民以谷为命。若其不尔,民命不存;民命不存,国则灭矣。"①
这就简洁、明确地阐发了民本的政治主张。

"譬喻经"作为文学作品,同样具有十分明显的艺术特色:素材
大都取自现实生活,包括那些以动物为主人公的,或是拟人化的,
实际也有现实生活依据;由于描述的是真实的世态人情,虽然情节
比较单纯,却富于生活情趣;寓意隐含在故事当中,但表达效果相
当显豁,作者或讲故事的人往往直接出面评论;作者的爱憎、褒贬
态度鲜明;语言通俗易懂,汉语译文相当平易、生动,和六朝时期书
面语言的雕琢华丽截然不同;特别是那些短小精悍的笑话,奇思异
想,极富风趣,对世态人情的揭露和讽刺往往十分尖锐、深刻,耐人
寻味,发人深省。

五

当初佛陀教化弟子,口耳相传,多利用偈颂体,结集佛典也以
"颂"为单位。"十二分教"里属于偈颂的有两类:一类是应颂,音译
为"祇夜",是配合散文叙说的"长行"的;另一类是讽诵,音译为"伽
陀"(简为"偈"),是独立宣说教义的。这两类偈颂译成中文采取句
式整齐的诗歌形式,当然不是格律精严的汉语诗歌体裁。又与原
典核对,具体译文使用文体并不与原文完全对应。这是涉及翻译
方法层面的问题,这里不作讨论。

佛典里的偈颂单独被辑录起来,成为"法句经"。所谓"法句",
意指解说佛法精要的言句。它们被当作佛陀教导的真传、修行佛
法的入门指针。结集为经本的"法句经"被广大佛教徒所尊重和喜

---

① 《大正藏》第 4 卷,第 403 页中。

爱，流传广泛，异本很多。翻译成汉语的是诸异本中的几个文本①：吴支谦和竺将炎所出（或误为吴维祇难等译）《法句经》二卷，晋法炬共法立所出《法句譬喻经》四卷，姚秦竺佛念所出《出曜经》三十卷，宋天息灾所出《法集要颂经》四卷。据考第一种《法句经》是有部譬喻师法救编辑；《法句譬喻经》和《出曜经》则是选择其中部分偈颂加上散体譬喻故事，可看作是譬喻经的一种；《法句要颂经》后出，全部是偈颂，与前三种差别很大。

"法句经"是以单篇偈颂，或两个、两个以上偈颂组合的形式宣说佛义，是一种训喻式的诗体警句。例如：

> 莫学小道，以信邪见，莫习放荡，令增欲意。
> 善修法行，学诵莫犯，行道无忧，世世常安。②

> 弓匠调角，水人调船，巧匠调木，智者调身。
> 譬如厚石，风不能移，智者意重，毁誉不倾；
> 譬如深渊，澄静清明，慧人闻道，心净欢然。③

> 莫轻小恶罪，以为无殃报，
> 水滴虽极微，渐盈于大器，
> 恶业渐渐增，纤毫成广大；
> 莫轻小善业，以为无福报，
> 水滴虽极微，渐盈于大器，
> 善业渐渐增，纤毫成广大。④

---

①又属于大众部系统说出世部的佛传《大事》里引述《法句经》千品，据考出于公元前2—1世纪；在新疆于阗发现有罽宾语《法句经》，据考出于公元1—3世纪。
②《法句经》卷上《教学品》，《大正藏》第4卷，第559页中。
③《法句譬喻经》卷二《明哲品》，《大正藏》第4卷，第587页中。
④《法句要颂经》卷二《水喻品》，《大正藏》第4卷，第785页下。

如此宣说的教义,同样往往具有普世的哲理、伦理意义。汉语翻译采用诗歌体裁,主要是求段落、句数、字数整齐划一;基本是五言或四言句,双句构成段落,不过并不注意语言的节奏,押韵也相当自由;表达多用比喻、象征手法;内容重在说理,因而可看作是哲理诗一类。又如上所述,《法句譬喻经》和《出曜经》加上譬喻因缘故事来解说,采用了相当典型的韵、散结合形式,则是法句和譬喻两类文体的结合。

从文学角度看,"法句经"作为诗体创作的艺术水平并不高。特别是早期译作,语言、形式都显得过于拙朴。但它们富于特色的韵文形式对中土诗歌发展的影响是不可忽视的。作为格律自由的哲理诗,它们直接影响佛门内部的偈颂创作和僧、俗间诗文创作,包括后来王梵志诗、寒山诗等通俗诗的写作,以及禅宗的偈颂;另一方面,中土文人诗歌创作中的哲理化、散文化,也和"法句经"及其影响下的佛门偈颂有相互影响、借鉴的关系。

六

前面说过,按广义的理解,所有佛典特别是大乘经均可看作是文学作品。日本学者和辻哲郎说:

> 大乘经首先是"文学创作",这是在立足于自由立场上阅读经典时不得不立即承认的。①

但是就大乘经说,尽管诸多经典习用文学表现方法,富于文学创作的形象与美感,就文学价值说,它们与前述佛传、本生、譬喻经显然

---

① 和辻哲郎《佛教伦理思想史》,第 239 页。

有所不同。从根本性格看，它们不能算是文学作品，而是宗教圣典。不过这些经典确实包含具有高度文学价值的部分，其中汉译的有几部对于中国历代文人和文学创作的影响又是相当巨大的。这种影响甚至不下于那些真正称得上"佛教文学"的作品。

如前所述，佛教教团的活动体现浓厚的文学性质，许多经典包含文学性很强的部分。例如一般大乘经的开始部分即所谓"序分"，是一个说明佛陀说法因缘的、有故事情节的段落，即前面说到的"十二分教"里的"因缘"；律藏中的广律每出一条戒律首先记述当初佛陀是针对什么人、什么情况制定的，往往也是相当生动的故事；论藏本是疏释经和律的，是论说文体，其中同样多用譬喻、本生故事，重要论书《大智度论》《中论》《阿毗达摩大毗婆沙论》等都是如此。佛典里那些富于文学情趣的段落，完全可以当作文学作品来读。实际譬喻经、法句经就是从那些典籍中摘录、编辑起来的。

几部重要大乘经构筑庞大而又严密的教理体系，又富于高度玄想性格，无论是构思方式还是表达方法都与文学创作有相通之处。本来早出大乘《般若经》（这是一个庞大的作品群）以议论为主，思辨色彩十分浓重，而后来陆续结集的《维摩经》《法华经》《华严经》《涅槃经》等则多有生动的叙述和鲜明的形象。这与佛教发展的总体态势有关。加之它们的汉语译文相当精美，所以如开端所说，从文学创作角度看也达到了相当高的水准。

《法华经》是一部重要大乘经，被称为"经王"。自竺法护于太康七年（286）初译《正法华经》，即广受欢迎；后来鸠摩罗什所出《妙法莲华经》译文水平更高，更为流行。本经一再说到"以无数方便，种种因缘，譬喻言辞，演说佛法"[1]，利用譬喻故事敷演教理是它的一大特色。道宣概括本经内容说：

朽宅通入大之文轨，化城引昔缘之不坠，系珠明理性之常

---

① 《妙法莲华经》卷一《方便品》，《大正藏》第 9 卷，第 7 页上。

在,凿井显示悟之多方,词义宛然,喻陈惟远。①

这里讲的是《法华经》里"朽宅"（火宅)、"化城""系珠""凿井"四个譬喻,加上"穷子""药草""医师"喻,构成有名的《法华》七喻"。这是七个十分生动的寓言故事。其中如"三世朽宅""导师化城"等不论在观念上还是在文字上,都深入中土人心。胡适指出,"《法华经》(《妙法莲花经》)虽不是小说,却是一部富于文学趣味的书。其中的几个寓言,可算是世界文学里最美的寓言,在中国文学上也曾发生不小的影响"②。这部经典宣扬菩萨信仰,鲜明生动地描写众菩萨神通事迹,具有感发人心的强大力量。其中的《观世音普门品》,是在中国影响巨大的观音菩萨所从出,又作为单经广泛流通。《法华经》情节生动,文字精美,是备受历代文人欢迎的经典之一。

《华严经》是规模更为宏大、更能够体现大乘玄想性格的经典。内容描述佛成道后,凭借普贤、文殊等大菩萨示现佛陀因行果德如杂花庄严,广大圆满,无尽无碍。汉语前后三译,流行的是东晋佛陀跋陀罗所译六十卷本。全经按说法地点是七处,按场面是八会。前两会佛陀在成道的菩提道场和普光法堂说法,从第三会移到忉利天宫、夜摩天宫等处,第七会又回到普光法堂,第八会在佛陀圆寂的逝多林。这部经里说法的佛陀已不是修道成佛的沙门释迦,而是遍满十方、常住三世、总该万有的真理化身、十相具足的法身卢舍那佛;说法的对象不仅有佛弟子,还有众多菩萨、天神;说法的背景是万德圆满、妙宝庄严、无限华丽神秘的诸佛境界。因而有人把它比作一部规模宏大的神魔小说。在第八会里,佛陀现种种神变,使诸菩萨获得无数大悲法门,文殊师利率大众辞佛南行,到福城东,在庄严幢娑罗林中说法,有善财童子等二千人前来听法;善财童子一心求菩萨道,在普贤教示下,辗转南行,寻访五十三位善

①《妙法莲华经弘传序》,《大正藏》第9卷,第1页下。
②胡适《白话文学史》,第126页,东方出版社,1996年。

知识,听受无数广大甘露法门,终于证入法界。这就是六十《华严》里占十七卷的《入法界品》。善财童子的寻访经历,情节生动,人物众多,形象鲜明,含义深刻。有人把《华严经》的这一部分比作英国著名的宗教小说班扬的《天路历程》。《华严经》创造出大胆玄想的境界,描绘恢弘开阔,汪洋恣肆,是中土作品中前所未见的。

《维摩经》是另一部极富文学意味的经典。胡适说:

> 鸠摩罗什译出的经,最重要的是《大品般若》,而最流行又最有文学影响的却要算《金刚》、《法华》、《维摩诘》三部。其中《维摩诘经》本是一部小说,富于文学趣味……这一部半小说、半戏剧的作品,译出之后,在文学界与美术界影响最大。中国的文人诗人往往引用此书中的典故,寺庙的壁画往往用此书的故事作题目。后来此书竟被人演为唱文,成为最大的故事诗……①

这部经早有三国时支谦译本,后来什译更为流行。有人把它比作一部三幕戏剧。其中所塑造的信仰诚挚、学养高深的在家居士维摩诘形象,内涵丰富,性格鲜明,对历代中国士大夫产生的影响巨大和深远。本经的序分即《佛国品》的开头部分,叙说佛在毗耶离城庵罗树园向众比丘、菩萨、天、人说法,其时有五百长者子宝积说偈赞佛,表示"愿闻得佛国土清净",并请问"菩萨净土之行",表示立志建设佛国土,佛陀为此说了"若菩萨欲得净土,当净其心,随其心净则佛土净"②的道理。接着《方便品》,维摩诘出场,这是一位在家居士,过着世俗生活,享有资财、家属之娱,行为放达,游戏人间,但是信心坚定,教养极高,被表现为大乘居士的理想人格。他以无量方便饶益众生,示疾说法。佛陀命令他的十大弟子、四位菩萨前往探病,但他们一一推脱,各自追忆以前和维摩诘交往受到讥弹的

---

① 胡适《白话文学史》,第107页。
② 《维摩诘所说经》卷上,《大正藏》第14卷,第538页上—下。

往事。接着,佛陀命文殊师利前往探病,诸菩萨、大弟子、释、梵、天王等千百天、人随同,一起进入毗耶离大城。这时候维摩诘"以神力空其室内,除去所有及诸侍者,唯置一床,以疾而卧"①。文殊师利和维摩诘对谈论辩,维摩诘借此机会广为宣说佛法真义。文殊师利问疾这一段,场面描写极其生动:浩浩荡荡的队伍渲染出问疾的热闹气氛,相对照之下,维摩诘却在空无所有的方丈内隐疾而卧,这一方面凸显了他的威望,另一方面也表现出他内心的坚定和沉稳。他不为外物所诱,正表明他的思致深刻,境界远远高出众人。维摩诘和文殊师利的对谈,充分显示了他的聪明睿智和学养丰厚。文殊师利本是远比众人高明的人物,但比起维摩诘来却相差十分悬殊。文殊师利的性格同样相当鲜明。他是众菩萨里的翘楚,在众声闻、菩萨都心怀畏惧、不敢前往问疾的情况下,他敢于承担,有责任感,不畏艰难地担负起佛陀交给他的问疾任务。在和维摩诘对谈中,他虚心好学,谦恭有礼。他衬托出维摩诘的伟大,同时也显示出自己的伟大。维摩诘和文殊师利对谈之后,率领诸大弟子、释、梵、天王回到庵罗树园,闻佛说法,佛告舍利弗"有国名妙喜,佛号无动,是维摩诘于彼国没而来生此"②,维摩诘示现神通,以其右手断取妙喜世界,置于此土。接着佛告释提桓因本生故事:过去无量阿僧祇劫前有药王如来,受转轮圣王宝盖及其眷属供养,王有千子,一子名月盖,勤行精进,得成正觉。佛说宝盖即今宝炎如来,千子即今贤劫中千佛,月盖即前世释迦。最后流通分,佛陀劝嘱奉行、流通这部经典。《维摩经》是宣扬居士思想的经典,也是大乘佛教的纲领性文献,其中深刻论述了诸法"毕竟空""无所缘""无决定性"的道理。在"以空遣法"的"空平等观"的基础上,打通世间和出世间的界限,提出"不舍道法而现凡夫事""不断烦恼而入涅

①《维摩诘所说经》卷中,《大正藏》第 14 卷,第 544 页中。
②《维摩诘所说经》卷下,《大正藏》第 14 卷,第 555 页中。

槃"①的主张,从而发扬佛法的现实精神,凸显大乘佛教的入世性格。这种思想对于佛教在中国的发展起了极其巨大、积极的作用。《维摩经》什译本的表现技巧和语言运用堪称典范:如"天女散花""火中生莲""断取佛土"等情节奇思妙想,又具有深刻内涵;语言既精练又生动,有些语句如"一切众生,悉皆平等""随其心净则佛土净""无利无功德,是为出家""菩萨为众生故入生死""不尽有为,不住无为""不断烦恼而入涅槃""夫求法者,不著佛求,不著法求,不著众求"等等,精粹凝练,含义深刻,成为表达教义的格言;又如"殖种于空,终不得生""不下巨海,终不能得无价宝珠""欲行大道,莫示小径,无以大海,内于牛迹""高原陆地,不生莲花,卑湿淤泥,乃生此花""须弥之高广内芥子中""四大海水入一毛孔"等等,则譬喻新颖,隐含哲理。这部经典所宣扬居士思想适应中土伦理原则,对于推动中国居士佛教的发展起了重大作用,也成为它在士大夫间广受欢迎的一个重要原因。

净土类大乘经的文学性质同样鲜明。中土净土信仰流行,相关经典受到重视。如《观无量寿经》,简称为《观经》,这是所谓"净土三部经"之一。本经的缘起是一个凄婉动人的故事,实际也是佛传的一个情节。说的是佛陀在世时的阿阇世王,原本是摩竭陀国太子,听信提婆达多挑唆,把父王频婆娑罗幽禁在七重室内;他的母亲韦提希夫人以苏蜜掺和麦麨(炒面)涂在身上,又用璎珞盛葡萄浆蜜,趁探访时带给国王,使国王得以存活;后来被阿阇世发现,囚禁了夫人;夫人忧愁憔悴,生厌离心,遥礼耆阇崛山,向佛祈祷;佛陀与目犍连、阿难现身王宫,韦提希表示志愿往生阿弥陀佛极乐世界;佛陀在宫里为她宣说三福、十六观往生法门;韦提希夫人闻佛说法,欢喜悟解,得无生法忍。本经后半部分的三福、十六观法门,是净土禅观的主要修习方法。文学性强的是前面韦提希夫人

①《维摩诘所说经》卷上,《大正藏》第14卷,第539页下。

设计拯救丈夫部分,描述的几个人物性格十分鲜明,特别是韦提希夫人的形象,忠贞、智慧、坚强、刚烈,满怀求道的热心和执着,塑造了一个虔诚求道女子的典范。

《阿弥陀经》《弥勒上生经》等净土经典对于净土景象的描写,提供了理想化的美好世界的景象。这种全然出自玄想的、超离现实的境界,让无数世代身处苦难之中的人们无限憧憬,诱发他们的信仰心。它们又广被人们利用各种艺术手段加以刻画、描绘,成为理想世界的典型表现。雷奈·格鲁塞指出:

> (弥勒、弥陀等菩萨)经过一个长时期以后,这历史人物的佛陀几乎已被这一群菩萨尊者们抛到九霄云外去了。一部完整的神话则被建立起来,这大概是那位教主始料所不及的。但是不应低估这神话的价值,因为它向东方的天才提供了喜爱的题材——爱与慰抚的精神、具有意想不到的美学价值的整个梦幻世界、内心生活的崭新源泉以及对最崇高的心灵的神秘营养。遍及于远东人们心中的一大希望,已不再寄托在释迦牟尼的那种近于苏格拉底式的智慧上,而是寄托于对光辉的来世的肯定,寄托在那"西方极乐世界"或"净土";那儿,清白的灵魂死后将托生于神妙的莲花内。这些温柔奇妙的想象,超出现实束缚之外,呈现于金光灿烂的气氛中。当我们想到一切人类的梦想,和为它们所支援的不屈不挠的希望时,这些想象仍然是使我们感动的。①

充满夸饰、形容的净土境界体现一种宗教理想,其恢宏壮丽的场面,其大胆幻想的构思,其浓笔重彩、极度夸张的描绘,都给中土文学艺术提供了一种理想世界的范本。

对于中国文学发展的影响说,这些大乘经无论是内容还是形

---

① 雷奈·格鲁塞《东方的文明》上册,第236—237页,常任侠、袁音译,中华书局,1999年。

式所起的作用都是相当巨大的。在历史上"三教并立""儒、释交流"的传统中，这些经典成为文人的必读书，从思想观念到文字表达，都或直接，或潜移默化地融入他们的创作之中。

当初梁启超确定佛教"翻译文学"概念，实际也就确认了中国古典文学一个重要的创作和研究领域。后来包括鲁迅、胡适、陈寅恪等许多学术大师均就相关课题多所论作，阐扬开拓，被看作"佛教的翻译文学"的大量经典的文学价值与意义逐渐被人们所重视。中国"佛教的翻译文学"作为宗教的和文学的遗产积累丰厚，价值巨大。这个学术领域十分广阔，有待深入、细致探讨的课题很多，值得更多人付出更大的努力。

（本文根据作者 2009 年 11 月 27 日在澳
门大学中文系的讲演稿补充、整理而成）

作为传记文学的僧传

一

在中国古代传记文学中,宗教文献中的传记,主要是佛、道二教传记是值得注意的部分。它们作为宗教经典,具有宗教的、历史的以及一般文化的等多方面的价值;作为文学创作,也取得了相当大的成就,产生了广泛而深远的影响。佛教僧传是其中一个重要部分。

中国佛教史学兴盛于南北朝。西汉刘歆叙《七略》,东汉班固著《汉书·艺文志》,诸史均附入儒家《春秋》部类。到魏秘书监荀勖分别甲、乙、丙、丁(经、子、史、集)四部书,这可看作是史学观念转变和修史实践成就的集中体现,也为史学发展开辟了坦途。如梁启超所说:"两晋、六朝,百学芜秽,而治史者独盛,在晋尤著。"①就史传文学而言,当初司马迁著《史记》,首创"列传"一体,确立起中国古代正史中单列的史传文体。东汉清议品评人物,魏晋九品

---

① 梁启超《中国历史研究法》第二章《过去之中国史学界》,《梁启超史学论著四种》,第122页,岳麓书社,1998年。

中正诠选人才，也刺激了人物传记的写作。《隋志》"杂传类"著录有魏明帝《海内先贤传》、习凿齿《襄阳耆旧传》、皇甫谧《高士传》等各种类型传记作品。僧传著述的繁荣正与中国史学发展传统有直接关联。自佛教在中土弘传，陆续出现众多贡献卓越的人物。记述这些人物的生平事迹，表扬他们的精神，可为信徒树立榜样，也是宣教的需要。这样，在本土史传传统土壤上，僧传遂作为佛教史学的重要部类兴盛起来。而与中国佛教传记创作兴盛关联密切者更有三事。

一是自曹魏实行"九品中正制"，士族政治之下"官有世胄，谱有世官"①，氏族传承、人文谱系特别受到重视，谱学从而发达起来，出现了许多谱牒、姓苑之类著作。佛法也有传承的历史。陈真谛译有《部执异论》，这是外来经典，是专门记述部派佛教历史的；而如僧祐著《萨婆多记》，则是记述萨婆多部（说一切有部）"偏行齐土，盖源起天竺，流化罽宾，前圣后贤，重明叠耀"②的史实的。佛教人物及其行迹，佛法传承的关系、谱系等，构成佛教历史的重要内容。

二是南北分裂，北方建立起一批少数民族政权，引起人们对于边疆，特别是少数民族和异域情况包括历史状况的关注。北方"十六国"均有国史。北魏崔鸿加以鸠集，著成《十六国春秋》。南朝宋范晔《后汉书》有《西域传》、梁沈约《宋书》有《夷蛮列传》，均包括天竺诸国传记。当时的西域是中土佛教来源之地，佛教在中国又正兴盛起来，相关史料包括佛教人物传记，自然被教内外史家所重视。

三是地理之学在这一时期得到突出发展。当初司马迁著《史记》，只述及河渠，班固《汉书》始有专门的《地理志》。魏晋以来，海

---

① 赵翼《陔余丛考》卷一七《谱学》，第 306 页，栾宝祥、吕宗力点校，河北人民出版社，1990 年。
② 《出三藏记集》卷一二，第 466 页。

内外交通发达,出现许多地理著作,如晋虞挚《畿服经》、齐陆澄《地理书》、陈顾野王《舆地志》等。边疆和外国地理成为人们普遍关注的对象,而自南亚经西域到内地的广阔领地正是佛教人物活跃之地。

一批优秀佛教史家包括传记作家在这一时期出现,又另有教内外、主客观诸多条件起作用。从教内情况说,到南北朝时期,随着佛教的兴盛、影响的扩展,描述其传入中土并广泛弘传的历史状况,不仅必要,而且可能。这不只可以如一般史籍那样明鉴戒、垂教训,也是弘扬佛法的需要。当时又适逢中国史学发达时期,南北各朝普遍注重文事,重视修史,私家修史也成为风气。这为佛教史学提供了借鉴和经验,也刺激和推动了佛家传记的著述。而佛教徒修史从根本说又是一种弘教、护法的功德,僧传著述从而具有更正当、更强大的动力。

又晋宋以降,有关佛教流传、发展、演变的情形,参与活动的人物、发生的事件等等,已积累起大量资料。在一般史书如晋袁宏《后汉纪》、《魏略·西戎传》(佚,陈寿《三国志》裴注引)、宋范晔《后汉书》里,都记录有佛教内容。杂纂类著述如宋刘义庆《世说新语》及其刘孝标注更记载大量僧人活动史料。僧团内部亦开始撰著佛教史书。这样到南北朝后期,迎来了佛教传记文学繁荣的局面。直到唐宋时期,随着佛教发展,出现种类繁多的僧传类著作,包括以今存梁、唐、宋三部《高僧传》为代表的列传体传记集;以《慈恩传》等为代表的个人传记;以世系传承为线索的禅史、灯录;还有求法行纪一类,如早期的法显《佛国记》(《法显传》)和后来更著名的《大唐西域记》等。这些著作体现中国史传文学的总体特征:清晰的历史观念,忠于史实的态度,比较浓厚的理性精神,十分丰厚的文化底蕴,等等。同时又体现宗教文献特色:它们作为宗教经典被创作出来,具有强烈的弘法、卫道的自觉性;要树立求道、成道、传道的榜样,对人物必然极力美化、神化;出于宣教的需要,叙写中不可避免教条化、程式化的弊端等等。后面这些局限和缺点当然给后来治史者造成不少混乱或困扰。不过从另一个角度说,这些又构成宗教文学的某些特色。而包括那些玄想的、夸诞的成分,实际也是宗教的历史真实的一部分,同样具有"史料"价值;而作为文学创作,又赋予其构想以独特的浪漫、玄想色彩。

二

汤一介指出:

> 两晋南北朝时期之史书以僧人传记最为发达,其名见于慧皎《高僧传》、《隋书·经籍志》及诸目录、类书者极多。有一人之传记,如《佛图澄传》(《艺文类聚》八十一引)、《支遁传》(《太平御览》引),可考者计二十余种。有一类僧人之传记,知名者有四:《高逸沙门传》一卷,竺法济撰;《志节传》五卷,释法安撰;《游方沙门传》,释僧宝撰;《沙婆多部相承传》五卷,僧祐撰。有一时一地僧人之传记,《高僧传序》曰:"中书郗景兴(超)《东山僧传》、治中张孝秀《庐山僧传》、中书陆明霞(杲)《沙门传》,各竟举一方,不通古今,务存一善,不及余行。"此三书当均属此类。有尼传,如梁释宝唱《比丘尼传》四卷,今存,历叙晋、齐、梁之女尼;又据《隋志》著录慧皎有《尼传》二卷,已佚。有《感应传》,与佛教有关,今知名者有十余种,且如《宣验记》、《冥祥记》等多有辑佚(见鲁迅《古小说钩沉》)。而最重要者为通撰僧传,此不以时地性质为限者也。一则附之他书……一则叙列历代诸僧,另立专书,所摄至广,因至重要。①

---

① 《高僧传·绪论》,第1页。

这里第一类"附之他书"者,汤一介列出竟陵王萧子良钞《三宝记》十卷和僧祐《出三藏记集》十五卷;"叙列历代诸僧"者列出宋法进《江东名德传》三卷、齐王中《僧史》十卷、梁宝唱《名僧传并序录》三十一卷、梁慧皎《高僧传》古本十四卷近刊十六卷、梁裴子野《众僧传》二十卷(据《隋志》,《内典录》著录裴子野《沙门传》三十卷,并注明其中十卷为刘璆撰)、梁虞孝敬《高僧传》六卷、北齐明克让《续名僧传记》一卷等。上述诸书今仅存僧祐《出三藏记集》、宝唱《名僧传》节钞一卷和慧皎《高僧传》三种。

僧传著述第一位重要作家是僧祐(445—518)。他本是律学大师和优秀的佛教学者,著作由本人结集为《释僧祐法集》,有自序叙述治学状况说:

> 僧祐漂随前因,报生阎浮,幼龄染服,早备僧数。而慧解弗融,禅味无纪,刹那之息徒积,锱毫之勤未基。是以惧结香朝,惭动钟夕,茫茫尘劫,空阅斩筹。然窃有坚誓,志是大乘,顶受方等,游心《四含》。加以山房寂远,泉松清密,以讲席闲时,僧事余日,广讯众典,披览为业。或专日遗餐,或通夜继烛,短力共尺波争驰,浅识与寸阴竟暮。虽夫管窥迷天,蠡测惑海,然游目积心,颇有微悟……①

他的八部著作今存《释迦谱》《弘明集》和《出三藏记集》三种。前者是依据翻译经、律撰集而成的现存中土撰述的第一部佛传;第二部书辑录自东汉末至梁代僧俗宣扬佛法的论著,立意主要在弘教、护法,保存了有关佛教论辩的一批重要资料;第三部书则是现存最早的完整经录。三部书都是开创体例之作。《出三藏记集》所涉及可靠史事的年代,最晚的是卷五《新集安公注经及杂经志录第四》所述天监九年(510)郢州头陀道人妙光造作《萨婆若多眷属庄严经》

———————————

① 《释僧祐法集总目录序第三》,《出三藏记集》卷一二,第 457 页。

一卷，因而可以推断这部书完成于其后，这已是僧祐晚年学术成熟期的著作。而作为佛教目录学经典，这部书的价值远远超出单纯的目录学范围。作者自述书的内容和特点说：

　　　　缘记撰则原始之本克昭，名录诠则年代之目不坠，经序总则胜集之时足征，列传述则伊人之风可见。并钻析内经，研镜外籍，参以前识，验以旧闻。若人代有据，则表为司南；声传未详，则文归盖阙。秉牍凝翰，志存信史，三复九思，事取实录。有证者既标，则无源者自显。庶行潦无杂于醇乳，燕石不乱于精玉……①

这说的是全书分四个部分：第一部分"撰缘记"，记述译经因缘及其历史，也关系到印度佛教史；第二部分"诠名录"是经录部分，是根据道安《综理众经目录》加以扩充、重新编写的；关系僧传的是第三部分"总经序"和第四部分"述列传"。

　　如上所述，僧祐完成《出三藏记集》在天监九年之后。作《名僧传》的宝唱是僧祐弟子，是在"天监九年，先疾复动，便发二愿：遍寻经论，使无遗失；搜括列代经录，创区别之，撰为部帙，号曰《名僧传》，三十一卷，至十三年始就"。其《名僧传序》里又明确记载，"律师释僧祐道心贞固，高行超邈，著述集记，振发宏要，宝唱不敏，预班二落，礼诵余日，捃拾遗漏"②，则他的这部著作显然是有意补充乃师著述的。而慧皎《高僧传》所述人物迄于天监十八年。就是说，现存这三部僧传（包括《出三藏记集》"述列传"三卷）相继完成于天监九年以后的十年间。佛教史传如此集中地创作出来，直接原因显然和梁武帝崇佛的环境有直接关系，扩展开来看更决定于大批有声望、有影响的僧人在历史上出现并已在教内外产生广泛

①《出三藏记集》卷一，第2页。
②《续高僧传》卷一《梁杨都庄严寺沙门宝唱传》，《大正藏》第52卷，第427页下。

而深远的影响；而高水准僧传相继撰作，又是佛教兴旺发达的一个标志。

"总经序"辑录历代出经序言，乃集合众人文章而成，作者包括从三国时的康僧会到僧祐本人，大都是佛教史上著名的、对中国佛教发展做出重大贡献的人物。这一批文章所述除经典译出、流传等情形之外，更对于教义、教理多有发明，提供了中国佛教接受和发展历史包括僧人活动的资料。如康僧会《安般守意经序》记述安世高事迹：

> 有菩萨名安清字世高，安息王嫡后之子，让国与叔，驰避本土，翔而后进，遂处京师。其为人也，博学多识，贯综神模，七正盈缩；风气吉凶，山崩地动；针脉诸术，睹色知病；鸟兽鸣啼，无音不照……徐乃陈演正真之六度，译安般之秘奥，学者尘兴，靡不去秽浊之操，就清白之德者也。
>
> 余生末纵，始能负薪，考妣徂落，三师凋丧，仰瞻云日，悲无质受，眷言顾之，潸然出涕。宿祚未没，会见河南韩林、颍川皮业、会稽陈慧，此三贤者，信道笃密，执德弘正，蒸蒸进进，志道不倦。余从之请问，规同矩合，义无乖异。陈慧注义，余助斟酌。非师不传，不敢自由也。①

这是一篇关于安世高的早期记载，也述及自己的活动。同是康僧会的《法镜经序》称：

> 骑都尉安玄、临淮严浮调，斯二贤者，年在龆乱，弘志圣业，钩深志远，穷神达幽。愍世曚惑，不睹大雅，竭思译传斯经景模。都尉口陈，严调笔受，言既稽古，义又微妙。然时干戈未戢，志士莫敢或遑，大道凌迟，内学者寡……②

---

① 《出三藏记集》卷六，第 244 页。
② 《出三藏记集》卷六，第 255 页。

这反映早期外来僧侣和中土信徒共同译经和在战乱中艰难弘传的实情。又如释道安的《道行经序》，详细记录了东汉末年竺朔佛传译该经节本和朱士行前往于阗寻求全本的经过；未详作者的《放光经记》则进一步详细记载了朱士行西行、遣弟子传回《放光》经本和在陈留译出的情形。

僧祐精通内外学，文学水平很高，其"述列传"三卷，作为传记文学作品，充分显示了他的学养和文采。三卷中前两卷传主二十二人，附传十三人，是西来译师传记；后一卷传主十人，附传三人，是汉地弘法和求法大师传记。所述都是佛教在中国弘传早期（从东汉到南齐）卓有贡献和影响的人物。写作这些传记，僧祐无论在观念上还是写法上，都继承和发扬了中国古代史学注重写实的优良传统，所谓秉牍凝翰，志存信史，三复九思，事取实录；特别是仿效《史记》《汉书》以来的列传体裁，记叙史实，描摹物态，努力塑造出具有鲜明性格的人物形象。僧祐善于叙写，文笔相当优美，加上记述中多有机锋俊语，善于利用玄想、夸饰情节，使得文笔生动活泼，兴味盎然。如写道安避石氏之乱南行一段：

> 及石氏之乱，乃谓其众曰："今天灾旱蝗，寇贼纵横，聚则不立，散则不可。"遂率众入王屋女机山。顷之，复渡河依陆浑，山栖木食修学。俄而慕容俊逼陆浑，遂南投襄阳。行至新野，复议曰："今遭凶年，不依国主则法事难立。又教化之体，宜令广布。"咸曰："随法师教！"乃令法汰诣扬州，曰："彼多君子，好尚风流。"法和入蜀："山水可以修闲。"安与弟子慧远等五百余人渡河，夜行值雷雨，乘电光而进。前得人家，见门里有一双马枊，枊间悬一马篼，可容一斛。安便呼林伯升。主人惊出，果姓林，名伯升。谓是神人，厚相礼接。既而弟子问何以知其姓字？安曰："两木为林，篼容百升也。"遂住襄阳。
>
> 习凿齿闻而诣之。既坐而称曰："四海习凿齿。"安曰："弥天释道安。"时人咸以为名答。凿齿尝饷安梨数十枚。正值讲

坐，便手自割分，梨尽人遍，无参差者。高平郗超遣使遗米千石，修书累纸，深致殷勤。安答书曰："损米弥觉有待之为烦！"……其为时贤所重如此。①

这样的记叙与描写，生动地展现出一位高僧的道德与学养、机智与风采。当然作为宗教文献，也有虚妄不实的部分。

宝唱《名僧传》三十卷是现存第一部僧人类传。宝唱作为僧祐弟子，学养精深，著述弘富，今存他所编撰类书《经律异相》是具有多方面价值的早期佛教文献。他致慨于"外典鸿文，布在方册，九品六艺，尺寸罔遗，而沙门净行，独亡记述，玄宗敏德，名绝终古"，虽然有老师僧祐"著述集记"（指《出三藏记集》），感到仍有缺失，遂"礼诵余日，捃拾遗漏"②，于天监十三年（514）作成《名僧传》。该书在中土久佚，日本存文历二年（端平二年，1235）沙门性宗摘抄本一卷。该抄本内容包括原书目录、节抄和"说处"（逐卷摘录的要点）。从目录看，收录后汉至南齐僧人四百二十五人，划分为法师、律师、禅师、神力、苦节、导师、经史七科。这种分类并不严密，却是僧传中"类传"体的滥觞。现存节抄和"说处"的内容主要是关于弥勒信仰的，反映节抄者的兴趣所在。后来慧皎《高僧传》流行，这部《名僧传》即湮没不闻了，但其在僧传创作历史上的贡献和地位是不可磨灭的。宝唱另有《比丘尼传》四卷，今存，记录自东晋至梁普通年间六十五位比丘尼事迹，也如《名僧传》一样分科。一般以为中国佛教史上东晋净检从西域沙门智山受十戒为中土出现沙弥尼之始，净检四人从昙摩羯多受具足戒为出现比丘尼之始。六朝时期世家大族信佛成为风气，王公贵族妇女多有出家的；而比丘尼中人才辈出，也成为推动佛教发展的重要力量。佛教在女性包括家庭妇女中传播也很广泛。《比丘尼传》记叙相关人物，描绘了一批女

---

① 《出三藏记集》卷一五，第 562—563 页。
② 《续高僧传》卷一《梁杨都庄严寺沙门宝唱传》，《大正藏》第 52 卷，第 427 页下。

性佛教徒典型,同样提供了有关佛教和一般历史状况的大量材料。

慧皎(497—554)博通内外典,尤精于律学。他生活在江南浓郁的文化环境中,学养甚高。梁元帝萧绎任江州刺史,曾到他那里"搜聚"文书①,可见他个人藏书之富。除《高僧传》外,他还著有《涅槃经义疏》《梵网经疏》等,均佚。他的《高僧传》是在批判地继承前人成果基础上又一部总结性著作,代表当时僧传的最高水准。在《序录》里,他明确表示不满于前人著述:

> 然或褒赞之下,过相揄扬;或叙事之中,空列辞费。求之实理,无的可称。或复嫌以繁广,删减其事,而抗迹之奇,多所遗削,谓出家之士,处国宾王,不应励然自远,高蹈独绝。寻辞荣弃爱,本以异俗为贤。若此而不论,竟何所纪?

他又说:

> 自前代所撰,多曰名僧。然名者,本实之宾也。若实行潜光,则高而不名;寡德适时,则名而不高。名而不高,本非所纪;高而不名,则备今录。②

这里除了阐明自己的写作方法和取材标准外,更表明著书立场,就是肯定"高而不名"的高蹈隐逸之风。齐梁时期,许多"义学沙门"活跃在王公贵族间,以名誉相夸炫,行迹已同于权门清客。慧皎作为精于律学的律师,有意抵制并试图改变这种风气,从而使得"此书之作,实为一部汉魏六朝之高隐传,不徒详于僧家事迹而已"③。这也决定了这部书的总体格调。在古代基本是作为"帝王将相家谱"的传统史学里,这种观念和实践无论是对于史学还是文学都是

---

①萧绎任江州刺史在武帝大同六年(540)至中大同二年(547);其所撰《金楼子·聚书》有"就会稽宏普惠皎道人搜聚"的记载。
②《高僧传》卷一四《序录》,第 524、525 页。
③陈垣《中国佛教史籍概论》卷二,第 24 页。

具有积极意义和价值的。

　　本书传主自后汉至梁初凡二百五十七人，附见二百余人。受到作者见闻限制，所述基本是江左人物。作者写作态度谨严，内容取材书史文献，均有所本；虽然出入诸家，但善于抉择取舍，融会贯通，浑然成一家言。本书的史料价值历来为治史者所公认。特别是关于佛教史事，六朝史书大体疏略；即使如《世说新语》，记录僧人二十余人事迹，主要是有关名士与名僧交往的轶事趣闻；直到后来唐人修《晋书·艺术传》，僧人也仅存佛图澄、鸠摩罗什等数传。本书则提供了早期佛教在中土流传的相当全面、详细的资料。而更值得表扬的是，慧皎著述视野相当宽广。他并不拘泥于记述佛教内部事迹，更把人物放在广阔社会背景之中，又注意到世俗社会与佛教的关系；特别是六朝时期世家大族是从事文化事业的主体，本书详于记载有关世家大族的信仰和他们与僧人交往的情形，可补充一般世俗著述的缺失。

　　这部书在宝唱所创类传体的基础上加以完善，分为十门，即译经、义解、神异、习禅、明律、亡身、诵经、兴福、经师、唱导，计十三卷，另有一卷"序录"。其中"译经"三卷，占"叙录"以外全书篇幅的百分之二十三，这是因为在佛教输入早期，中土人士接受它首先要知其典籍，明其源流。这一门除了记述人物，更通过译人传记简明地阐发了佛教教义、教理及经典翻译、传播的历史等。"义解"五卷，篇幅近全书的五分之二，则反映了当时中国佛教注重研习教理的实际；其时义学兴盛，佛教义理传播及其在中土发展、演化情形自然得到重视。译经和义学两门并兴，则表明在中土传播、发展的佛教特别重视有关经典和教理的教学和研究，从而能够对思想、文化诸多领域做出巨大、持久的贡献。以下八门所占篇幅合起来不及上述两门。这种分类及其篇幅分配，清楚反映当时佛教发展的实际状况和著者历史观念的明晰与深刻。以后各种僧传大体同样循例分门而名目有别，而各门篇幅多寡则反映所述时代佛教发展的实际情形。《高僧传》每门之后,系以论说,类似有关门类的史志和评述。由于作者识见精审,这些论说也具有相当高的学术和史料价值。例如"译经"的总论,实际是一篇简明精要的佛典传译史;"经师"论记述善声沙门事迹,是关系汉语音韵学的不可多得的材料;"唱导"篇的总论,描写当时流行的佛教文艺形式——唱导盛行情形,生动展现了民众佛教生活的一幅风俗画,也为佛教通俗文学发展的历史留下了鲜明生动的缩影,等等。

慧皎具有相当高的文学素养。《高僧传》行文流畅,辞采颇为可观。作为传记文学,这部书在内容和写法上均多有独到之处。一方面,书中记述的是宗教人物,不能没有神怪诡异成分。这些内容作为史料看往往荒诞不实,从艺术角度看却相当具有创意,也给文学表现的内容和手法开拓了空间。特别是"神异"两卷,描绘佛图澄、耆域、杯度、保志等"神僧"形象,极度夸张地描写他们预言、射覆、分身、隐形、化物、秘咒、交通神仙、役使鬼物、治疗痼疾等等神奇变化。作者在描述这些内容时又像是有凭有据,利用在事实框架里进行虚构的独特表现方式,给人以"真实"的印象。这种构思方式和所创造的"神异"情节,在后世小说、戏曲里被普遍地借鉴和发挥。另一方面,作者显然深谙中土《史记》《汉书》以来的史传写作艺术,刻画人物、描摹事件技巧相当纯熟:善于以简洁的文笔、清晰的脉络叙述事实;又检选具有典型意义的细节加以生发;多角度、多层面地刻画出人物性格。例如译师康僧会求取舍利一段:

> (孙权)乃谓会曰:"若能得舍利,当为造塔,如其虚妄,国有常刑。"会请期七日,乃谓其属曰:"法之兴废,在此一举,今不至诚,后将何及。"乃共洁斋静室,以铜瓶加几,烧香礼请。七日期毕,寂然无应,求申二七,亦复如之。权曰:"此实欺诳。"将欲加罪,会更请三七,权又特听。会谓法属曰:"宣尼有言曰:'文王既没,文不在兹乎。'法灵应降,而吾等无感,何假王宪,当以誓死为期耳。"三七日暮,犹无所见,莫不震惧。既

入五更,忽闻瓶中鎗然有声,会自往视,果获舍利……①

这里写的当然是怪诞不经之事,但利用层层递进的渲染手法,对人物行为、语言细致地加以刻画,把一个坚定执着的布道者形象呈现在人们面前。又如对竺道潜的描写:

> 乃隐迹剡山,以避当世,追踪问道者,已复结旅山门。潜优游讲席三十余载,或畅方等,或释《老》《庄》。投身北面者,莫不内外兼洽。至哀帝好重佛法,频遣两使殷勤征请,潜以诏旨之重,暂游宫阙……潜常于简文处,遇沛国刘惔,惔嘲之曰:"道士何以游朱门?"潜曰:"君自睹其朱门,贫道见为蓬户。"……潜虽复从运东西,而素怀不乐,乃启还剡之仰山,遂其先志,于是逍遥林阜,以毕余年。支遁遣使求买仰山之侧沃州小岭,欲为幽栖之处,潜答曰:"欲来辄给,岂闻巢、由买山而隐?"遁后与高丽道人书云:"上座竺法深,中州刘公之弟子。体德贞峙,道俗纶综。往在京邑,维持法纲,内外具瞻,弘道之匠也。"顷以道业靖济,不耐尘俗,考室山泽,修德就闲。今在剡县之仰山,率合同游,论道说义,高栖皓然,遐迩有咏……②

书中说竺道潜是丞相王敦之弟,并非事实;但作为铺垫笔法,却更加凸显出他山居求道的难能可贵。叙写中选择两个具体细节,分别用教外人刘惔和教内人支遁作衬托。与刘惔的对答取自《世说》,富于机趣;支遁买山情节更意味深长,后来成为著名典故。

同时代人王曼颖这样评论慧皎书:

> 法师此制,始所谓不刊之笔。绵亘古今,包括内外,属辞比事,不文不质,谓繁难省,云约岂加。以高为名,既使弗逮者耻;开例成广,足使有善者劝。向之二三诸子,前后撰述,岂得

① 《高僧传》卷一《魏吴建业建初寺康僧会传》,第16页。
② 《高僧传》卷四《晋剡东仰山竺法潜传》,第156—157页。

　　挈长量短、同年共日而语之哉！①

　　当然从史学角度评价，这部宗教性的史传也有前述不可避免的缺憾。而为僧人立传，则必然要担负起传达教义、教理的任务，描述人物不可避免地带有重教训、程式化倾向。这一点特别表现在宣扬信仰实践的门类如《神异》《忘身》《诵经》《兴福》各传中。

　　总起来说，慧皎《高僧传》作为佛教史传的经典作品，给后人写作僧传树立了一个样板。此后重要的僧传如唐道宣《续高僧传》和宋赞宁《大宋高僧传》等，体例均依循慧皎，艺术上已鲜有创新了。

<h1 style="text-align:center">三</h1>

　　僧人创作中极富独创性而又影响巨大的文体还有求法行记。这本是史学中史志的一体，也是文学中游记、传记的一类。这类著作作为求法僧人经行的记录，遵循中国文化传统"知行"和"实录"精神，忠实于见闻，举凡经行之地的地理形势、道里山川、物产交通以及社会状况、风土人情、文化艺术等等，都翔实地加以记述；而著者们又是虔诚信徒，对于宗教信仰、佛教胜迹以及相关神话传说等记载尤为详悉。特别是作者叙写经历、抒发感受，笔墨间带着浓厚感情，无论是内容还是写法，都和当时流行的地志一类作品不同，具有独特的文学价值。

　　中国佛教历史上的"西行求法运动"艰苦卓绝。自有纪录的曹魏末年朱士行西行，后继者络绎不绝。在魏晋以来西行求法潮流中，成绩最为突出的首推东晋末年的法显（337？—422？）。他从陆

---

①王曼颖《与沙门慧皎书》，《全上古三代秦汉三国六朝文・全梁文》卷六七，第
　4 册第 3353 页，严可均校辑，中华书局，1962 年。

路去，从海道回，十四年间遍游西域、印度和南亚诸国，访学圣迹，寻求经本，成为西行求法活动中贡献空前的人物。他记录旅途见闻，成《佛国记》(异名《法显传》等)一书，乃是有关中、南亚史地和中、西交通的经典著述和中国文献中旅行记即游记一体的开创性著作①，也是记录个人行迹的专传。这部书篇幅巨大，文采斐然，创始体例，价值是多方面的。

《佛国记》历叙作者西行寻访三十余国的山川、道里、气候、物产等自然风貌和典章、制度、宗教、风俗等社会状况，对于佛教遗迹、寺庙、信仰、仪轨和相关故事、传说等记述尤详，所述基本是前此内外典籍中所未见的，叙写技巧也十分杰出。全书以质朴无华的文笔，历叙自长安出发到浮海东还十四年间不顾身命、艰难具更的历程；结构则以求法行迹为主线，注重详略剪裁，绘形绘影，使人如临其地，又有浓烈感情洋溢在字里行间，动人心扉。如在小雪山惠景冻死一段：

> 住此冬三月，法显等三人南度小雪山。雪山冬夏积雪。山北阴中遇寒风暴起，人皆噤战。慧景一人不堪复进，口出白沫，语法显云："我亦不复活，便可时去，勿得俱死。"于是遂终。法显抚之悲号："本图不果，命也奈何！"复自力前，得过岭。②

这里用简短笔触，写尽了艰辛旅途中求法者的勇气和相互间的深情。特别应当指出的是，当时文坛骈体正在流行，这种质朴生动的散体文字在文坛上保留了一股清新风气。

法显之后，西行求法者继有其人。行记一类著作见于著录的

①《佛国记》有《法显传》《佛游天竺记》《历游天竺记传》等各种异名；而关于后二者是否同一书有不同看法，参阅章巽《法显传校注序》，《法显传校注》，上海古籍出版社，1985年。
②章巽校注《法显传校注》，第51页。

有智猛《游行外国传》、释昙景《外国传》、释法盛《历国传》等①。而北魏孝明帝神龟元年(518)比丘惠生和宋云受胡太后派遣西行求法,经于阗,越葱岭,至北印乌场国等地,携回大乘经典。宋云撰有《行记》,惠生撰有《家纪》,二书久佚,佚文存杨衒之《洛阳伽蓝记》卷五"凝圆寺"条。

另一部世界闻名的求法行记是"玄奘口述,辩机笔录,最后由玄奘修润、审定的著作"《大唐西域记》十二卷②。这部书内容之丰厚远远超过历史上有关题材的众多僧俗作品。玄奘不但历叙自己十八年间艰苦求法的过程,更记录了关于中、南亚(包括今阿富汗、巴基斯坦、尼泊尔、印度、孟加拉等国)史地,关于中西交通史,关于中、南亚佛教史的大量材料。当时向朝廷进书,敬播有序:

> 亲践者一百一十国,传闻者二十八国,或事见于前典,或名始于今代。莫不餐和饮泽,顿颡而知归;请吏革音,梯山而奉贽。欢阙庭而相抃,袭冠带而成群。尔其物产风土之差,习俗山川之异,远则稽之于国典,近则详之于故老。邈矣殊方,依然在目。无劳握椠,已详油素,名为《大唐西域记》,一帙十二卷。窃惟书事记言,固已缉于微婉;琐词小道,冀有补于遗阙。③

从这篇序文看,玄奘撰写这部书,材料有的得自亲践,有的得自传

_____

① 参阅向达《汉唐间西域及海南诸国古地理书叙录》,《唐代长安与西域文明》,第565—578页,三联书店,1979年。据向达考释,昙景即昙无竭。

② 杨廷福《玄奘年谱》,第224页,中华书局,1988年。关于本书作者,由于今本结衔均作"三藏法师玄奘奉诏译,大总持寺沙门辩机撰",又《新唐书·艺文志》分别著录玄奘《大唐西域记》十二卷和辩机《西域记》十二卷,遂产生"译"与"撰"和著者问题。据考在唐代并没有该书是玄奘从梵文译出之说,以玄奘为译者之误始于宋代;而从书的内容看,大量材料出自见闻,有些内容虽或有梵文典籍为依据,亦非玄奘亲自撰述不可。

③ 季羡林等校注《大唐西域记校注·序一》,第9页,中华书局,1985年。

闻,有些采自典籍,有些取自故老,来源十分广泛。这部著作的结构本身也显示出作者开阔的视野和丰厚的知识:书中首先将古印度的情况作一综述,包括名称、疆域、数量、岁时、邑居、衣饰、馔食、文字、教育、宗教、族姓、兵术、刑法、敬仪、病死、赋税、物产等广泛内容;作为传记文学作品,再依据求法行程顺序,详细叙说求法经历和所到各地的活动。其中两个部分最为动人:一是艰苦卓绝的求法过程,生动描绘出一个堪称民族脊梁的"舍身求法"人物的形象,这是和法显等人大体相同的;再是作者所从事的中外文化交流活动。他叙写旅行各地受到热烈欢迎,除了由于他宗教大师的身份,更因为他被看作是中国文化的特殊使者;他在所到之处积极地宣传中国佛教,宣扬中华文明,介绍和传播有关中国文化的知识和资讯。著名事例如他会见戒日王,曾向戒日王陈宣唐太宗英武,并谈及当时中国流行的《秦王破阵乐》乐曲。戒日王钦慕之下,即派遣使者,于翌年冬抵达长安①。在迦摩缕波国,拘摩罗王招请他,"拘摩罗王曰:'……今印度诸国多有歌颂摩诃至那国《秦王破阵乐》者,闻之久矣,岂大德之乡国耶?'曰:'然。此歌者,美我君之德也。'拘摩罗王曰:'不意大德是此国人,常慕风化,东望已久。山川道阻,无由自致。'曰:'我大君圣德远洽,仁化遐被,殊俗异域,拜阙称臣者众矣。'"②只可惜限于《大唐西域记》的性质,有关这方面情况没有作更多记述。实际玄奘的这部书也树立了一个与外国、与各民族相交流的杰出中国人的榜样。

玄奘弟子慧立和彦悰为了表扬乃师著《大慈恩寺三藏法师传》,是玄奘的长篇传记。如此规模的人物传记乃此前所未见。另一位西行求法高僧义净著《大唐西域求法高僧传》,是唐前期到南亚求法僧人的传记集。义净这部著作集中记述唐代西行僧人的业

---

① 考见杨廷福《玄奘年谱》,第 194—195 页。
② 季羡林等校注《大唐西域记校注》卷一○,第 797—798 页。

绩，表彰他们的精神，同样堪称传记文学的一部杰作。

四

　　禅宗是真正的中国佛教宗派。"不立文字"的禅宗留下一大批禅史、语录、灯录等禅文献，具有多方面价值，对当时和后代的思想、学术，以及文坛产生了广泛、深远的影响。

　　由《楞伽师资记》之类早期禅史（还有禅师的语录）逐渐演变出灯录一体，如《祖堂集》《景德传灯录》，以至后来在中国广为流行的《五灯会元》等，主要记述历代禅德按世代传承的统绪、事迹、言句等，大量公案、话头、偈颂记载在里面。这些禅史、灯录本属于广义的僧史一类史书，是随禅宗祖统的形成而撰集起来的，亦可看作是一类特殊的传记文学。由于这些都是宗门文献，后辈弟子们在记述中要对祖师或先德加以美化、神化，所述事实和言论必然有相当多臆造成分；又所述多不是著名人物，甚至出身下层，行迹本来多有不明之处，就更给后人留下了想象、发挥的余地。另外从撰辑这些著作的目的看，主要不是写出信史，而是要表达禅解，即通过关于历代禅德的记述来宣扬禅观。从这个意义上说，它们与其说是历史著作，不如说是阐明禅观的宗门经典。而其中所写人物，乃是后人所塑造的历代祖师和禅宿形象，这就在不同程度上成为艺术创造的产物。它们作为传记文学的意义与价值也就体现于此。当然就具体作品和具体记述而言，其真实成分多寡是不同的。大体说来，早期著述，虚构成分更多些；晚期记载则大体比较平实，可信成分较多。

　　早期禅史现存有敦煌写本杜胐所撰属于北宗的《传法宝记》、净觉所撰《楞伽师资记》和属于保唐宗的《历代法宝记》等；到宋代还有慧洪所撰《禅林僧宝传》三十卷、石室祖琇所撰《僧宝正续传》七卷等。

禅史和语录相结合，形成独特的禅宗史书——"灯录"。这是按禅门传法统绪、以每位禅师的言句和偈颂为主要内容、按辈分所作的记录。因此这也是综合性禅文献。唐智炬《宝林传》十卷（佚存七卷）据考写作于德宗建中年间，记载西土二十八祖和东土六祖行迹，已具有灯录一体的基本格局。因为智炬是南宗禅师，住曹溪宝林寺，作传意在宣扬慧能，因而记述到慧能而止。作者知见有限，所述芜杂错乱，作为史书看难以凭信，但是其开创体例之功是应当肯定的。五代南唐泉州招庆寺静、筠二禅师于保大十年（952）著成《祖堂集》二十卷，包括释迦牟尼、迦叶直到晚唐五代凡二百四十六位祖师的事迹、言句。该书于上世纪初在韩国海印寺被发现，是现存第一部完整翔实的灯录。这部书按南宗观念记述，已分出青原、南岳两系。编撰者著述态度严谨，又有当时流传的行录等文献为凭据，可借以了解当时丛林活动、制度、风气、语言等方面真实面貌。不过由于编撰者局处闽南一隅，对于其他更广泛地区如北方情况的资料多所缺失。下一部受到重视的是北宋真宗景德元年（1004）道原撰《景德传灯录》三十卷。这部书是在宋王朝统一局面下编撰的，因而得以在广取各种禅文献的基础上编写，叙述禅宗世系五十二世一千七百零一人的传灯法系和九百余禅师的事迹、言句，并附录神会、慧忠至法眼文益等十二人的语录和所辑录的一批诗、颂、歌、赞等。这部书是膺朝命编撰的，有著名文人杨亿等参与。这固然使其辞章文采更为讲究，但却在相当大程度上失去了禅门对答商量的原貌。《景德录》流行以后，续有李遵勖撰《天圣广灯录》、惟白撰《建中靖国续灯录》、南宋悟明撰《联灯会要》、正受撰《嘉泰普灯录》，各三十卷。鉴于"五灯"多有重复，南宋时期普济于理宗淳祐十二年（1252）删繁就简，博贯综要，合"五灯"为一，成《五灯会元》二十卷，是为后来在中国广为流行的灯录书。以后同类著作续有撰著。不过禅宗本身已渐趋式微，所作徒增篇幅，已没有更大的价值和意义。后来比较重要且流行较广的还有明瞿汝稷撰《水月斋指月录》三十九卷和朱时恩撰《居士分灯录》二卷等。

禅史、语录、灯录体制不同，但其重在纪录祖师言句的内容则一。从发展状况看，这些记录的表现形态并不一致。大体说来，中唐以前，即洪州、石头所代表的南宗禅极盛期之前，文字都还比较质朴；虽然已多用对话的语录体，但还是多作正面陈述。洪州、石头之后到晚唐、五代，丛林兴盛参问请益之风，学人们朝参昔聚，激扬宗要；禅门间形成派系，相互争胜；禅客较量禅解，互斗机锋。这是禅门宗风十分活泼、富于创造力的时代。入宋以后，禅门严重地贵族化，禅的表现也逐渐形式化了。分化为"五家七宗"，各宗派都总结出自己的"宗纲"，表述方式定出程式。虽然仍利用貌似前人的机锋俊语，但多已徒具形骸，失去了活泼泼的创造精神。以后佛门中几乎人人有语录，动辄数十卷，大多数只是徒灾枣梨而已。

从传记文学角度看，禅史、语录和灯录是独特的白话散文。其优秀篇章艺术上具有明显特征，取得相当突出的成绩。总括起来，成就主要在三个方面：一是塑造出一系列生动的人物形象。自诩为"教外别传"的禅宗特别是南宗禅的历代祖师是以传统佛教的改革者，甚至是叛逆者面目出现的。当时的禅宗丛林吸引了一大批具有创造精神的杰出人物。他们才智过人，个性突出，许多人不只表现出求道者、传道者的热忱和坚定，更普遍具有两个特点：一是不为传统所拘，具有大胆怀疑精神，因此多有惊世骇俗之举；再是多具浓厚的艺术气质，言语里表现出强烈的浪漫色彩。这样，无论是记录这些人的言句，还是对他们的形象做出描绘，特色都会极其鲜明。禅史、语录、灯录作为传记文学，另一个突出成就是创造出生动活泼的、独具特色的文体和文风。那些优秀大德的思致的机敏、见识的超绝，以及使用象征、暗示、联想等修辞手段的创意与娴熟，特别凸显出文学语言的创造性。如朱熹所说：

　　　　至达摩以来，始一切扫除。然其初答问，亦只分明说。到
　　其后又穷，故一向说无头话，如"干屎橛""柏树子"之类，只是
　　胡鹘突人。既曰不得无语，又曰不得有语，道也不是，不道也
　　不是。如此，则使之东亦不可，西亦不可。置此心于危急之
　　地，悟者为禅，不悟者为颠。虽为禅，亦是磋了蹊径。置此心
　　于别处，和一身皆不管，故喜怒任意。然细观之，只是于精神
　　上发用。①

　　这也就是所谓"爱说一般最险绝底话，如引取人到千仞之崖边，猛
推一推下去。人于此猛省得，便了"②。这样，禅人的问答所谓"机
缘语句"形成一种舒卷自如、杀活无方、趋奇走险、大胆泼辣的文
风，无论是其思维方式，还是语言运用，都具有强大的感染力，因而
被人们所欣赏和喜爱，被文人所借鉴和汲取。而祖师们作为宗教
偶像，其言论要保持说法的本来面貌，记录下来，则要传达说法的
声情口吻；而体现"教外别传"反权威、反传统精神的禅，也要避免
使用经过修饰的典雅语言。因此，第三，禅文献相当真切地记录了
当时的口语、俗语，大有助于更真切、生动地表现人物性格，也保留
了一批语言史上的宝贵材料。后出撰述或者经过修饰、加工，或者
撰著者、辑录者本人有意讲究辞藻文章，则在不同程度上改变了当
时口语的本来面目，也就失去了早期著作那种活泼生机了。

　　总之，禅宗本是中国佛教史上影响最为巨大和深广的宗派，其
在文学上的贡献是多方面的，对于传记文学的发展和创新的贡献
也是值得深入研究的。

　　　　　　　　　　（本文是作者 2009 年 7 月 22 日在香港艺
　　　　　　术发展局主办的"中华传记文学国际学术研
　　　　　　讨会"上的发言）

————————

① 黎靖德编《朱子语类》卷一二六《释氏》第 8 册，第 3028 页，中华书局，1986 年。
② 黎靖德编《朱子语类》卷一二六《释氏》第 8 册，第 3029 页。

中国的观音信仰及其衍变

一

观世音,或简称观音,是佛教里的一位菩萨。有人曾说在中国佛教里,他的地位和威望不次于佛陀。从古至今,在中国佛教漫长的发展历史上,无论是教内哪个学派、宗派,也无论是社会上哪个阶层,观音信仰都占据着极其重要的地位。在民众心目中,在民间传说里,观音的神通、观音的法力广大无边,观音的慈悲、观音的救护是可以仰赖的。因而观音受到普遍供奉,《观音经》得到普遍弘传。在寺庙里,供奉观音的观音殿、大悲殿等一向是香火最旺盛的殿堂;在家庭中,观音龛、观音像是最为流行的供养对象。观音可以说最为集中地包容了中国民众信仰的内涵,也相当典型地体现了中国佛教的特征。因此,了解观音和观音信仰,可说是解开中国佛教真谛的一把钥匙。

佛教里的"菩萨",全称"菩提萨埵"(bodhisattva),意译为"觉有情""道心众生"等。"'菩提'是'悟'的意思,'萨埵'具有本质、实体、心、胎儿、勇士、有情等种种意思。如果取'萨埵'的本质义,'菩萨'就类似'其本质为觉悟的人'的意思,或更接近'佛陀'的意思"①。"菩萨"这个词,在部派佛教里本来是用来称呼前世历劫轮回之中的释迦牟尼的,扩展开来,则又指一切为成就佛果而精进努力的人。部派佛教论书《大毗婆沙论》指出:

> 问:由阿耨多罗三藐三菩提故名菩提萨埵,何故未证得时,此名随转,及证得已,便不随转而更名佛陀耶?答:由此萨埵未得阿耨多罗三藐三菩提时,以增上意乐,恒随顺菩提,趣向菩提,亲近菩提,爱乐菩提,尊重菩提,渴仰菩提,求证欲证,不懈不息,于菩提中心无暂舍,是故名为菩提萨埵。彼既证得阿耨多罗三藐三菩提已,于求菩提,意乐加行,并皆止息,唯于成就觉义为胜,一切染污、不染污痴皆永断故,觉了一切胜义、世俗诸尔焰故,复能觉悟无量有情随根欲性作饶益故,由如是等觉义胜故,名为佛陀,不名菩萨。复次,萨埵是勇猛者义,未得阿耨多罗三藐三菩提时,恒于菩提精进勇猛,求欲速证,是故名为菩提萨埵。既得阿耨多罗三藐三菩提已,便于菩提勇猛心息,唯觉义胜,故名佛陀。②

这是小乘佛教追求自证成佛的菩萨观。到大乘佛教早期,《般若》类经典发展出内容更为丰富、系统的菩萨思想。它体现大乘佛教"自度度人"的更为崇高的理想和追求,为信仰者提供更高远的修证目标。大乘菩萨不是只求自我超度,还要"上求菩提,下化众生",即立志济度所有在无尽轮回中受苦的众生。《道行般若经》中指出:

> 菩萨摩诃萨度不可计阿僧祇人,悉令般泥洹,无不般泥洹一人也。菩萨闻是,不恐,不畏,不悉,不舍,去就余道。知是则为摩诃僧那僧涅。③

①平川彰《大乘佛教の本質》,平川彰等编《大乘佛教》第一卷《大乘佛教とけ何か》,第14页,春秋社,1995年。
②《阿毗达摩大毗婆沙论》卷一七六,《大正藏》第27卷,第887页上、中。
③《道行般若经》卷一《道行品》,《大正藏》第8卷,第427页下。

般若类经典细致、充分地发挥了这种菩萨观念。较后出的《法华经》上则说：

> 　若有众生，从佛世尊闻法信受，勤修精进，求一切智、佛智、自然智、如来知见，力无所畏，悯念、安乐无量众生，利益天人，度脱一切，是名大乘。菩萨求此乘故，名为摩诃萨。①

菩萨以慈、悲、喜、舍四无量心济度众生，怀抱一切众生不成佛自己永不成佛的宏愿。这种境界充分显示了大乘佛教救济理想的高远，也体现了它的群众性格。

本来按照佛陀在世时的说教，人的修证建立在"自力"基础之上。就是说，人要从生死轮回中解脱出来，决定因素在于自我的"觉悟"——知苦、断集、证灭、修道。发展到大乘佛教阶段，随着佛陀逐步被神圣化、神秘化，他的救世愿力与能力被扩大并现实化了：佛陀由现实中的修道者、成道者、传道者演化为具有三身（法身、报身、化身）、遍在三世十方、法力无边的神明和教主；他怀抱救世的宏愿，人们可以依靠他的"愿力"得到救济。而菩萨，则是佛陀救世理想的实践者，是他在人世间的代理人。这样，佛与菩萨就都成了救世神明。佛教大规模传入中土，正值印度大乘佛教兴盛期。中国传统思想在天命观、命定论的笼罩下，本来缺乏救济意识。菩萨思想正适应中土人士渴求救济的精神需求，迅速地被张扬开来，成为民众信仰的主要内容之一。这种信仰对于民众精神生活的意义和价值，又有下面三个方面值得注意：

首先，菩萨思想的核心是慈悲："大慈与一切众生乐，大悲拔一切众生苦。大慈以喜乐因缘与众生，大悲以离苦因缘与众生。"②拔苦与乐，符合人们生存的基本需求，更是苦难民众的现实需要。东

---

①《妙法莲华经》卷二《譬喻品》，《大正藏》第 9 卷，第 13 页中。
②《大智度论》卷二七《释初品·大慈大悲第四十二》，《大正藏》第 25 卷，第 256 页中。

晋名士郗超的《奉法要》阐明当时人对于佛教基本概念的理解,其中解释菩萨慈、悲、喜、舍"四无量心"("四等")说:

> 四等者何? 慈、悲、喜、护也。何谓为慈? 愍伤众生,等一物我,推己恕彼,愿令普安,爱及昆虫,情无同异;何谓为悲? 博爱兼拯,雨泪恻心,要令实功潜著,不直有心而已;何谓为喜? 欢悦柔软,施而无悔;何谓为爱护? 随其方便,触类善救,津梁会通,务存弘济。能行四等,三界极尊。①

这样的观念,又正和儒家的仁民爱物、"民胞物与"、推己及人的恕道相通,甚至在表述上都大体一致,从而也就容易被人们理解和接受。

其次,菩萨把救世度人的理想付诸实践,体现了大无畏的牺牲精神和强烈的担当感。佛教里著名的法藏菩萨,据说是阿弥陀佛前身,他在修行中发无量大愿,中土流行的署名康僧铠所译《无量寿经》里是"四十八愿",其中前三愿即所谓"国无恶趣愿""不堕恶趣愿""悉皆金色愿",可以看作是诸愿基本内容的概括。这三愿是:

> 设我得佛,国有地狱、饿鬼、畜生者,不取正觉。
> 设我得佛,国中人、天,寿终之后,复更三恶道者,不取正觉。
> 设我得佛,国中人、天,不悉真金色者,不取正觉。②

这是说,只要世界上所有有情没有全部成佛,自己决不成佛。因而菩萨又称为"一生补处",即一生处在成佛的候补地位。中土传统伦理主张舍己为人,讲究"义、利之辨",提倡为理想勇于牺牲,也是与菩萨的这种观念相通的。

---

① 《广弘明集》卷一三,《大正藏》第 52 卷,第 88 页上。
② 《佛说无量寿经》卷上,《大正藏》第 12 卷,第 267 页下。

　　还有相当重要的一点，佛教在中土遭遇抵制最主要的原因之一是离俗出家，断绝后嗣，违背孝道。而菩萨在家修行，菩萨思想反对保守的僧侣主义，打通了出家与在家的界限。从印度佛教历史看，大乘佛教的发展本来与在家居士信徒的活动有密切关系。大乘经典中经常使用"善男子，善女人"称呼，指的就是在家信徒。大乘经《维摩诘经》塑造了一位在家菩萨的典型形象。维摩诘是一位白衣居士，处世家居，享受世俗长者的优裕生活，道行却远高于佛陀的声闻弟子和其他菩萨。这部经典、这个人物在中土受到热烈欢迎，也是因为能够适应这里的伦理原则。

　　这样，无论是菩萨行还是菩萨道，都容易与中土传统相协调，又正是渴求救济的民众所需求的。而观世音不仅是众多菩萨中最能够凸显菩萨精神的一位，也是具有特殊神通和能力的一位。

二

　　观世音（Avalokitesvara），简称"观音"，异译"光世音""观自在""观世自在"，或音译"阿缚卢枳多伊湿伐罗""阿婆卢吉低舍婆罗"等等，如前所述本是印度大乘佛教中的一位菩萨。据学界考察，观音信仰应出现于大乘佛教形成初期，大抵在公元一世纪末，至迟在二世纪初。值得注意的是，观音信仰所包含的教义显然多有与佛教根本义理相悖之处①。特别是突出观音的"它力救济"，把他描绘成"有求必应"的"神明"，带有佛教本来否定的"救主"品格；又佛教

---

① 苏轼明确指出了观音经与佛教根本教义的矛盾："《观音经》云：'咒诅诸毒药，所欲害身者，念彼观音力，还着于本人。'东坡居士曰：观音，慈悲者也。今人遭咒诅，念观音之力，而使还著于本人，且岂观音之心哉！应改之曰：咒诅诸毒药，所欲加害者，念彼观音力，两家总没事。"（《东坡志林》卷一〇）

追求的根本目标是"解脱",让人从"五浊恶世"中超脱出来,而观音
的救济所体现的却主要是现世利益。这些都和佛教的根本精神相
枘凿。大乘佛教的发展是个复杂的历史过程,不断地从印度本土
和外来思想、宗教中吸收多方面新的内容。观音正是这种发展的
典型成果之一。印度佛教发展到部派佛教全盛时期,溺于"阿毗达
摩"的名相分析;早期大乘又发展了富于哲理的"般若空"观,二者
都注重教理辨析而削弱了信仰内涵。观音这一体现现实救济的菩
萨被创造出来,正可填补信仰缺失的偏颇,适应了信众的精神需
求。因此他一经出现,就在印度本土迅速流传开来,并很快传播到
中国。所谓"观世音与此土有缘"①,他成为在中土民众中间赢得最
为广泛而真挚的信仰的菩萨。

　　中土最初传入的是《法华经·普门品》里宣讲的观世音,即后
来所谓"救苦观音"。该经据传有六出三存②,初译为竺法护于晋太
康七年(286)所出《正法华经》,菩萨称"光世音"③。后来更流通的
是姚秦鸠摩罗什译本,始称"观世音"。《普门品》后来以《观世音
经》或《普门品经》名称作为单经流通。《法华经》是早期大乘重要
经典之一,中心内容有三大主题:一是发展了般若空观,宣说"空"

────────────

①《观音玄义》卷下,《大正藏》第34卷,第893页下。

②《法华经》据传六出三存。三存的译本是:西晋竺法护《正法华经》十卷二十
　三品,太康七年(286)出;后秦鸠摩罗什《妙法莲华经》七卷二十七品(后增加
　一品为二十八品),弘始八年(406)出;隋阇那崛多和达摩笈多《添品妙法莲
　华经》七卷二十七品,仁寿元年(601)出。另有早期的异译失译《萨昙芬陀利
　经》,大约出于公元220年以前,内容相当于《见宝塔品》的一部分和《提婆达
　多品》。《开元释教录》载有三个缺本,即《法华三昧经》六卷、《萨昙芬陀利
　经》六卷和《方等法华经》五卷,但后人多以为是误传。现存三本的《普门品》
　内容基本相同。《普门品偈》为阇那崛多在北周时所译,至隋译附入,因而亦
　编入今传什译本,通行本还编入了玄奘译的《药王菩萨咒》。

③支谦于后汉中平二年(185)所出《佛说维摩诘经》中有菩萨名"窥音",康僧铠
　于魏嘉平四年(252)所出《郁伽长者所问经》中有"观世音",但只是提出名
　号,并没有明确其具体性格。

为"诸法实相"，也即是永恒的法身佛；二是宣扬菩萨思想和菩萨住世观念；三是协调佛教发展中出现的大、小乘诸部派矛盾而主张"三乘归一"。《普门品》里的观音信仰显然与该经总体构思不相协调。学术界一般认为它是在《法华经》主体部分形成以后附加上去的。

晋宋之际的宗炳说：

> 有危迫者，一心称观世音，略无不蒙济，皆向所谓生蒙灵援，死则清升之符也。①

宋何尚之说：

> 且观音大士所降近验，并即表身世，众目共睹，祈求之家，其事相继。所以为劝诚，所以为深功。②

可见自晋、宋时期（这也是佛教在中国大发展的时期）观音信仰即广为流行的情形。对于在现世苦难中挣扎的民众来说，"救苦"乃是普遍的、现实的需求，从而一直成为观音信仰的基本内容。"观音"在中国一般也泛指"救苦观音"。

《普门品》观音信仰主要有三方面内容。

第一是普门救济，即普遍的救济。"普门"是观音名号之一，本义是颜面向着一切方位。这个译语自竺法护开始使用，什译也沿袭下来。汉语字面的意义已包含普遍救济的意思，显然依据中土人士的理解对原来语义有所改造。本品一开始，即是佛告无尽意菩萨说：

> 善男子，若有百千万亿众生，受诸苦恼，闻是观世音菩萨，一心称名，观世音菩萨即时观其音声，皆得解脱。

---

① 《明佛论》，《弘明集》卷二，《大正藏》第52卷，第16页上。
② 《何令尚之答宋文皇帝赞扬佛教事》，《弘明集》卷一一，《大正藏》第52卷，第70页上。

从佛教发展看,佛陀在世时本是反对咒语的。主张如此称名即获得解脱,显然有咒术意味。观音闻声往救,突出他全面的救济功能。他君临人世之上,加护、救助亿万芸芸众生,这是佛陀本人也不曾有的能力。他作为佛陀与信仰者的中介,担负如此强大的救济职责,对于民众显得比佛陀更为亲近,也具有更大的吸引力。

第二是拔苦济难的简易与方便。经中提出称观音名号则济七难,即水、火、罗刹、刀杖、恶鬼、枷锁、怨贼(或加上"风"为"八难");念观音则离三毒:贪、嗔、痴;礼拜观音则满二求:求男得男,求女得女。在这些救济功能中,"救苦"是核心。"离三毒"是抽象的宗教目标;"满二求"则特别适应中国宗法观念的需求。观音实现如此普遍的救济,一方面简捷易行,一方面功效无边。特别是这些救济内容的重点在现世福利,即主要不是去救度人的灵魂,而是解脱人的现实苦难;不是许诺以虚无缥缈的涅槃、净土,而是给予人当下利益。这就更适应困苦无告的民众的现实要求。

第三是化身示现,即观世音施设方便,以三十三化身为众生说法。这三十三化身既有佛、天神,也有一般的居士、宰官,还有妇女、儿童等。这是大乘佛教化身观念的具体发挥,充分显示了观音的神通与能力。经文举出的三十三身实际只是例子,真实意义是说他可以化身为各种各样的"人物",任意地出入世间,完成他的救济使命。从而他不再是人们不可接触的、高高在上的神明,而是人们可以亲近、呼之即来的"善友"。

除了《法华经·普门品》,另外还有不少经典宣扬观音信仰。但都不如《普门品》流传广泛。这又归因于《普门品》在表述上十分简洁、明晰、透彻。

魏晋以后所出有关观音经典另外还有很多。重要的如《华严经》,是早期大乘重要经典之一,本是由一系列独立经典集合而成的。最后一品《入法界品》描写善财童子在普贤菩萨指引下遍求"法界",他历访五十三位"善知识",参问"云何学菩萨行,云何求菩萨道",第二十八位就是观世音,也是作为大乘济度精神的体现者出现的。经中说观世音住在光明山西阿。光明山,新译作"补陀洛"(Potalaka),又译为"普陀洛迦",其方位据说在南方,新译又补充说在海上。这是汉传佛教南海观音、普陀观音、藏传佛教布达拉观音的由来。

经录上记载的还有竺法护译《光世音大势至受决经》一卷(《出三藏记集》卷二《新集经论录第一》)、祇多密译《普门品经》一卷(同上)①、沮渠京声译《观世音观经》一卷(同上)、法意等译《观世音忏悔除罪咒经》一卷(同上)、失译《观世音求十方佛各为授记经》一卷(经抄,同上卷四《新集续撰失译杂经录》)、《观世音所说行法经》一卷(同上)、《观世音成佛经》一卷(同上)等等。这些经本并佚,内容已不可考,但可以确信其中一部分是所谓"伪经"。"伪经"作为中土撰述,所表现的内容是"真实"的。在"伪经"里,观音形象被重新塑造了,他更鲜明、生动地表现了本土信仰,对于了解民众间的信仰实态具有不可替代的价值。如《观世音三昧经》,主要宣扬本土观音信仰行法,具有指导信仰实践的意义。其中宣说供养此经的具体做法:

> 若欲行此经,应净房舍中,悬诸幡盖,散花烧香,端坐七日,念无异想,诵此《观世音三昧经》。②

接着说明七日间的灵应:

> 七日之时,观世音菩萨即自现身,其光晃耀,明过于日,行人见已,其心慌迫。观世音菩萨即举左手摩行者顶,心得安稳;复举右手,指于西方妙乐国土,行人寻时即见西方无量寿

---

① 据《出三藏记集》卷二《新集经论录第一》,晋世"未详何帝时"西域沙门祇多密出《普门品经》一卷,时为阙本。不知此译本是否在《正法华经》之前。
② 本文引用《观音三昧经》,据牧田谛亮《疑经研究》所附整理、校点本,京都大学人文科学研究所,1976年。

国,国土清净,流离宝树,华园浴池,处处皆有。行人见已,烦
恼消除,无明根拔。此诸行人等,世世所生,常与观世音相
值……

然后复见上下四方净土,得六神通,具八解脱,得无碍智。接着,又
从另一方面说"此经亦名安稳处,亦名离恼患,亦名除疑惑,亦名离
恶道",并具体指明避水、火、盗贼、刀杖、县官、枷锁、地狱等灾害的
功德,赞叹观世音有大威神力,现神通力,可以救众生,度苦难,又
说明受持此经的五种果报:

> 一者离生死苦,灭烦恼贼;二者常与十方诸佛同生一处,
> 出则随出,生生之处,不离佛边;三者弥勒出世之时,当为三会
> 初首;四者不堕恶道、地狱、饿鬼、畜生、阿修罗中;五者生处常
> 值净妙国土。是为五种果报。

然后指出世间五种不能成佛之人,若能受持此经七天七夜,读诵
通利,众罪消尽,皆得成佛,最后咐嘱流通。这里没有一般翻译经
论那样繁复的说教,没有更深刻的论理,文字很浅显,体现了中土
思维重简洁的特色。经文中由释迦之口说出"今我成佛,良由此
经",并说"观世音菩萨于我前成佛,号为正法明如来……佛、世
尊,我于彼时,为彼佛下作苦行弟子",则完全翻转了佛与观音的
位置,表明中土民众更加推重观音神力的倾向;还说到五种不能
成佛之人:边地国王、旃陀罗人、破戒比丘比丘尼、多淫之人、出家
还俗破坏道法之人,他们受持此经亦皆得善报,则显然受到"阐提
成佛"涅槃佛性说的影响,也反映中土环境下普遍的"佛性"说受
到欢迎的情形。

　　《高王观世音经》是另一部流传广远、影响巨大的伪观音经。
这是一部士族士大夫结集的、寓有赞颂帝王和祈福意义又具有强
烈世俗性质的经典。在陆杲《系观世音应验记》里,记载晋太元
(376—396)中有人被枉作贼,以供养观音金像,恒戴颈发中,受刑

时刀折,三遍易刀,颈终无异事;早期传说中还有晋高苟、宋杜贺敕妻司马氏、宋惠和道人等同类折刀事;后来隋侯白《旌异记》里记载另一个折刀传说,主名是孙敬德:

> 元魏天平(534—537)中,定州募士孙敬德,防于北陲,造观音金像,年满将还,常加礼事。后为劫贼横引,禁于京狱,不胜拷掠,遂枉承罪。并断死刑,明旦行决。其夜,礼拜忏悔,泪下如雨……少时,依稀如梦,见一沙门,教诵《观世音救生经》……比至天明,已满一百遍。有司执缚向市,且行且诵,临欲加刑,诵满千遍。执刀下斫,折为三段,不损皮肉,易刀又折。凡经三换,刀折如初。监当官人,莫不惊异,具状闻奏。丞相高欢表请其事,遂得免死。敕写此经传之,今所谓《高王观世音》是也……①

这个故事把观音救济与"高王"即创建北魏的高欢联系起来,有颂扬现世统治者的意义。而如此以极度夸张、违反常识的情节宣扬观音灵验威力,正反映民众信仰心的热烈与诚挚。高王观世音信仰流传久远,在唐宋时期的笔记、小说里经常出现有关故事②;后来一直传承不绝,在民间流传过程中不断被增饰,表现这一经典的强大生命力。

在六朝时期发达的佛教义学中,也多有关于《法华经》及其《普门品》的论述,如梁法云《法华义记》,隋智顗《法华文句》、吉藏《法华义疏》以及智顗的《观音玄义》《观音义疏》和《请观音经疏》等。

---

① 鲁迅辑《古小说钩沉》,《鲁迅辑录古籍丛编》第 1 卷,第 419—420 页,人民文学出版社,1999 年。

② 如张鷟《朝野佥载》卷三:"孟知俭,并州人,少时病,忽亡。见衙府如平生时,不知其死。逢故人为吏,谓曰:'因何得来?'具报之,乃知是冥途。吏为检寻,曰:'君平生无修福处,何以得还?'俭曰:'一生诵《多心经》及《高王经》,虽不记数,亦三四万遍。'重检,获之,遂还……"又洪迈《夷坚志》里记述高王观世音信仰故事甚多。

后来宗派佛教的宗师们也多重视观音信仰。这些都给这一信仰提供了理论上的论证。其中有些著作引用民间传说作经证，也显示出民众间的观音信仰乃是佛教信仰的牢固基础。

三

　　如前引述宗炳、何尚之所说，观音信仰既经传入中土，就受到僧俗各阶层普遍欢迎，特别是在民众中，更成为佛教信仰的主要内容。

　　佛门内部积极、热烈地宣传观音信仰、传说观音灵迹。这是鼓吹观音信仰的主要力量。许多佛门著名人物成为观音救济的典型。东晋法显西行求法、浮海东还，自师子国至耶婆提国，"东下二日，更值大风，船漏入水……法显亦以君墀及澡罐并余物弃掷海中，但恐商人掷去经像，唯一心念观世音及归命汉地众僧：'我远行求法，愿威神归流，得到所止。'如是大风昼夜十三日，到一岛边"；后来自耶婆提到长广郡界，又遇到黑风暴雨，亦以一心念观音而蒙救。法显自称"不顾微命，浮海而还，艰难具更，幸蒙三尊威灵，危而得济"①。"三尊"指佛、法、僧，观音是被当作它们的具体体现的。宋黄龙国沙门昙无竭于永初元年（420）召集同志，西行求法，至罽宾国，求得《观世音受记经》梵文一部，后"复行向中天竺界，路既空旷，唯赍石墨为粮。同侣尚有十三人，八人于路并化，余五人同行。无竭虽屡经危棘，而系念所赍《观世音经》，未尝暂废。将至舍卫国，野中逢山象一群。无竭称名归命，即有师子从林中出，象惊慌奔走。后度恒河，复值野牛一群，鸣号而来，将欲害人。无竭归命

---

①章巽校注《法显传校注》，第167、171页。

如初。寻有大鹜飞来，野牛惊散，遂得免之。其诚心所感，在险克济，皆此类也"①；后来他译出《观世音授记经》传世。著名天竺译师求那跋陀罗来华时，"随舶泛海，中途风止，淡水复竭，举舶忧惶。跋陀曰：'可同心并力念十方佛，称观世音，何往不感?'乃密诵咒经，恳到礼忏。俄而信风暴至，密云降雨，一舶蒙济，其诚感如此"；以后他来到江南译经，"自忖未善宋言，有怀愧叹，即旦夕礼忏，请观世音，乞求冥应。遂梦有人白服持剑，擎一人首，来至其前，曰：'何故忧耶?'跋陀具以事对。答曰：'无所多忧。'即以剑易首，更安新头，语令回转，曰：'得无痛耶?'答曰：'不痛。'豁然便觉心神悦怿。旦起，道义皆备领宋言，于是就讲"②；求那跋陀罗以自身的体验来宣说，是观音传说的重要创作者和传布者。其他有关一般沙门的，如义熙初，山阴嘉祥寺释慧虔忽然得病，寝疾少时，自知必尽，乃屡想安养（西方净土），祈诚观音；山阴北寺有净严尼，宿德有戒行，夜梦观世音从西郭门入，清晖妙状，光映日月，幢幡华盖以为七宝庄严，见便作礼，问曰："不审大士今何所之?"答曰："往嘉祥寺迎虔公。"因而便卒③；又宋长干寺沙门昙颖，"尝患癣疮，积治不除，房内恒供养一观世音像，晨夕礼拜，求差此疾。异时忽见一蛇从像后缘壁上屋，须臾有一鼠子从屋脱地，涎唾沐身，状如已死。颖候之，犹似可活，即取竹刮除涎唾。又闻蛇所吞鼠，能疗疮疾，即刮取涎涶，以敷癣上。所敷既遍，鼠亦还活。信宿之间，疮痍顿尽。方悟蛇之与鼠，皆是祈请所致"④，等等。这些观音灵验，都传自僧侣，显示僧团传播观音信仰的主导作用。

　　士族间热烈信仰观音的情形，如宋王玄谟于元嘉年间为长沙王刘义欣镇军中兵参军，北伐魏国，滑台兵败，时辅国将军萧斌将

①《高僧传》卷三《宋黄龙释昙无竭传》，第 94 页。
②《高僧传》卷三《宋京师中兴寺求那跋陀罗传》，第 131—132 页。
③《高僧传》卷五《宋长干寺释昙颖传》，第 209 页。
④《高僧传》卷一三《晋山阴嘉祥寺释慧虔传》，第 511 页。

斩之，"始将见杀，梦人告曰：'诵《观音经》千遍则免。'既觉诵之，得千遍。明日将刑，诵之不辍，忽传呼停刑"①；齐"（王）琰稚年在交址，彼土有贤法师，道德僧也，见授五戒，以观世音金像一躯，见与供养"，后至江都，再还京师，多有灵异，常自供养，庶必永作津梁，"循复其事，有感深怀，沿此微规，缀成斯记"②，即写成《冥祥记》；梁刘霁，武帝时曾任尚书主客侍郎，"母明氏寝疾，年已五十，衣不解带者七旬，诵《观世音经》，数至万遍，夜因感梦，见一僧谓曰：'夫人算尽，君精诚笃至，当相为伸延。'后六十余日乃亡"③。又陈后主沈皇后亡国后于毗陵天静寺出家为尼，号观音④。这后一事例反映贵族妇女信仰观音情形。本来南朝士族间流行注重学理的佛教义学，贵族名士热衷于佛教经论的研究，但同时观音信仰亦相当盛行。

　　集中反映当时观音信仰具体实态的，是这一时期出现的鲁迅所谓"释氏辅教之书"，其中包含很多观音应验故事。在文学史上，这些书被看作是早期志怪小说的一类。当时人还没有"作意好奇""有意为小说"⑤的观念和实践，人们是作为实事来记录这些传说的。因此这些有关观音传说的纪录，就成为了解当时信仰实态的绝好资料。

　　现存第一部这类专书——谢敷撰《光世音应验记》，成书于西晋安帝隆安三年(399)前，即在《搜神记》之后、《世说新语》之前，也在什译《法华经》之前。这表明观音信仰的流行是相当早的。谢把书传给傅瑗，在孙恩之乱中佚失，瑗子亮根据记忆加以记录；后来

————————————

① 《宋书》卷七六《王玄谟传》，第1974页。
② 《冥祥记序》，鲁迅辑《古小说钩沉》，《鲁迅辑录古籍丛编》第1卷，第313—314页。
③ 《刘霁传》，《梁书》卷四七，第657页。
④ 《南史》卷一二，第347页。
⑤ 鲁迅《中国小说史略》，《鲁迅全集》第9卷，第54、70页。

宋张演补充谢书，成《续光世音应验记》；齐陆杲再续，成《系观世音
应验记》①。这三种书集中地为研究这一时期观音信仰提供了
资料。

三种书前都有序言，从中可了解编撰动机与传播经过。傅亮
《光世音应验记序》（三书引文均据拙校）曰：

> 右七条。谢庆绪往撰《光世音应验》十余事，送与先君。
> 余昔居会土，遇兵乱失之。顷还此境，寻求其文，遂不复存。
> 其中七篇具识，余不能复记其事。故以所忆者更为此记，以悦
> 同信之士云。

张演《续光世音应验记序》曰：

> 右十条。演少因门训，权奉大法，每钦服灵异，用兼勉慨。
> 窃怀记拾，久而未就。曾见傅氏所录，有契乃心。即撰所闻，
> 继其篇末，传诸同好云。

陆杲《系观世音应验记序》写得更详细，略曰：

> 杲幸邀释氏遗法，幼便信受。见经中说光世音，尤生恭
> 敬。又睹近世世牒及智识永传，其言威神诸事，盖不可数。益
> 悟圣灵极近，但自感激。信人人心有能感之诚，圣理谓有必起
> 之力。以能感而求必起，且何缘不如影响也？善男善女人，可
> 不勖哉！今以齐中兴元年，敬撰此卷六十九条。以系傅、张之
> 作……神奇世传，庶广飧信……

这些文字清楚表明，把观音传说编撰成书的是士族士大夫信徒，他
们"钦服灵异""但自感激"，欲使"神奇世传，庶广信向"而记录下这
些传闻。这几篇序本身就成为当时观音信仰及其传播状况的生动
说明。

---

① 孙昌武点校《观世音应验记三种》。

　　三部《应验记》里以僧侣为主人公的二十八条,占总数八十六条的百分之三十强,其中如竺法义、竺法纯、道汪等是一时名僧,而大部分是一般僧侣或无名道人;其他关于俗人的传说,有大臣、将军、官僚、士人的,更多的是小吏、平民,包括饥民、商贩、渔夫、猎师、俘虏、罪囚、劫贼、寡妇等等。就是说,困苦无告的一般百姓是这些故事的重要主人公。大约同时期出现的《搜神记》着重写"古今神祇灵异,人物变化"①,《世说新语》则被称为"名士玄谈的百科全书",记述的主要是特选阶层人物。而这些观音故事却把民众推上表现舞台的中心。这就能够更直接地反映民众的精神和生存状态,从而在历史上具有重大价值。

　　这八十六个故事,背景在北方的五十个,南方的三十个,外国的三个,还有三个地点不明。尽管记录故事的三位都是南方人,但大部分传说却是关于北方的。这是因为当时北方在少数族劫夺杀戮之下,民众苦难更为深重,观音信仰也更为普及。另外,北方佛教又有重视修持、重视实践的特色,像《观音经》那样宣扬信仰的简短经典易于流行。许多在北方产生的观音传说随着过江僧侣、难民流传到南方,被南方士大夫以杂事琐闻的形式记录下来,就是今天我们看到的三部作品。

　　所有这些观音传说的唯一主题是解危济难。这也是被称为"救苦观音"信仰的唯一重心。而且所说灾难不是贪、嗔、痴"三毒"等宗教意义上的灾难,而是现实的、人世的患难。故事不表现深奥的义理,也没有更复杂的情节。而且按患难内容分析,在自然灾害和人为祸患中,后者占更大比重。即以《系观世音应验记》中的六十九个故事为例,表现自然灾害(大火、大水、大病、恶兽、罗刹)的仅十五个,其余五十三个都是人为的灾祸(被害、检系、怨贼、路径、接还本土)。这也反映当时人面临的苦难主要来自现世。而对于

----

①《干宝传》,《晋书》卷八二,第 2150 页。

社会祸患，又特别突出被杀害、被囚系、逢怨贼等暴力行为，其中主要又是统治者所强加的军事的、政治的暴力。如《光世音应验记》第三条，写到"石虎死后，冉闵杀胡，无少长，悉坑灭之"，揭露冉闵杀后赵主自立后滥杀"胡人"的情况；《系记》中张崇事，写到"晋太元（376—396）中，苻坚败，时关中千余家归晋，中路，为方镇所录，尽杀，虏女"，写的是南方将领杀戮归附居民、掠夺妇女情形；又南公子敖事，写到佛佛虏儿长乐公（即夏主赫连勃勃）破新平城（今陕西彬县），"城中数万人一时被杀"，史书记载赫连勃勃嗜杀成性，杀戮动辄万人，这个传说提供了印证；《续记》第四条，写"昔孙贼扰乱海隅，士庶多离其灾"，是指讨平孙恩之乱时，官府诬民为贼，滥杀无辜；《系记》第十五条，写到高荀以"吏政不平，乃杀长官，射二千石，因被坎，辄锁颈，内土硎中"，写的是民众以武力反抗暴政及其被镇压的情况；第四十六条写"道人释开达以晋隆安二年（398）北上垄掘甘草。时羌中大饿，皆捕生口食之。开达为羌所得，闭置栅里，以择食等伴肥者，次当见及"，这是饥民被北魏军人捕食的事实，隆安二年即道武帝天兴元年，当北魏立国伊始，史称其时"制定京邑……其外四方四维置八部帅以监之，劝课农耕，量校收入，以为殿最。又躬耕籍田，率先百姓，自后比岁大熟"①，是北魏发展生产、安定民生的兴盛期，而民间饥馑情形如此。在如此非人力所可抗拒的可怕的灾祸面前，人们求救于观音，正表明他们所怀抱的改变命运、摆脱苦难的心愿。

还应当注意到，在当时人的观念里，观音的拯济与传统伦理没有什么关系，起决定作用的乃是信仰心。前面说到的高荀，是杀害长官起来反叛的人，按世俗道德应当算是罪人，也得到了救济；《系记》第十九条里的盖护"系狱应死"，后来得救了，并没有说他为人如何，犯的是什么罪；第三十八条唐祖丞"作大市令，为藏盗，被

————————

① 《食货志》，《魏书》卷一一〇，第2850页。

收"，是因为贪藏盗窃被捕的，同样能够得救。这样，这类传说一方
面强调观音救济的威力，表明他的慈悲是无限的，这也是大乘佛教
普遍、平等的救济观念的体现；另一方面，也是因为当时的观音信
仰还没有和中国传统伦理完全融合，这是和后来佛教报应观与中
国伦理相统一的情况大不相同的。

日本学者小南一郎分析说：

> 本来的所谓观世音应验是一般民众（包含下级官吏和士
> 兵）在走投无路的绝境中"诚心归请"或者"至心呼叫"观世音
> 菩萨有感应而发生的。这种故事都宣传向佛教皈依时的心情
> 的重要性。由于心情纯真，所以能够承蒙观世音菩萨的保护。
> 这样我们可以推测，士人们对这种一般人的故事感觉特别有
> 兴趣的原因，就在于他们的佛教信仰重视心理状态这一倾向
> 里。就是说，他们的唯心主义倾向，是与一般民众放弃一切而
> 向观世音皈依的心情共鸣的结果……当时的佛教信仰的内容
> 十分真挚，所以它具有向信徒们赋予对待社会和生活的视点
> 的能力。用这样的视点来记录外界的事实时，虽然常常为了
> 保护佛教而有意无意地歪曲事实，但在被歪曲了的事实背后
> 仍然存在着真正的事实。所以只要透视到佛教性故事的背
> 后，我们就会接触到当时社会的生动情景。①

这样，这些作品反映了观音信仰的实态，对于了解当时社会的精神
面貌具有不可替代的价值和意义。

除了上述三部书之外，南北朝时期的所谓"释氏辅教之书"（如
刘义庆《宣验记》、王琰《冥祥记》等）大都记录观音灵验故事，其中
不少是相互重复的。这也是因为对于传播这些故事，"著作权"没
有意义，重要的是让人们信服，让信仰传播开来。而且传说越是神

---

① 《〈观世音应验记〉排印本跋》，孙昌武点校《观世音应验记三种》，第 72 页。

秘离奇，体现的信仰心也越是坚定、诚挚。

清楚显示观音信仰实态的还有如今传世的大量造像，包括石窟造像、造像碑和单体造像。北魏到唐前期的大量观音造像，出自民间无名工匠之手，所附题记也多出于活动在民间的一般僧侣或普通供养者。从不同时期的造像可以看出观音信仰兴盛情形和随时代演进发生的变化。

日本学者塚本善隆和中国学者侯旭东先后对现存观音造像按时代作量化统计，清楚表明北魏时期，观音造像远较佛陀像少，而到唐代则相反，观音造像大大多于佛陀像。对于了解中国佛教的历史发展，这一变化显示多方面的意义：供养佛陀的基本目的是成佛，供养观音的目的主要是为了得救；成佛是更高远的目标，得救则是现实的急切需要，等等。

造像题记是直接反映信仰实态的可靠资料。值得注意的事，其中有关教理的说明很少，表达的观念又显得相当混乱。例如造观音像却表示"愿登紫极"，这是指道教神仙飞升；还有的希望"龙华唱首"，即参与未来世弥勒佛降临时龙华树下的法会，则把观音信仰和弥勒信仰混淆了。这表明当时一般民众并没有、实际根本也不需要深究教理，出现这类"错讹"毋宁说是很自然的。而当时观音信仰的重点在祈求"救苦"则是十分清楚的。这里面有属于宗教性的祈愿，如脱离"三途"之苦，祝愿"生安乐处""生天"、与佛相值等等，而更多的是有关现世利益的内容，从国祚永固、天下太平、庆钟皇家到家口平安、子孙繁茂、无病长寿、俱受此福，等等，都是着眼于现实人事的。祈愿赐福的具体对象包括皇帝陛下，诸天圣贤，群僚百官，亡过父母，现存眷属，己身及师僧，法界众生等。往往首先提出皇帝和百官，是当时皇权崇高在观念上的反映；而在家族中则已故和现在父母、亲属占主要地位，凸显强烈的世俗伦理意识。值得注意的是，根据佛教本来的"业报"观念，报应仅及于个人，但在这些造像题记里，却是期望福报会及于家族以至国家。这已经是本土传统的以血缘宗族为主体的报应观念了。观音作为家庭守护神的品格越来越突出,乃是佛教"中国化"深入的具体表现。

再一个有趣现象是出现了"观世音佛"称谓。在教理上,"佛"和"菩萨"本是两个截然不同的概念。把观音菩萨说成是"佛",显然意在提高其地位。在造像里则相应地出现了佛装观音。例如山东博兴出土的北魏太昌元年(532)立观音夹侍二菩萨像,铭文里明明说"冯二郎为父母造观世音像一躯",造像却是褒衣博带、内着僧祇衣的佛装,背后带有应是佛像才有的长尖舟形背光①;上海博物馆所藏梁大同七年(541)金铜佛像,铭文是"为七世父母、所生父母、因缘眷属敬造观世音像一躯……";故宫博物院所藏东魏兴和三年(541)金铜二佛像,铭文也说"兴和……观音像……见存□福";而山东曲阜果胜寺出土的北齐武平三年(572)金铜像是菩萨装,铭文却又说"利为息女□生造观音佛一躯"②。出现"观世音佛"这种不伦不类的称呼,却正反映观音信仰在整个佛教信仰中地位的提高,也是菩萨思想在中土民众中的独特发挥。又《法华经·宝塔涌出品》里写到释迦在灵鹫山说法,大地宝塔涌出,尔时多宝佛于宝塔中分半座与释迦牟尼佛,大众见二如来在七宝塔中师子座上结跏趺坐,据此六朝造像中多有双体佛像。同时期也出现了双体观音像。据统计北齐时期的已发现八件,隋代的则有十九件。这也是在观念上把观音等同于佛的具体表现。

这样,历史遗存的造像实物充分反映民众间观音信仰兴旺发达的状况,特别是直观地显示了当时民众观音信仰在内容上的特征以及这一外来菩萨在中国被改造的情形。

---

① 丁明夷《谈山东博兴出土的铜佛造像》,《文物》1984 年第 5 期。
② 参阅张总《佛教造像与宗教仪轨的矛盾现象》,《美术研究》1991 年第 3 期。

四

　　佛教要人们从六道轮回的苦海里解脱出来,达到涅槃圣境。但是在中国重现世利益的传统意识里,这种神秘莫测的境界难以被人们了解和认同。人们更多的是寄希望于现世救济。而对于"生死大事"的"终极关怀"又是人们摆脱不了的。这也是所有宗教所要解决的永恒课题。在道教,是长生不死和飞升成仙,在佛教则是成就佛果,往生佛土。观音信仰与佛土信仰相结合,出现所谓"净土观音"。净土经典传译中土,"净土观音"信仰随之流传开来,成为观音信仰的又一潮流,极大地推动了它的弘传。

　　在中国古代重理性、重现世的传统宇宙观里,关于"它界"的想象既不完整,也不明晰。殷周时期人们信仰"天帝",卜辞里有"宾天"的记载。《诗经》上说到"文王在上,於昭于天"①;《逸周书》上则记载王子晋说:"吾后三年,上宾于帝所……"②这都表明当时人的意识里有类似"天宫""天堂"的观念,那里是天帝所居。但这天界的具体面貌如何,观念并不明晰,而且得以上升到那里的显然只是特选人物。同样中土自远古以来就有灵魂不灭观念,有冥界观念;但灵魂的去处也并不明确,冥界情形如何同样不清楚。后来随着神仙思想发展,构想出仙人所居住的仙界。神仙信仰成为以后形成的道教的重要内容。随着仙人队伍不断扩大,仙界在人们的意识里逐渐清晰、完整起来,并出现海外仙山和西极昆仑的构想。再后来,随着佛教输入,又向中国传播了大乘佛教的佛身论和佛土

①《毛诗正义》卷一六之一《大雅·文王之什》,《十三经注疏》上册,第503页,中华书局,1986年。
②《逸周书》卷九《太子晋解第六十四》。

论，主张除了这个"四圣""六道"（人、天、阿修罗、畜牲、地狱、饿鬼）活跃的娑婆世界，过、现、未三世的每一位佛都有他的佛国土。而按中国人的通俗理解，又把作为轮回状态的"六道"观念加以改造，基本上是把三世十方诸佛的佛国土和修行境界的"三十三天"相混淆，又把"三恶道"里的畜牲归入人世，把饿鬼归到地狱，这同样分成"三界"，恰与中国传统宇宙观里的人世、上天、幽冥（后二者名目各种各样）三界相合。这样佛土观念输入，中国人的"它界"思想进一步丰富：在传统的"天界"（天堂）和神仙家（和后来的道教）的"仙界"之外，增加了"佛土""净土"。如上所述传统的"天界"（天堂）观念本来模糊，基本被当作特选人物的去处；仙界乃是人世的延伸，虚无缥缈，是常识上难以认可的幻想；而净土则被当作死后灵魂的美好归宿，是对于每一个修行人都平等的果报。这样，佛教的佛土信仰给中国人探讨和思索"终极关怀"课题开拓出又一条新鲜的、广阔的出路。这种信仰被组织到系统的宗教教理之中，更增添了它的说服力。这样自魏晋时期起，相关佛土经典大量传译，"净土"信仰随之广泛传播开来，到北魏后期发展为简易的净土念佛法门，后来更形成宗派佛教的净土宗，这一信仰被不断注入巨大活力。

就大乘"佛土"论本义说，清净佛土是绝对的境界，本来是不可以言说形容的。可言说者只是方便与权宜。所以著名大乘论师龙树说：

> 净佛世界者，有二种净：一者菩萨自净其身；二者净众生心，令行清净道。以彼我因缘清净故，随所愿得清净世界。[1]

初期大乘佛教的佛土观念的主旨在指示信徒修习禅定，本是以《般若经》中宣扬的"般若空"观为教理基础的。中土最早介绍阿弥陀佛和佛土观念的大乘经支娄迦谶所出《般舟三昧经》，宣扬"观佛"

---

[1]《大智度论》卷五〇《释发趣品第二十之余》，《大正藏》第 50 卷，第 418 页中。

的禅观即所谓"般舟三昧",意思是"佛立现前三昧"。该经的《行品》说比丘、比丘尼、优婆塞、优婆夷,持戒完全,独居闲处,一心忆念西方阿弥陀佛,若一日夜乃至七日七夜,即可见阿弥陀佛;若不于觉中见,亦可于梦中见。这部中土传翻的首次出现阿弥陀信仰的经典,其佛土观念是与观佛思想相结合的。中土后来传译的观佛经典还有很多,如《观佛三昧海经》《观普贤菩萨行愿经》《观虚空藏菩萨经》《观弥勒菩萨上生兜率天经》《观药王药上二菩萨经》等。同样汉译《维摩诘经》又已明确提出"心净土净"观念。据什译本,宝积长者子问"菩萨净土之行",佛陀答称"……直心是菩萨净土……深心是菩萨净土……四无量心是菩萨净土……回向心是菩萨净土",总括说"大乘心是菩萨净土"①。这是通过观想念佛达到的境界,实际是禅观的实践。这种佛土被称为"唯心净土"。

　　根据现有资料,佛土信仰应是在北印和中亚地区形成(因此这类经典的汉译者多为北印或中亚人)的,并显然接受了佛教以外的思想和信仰,如印度古代宗教与神话、西亚宗教以及基督教的天国观念、恩宠观念的影响②。中土最早翻译佛土经典的是后汉支娄迦谶。他本是大乘般若经典的传译者。他所译《阿閦佛国经》是汉译最古老的佛土类经典。这部经的原典据考与《般若经》结集于同一时期。"阿閦佛"意译为不动佛、无动佛、无怒佛等。该经说过去东方去此前佛刹有阿比罗提世界,大目如来示现其中,为诸菩萨说六度无极之行,有一菩萨发无上正真道意,发愿断嗔、恚、淫意,成最正觉,被赐号阿閦,遂于东方阿比罗提世界成佛,在彼说法。这阿比罗提世界就是阿閦佛土。在后出的《维摩经》《法华经》里都说到

①《维摩诘所说经》卷上《佛国品》,《大正藏》第 14 卷,第 538 页中。
②关于早期净土思想的形成,参阅藤田宏达《原始淨土思想の研究》,岩波书店,1970 年;岩本裕《佛教説話研究》第三卷《佛教説話の傳承と信仰》第一部分《阿彌陀佛——その光と影》。藤田书对于东西方学界关问题的不同意见有较详细的介绍、分析。

阿閦佛。但这一信仰在中国并没有产生大的影响。支娄迦谶的另一部著名译籍《般舟三昧经》①,其中讲到"西方阿弥陀佛"和它的"国土",名称是"须摩提"②。《维摩经》也是较早介绍西方佛土思想的经典,后出什译《佛国品》宝积长者子白佛言:"愿闻得佛国土清净,唯愿世尊说诸菩萨净土之行。"该译本计使用"净土"一词达二十次,与吴支谦《维摩经》初译本相对照,后者却不见"净土"一词,上引同一处作"愿闻得佛国土清净,佛惟解说如来佛国清净之行"③。据考什译二十处"净土"中有十七处原文是 buddha-kṣetra,即佛国土,另外三处原文大概是 buddhakṣetra-pariśuddhi,即使佛土清净④。《法华经》里写到佛土的地方很多。例如《五百弟子授记品》里的弟子各自都有佛土。但在竺法护译《正法华经》里使用的都是"佛之土""佛土"等字样;什译《法华经》也同样,只是在《五百弟子授记品》和《如来寿量品》偈颂里两次用了"净土"。但考其梵文原文,前者是 kṣetravara,意即"妙土",后者是 kṣetra,意即"国土"。这样,在印度佛教里,"净土"并不是一个固定词语。"净土"作为概念是翻译佛典时被汉译译家确立下来的。以"净土"概念来表述佛土,不仅简洁明晰,更容易让人把它当作真实存在的一类国土来理解。具有中国佛教独特内涵的净土信仰从而扩展开来。特别是后来西方阿弥陀佛信仰流行,"净土"一般又用来特指西方净土。值得注意的是,在法显、玄奘、义净等人旅印时,见过释迦、弥勒、观音以及过去佛等造像,却未见阿弥陀像;又在今日南传佛教兴行之处如斯里兰卡、缅甸、泰国等地,均不见净土变相遗存。可知佛土信仰在

---

① 《般舟三昧经》今存一卷本和三卷本,一般以为三卷本是支译。
② 《般舟三昧经》卷一《行品》。"须摩提"即 Sukhāvatī,后译为"安乐""安养""极乐"。
③ 鸠摩罗什《维摩诘所说经》卷上《佛国品》,《大正藏》第 14 卷,第 538 页上;支谦译《佛说维摩诘经》卷上《佛国品》,《大正藏》第 14 卷,第 520 页上。
④ 藤田宏达《原始淨土思想の研究》,第 509—510 页。

汉传佛教里特别发达，特别受到重视。

　　作为中国佛教的西方弥陀净土信仰的典据，有一大批相关经典。唐荆溪湛然指出："诸教所赞，多在弥陀。"①据统计，全部大小乘译经计九百四十余部，如果除去小乘经只有六百几十部，有关净土的经典即达二百九十部左右，即近大乘经的三分之一②。其中最重要的是后来净土宗所依"正明净土经典"的"净土三部经"即《无量寿经》《阿弥陀经》《观无量寿经》，加上世亲的《往生论》，俗称"三经一论"。

　　其中最早译出、内容也最为充实的是《无量寿经》。该经译本传有十二种，五存七缺，通行本是题为康僧铠所译的二卷本，名称就是《佛说无量寿经》③。该经重点发挥菩萨本愿思想和三辈往生教义，其中对阿弥陀西方佛国土进行了细致描写。关于"三辈往生"，经中说：

　　　　佛告阿难："十方世界、诸天人民其有至心，愿生彼国，凡
　　有三辈。其上辈者，舍家弃欲，而作沙门，发菩提心，一向专念
　　无量寿佛，修诸功德，愿生彼国。此等众生临寿终时，无量寿
　　佛与诸大众现其人前，即随彼佛，往生其国，便于七宝华中自

──────────

①《止观辅行传弘诀》卷二之一，《大正藏》第 46 卷，第 182 页中。

②矢吹庆辉有《漢譯淨土經論表》，列出有关经论 254 部（见《阿彌陀佛の研究》）；上引藤田书里扩充至 290 部，具体书名可参阅。

③据考证该译本后出，或以为是刘宋宝云（吕澂《新编汉文大藏经目录》，第 5 页）、竺法护〔水野弘元等编《新·佛典解题事典》，第 87 页，春秋社，1989 年〕。译本五存，另外四种是：支谦译《大阿弥陀经》二卷（吴译），支娄迦谶译《无量清净平等觉经》四卷（汉译）、菩提流志编译《大宝积经·无量寿如来会》二卷（唐译）和法贤译《无量寿庄严经》三卷（宋译）。有一种看法认为净土思想在中亚地区得到特殊的发展，而《观无量寿经》即是中亚撰述，是受到这一地区犍陀罗自由主义思潮影响的产物。参阅春日井真也《〈觀無量壽經〉における諸問題》，《佛教文化研究》第三号，1953 年。又《无量寿经》的异本及其译者问题，学术界长期争论，一时难以定论，参阅上引藤田书。

然化生，住不退转，智慧勇猛，神通自在。是故，阿难，其有众生，欲于今世见无量寿佛，应发无上菩提之心，修行功德，愿生彼国。"佛语阿难："其中辈者……"①

接着是关于中辈、下辈的说明。所述虽然有在家、出家的不同，有功德的不同，得果也不同，但同样要求发菩提心，诚心念佛，愿生佛国。这是以大乘般若思想为基础的禅观的实践。这部经里已经写到观音作为阿弥陀佛胁侍，是为"净土三身佛"（加上势至）的滥觞。又该经后面讲到断"五恶"，行"五善"，又说到"度世长寿""名籍记在神明"等，乃是中国道教信仰和语言；还有"父母之恩""师友之义""尊圣敬善""国丰民安"等说法，则是儒家观念。因此学术界多认为这一部分是中土翻译时所窜入。无论事实是否如此，这些都表明在净土信仰传入初期，其内容已有与中土传统伦理相融合的部分。这对于它在中土传播是大有帮助的。

《阿弥陀经》一卷，通行本为鸠摩罗什所译。另有两种异译：一种是刘宋求那跋陀罗所译，久佚；另一种是玄奘所译《称赞净土佛摄受经》。这部经在中国净土思想的发展中起着特殊作用。经本短小精练，不过三千多字。因此相对于《无量寿经》被称为"大经"，它被称为"小经"。其主要篇幅是佛在祇树给孤独园向长老舍利弗述说西方极乐国土阿弥陀佛依报（指宿业召感的环境方面的果报，如国土、家屋、衣食等）和正报的功德庄严，并告以执持阿弥陀佛名号、一心不乱即可往生彼国，同时六方诸佛各出广长舌证成佛陀所说真实不虚，并对念佛众生加以护念。这部经典简明生动，非常适应中土意识崇尚简要的习性。罗什译文又平易流畅，文词优美，易于被民众接受。对于中土净土思想的发展具有更为重要的意义的是，它主要是突出依报功德的"净土之相"，大大促进了中国佛教"有相净土"观念的发展。其中对于西方佛土景象的描绘，本来和

---

① 《佛说无量寿经》卷下，《大正藏》第 12 卷，第 272 页中。

《无量寿经》没有大的不同，其影响却大得多。这种所谓"依报功德庄严"，成了后来造像和文字描写西方净土的模本：

> 尔时佛告长老舍利弗：从是西方过十万亿佛土，有世界名曰极乐，其土有佛，号阿弥陀，今现在说法。舍利弗，彼土何故名为极乐？其国众生，无有众苦，但受诸乐，故名极乐。又舍利弗，极乐国土，七重栏楯，七重罗网，七重行树，皆是四宝周匝围绕，是故彼国名曰极乐。又舍利弗，极乐国土有七宝池，八功德水充满其中，池底纯以金沙布地，四边阶道金、银、琉璃、颇梨合成，上有楼阁，亦以金、银、琉璃、颇梨、车磲、赤珠、马瑙而严饰之。池中莲花大如车轮，青色青光，黄色黄光，赤色赤光，白色白光，微妙香洁。舍利弗，极乐国土成就如是功德庄严。又舍利弗，彼佛国土，常作天乐，黄金为地，昼夜六时天雨曼陀罗华，其国众生常以清旦，各以衣裓盛众妙华，供养他方十万亿佛，即以食时，还到本国，饭食经行。舍利弗，极乐国土成就如是功德庄严。复次舍利弗，彼国常有种种奇妙杂色之鸟，白鹄、孔雀、鹦鹉、舍利、迦陵频伽共命之鸟，是诸众鸟，昼夜六时出和雅音，其音演畅五根、五力、七菩提分、八圣道分如是等法，其土众生闻是音已，皆悉念佛、念法、念僧。舍利弗，汝勿谓此鸟实是罪报所生。所以者何？彼佛国土无三恶趣。舍利弗，其佛国土，尚无三恶道之名，何况有实？是诸众鸟，皆是阿弥陀佛欲令法音宣流变化所作。舍利弗，彼佛国土，微风吹动诸宝行树及宝罗网，出微妙音，譬如百千种乐，同时俱作，闻是音者，皆自然生念佛、念法、念僧之心。舍利弗，其佛国土成就如是功德庄严。

接下来说正报功德庄严：

> 舍利弗，于汝意云何，彼佛何故号阿弥陀？舍利弗，彼佛光明无量，照十方国，无所障碍，是故号为阿弥陀。又舍利弗，

彼佛寿命及其人民无量无边阿僧祇劫,故名阿弥陀。舍利弗,
阿弥陀佛成佛已来,于今十劫。又舍利弗,彼佛有无量无边声
闻弟子,皆阿罗汉,非是算数之所能知,诸菩萨亦复如是。舍
利弗,彼佛国土成就如是功德庄严。

这样,一方面把无限遥远的"过十万亿佛土"的西方乐土形象地置
于人们眼前,另一方面说明这阿弥陀佛光明无量,寿命无量,允诺
往生其国土的人可以同样享有这无量光明和寿命。鸠摩罗什开始
使用"极乐"(起初被音译为"须摩提""须呵摩提",或意译为"安养"
"安乐")这一译语,作为佛土景象鲜明精粹的概括,很快被人们接
受而普及开来,成了"净土"的同义语。它的字面含义则成为中国
佛教净土观念的概括。接下来提出执持名号的修持方法,说信徒
只要"闻说阿弥陀佛,执持名号,若一日,若二日,若三日,若四日,
若五日,若六日,若七日,一心不乱,其人临命终时,阿弥陀佛与诸
圣众现在其前,是人终时,心不颠倒,即得往生阿弥陀佛极乐国
土"①。这又给人指示出实现极乐理想的十分简易而有效的修持
方法和往生前景。

《观无量寿经》又称《无量寿观经》一卷,刘宋畺良耶舍译。在
所谓"净土三部经"里,这一部晚出,反映大乘思想发展新层次的内
容,对佛土信仰又有重大发挥。正如题目所表示的,这是一部反映
大乘禅观实践的"观佛"经典。经文以阿弥陀佛及其胁侍——作为
化佛的观世音、大势至以及极乐佛土为具体描述对象,阐明观想方
法,说明三福(世福、戒福、行福)、十六观往生法门和上、中、下三辈
往生行相。十六观指示观想念佛的具体方法,三辈往生指出修持
不同的人得到不同的往生前景。这就一方面发挥了大乘佛教普遍
的救济观念,向更多的人敞开了进入净土的门径;另一方面给往生
前景定出等级,鼓励信徒攀登更高的信仰层次。经中进一步确定

①《阿弥陀经》,《大正藏》第 12 卷,第 346 页下—347 页中。

阿弥陀佛及其胁侍观音、势至的关系，明确观音作为净土接引佛的
性格。

　　在汉译净土经典中特别受到重视的还有世亲造、魏菩提流支
译《无量寿经优波提舍愿生偈》，俗称《往生论》。这部论由二十四
行九十六句偈颂和敷衍它们的长行构成。偈颂的内容是抒写观想
安乐世界、忆念阿弥陀佛、往生阿弥陀佛净土的志愿，描写作为观
想对象的阿弥陀佛国土庄严，最后以回向语句作结；长行则敷衍往
生方法，即修持"五念门"（礼拜门、赞叹门、作愿门、观察门、回向
门），得"五果门"（近门、大会众门、宅门、屋门、园林游戏地门），进
而往生安乐国的行法。解释"五念门"，重点在观察门，详细描绘作
为观察对象的佛土景象即所谓"净土之相"，细致叙说"彼佛国土功
德庄严"十七事，"佛功德庄严成就"八种，"菩萨功德庄严成就"四
种。其中佛土功德庄严十七事为：

　　　　观察彼佛国土功德庄严者，有十七种事应知。何者十七？
　　一者清净功德成就，二者量功德成就，三者性功德成就，四者
　　形相功德成就，五者种种事功德成就，六者妙色功德成就，七
　　者触功德成就，八者庄严功德成就，九者雨功德成就，十者光
　　明功德成就，十一者声功德成就，十二者主功德成就，十三者
　　眷属功德成就，十四者受用功德成就，十五者无诸难功德成
　　就，十六者大义门功德成就，十七者一切所求功德成就。

以下结合偈颂对这些功德成就一一加以解释，如说明净土庄严的
第八项："庄严功德成就者，有三种应知。何等三？一者水，二者
地，三者虚空。庄严水者，偈言'宝华千万种，弥覆池流泉，微风动
华叶，交错光乱转'故。庄严地者，偈言'宫殿诸楼阁，观十方无碍，
杂树异光色，宝栏遍围绕'故。庄严虚空者，偈言'无量宝交络，罗
网遍虚空，种种铃发响，宣吐妙法音'故。"又第十六项："大义门功
德成就者，偈言'大乘善根界，等无讥嫌名，女人及根缺，二乘种不

生'故。净土果报,离二种讥嫌过应知,一者体,二者名。体有三种,一者二乘人,二者女人,三者诸根不具人。无此三过故,名离体讥嫌。名亦三种,非但无三体,乃至不闻二乘、女人、诸根不具三种名故,名离名讥嫌。等者,平等一相故。"①对佛土形相的这种说明更为概括,也更为全面。然后是八种佛庄严、四种菩萨庄严,总计"三严"二十九种。这部论仍是"唯心净土"思路,指出"菩萨智慧心、方便心、无障心、胜真心,能生清净佛国土",其"随顺五种法门",主要是礼拜、赞叹阿弥陀佛,即观想念佛的具体实践。龙树曾在《十住毗婆沙论·易行品》里提出阿弥陀信仰适应于下劣众生,明显表现出轻视这一信仰的倾向。而这部论则强调阿弥陀信仰的崇高地位,当作大乘菩萨道来加以弘扬,对后来中土净土法门的发展和净土宗宗义的形成也具有特殊意义。

　　翻译佛典传述的是外来宗教思想,但哪一部佛典被重视却有着中土自身的原因;而一部经典哪一部分特别受到欢迎并被加以发挥则更是本土思想土壤所决定的。西方佛土经典自魏晋以后被大量传译并得到广泛弘传,无疑是适合中土需要的。但翻译佛典的内容并不是被原原本本地照搬过来,在翻译过程中往往有所改动,在接受和流传中更多有特殊的解释和发挥。这后一方面更能反映接受方的信仰实态,作为宗教文化的内容也更有价值和意义,因而更值得重视。本来根据大乘佛教的佛陀观和佛土观,三世十方有无数佛,也有无数佛国土即所谓"净土",例如东方有阿閦佛国土,还有药师如来净土等等。而在中土影响最大的是阿弥陀佛西方佛土和未来佛弥勒兜率天佛土。阿弥陀佛给人们提供死后"来生之计"的归宿,"未来佛"弥勒佛允诺未来的幸福世界。二者内容不同,又正可以相互补充。而在中国信仰者的观念里,阿弥陀西方佛土又成为具体的、实存的"国土",因而从重视"净土之行"转变为

---

①《无量寿优婆提舍愿生偈》,《大正藏》第26卷,第231页中—232页上。

更加重视"净土之相"。这一观念上的转变在六朝以来的造像里非常清楚地表现出来。如在敦煌大幅壁画里，把人世的繁华富丽集中、夸饰地"移植"到净土变相中，把它描绘成来世托生之所，其中的"人物"从衣着、饮食、宫室到自然环境都被具体化、形象化了，"净土"从而成为按照人们理想模式来构造的死后永生的乐国，因而也就具有更大的诱惑力。而在翻译过程中把"佛国土"楷定为"净土"，这虽然只是改变一个字、确定一个概念，对于净土信仰的流传和发展意义却相当重大。这样，净土信仰在中土广泛传播并得以发展，后来又形成宗派佛教的净土宗，乃是外来佛教信仰在中土特定环境里被改造和发挥的结果，是佛教"中国化"的一个典型表现。

自北魏到唐初，净土信仰进一步发生重大转变，出现了新一代净土法门的宣扬者昙鸾（476—542）、道绰（562—645）、善导（613—681）等人。唐代热衷宣扬净土的，善导同时有迦才，善导弟子有怀感，还有稍后的慈愍，中唐时又有法照、少康、飞锡、善道、道镜等，推动形成中国佛教的净土宗。在隋唐时期的宗派佛教里，禅与净土是宗派佛教里传播最广、影响最大的两个宗派；宋代以降，"禅净合一"成为中国佛教的主导潮流。在民众中，净土信仰长盛不衰，净土观音则一直被当作接引佛成为崇拜的主要偶像。

五

到唐初，印度金刚密教传入，形成汉地密宗，出现更多的"变形观音"。这是观音化身观念的新体现。多种多样、形态诡异的变形观音显示无边的神通、法力，增添了观音信仰的新内容，也成为推动观音信仰更广泛流传的新活力。

　　印度大乘佛教本是不断吸收民间和外来的信仰、神祇、仪轨等因素而发展、演变的,这造成宗教学上所谓"重层信仰"现象。观音信仰不断增添新的内涵乃是这种现象的典型表现之一。印度早期大乘佛教中即有一派更多地吸收了民间俗神崇拜和古婆罗门教的神祇与仪轨,特别重视真言(陀罗尼)即密咒,被称为"古密教"。这一派教法三国以后陆续传入中土,如竺律炎、支谦、竺法护等都译有咒经。早期来华的外国僧侣多兼习密咒,著名的如佛图澄、耆域、帛尸梨密多罗、昙无兰等,亦以神异和法术吸引信众。早期也已翻译一批专门的观音咒,有东晋竺难提译《请观世音菩萨消伏毒害陀罗尼咒经》、北周耶舍崛多译《十一面观音神咒经》等。在六朝时期制作的伪观音经中,也有一部分伪观音咒经①。至隋代,阇那崛多译出《不空羂索咒经》,这是正在兴起的金刚密教的新一代观音咒经。经中宣扬不空羂索观音信仰,叙述观音居于逋多罗山顶,说不空羂索心王咒利益,谓以此咒力可除病难、水难及二十种祸患,临命终时,无病苦乱心,从其所欲,往生净土;并指示诵咒做法、画观音像法式、坛场供具等及观音礼忏仪轨。不空羂索观音后来成为中土密宗的主要神祇之一。阇那崛多还翻译《种种杂咒经》一卷,其中包括十五种经咒,里面有两个观音咒。这些观音咒经的传播,成为推动中土观音信仰的新因素。

　　到开元年间(713—741),善无畏、金刚智、不空"三大士"来华,传播瑜伽密教,受到朝野推重,并形成中土密宗,至中晚唐兴盛一时。这一时期译出大量新层次的观音咒类经典,一大批密教变形观音如千手千眼观音、如意轮观音、俱胝观音、准提观音等传

---

① 如法宪于魏延兴五年(473)在于阗得达摩摩提所出《观世音忏悔除罪咒经》原本一卷等,见《历代三宝记》;法意于永明八年(490)出《观世音忏悔除罪咒经》一卷,见《出三藏记集》卷二《新集经论录第一》;又失译《观世音所说行法经》一卷也是咒经,见《出三藏记集》卷四《新集续撰失译杂经录》等,由于经本久已失传,内容不明,有可能是伪经。

入中土。加上圣观音和北周时传入的十一面观音，构成中土密宗的"六观音"。唐代以前的古观音咒经，如《请观音经》《十一面观音神咒经》等，结构都比较简单，所述形象、仪轨相对地还算拙朴，形容发挥也有限度。到了唐代新出观音经，不仅篇幅一般增大了，其内容的神奇诡异程度也大为增强了，所宣扬法力、功德也更扩展了，特别是更加突出了实现现世福利的功德方面。这一时期经咒译者多从印度来，他们本来具有异域神奇色彩，又掌握奇异法术，其活动更能蛊惑世人，特别是吸引帝王和朝廷支持。此前输入的不空羂索观音等在中土民众间的影响还有限，到唐代，如千手千眼观音、如意轮观音等却受到更广泛的欢迎，也造成更大的影响。

唐贞观中（627—649）智通出《千眼千臂观世音菩萨陀罗尼神咒经》，后来有异译本多种，流行的是西印人伽梵达摩（汉名尊法）于永徽（650—655）年间所出《千手千眼观世音菩萨广大圆满无碍大悲心陀罗尼经》，即今天仍作为寺庙功课的《大悲咒》所从出。智通本姓赵，陕西安邑人，于隋末出家受具，后隶名京师总持寺。贞观中，有北天竺僧赍来《千眼千臂经》梵本，智通时受太宗敕命充役翻经馆，与梵僧对译为二卷。智通还译有《千转陀罗尼观世音菩萨咒》《清净观世音普贤陀罗尼经》《观自在菩萨随心咒经》等观音咒，是中土传播观音咒的主要推动者之一。他所住的长安大总持寺则是宣扬密咒的中心。至高宗朝，又有几位外来译师传译这方面经典。印度僧波罗颇迦罗密多罗即光智于永徽三年（652）赍梵本入长安，屡现灵异，五年，译出《陀罗尼经集》十二卷，这是一部咒经的结集。伽梵达摩重译《千手经》即在此前后（据《宋高僧传》卷二《尊法传》谓"不标［出经］年代，推其本末，疑是永徽［650—655］、显庆［656—661］中也"）。仪凤四年（679），中印度人地婆诃罗即日照三藏表请译经，译出《佛说七俱胝佛母心大准提陀罗尼经》，他也以善咒术知名。永淳二年（683），南天竺人菩提流志入朝，此人该通历数、阴阳、谶纬，译出《千手千眼观世音菩萨姥陀罗尼身经》《如意轮陀罗尼经》等。后者是宣扬如意轮观音信仰的主要经典。长寿二年（693），迦湿密罗国阿你真那即宝思惟来洛阳，他极尽咒术，于神龙元年（705）译出《不空羂索陀罗尼经》。这一时期著名译家实叉难陀译有《观世音菩萨秘密藏如意轮陀罗尼神咒经》。值得注意的是，中国佛教史上的里程碑式的人物、译经史上"新译"的开创者玄奘也译有观音咒经，如《观自在菩萨随心咒》《十一面神咒心经》。还有一部以后中国佛教史上产生重大影响的经典《大佛顶如来密因首楞严经》即俗称"楞严经"的，也包括密教观音咒内容；其中关于观音应化之说，和《普门品》三十三身一样，成为中土观音化身观念的依据。这部经据智昇《续古今译经图记》记载，是中印度人般刺密帝于神龙元年所出。它以利乐为心，因敷密赜，被视为中土秘密部的重要典籍。然而由于这部经本的译出、流传情形多有疑问，或以为是中土人士撰述。但其重大影响正显示了密藏在中土后期佛教里的意义。到开元年间（713—741），善无畏、金刚智、不空"三大士"前后来华，中土密宗形成，密教弘传遂形成高潮。在较高的精神追求层次上，密宗迎合了开放思想环境下追求精神满足和崇尚新奇诡异的意趣；在低俗的迷信层次上，它适应了人们对"它力救济"和"现世福利"的要求。这一时期善无畏、金刚智、不空都有这方面译品。其中不空所做贡献尤为巨大。他一人所出密典计近二十种，是中土密宗的总结者，又开密、显兼用新风；他又热心参与时事，受到朝野礼重，唐帝如玄、肃、代、德诸宗或亲受灌顶，或参与他的译事，在玄、肃、代三朝他均被礼为"国师"，王公大臣争相结纳。由于他所宣扬的密教教义有强烈的护国色彩，成为朝廷推重的重要原因。他在教学上重视密教仪轨，翻译有关这方面内容的密典，详细介绍建坛修法的方法，而在他所介绍的密教曼荼罗（坛场）里，观音往往是一位主尊。这造成一个超乎单纯宗教意义的结果，就是促进了有关观音的绘画和雕刻的发达。再有一点，就是他特别重视神咒真言（陀罗尼），传翻不少观音密咒。他的活动，有力地推动了中土密教变形观音的传播。不空又曾大力宣扬五台山文殊信仰，推动了五台山佛教的发展。这样，"开元三大士"使密教观音盛弘一时。这种信仰当时即远传三韩和日本①。又许多密教观音咒经如《不空绢索神变真言经》《不空绢索神咒心经》《十一面观自在仪轨经》《大悲心陀罗尼经》《圣自在菩萨不空王秘密心陀罗尼经》等又都以观音所在的补陀落迦山为说法处，这也反映了密教变形观音和救苦观音的联系。

《千手千眼观世音菩萨广大圆满无碍大悲心陀罗尼经》即俗称《千手经》的叙述了一个新的观音授记故事：

> 观世音菩萨重白佛言："世尊，我念过去无量亿劫前，有佛出世，号曰千光王静住如来。彼佛世尊怜念我故，及为一切众生故，说此广大圆满无碍大悲心陀罗尼，以金色手摩我顶上，作如是言：'善男子，汝当持此大悲心咒，普为未来恶世一切众生作大利益。'我于是时始住初地，一闻此咒故，超第八地。我时心欢喜故，即发誓言：'若我当来堪能利益安乐一切众生者，令我即时身生千手千眼具足。'发是愿已，应时身上千手千眼悉皆具足，十方大地六种震动，十方诸佛悉方光明，照触我身及照十方无边世界。"

在这里，观音乃是过去佛出世，其现千手千眼之身是利乐众生的弘愿的体现，同时也显示他不可思议的功德。观音向佛陀说明大悲咒的作用：

> 世尊，我有大悲心陀罗尼咒，今当欲说，为诸众生得安乐

①千手千眼观音在盛唐时期弘传于日本和新罗。日僧玄昉于天平七年（开元二十三年，735）入唐，写《千手千眼经》一千部；鉴真于天宝十三载（754）赴日时，携白旃檀千手像一躯，见《唐大和尚东征传》。韩国留存众多新罗时代的千手观音遗迹。从大悲信仰在海东的传播可知本土弘传的隆盛。

故,除一切病故,得寿命故,得富饶故,灭除一切恶业、重罪故,离障难故,增长一切白法诸功德故,成就一切诸善根故,远离一切诸怖畏故,速能满足一切诸希求故。惟愿世尊慈哀听许。

这里的核心观念是突出"众生得安乐",即满足现世福利;而最后一项功德是包笼一切的。就是说,这个经咒是全能的。它既能使人得到禅定、解脱、神通,往生十方净土,这些是纯宗教的功效;又能让人随所求愿,皆悉满足,像除旱,止雨,治耳聋、疟疾、心痛、蛔虫、眼病等,以至保佑女人生产平安,防毒蛇,解毒药,使刀箭不能伤害,等等。经中又总结出持咒能不受十五种恶死,得十五种善生。这十五种善生都是从积极方面来满足人生欲望的,基本无关于佛教的高深教义,也不同于《普门品》主要是消极地解救危难:

> 一者所生之处常逢善王,二者常生善国,三者常值好时,四者常逢善友,五者身根常得具足,六者道心纯熟,七者不犯禁戒,八者所有眷属恩义和顺,九者资具财食常得丰足,十者恒得他人恭敬扶接,十一者所有财宝无他劫夺,十二者意欲所求皆悉称遂,十三者龙天善神恒常拥卫,十四者所生之处见佛闻法,十五者所闻正法悟甚深义。若有人诵持大悲心陀罗尼者,得如是等十五种善生也。

这十五种善生里,把逢善王、生善国放在第一、二项位置上,表现这部经典的护国意义。至佛陀告阿难咐嘱流通时更说道:

> 若有国土灾难起时,是土大国王若以政法治国,宽纵人物,不枉众生,赦诸有过,七日七夜身心精进,诵持是大悲心陀罗尼神咒,令彼国土一切灾难悉皆除灭,五谷丰登,万姓安乐;若为他国怨敌数来侵扰,百姓不安,大臣谋叛,疫气流行,水旱不调,日月失度,如是种种不祥起时,当造千眼大悲心像,面向西方,以种种香花、幢幡宝盖,或百味饮食,至心供养,其王又能七日七夜身心精进,诵持如是陀罗尼神妙章句,外国怨敌即

自归伏,各还政治,自国他国,国土通同慈心相向,王子百官,皆行忠赤,妃后彩女,孝敬向王,诸天龙神,拥护其国,风雨顺时,果实丰饶,人民欢乐。①

如此宣扬维护现世统治的功效,是观音信仰的宗教意义的巨大转变。后来明成祖朱棣说:

如来化导,首重忠孝。凡忠臣孝子,能尽心以事君,竭力以事亲,所作所为,无私智陂行,广积阴功,济人利物,又能持诵是经咒,则跬步之间,即见如来。②

这是从帝王之口明确道出了这部经典教忠教孝、维护现世统治的作用。大悲信仰在唐代特别被朝廷提倡,这是一个重要原因。

千手千眼观音音译为"沙诃沙罗部惹阿缚路枳帝湿婆罗",又名"千眼千手千舌千足千臂观自在",或称"千手观音""千臂观音""千光观音自在"等,密号"大悲金刚"。"大悲观音"的称号即由后一称呼而来。其形象各种经轨记载不同。面数有一面、十一面以至五百面的;手数有二臂、四臂、六臂、八臂、十臂、十二臂……一百臂乃至八万四千臂等种种;每支手掌各具一眼,手中各有持物或结不同手印。但一般造像按《千手经》作四十二臂;左右各二十手,本臂两手合掌,其他四十手中三十八手各有持物,如摩尼珠、弓、箭、宝瓶、莲花、化佛、骷髅等,另外二手作手印。这四十二手的形象从密教教理说,是如来、金刚、摩尼、莲花、羯磨五部各部分别担负息灾法、调伏法、增益法、敬爱法和钩召法,每部八手,总共成四十手。又一种解释是四十手各含二十五有,故成千手。所谓二十五有,是指众生流转生死三界、六道分为二十五类。在今存敦煌壁画里的七十幅变相中,二十九幅臂数不详,四十臂者十六

①《大正藏》第20卷,第106页中—第107页中、第109页下。
②《大悲总持经咒序》,许明编著《中国佛教经论序跋记集》(三),第1301页,上海辞书出版社,2002年。

幅,四十二臂者十幅,另有二臂、八臂、十臂、十二臂、二十臂、二十四臂、二十八臂、三十臂、三十四臂、五十臂、六十二臂、七十二臂、一百臂的①。总之,"千手"的形象表现相当自由,这给塑、画留出了空间。

活动于武后朝的菩提流志(觉爱)译《如意轮陀罗尼经》。他曾在洛阳佛授记寺出《宝雨经》,在序分末加入东方月光天子受记在中土现女人身统治世间一段,因此武后深加信重,可见他本是热衷世事的人。他所传翻的《不空羂索神变真言经》三十卷,较旧译本繁广,是宣扬密教不空羂索观音的。所出《如意轮陀罗尼经》则是流传广远的如意轮观音信仰的主要典据。这部经的《序品》记载观自在菩萨白佛言:

> 我有大莲花峰金刚秘密无障碍如意轮陀罗尼明所昧耶,能于一切胜福事业所求皆得如意成就。如来大慈许我说者,我当承佛神力,广为饶益一切有情意愿故说。世尊,是陀罗尼明有大威神,如天意树,为诸明仙,雨大宝雨,所欲皆得,等摩尼珠,能满一切有情,一切胜愿。惟希如来慈哀加持。

如意轮观音接着说出"根本陀罗尼""大心陀罗尼""小心陀罗尼"等三种如意轮陀罗尼,大地山林、一切天宫震动,诸天散花,天乐齐鸣,佛陀出迦陵频伽美妙梵声说偈赞叹。在第二《破业障品》里,观自在菩萨说明了如意轮观音咒的功德利益,内容既包括消除过、现灾难,也包括往生极乐净土的"来生之计";所除灭的灾害既有个人遭受的祸患,也有战争、官事等国家劫难;而特别突出的是"一切所为,悉得成就",即保证现实的一切愿望得以实现。密教本来特别重视仪轨,对修持经咒规定烦难的做法和程序,但这部观音经里所说的修持方法,既不要求选择时日,也不要求斋戒等手续,一般信

---

① 参阅彭金章《千眼照见 千手护持——敦煌密教经变研究之三》,《敦煌研究》1996 年第 1 期。

众也就较容易接受和实行了。

如意轮意思是所愿宝珠轮，如意轮观音又译为"如意轮王"，亦称"大梵深远观世音菩萨"，密号"持宝金刚""与愿金刚"。其形象同样多种多样，有二臂、四臂、六臂、八臂、十臂、十二臂等不同，一般作六臂。按仪轨，如意轮观音坐莲花上，头顶如意宝珠，其宝珠由黄金、白银、沉香、白檀、紫檀、香桃、桑沈、白心树沈、沈柏、真添等十一种珍宝和香木构成，圆形的如意宝珠中有三十二颗佛舍利。这样的形象相当优美珍异。

密教各种变形观音，各具独特形貌和功能，各有经咒。在密教曼荼罗即坛场中，这些观音各占一定位置。他们十分神通广大。不过密宗教义、仪轨、修持方法过分诡秘、奇异、繁复，不适应中土重理性、重现实、重简易的习性。密教在中土流行，早期主要得到寺院和宫廷支持，在群众中的影响有限。这也是它很快衰败的重要原因之一。但是密教观音却流传广泛。宋代以来，《大悲咒》《大悲忏》作为法事广为流行，相沿至今；形象绮丽的千手观音更被广泛地表现在造像和绘画中，一直成为佛寺供奉的主尊之一。在民众间，大悲观音和如意轮观音被视为重要的救济神明，《大悲咒》则被当作消灾解难的符咒。又大量流传相关应验传说，在唐戴孚《广异记》、宋李昉等《太平广记》、洪迈《夷坚志》等书里多有记载，文人诗文里也多有相关内容。

六

宋代以降，"禅净合一"成为民众佛教的主导潮流。"家家阿弥陀，户户观世音"，观音信仰深入人心，信仰形态进一步演化。观音道场被落实到中国，最著名的是舟山群岛普陀山和杭州天竺山。

还有苏州的寒山寺,钱谦益说:

> 此山之麓,有观音殿,灵响殊胜。春时士女焚香膜拜,项
> 背相望,以故寒山俗号观音山。今于此地,启建忏场,仗托因
> 缘,弘法利生,甚盛举也。吾读《楞严》、《法华》、《圆通》、《普
> 门》二品,观音大士于无量阿僧祇劫修同体大悲,遍薰一切,
> 以三十二应,摄受众生……智者大师判《普门品》文目,慈悲
> 普至,修行普开,为十方普应,判然事理具足,无可疑矣。①

各地类似观音道场无数。某些本土人士,主要是某些高僧被看作
观音化身,如南朝傅大士、宝志、唐僧伽、杯度等。基于《法华经》观
音化身观念,又形成各种各样中国民族风格的变形观音,也被总括
为三十三身。这些观音形貌是本土的,体现的观念也是更彻底地
民族化的②。在民众的感受中,他们更为亲切,因而也就赢得了更
虔诚的供奉。

　　如果说普陀观音信仰产生于对经典的附会,天竺观音信仰得
力于朝廷的推动,另有两处地方的香山观音和襄阳观音则形成于
民间。后二者都是从大悲观音衍化出来的。他们凝聚了一定地方
民众的信仰,具有独特的民俗风格,表现出特殊的魅力。

　　北宋李廌《画品》中说:

---

① 《寒山报恩寺募建大悲殿疏》,《有学集补》。
② 三十三观音(也有提出“二十八观音”或“四十观音”的)指杨柳观音(又称药
王观音)、龙头观音、持经观音、圆光观音、游戏观音、白衣观音、莲卧观音、泷
见观音、施药观音、鱼篮观音、德王观音、水月观音(又称水吉祥观音)、一叶
观音、青颈观音、威德观音、延命观音、众宝观音、岩户观音、能静观音、阿耨
观音、阿么提观音(又称无畏观音、宽广观音)、叶衣观音、琉璃观音(即高王
观音)、多罗尊观音、蛤蜊观音(又称救度母观音)、六时观音、普悲观音、马郎
妇观音、合掌观音、一如观音、不二观音、持莲观音、洒水观音。据现存资料,
“三十三观音”最早出现于日本俳人菊冈沾凉(1680—1747)《续江户砂子》一
书,参阅岩本裕《佛教说话研究》第三卷,《佛教说话の传承と信仰》第三章
《三十三观音》,第191—206页。

　　　　大悲观音像。唐大中年范琼所画，像躯不盈尺，而三十六
　　臂皆端重安稳。如汝洲香山大悲化身自作塑像、襄阳东津大
　　悲化身自作画像意韵相若……①

这是说当时在汝州香山和襄阳东津分别有大悲塑像和画像，并有
传说它们本是大悲观音现身所作，而范琼所画像与之相似。这段
话表明有关传说北宋时已经流行。

　　本来翻译佛典里有香山，又称醉香山，是佛教宇宙观中的著名
高山，据说是位于阿耨达池之北，为阎浮提州的最高顶，或以为即
指昆仑山（又一说指葱岭）。中国佛教传说早已有提到香山的②，把
它当作中土某地。中国以"香山"为名的地方很多，著名的如洛阳
龙门香山以至北京的香山，都和佛教传说有关系。而河南汝州（今
汝州市）香山（在今宝丰县城东十五公里大、小龙山之间，今存香山
寺，传为唐建，历代屡经修葺）则被说成是大悲观音证道之所，相应
地有情节复杂的传说，北宋时期已广泛流行于民间。第一个记录
者是蒋之奇，据南宋朱洧记载：

　　　　蒋颖叔守汝日，用香山僧怀昼之请，取唐律师弟子义常所
　　书天神言大悲之事，润色为传。载过去国庄王，不知为何国
　　王，有三女，最幼者名妙善，施手眼救父疾，其论甚伟。然与
　　《楞严》及《大悲观音》等经颇相函矢……而天神言，妙善化身

————————

① 《德隅斋画品》，云告译注《宋人画评》，第 243—244 页，湖南美术出版社，
　　1999 年。
② 《佛祖统纪》卷三九有传说如下："（大业九年，613，隋）帝幸维扬，招神僧法喜
　　入见。一日，绕宫中索羊头，帝恶之，以付廷尉。禁卫甚严，而有司见其日丐
　　于市。上命按之，见袈裟复黄金锁骨。诏以香泥塑其形。是夕，像起行，
　　言笑如故。上异之，诏释其禁。未几，示疾而终，葬之香山。后数岁自南海
　　归者，见师殊无恙。发其冢视之，唯空棺焉。及帝遇害江都，方悟索羊头之
　　先忏。"这里关系到"香山""南海"，又有"黄金锁骨"，均和后来的观音传说有
　　关。《大正藏》第 49 卷，第 363 页上。

千手眼以示父母,旋即如故。而今香山乃是大悲成道之地,则
是生王宫,以女子身显化。考古德翻经所传者,绝不相合。浮
屠氏喜夸大自神,盖不足怪。而颖叔为粉饰之,欲以传信后
世,岂未之思耶!①

这里已经有香山观音本事传说的基本情节。颖叔名之奇,《宋史》
卷三四三有传,其守汝在元符(1098—1100)年间即他的晚年。他
是虔诚的观音信仰者。据朱弁的记载,蒋之奇是根据唐代律师道
宣弟子的记录加以润色而写成新的《香山大悲传》的。但今传《道
宣律师感通录》里未载此事。从情理说,这样的故事应出在盛唐大
悲信仰盛行之后,说它出自道宣应是附会。与蒋之奇大约同时的
张耒有《书〈香山传〉后》一文说:

> 佛法自东汉明帝时始入中国,而此传天人所称庄王者,以
> 为楚王,则时未有佛。所谓观世音者,比丘之号,无从而有,与
> 史载不合。然未可废也。予尝读《宣律师传》,其载天人语甚
> 多,有一天人说周穆王时佛至中国,与《列子》所载西极化人说
> 略同。不知子寓言也?抑实事也?②

这表明张耒已见到《香山传》一书。这个《香山传》应即是蒋之奇加
以润色的原本。但张耒接下来说《宣律师传》载天神言及佛入中国
事,则与香山观音并无关涉。大概是僧侣(如怀昼流)为故神其说
而故意将两事联结在一起传给蒋之奇了。蒋的《香山传》曾流传后
世。南宋初张守有《余旧供观音比得蒋颖叔所传〈香山成道因缘〉
叹仰灵异因为赞于后》诗曰:

> 大哉观世音,愿力不思议。化身千百亿,于一刹那顷。香
> 山大因缘,愍念苦海众。慈悲示修证,欲同到彼岸。受辱不退

---

① 《曲洧旧闻》卷六。
② 《柯山集》卷四五。

转，是乃忍辱仙。抉眼断两手，不啻弃涕唾。歘然千手眼，照
用无边际。至人见与执，不在千手眼……①

同是南宋初年祖琇记载道宣问天神以观音大士缘起，告以庄严王
女妙善修道化示千手千眼圣像事，其中有道宣与天神对话：

> 宣又问："菩萨处处化身，岂应独在香山耶？"神曰："今震旦
> 境内，唯香山最殊胜。"山在嵩岳之南二百里，今汝州香山是也。②

这也应是后来的附会。综合这些记载可以推测，起初所传故事虽
是以妙善成道为中心，但重点似在说明圣像形成的因缘，即李廌
《画品》里所说的塑像成因，属于传说文体中所谓"史事传说"一类。
应当是香山其地的寺院供养观音，有观音造像，僧侣们为提高寺院
的地位而编造出故事，编造过程中利用了民间传说。因而香山传
说有两方面内容，一个是说妙善为救父疾而成道，一个说明塑像的
由来。而在后来的发展中，后一方面体现地方特点的内容逐渐淡
化了，前一方面的内容则不断充实、发挥，形成明、清时期小说、戏
曲、宝卷和民间传说等文体中情节大体相同的复杂故事。值得注
意的是，在后来的传说中，又把香山成道故事时间提前了，甚至有
提到北齐天保（550—559）年间的。道光《河南通志》和《汝州全志》
上记载香山寺的观音塔是熙宁（1068—1077）年间重修或新建的。
又《宝山县志》卷一五记录有《汝州香山大悲菩萨大传》碑，有注曰：
"存在香山寺内，蔡京书，元符三年（1100）九月刊，至大元年（1308）
七月重刊。"元符三年正是蒋颖叔作传的时候。此碑今存，为今河
南宝丰县香山普门禅寺的镇寺之宝。以后又有传说把这一大悲成
道因缘附会到龙门香山了③。

---

① 《毗陵集》卷一〇。
② 《隆兴佛教编年通论》卷一三，《续藏经》第 75 册，第 176 页上。
③ 参阅塚本善隆《近世シナ大衆の女身観音信仰》，《山田博士還暦紀念・印度
　学仏教学論集》，1955 年。

在宋代,襄阳也是观音信仰特别兴盛的地方。邹浩有《难聘观音画像记》一文,记载了当地信仰一例:

> 晋陵邹某为襄州教授之明年,当绍圣元年(1094),以其重阳之前夕,梦造大刹,有殿肖然。其佛像如世所奉白衣菩萨相。为榜,揭以金字,曰"难聘观音之殿"。某不晓"难聘"意,诘左右,或曰:"此像生像也。久闷地中,既得之,诏辇致于京师,然积千万人竟不动。遂即其处为殿复焉,而赐号'难聘'云。"某方稽首瞻仰,忽顾某而笑……①

以下又写到观音亲为说法的灵迹。这个故事和普陀山的不肯去观音传说类似,都是突出特定的观音与一方有缘的。关于襄阳东津大悲传说,张邦基有记载说:

> 襄阳天仙寺,在汉江之东津,去城十里许。正殿大壁,画大悲千手眼菩萨像。世传唐武德初,寺尼作殿,求良工图绘。有夫妇携一女子应命。期尼以扃殿门,七日乃开。至第六日,尼颇疑之。乃辟壁,阒其无人。有二白鸽翻然飞去。视壁间,圣像已成,相好奇者,非世工所能。独其下有二长臂结印手未足,乃二鸽飞去之应也。郡有画工武氏者,独能模传其本。大观(1107—1110)中,有梁宽大夫寓居寺中,心无信向,颇疑慢之。武生曰:"菩萨之面,正长一尺。"宽以为诞,必欲自度之。乃升梯,欲以足加菩萨面。忽梁间有声如雷。宽惊悸而坠,损其左手。僧教宽悔过自忏。后岁余,方如旧。兹御悔于像法事者,怒其慢渎耳。②

传说中故事发生在武德年间,其时大悲信仰还没有流传,应不是事实。传说中主持作画的是女尼,观音又现化为夫妇和一女子,

①《道乡集》卷二五。
②《墨庄漫录》卷一〇。

则突出了女性在信仰中的作用，值得重视。故事主旨显然也是神化当地大悲观音灵迹的。这个襄阳大悲传说流传也相当广泛，时人李复作《襄州大悲像》诗，葛仲胜作《襄阳大悲院作》诗，皆咏其事。

鱼篮观音是又一个颇具典型意义的本土变形观音。以之为题材的，明初戏文有《观音鱼篮记》二卷三十二出①。大致情节是秀才张琼、金宠二家指腹为婚，后张家生下张真，被招至金府读书，伪装成金家小姐金牡丹的瑶池金线鲤鱼精将他诱惑摄去；金家找回张真，但真、假二女却难于区分；后请来包公断案也断问不清，城隍亦无能为力；结果是玉皇派出神兵出战，打败了鲤鱼精统帅的虾兵蟹将，把它收入鱼篮之中；这鱼精即被玉皇封为鱼篮观音。《龙图公案》里有《金鲤》篇，叙说碧油潭金鲤诱刘真事，也是根据同一传说铺衍而成的。但其结尾是龙王追鱼精至南海，被观音所救，主旨则与说鱼篮观音缘起无关了。公案中说郑翁家日悬淡墨观音像，夜焚香祝祷曰："汝明日至河岸，引我见包大尹。"次早，果然在河岸见一中年妇人，手持鱼篮，立杨柳树下；妇人告翁以妖鱼被摄入鱼篮事，郑翁引之谒包拯；包拯欲杀鱼，妇人携篮竟去，以此郑翁请画公绘手提鱼篮的水墨观音像，京都人争效之。这也是利用"史事传说"构思方式，意在说明一种水墨观音图像的起源。《西湖二集》卷一四《邢君瑞五载幽期》一篇，即以这个鱼篮观音故事作引子，可见流传亦广。清代传奇还有范希哲《鱼篮记》，署李渔圈定，自序称旧有弋阳腔，演普门大士收鱼精事，辞旨俚鄙，今特存其名，另作昆腔《鱼篮记》，与原剧内容不同。今京剧有名的折子戏《追鱼》是根据《鱼篮记》戏文改编而来的。宝卷里也有叙说同一故事的《鱼篮宝卷》。这个鱼篮观音本缘故事，用的是中国小说才子佳人程式，又加上清官断案情节，内容的宗教意味不仅显

---

①《古本戏曲丛刊》二集影印明文林阁刊本，商务印书馆，1955年。

得更为驳杂,而且不是那么"合理",艺术创作和欣赏的意味显然被淡化了。又后来鱼篮观音形象在绘画里作中土渔妇状,则类似流行风俗画了。

另外民间广泛流行的还有白衣观音、水月观音、杨柳观音、送子观音等等,相关的灵验传说不计其数。

六朝时期,《普门品》观音曾以极其神奇的面貌和力量吸引过无数信众,当时的观音信仰带来了新鲜的救济宗教观念,具有中土未见的表现形态,形成热烈的信仰潮流。这一信仰潮流在中土发展中,融入中国传统思想、伦理,内容和形式在不断地发生衍变。观音道场被转移到中国并创造出一批本土的变形观音和相关传说。经过这样长期演化过程,观音被赋予浓重的民间"俗神"色彩,已经从外国菩萨演化为本土神明了。

七

以现世利益和他力救济为核心内容的观音信仰在民众间流传,形成独特的仪轨。它们体现中土民众宗教信仰的精神,形式多样而又简单易行,对于信仰传播起了推动作用。

持诵经咒。如前所述,自东晋以来,观音咒已传译不少。唐代《千手经》译出,其中的《大悲咒》流行至今。此外还有《准提咒》等取自经典的经咒。翻译经典中的梵语音译观音咒对于一般群众难于诵读,主要流行于寺院僧侣中。民众间流行的主要是本土制作的更简易、通俗的咒语,如《白衣大士咒》等。民间教派也制作一些观音咒,如收元教有《观音祖师咒》,后期罗教流传的《五公(指志公、宝公、唐公、化公、朗公)尊经》里也有观音大士偈言等。

拜观音忏。晋代佛教已流行忏法,是忏悔并礼赞诸佛的一种仪轨。观音忏据记载起源于天台智顗，他曾"躬自率众作观音忏法"①。在其《摩诃止观》里有"请观音三昧行法"，是根据《请观世音菩萨消伏毒害陀罗尼经》制作的，曾在天台山道场中施行。从佛教忏法发展看，观音忏很可能以前就有，到智顗被定型。到唐荆溪湛然，为作《补助仪》，严格组织程序，即一严净道场，二净身、三身、口、意三业供养，四奉请三宝，五赞叹三宝，六礼拜，七忏悔，八行道旋绕，九诵经，十坐禅正观实相。后来天台知礼（960—1028）又依《大悲经》仪轨制作《千手千眼大悲咒行法》，在寺院里广泛奉行。这也是把密教经咒运用到显教法事之中即密咒"显教化"的典型例子。到清代，南京宝华山见月读体再据以删文重纂，这就是如今仍在寺庙流行的《大悲忏》。

称名。口诵观音名号。《普门品》里提出只要"一心称名"就可以获得观音救济。这也成为后来净土宗"称名念佛"的重要依据。称名显然有咒术意味，本是佛陀当初反对的。中土古代有通神信仰，以言告神曰祝，请神加殃曰诅。称名祈祷的方法显然和中土祝诅传统有关系。在南北朝观音传说里，有许多称观音名号得救的故事。后来昙鸾、道绰、善导等新一代净土法门的倡导者们提倡"称名念佛"的"易行道"，要求每天持诵"阿弥陀佛""观世音菩萨"名号。有以每天称诵名号多少遍（如万遍、几万遍）为功德的，成为民众中广为流行的信仰实践方式。在平时或遇到危难时呼叫弥陀、观音名号，成为流行的普遍做法。有些民间教门也以念诵观世音菩萨"五字真言"为主要供奉方式。以呼唤观音名号取代烦难修持，受到民众的欢迎。

念观世音。"念"指忆念、观想的念，这是诚心皈依的表现。有不少传说描写那些没有信仰心的人，危难急迫，无以自救，或受到

_____

① 《续高僧传》卷一七《隋国师智者天台山国清寺释智顗传》，《大正藏》第50卷，第565页中。

别人启发，或由于某种感悟，诚心归请观世音，即得到救护。这种忆念方式和念佛三昧相通，是禅观的一种。

诵观音经。《观世音经》一般是指《法华经·普门品》，也有持诵民间流行的短小伪观音经的。中土传统本来注重经典的传习、诵读，大乘佛教特别重视读诵经典功德，僧团中也把诵读经典当作主要修持形式。《普门品》文字简短，通俗易懂，读诵、记忆都比较容易。《续高僧传·惠恭传》记载，北周末年的惠恭"为性暗劣"，只能诵读《观世音经》一卷，和他同寺的惠远讥讽说"《观世音经》小儿童子皆能诵之"①。这也从侧面反映了当时这部经普及、流行情形。而从传说的应验故事看，有时候并不需要背诵全经，只要念诵几句经文就会产生神效。

制作，顶戴，供奉经、像。造像是大乘佛教的主要功德。北魏时期的石窟里观音造像不少。北魏到隋、唐时期流行制作金铜佛像，其中观音像的数量占很大比例，所存题记见于各种金石书著录。侯旭东按所搜集自公元400年至580年（北魏道武帝天兴三年至北周静帝大象二年）间有纪年的1437种造像记统计，明确可以判定是释迦、弥勒、无量寿、观音像的，分别为158、137、33、183身，即其中观音像最多。进入六世纪之后，观音造像一直兴盛不衰②。唐代又流行绘画、印制、绣像观音。敦煌遗物里保存不少精美的观音像（绢本，纸本）。白居易有《绣观世音菩萨像赞》，是其弟媳为亡父设斋绣制的，赞曰："集万缕兮积千针，动十指兮虔一心。呜呼！鉴悲诚而介冥福，实有望于观音！"③当时妇女绣观音像成为风俗。宋代以后，商品经济发达，金铜、竹木、陶瓷制作的观音像作为商品

①《续高僧传》卷二八《隋益州招提寺释惠恭传》，《大正藏》第50卷，第686页下。

②参阅侯旭东《五六世纪北方民众佛教信仰》中篇《造像记所见民众信仰研究》，中国社会科学出版社，1998年。

③朱金城笺校《白居易集笺校》卷三九，第2646页，上海古籍出版社，1988年。

广泛流通。供养方式则或到寺庙里礼拜观音圣像，或在家里设观音像或观音龛。有的家庭在中堂"天地君亲师"牌位旁边供奉观音、老君、财神等，或在家门外、桥头、路隅等处构筑小型观音龛、观音庙，或随身携带观音经或观音像随时顶戴、膜拜。逢元旦、清明、端午、中元、中秋、重阳、冬至、除夕等节日或节气，或逢家庭忌日等，则上供、祭拜观音。在较隆重的场合，除礼拜之外，还有烧香、燃灯、献花、供物等礼仪。一些短小的观音经，如《普门品经》《大悲咒》，还有流行的伪经《高王经》《观音十句经》之类，施印简便，在民众间十分普及。周一良曾介绍金元时期流行的一部《观音偈赞》，很有特色，认为可当作"金元之际佛教通俗文学作品"来读。它虽名为偈，却和佛典里的偈颂截然不同，类似元明时代的散曲套数。他认为是典型的为作功德施印的佛教宣传品。

　　吃"观音斋"。《宣验记》里记载刘宋时期的安苟，"身婴重疾，良药必进，日增无损……于宅内设观音斋，深心洁意，倾诚载仰；扶疾稽颡，专念相续。经七日初夜，忽见金像……即觉沉疴豁然消愈"①；《冥祥记》里记载秦沙门释道冏，元嘉十九年（442），临川康王坐镇广陵，请冏供养，其年九月，作十日观世音斋，据说九日之后，感得灵异，壁中现佛和无数沙门，拈香授冏，一沙门语云："冏公可为受香，以覆护主人。"②这样的斋会一连七天或十天，非有一定的物力、财力不能备办。一般平民百姓的斋戒则比较简易，流传至今的习俗有吃常斋的，或以二、六、九月为三斋月吃斋，或在正月初八，二月初七、初九、十九，三月初三、初六、十三、十九，四月初八、二十二，五月初三、十七，六月十六、十八、十九、二十三，七月十三，八月十六，九月十九、二十三，十月初二，十一月十九、二十四，十二月初八、二十四、二十五等特定日期，也有每月十九吃斋的。

①鲁迅辑《古小说钩沉》，《鲁迅辑录古籍丛编》第1卷，第270页。
②鲁迅辑《古小说钩沉》，《鲁迅辑录古籍丛编》第1卷，第388页。

　　结"香社""香会"。这类民间会社有的是为了"进香"而组织
的;有些则是僧、俗的念佛结社。如明代僧、道设"迎接观音等会",
"倾街动市,奔走如狂"①。这是民众群体崇拜方式,也是寺院动员、
组织、教化民众的手段。宋元以来,如普陀山、杭州三天竺的香会
规模巨大,繁盛异常,不只是重大佛事,也是地方重要的经贸、文化
活动。

　　上述供奉和祭拜形式一般规范不那么严格,特别是发展到后
来,往往缺乏宗教所要求的神圣、神秘性格。某些形式反而带有一
定的民俗游艺性质,如民间的庙会、香会。马克斯·韦伯在论述中
国近代民众宗教信仰时指出:

　　　　近代,村庙里所供奉的通常是受大众欢迎的神祇之一,例
　　如关帝(战神)、北帝(商业神)、文昌(学业神)、龙王(雨神)、土
　　地(非古典的神,一旦有人死亡,就必须向他告知,以确定死者
　　在冥府里的品阶),以及其他诸神。至于庙里供奉的究竟是哪
　　位神祇,显然无关紧要。就像在西方的古典时代,庙宇的"宗
　　教的"意义仅只限于一些仪式的进行,以及个人偶尔的祈祷。
　　除此之外,庙宇的意义在于其世俗的社会与法律作用。②

他在这里没有直接提到观音。实际观音乃是中国民间供奉诸神中
最为重要的。更简易、更通俗的仪轨,使得信仰更加普及,也保证
信仰在人们的精神世界和社会生活中发挥更大的作用。还值得注
意的是,中土供奉观音的仪轨,主要是个人行为,除了某些香会等,
基本没有形成狂热的、群众性的态势,不会造成重大社会问题。这
也符合统治者"以教辅政"的方针。

---

① 顾起元《客座赘语》卷二《尼庵》。
② 《儒 教 与 道 教》(Max Weber: *Konfuzianismus und Taoismus*, *Gesammelte
　　Aufsätze zur Religionssoziologie, Tübingen: Mohr, 1978),第 111 页,洪天富
　　译,江苏人民出版社,1995 年。

　　两宋以降，"禅净合一"的民间佛教兴盛，观音作为祈福消灾、避苦得乐的"福神""俗神"的性格更加突出。观音崇拜与信仰已融入日常生活之中。宋代流行白衣观音①。谢肇淛记载：

> 大士变相不一，而世所崇奉者白衣为多，亦有《白衣观音经》，云专主祈祠生育之事。此经大藏所不载，不知其起何时也。余按《辽志》有长白山，在冷山东南千余里，盖白衣观音所居。其山鸟兽皆白，人不敢犯，则其奉祀从来久矣。②

观音又成为主生育的神明，"送子观音"信仰从而形成。这正符合中土重视子嗣的传统观念。体现这类信仰的，如旧时吉林白山四月二十八日有庙会，"求嗣者诣观音阁，赂庙祝，于莲座下窃取纸糊童子，归家后置褥底，俗谓梦熊可操左券"③；江苏以二月十九为观音圣诞，"士女骈集殿庭炷香，或施佛前长明油灯，以保安康；或供长幡，云求子得子。既生小儿，则于观音座下，皈依寄名，可保长寿"④；又青浦黄渡镇有祖师堂，供养送子观音，"妇女之无子者……烧香告祷，并暗中将送子观音之绣花鞋偷一只，即云能生子。惟生子以后，须寄给与送子观音为干儿子"⑤。这类风俗各地还有很多，不少沿袭至今。送子观音特别受到欢迎，典型地显示了信仰的功利性质。由于观音信仰具有广泛的群众基础，清代仅北京一地就有白衣庵、观音院、大悲坛、紫竹林等"庙宇不下千百"⑥；河北鸡泽

---

① 邓之诚《骨董续记》卷二引龚明之《中吴纪闻》卷四谓"慧感夫人，旧谓之圣姑，或以为大士化身，灵异甚著"，按："曰圣姑，曰众圣，皆非佛徒所宜游，故世有疑为圣母玛丽亚者，谓景教经禁后，尚传于民间也。"第331—332页，中国书店，1991年。

② 《五杂俎》卷一五，第304页，上海书店出版社，2001年。

③ 《中华全国风俗志》卷一《吉林》。

④ 《中华全国风俗志》卷三《江苏》。

⑤ 《中华全国风俗志》卷五《安徽》。

⑥ 潘荣陛《帝京岁时纪盛》"观音会"条。

一县内观音堂和送子娘娘庙散布在各村庄就有六十多座①；扬州二、六、九月观音圣诞，"结会上山，盛于四乡，城内坊铺街巷次之"②；佛山六月十九日"妇女竞为观音会，或三五家，或十余家，结队酿金钱，以素馨花为灯，以露头花为献，芬芳浓郁，溢户匝途"③；苏州吴县二月十九日"观音诞，僧尼建佛会，妇女炷香膜拜者尤众"④。全国各地普遍供奉观音的风气如此。在这种风气中，人们不再重视精神济度，而主要追求现世的避难消灾；相对来世的福报，更注重今生的福利。如此热衷于现实功利，与佛教本来的追求解脱的教义已有很大距离了。

宋元以降，佛教与新兴的民间宗教相混合形成发展趋势。一方面，佛教的佛、菩萨被纳入民间宗教之中，民间宗教采取佛教教派形式；另一方面，民间宗教的神祇、信仰、行法等等被佛教吸收。特别到明清时期，民众间"檀施供养"的佛教越加低俗，形态上已和一般民间宗教接近；而新兴起的各种民间宗教（由于受到朝廷镇压，许多成为"民间秘密宗教"）又多打出佛教名号。这些民间教派在民众中十分普及，发挥出相当巨大的能量。例如明清时期的主要民间宗教白莲教，本是在南宋佛教净土结社基础上发展起来的。从白莲教又分化出罗教、黄天教、弘阳教、闻香教、圆顿教以及众多教派分支，如无为教、大乘教、长生教、天理教、清茶门、观音教等等。这些教派大多受到统治阶级镇压，此起彼伏，分合聚散。它们创造出新的神祇如无生老母等，又利用佛教的弥陀、观音等。本来从宋代起，观音就成了白莲教所崇拜的重要神祇。白莲教的忏堂体制大体同于净土庙宇，供奉的尊像主要是阿弥陀佛、观音、势至。明代兴起的各教派宣扬多神信仰，崇拜对象有佛教的如来、弥陀、

---

①《（乾隆）鸡泽县志》卷六《坛祠》。
②李斗《扬州画舫录》卷一六。
③《（道光）佛山忠义乡志》卷五《乡俗志》。
④《（民国）吴县志》卷五二《舆地·风俗》。

弥勒，道教的老君、玉帝天尊，儒家的孔圣人等，观音是其中重要一位。民间宗教要吸引女性信徒，女神信仰得到突出发展。例如"无生老母"，作为特殊的女性神明，在早期罗教经卷里已经出现，以后地位越来越崇高。她被描写为具有创世主和救世主品格的最高神明，中国宗教史上鲜有其例的女性上帝。关于她有许多传说，其中讲到她化为观音，下临凡世，超度世人。从无生老母的信仰又衍化出另外许多老母，观音老母也是其中之一（如《龙华经》）。这种女性神祇信仰，和女性化观音崇拜有密切内在联系。有些教派的首领更往往直接自称是观音化身或"转世"。这样，观音与城隍、土地、关帝、天妃、药王、吕仙等等一样，作为民间俗神被民众供奉、崇拜。在这样的过程中，观音信仰被通俗化、民俗化了，在民众中获得了新的生机。

佛教观音的形象在中国近两千年的传播、发展过程中不断演变、衍化，形成了多种形貌长长的序列。这个发展过程充分体现了中国宗教观念的特质，也成为佛教"中国化"的典型表现。到今天，不论人们对观音信仰怀抱的具体是态度如何，观音信仰所体现的宗教信仰、宗教观念及信仰方式，作为牢固传统仍沉潜在民族意识深处。了解、分析、总结历史上的观音信仰不只是有趣味的，也是有重大理论价值和现实意义的课题。

（本文是作者 2006 年 6 月 7 日在台湾花
莲师范学院的讲稿）

中国文学里的地狱巡游

一

中国佛教里的"地狱"观念乃是外来佛教"中国化"的产物。

中土本来没有与佛教教理中的"地狱"相对应的观念,更没有亡魂在那里接受惩罚或得到超度(轮回)的设想。古人以为魂升于天,魄藏于地,所以《诗经·周颂·清庙》篇里有"济济多士,秉文之德,对越在天"①的说法。在战国时期帛画(如长沙陈家大山墓和子弹库帛画)里,清楚显示当时人的灵魂升天观念。《礼记·檀弓》记载孔子说:"骨肉归复于土,命也;若魂气,则无不之也。"②则以为灵魂无固定归属。又《楚辞·招魂》则说:"魂兮归来,君无下此幽都些。"王逸注:"幽都,地下后土所治也。地下幽冥,故称幽都。"③这"后土"应当是与"天帝"对应的幽都主宰,"幽都"则是亡魂所在场所,似乎在地下。《礼记·檀弓》里又说"葬于北方,北首……之幽

---

①《毛诗正义》卷一九《周颂·清庙》,《十三经注疏》上册,第583页。
②《礼记正义》卷一○《檀弓下》,《十三经注疏》上册,第1314页。
③王逸《楚辞章句》卷九。

之故也"①。先秦典籍里还有"黄泉""九原"之类概念，都被说成是灵魂归宿之地。不过不论死后灵魂去哪里，有个"冥界"观念是清楚的。对于这死后的冥界，当然会有恐怖的设想，如《招魂》里所描写的"幽都"是"土伯九约，其角觺觺些。敦脄血拇，逐人驱驱些。参目虎首，其身若牛些。此皆甘人，归来归来，恐自遗灾些"②，等等。前汉文帝时期的马王堆一号墓非衣帛画下段描绘地下幽冥世界，站在两条巨鲸身上的裸体神怪拱托着大地，有龙、豹、蛇、大龟、鸱枭、怪兽等分布四周。《汉书·武帝纪》里有祭"高里"的记载，挽歌《蒿里曲》咏叹说："蒿里谁家地，聚敛魂魄无贤愚。鬼伯一何相催促，人命不得少踟蹰。"③"鬼伯"显然是死后世界的官属，性质像是很严酷的。《蒿里曲》是东汉作品。根据顾炎武的说法，随着当时"鬼论之兴"，形成"泰山治鬼"说④，则"泰山"又被当成死后灵魂聚居之处，而"蒿里"则被指为泰山下的小山。但是上述这些资料，都没有包含死后下地狱、灵魂在那里接受惩罚的意识。又至迟战国晚期到西汉初年，划分天上、人间、地下"三界"的宇宙观已经明确。这有屈（《天问》）、宋（《招魂》）辞赋和马王堆一号、三号墓非衣帛画（汉景帝时期）、山东临沂金雀山九号墓魂幡式帛画（汉武帝时期）等资料可以证明。后者的布局是天上、墓主生活、历史故事、地下幽都四段式，以中间两部分为主，体现重视"人"的观念，也凸显世俗性格。到西汉晚期至东汉末的壁画墓和画像石墓里的图像，则多表现人间生活、神仙信仰，显示中国宗教观念发展的新趋向。

汉代墓葬考古发现的"墓券"即墓葬文书是反映当时人关于亡

---

①《礼记正义》卷九《檀弓下》，《十三经注疏》上册，第1302页。

②王逸《楚辞章句》卷九《招魂第九》。

③沈德潜《古诗源》卷三，第72页，文学古籍出版社，1957年。

④顾炎武《日知录》卷三〇，周苏平、陈国庆点注，甘肃民族出版社，1997年。关于泰山神起源的具体时期，学术界多有异说，但真正盛行则是在汉末魏晋之间。

灵状态的实物。从中可以知道，到汉代，人们关于死后冥界的观念
进一步清晰了。西汉时期的告地策、衣物疏表明当时人设想死后
亡灵度过大体与尘世同样的生活，所以要为他们购置土地，遣送奴
仆，制备衣物等①。东汉时期的镇墓文、买地券则是向地下鬼神通
告亡人殁亡、祈求接纳与保佑并要求免除冥界纠纷殃及生人的文
书。其中买地券是为死者购买墓冢土地出给冥界官府的证明，刻
在铅券、砖版、石板或竹木等上面，纳入墓冢，其中写有天帝、黄帝、
黄母、天帝使者、主冢司命、魂门亭长、冢中游徼、墓伯、地下二千
石、蒿里伍长等一系列神明及其官属。这表明，至迟到这一时期，
有着和世间类似的官僚机构的冥界设想已经形成。随之出现的，
则是冥界有神明主宰罪谪的观念。如小南一郎指出：

> 纪元百年以后到后汉王朝崩溃的后汉时代后半，是中国
> 宗教史上值得特别注目的时期……这是人们对应新的精神状
> 态从事各种各样宗教尝试的时期……后汉时期后半，相对于
> 其前半期强调死者与生者所属世界不同，因而要专门举行使
> 死者尽早与此世隔离的礼仪，则已转化为祈求免除死者的谪
> 和生者的罪了……这谪和罪在观念上乃是以接受死后惩罚的
> 恐怖为核心，又是与生者得病和灾厄不可分的。同时在这里
> 又可以发现自身乃是与他人相分离的存在的自我意识伸张、
> 结晶为自身罪过必须由个人承担的意识的过程……冥府就这
> 样在人们的观念中展开，从而改变了它的性质。在中国，冥府
> 具有浓重的作为从罪过中解脱出来的场所的性格。背负着
> 在此世所犯的罪过的死者，在冥府受裁判，服苦役，就抵消了
> 他的罪过——而罪过一旦抵消了，就能够融入到祖灵世界之

---

① 关于这一课题的最新研究成果，参阅刘屹《敬天与崇道——中古经教道教
形成的思想史背景》，中华书局，2005 年。所谓"墓券"，是概括性的概念，指
被称为"买地券""镇墓券""解注文""衣物疏"等的各类随葬文书。

　　中了。①

　　就这样，具有与世间类似的官僚机构与神明主宰的冥界观念形成了。佛教正是在中国宗教思想发生巨大演变的这一关键时期输入的。佛教的地狱信仰与当时中国的"冥界""罪谪"观念相结合，受到欢迎并迅速传播开来。

　　"地狱"梵名那洛迦(niraka)、尼梨(niraya)，意译有不乐、可厌、苦具、苦器、无有等义②。汉名"地狱"的"地"显然指地下，"狱"用监狱义，二者构成新的修饰性词语。《诗·小雅·小宛》："哀我填寡，宜岸宜狱。"朱熹集传："岸，亦狱也，《韩诗》作'犴'。乡亭之系曰犴，朝廷曰狱。"③《说文解字》卷一〇上："狱，确也，从犾从言，二犬所以守也。"④《说文解字注》十篇上："狱，确也(《召南传》曰：狱，埆也，埆同确，坚刚相持之意)；从犾从言(鱼欲切，三部)，二犬所以守也(说从犾之意。《韩诗》曰：宜犴宜狱。乡亭之系曰犴，朝廷曰狱；狱字从犾者，取相争之意。许云：所以守者谓陛牢，拘罪之处也)。"⑤这样，佛典翻译创造出"地狱"这个词语，已意味着它是一个"官府"，而且是执行司法权威的机构。附带说一句，"六道"里的

————————

①小南一郎《漢代の祖靈觀念》，《東方學報　京都》第六十六册，第28—29、55—56页，京都大学人文科学研究所，1994年。

②追溯佛教教理中地狱思想的形成，情形相当复杂，现在尚有许多不明确的地方。按一般看法，印度佛教的地狱观念，有古婆罗门教传统为其渊源，又受到古埃及、希腊冥世观念的影响。在吠陀经典《五十奥义书》里已有"地狱""琰摩之城"等观念。而据考埃及中古王国时期(前2133—前1789)也有冥府审判设想；希腊神话里坦塔罗斯(Tantalus)和西绪福斯(Sisyphus)在冥府接受罪罚情景，与早期佛典如《长阿含经》所述亡灵在地狱里接受惩处描写极其相似。希腊神话英雄也有到过冥间的，如赫剌克勒斯(Heracles)和俄底修斯(Odysseus)。这些资料都表明佛教地狱思想形成接受了西方宗教观念的影响。

③朱熹《诗经集传》卷五。

④许慎《说文解字》卷一〇上，第126页，中华书局，1963年。

⑤段玉裁《说文解字注》，第478页，中华书局据经韵楼藏版影印本，1988年。

"饿鬼"一语已发现于睡虎地秦简第843号背面①,也是中土本有概念,翻译佛典时被借用了。

佛教有关地狱经典传入中土甚早,传播亦十分迅速和广泛。鲁迅说汉末"鬼道愈炽,会小乘佛教亦入中土……皆张惶鬼神,称道灵异"②,所指当包括地狱内容。东汉支娄迦谶所出《道行般若经》里已有专门的《泥犁品》③,其中说:

> 若闻深般若波罗蜜,复止他人不令说之。止般若波罗蜜者,为止萨芸若;其止萨芸若者,为止过去当来今现在佛。用是断法罪故,死入大泥犁中若干百千岁,若干亿千万岁。当更若干泥犁中,具受诸毒,痛不可言。其中寿尽,转生他方摩诃泥犁中。其寿复尽,辗转复到他方摩诃泥犁中生。④

三国吴支谦所译《大明度无极经》是《道行般若》异译,里面的《地狱品》已把"泥犁"改译为"地狱"。同是他所出《撰集百缘经》集录一百个因缘故事,如卷一写五百商主入海采宝,说到"以惭愧心供养"佛陀,"不堕地狱、畜生、饿鬼,生天上、人中,常受快乐。过三阿僧祇劫,当得作佛,号曰宝盛,度脱众生不可称量"⑤。三国时期吴维祇难译《法句经》里也有专门的《地狱品》。康僧会译《六度集经》里同样有不少地狱故事,如第一篇《布施度无极章》里的第一个故事:

> 昔者菩萨,其心通真,睹世无常,荣命难保,尽财布施。天帝释睹菩萨慈育群生,布施济众,功勋巍巍,德重十方,惧夺己

---

① 参见饶宗颐、曾宪通《云梦秦简日书研究》,第27页,香港中文大学出版社,1982年。
② 鲁迅《中国小说史略》第五篇《六朝之鬼神志怪书》(上),《鲁迅全集》第9卷,第43页。
③ 又《佛说十八泥犁经》,《祐录》作失译,后误作安世高译,应为早期译品。
④《道行般若经》卷三《泥犁品第五》,《大正藏》第8卷,第441页中。
⑤《撰集百缘经》卷一,《大正藏》第4卷,第205页上。

位，因化为地狱，现于其前曰："布施济众，命终魂灵入于太山地狱，烧煮万毒，为施受害也，尔惠为乎？"菩萨报曰："岂有施德而入太山地狱者乎？"释曰："尔其不信，可问辜者。"菩萨问曰："尔以何缘处地狱乎？"罪人曰："吾昔处世，空家济穷，拯拔众厄，今受重辜，处太山狱。"菩萨问曰："仁惠获殃，受施者如之乎？"释曰："受惠者命终升天。"菩萨报曰："吾之拯济，唯为众生，假如子云，诚吾愿矣。慈惠受罪，吾必为之，危己济众，菩萨上志也。"释曰："尔何志愿尚斯高行？"答曰："吾欲求佛，擢济众生，令得泥洹，不复生死。"释闻圣趣，因却叩头曰："实无布施慈济众生，远福受祸入太山狱者也。子德动乾坤，惧夺吾位，故示地狱，以惑子志耳。愚欺圣人，原其重尤。"既悔过毕，稽首而退。菩萨慈惠度无极行布施如是。①

这段文字里有两点值得注意：一是中土的"太山"与外来的"地狱"观念相混淆，一直到南北朝后期出现的伪经，如《净度三昧经》《提谓波利经》等还在用"太山"概念；再是所谓"化为"地狱，则是用本土变化观念来表述佛教的"轮回"。而《六度集经》里宣扬"王以十善化民，靡不欣戴，王逮臣民终生天上，罪人夫妻死入地狱"②、"言顺行逆，死入太山地狱"③等等，则观念上又是用中国传统伦理来理解佛教报应观念了。值得注意的是，吴国传译地狱经典较多，应与当地巫术、鬼神信仰更为兴盛的传统有关系。

西晋法炬译《大楼炭经》是《长阿含经·世纪经》异译，其中对于地狱有更详细的描绘。其后东晋十六国时期地狱经典大量译介。东晋译出《泥犁经》（勘出《中阿含经》第五十三卷）、《铁城泥犁经》（勘出《中阿含经》第十二卷）、《四泥犁经》（勘出《长阿含经》第

---

① 《六度集经》卷一，《大正藏》第 3 卷，第 1 页上、中。
② 《六度集经》卷二，《大正藏》第 3 卷，第 7 页上。
③ 《六度集经》卷三，《大正藏》第 3 卷，第 14 页上。

四十八卷）、《五苦章句经》、《自爱经》等一批地狱经典。上述诸经典《祐录》作失译，后出经录把它们集中到昙无兰名下。这类经典成批地传译，显然是基于现实信仰的需要。晋宋以降主要译师大都翻译过有关地狱的经典。如著名译家鸠摩罗什（如《十住毗婆沙论》《大智度论》）、真谛（如《阿毗达摩俱舍释论》）等人译籍里都包含大量相关内容。北魏般若流支所译《正法念处经》从第五卷到第十一卷描写地狱部分计有十一品。梁僧祐《出三藏记集》里著录许多地狱经，其中有些如《十八泥梨经》作失译（后出经录归到安世高名下），有些"未见其本"，大都已经佚失①。唐代密典大量输入，其中也包含大量关于地狱的内容。这些经典极度夸张地描绘地狱构成及其酷烈残暴景象。关于地狱构成，不同经典中有四、八、十、十八、二十地狱等种种矛盾、繁复的说法，实际大同小异。据《大智度论》卷一六《释初品中毗梨耶波罗蜜义第二十七》，八大地狱名为活、黑绳、合会、叫唤、大叫唤、热、大热、阿鼻；周围又有十六小地狱，名为炭坑、沸屎、烧林、剑林等等。从这些名称就可以知道其中所受惩罚的残忍恐怖。有些经典又详细说明十恶五逆之类罪行在地狱应接受的报应，掺入中土伦理观念；又讲到地狱主，并已出现"阎罗王"名称。这都给后来进一步发挥地狱观念留下了广阔余地。

　　值得注意的是，按佛教教理，"地狱"本是轮回"六道"中的一道，是有情在轮回中与饿鬼、畜牲并列的"三恶道"中的一道，本是有情所处的一种"状态"。但在中土理解中，地狱与传统的幽都、黄泉、泰山等观念相混同，被落实为亡魂所在的"处所"了。例如早在《六度集经》里就有这样的表述：

　　　　饥渴于六欲。犹海不足于众流，以斯数更太山烧煮诸毒众苦；或为饿鬼，洋铜沃口，役作太山；或为畜生，屠割剥裂，死

――――――――――
① 参阅《出三藏记集》卷四《新集续撰失译杂经录》。

　　辄更刃，苦痛无量。①

　　这表明，轮回的"六道"被按"三界"观念加以"改造"了："三恶道"分别归并到人间（畜牲）和地狱（包含饿鬼）之中，地狱则成为罪恶"有情"接受惩罚的地方。继而承续汉代官僚化的冥界设想，构造出与现实世界相类似的具有司法机关性质的地狱机关；又承续中国传统的泰山府君形象，创造出作为冥界主宰的焰摩（或译为"阎罗"等）和十殿阎王。如此把地狱当作是三界中亡灵栖息的一界，设想其中有一套官府来治理，乃是现实世界专制政治体制的反映。中国传统上有报应观念，本土道教亦有"承负"信仰，在"神不灭"论基础上，把报应和惩罚落实到每个"有情"身上，地狱从而成为实现报应的极其恐怖的处所。早期传说如江南琋亭神庙蟒身神本是汉末著名译师安世高同学，以嗔恚故"身灭恐坠地狱"②。这是现存有关佛教地狱罪罚故事年代最早的事例。三国时康僧会曾对吴主孙皓说："周孔虽言，略示浅近，至于释教，则备极幽远。故行恶则有地狱长苦，修善则有天宫永乐。"③表明当时僧侣已经有意识地把地狱报应当作宣教手段。慧远论报应也张扬地狱罪罚说："恶积而天殃自至，罪成则地狱斯罚，此乃必然之数，无所容疑矣。"④

　　知识阶层对于地狱教理同样热衷。在东晋郗超《奉法要》这部早期介绍佛教基本教理的著作里，讲到报应原理，已明确提到"地狱"："凡在有方之境，总谓三界。三界之内，凡有五道：一曰天，二曰人，三曰畜生，四曰饿鬼，五曰地狱。全五戒则人相备，具十善则生天堂……反十善者谓之十恶，十恶毕犯则入地狱。""外发为嗔，内结为恚……地狱苦酷，多由于恚。"⑤这表明在当时，五（或作六）

①《六度集经》卷三，《大正藏》第 3 卷，第 15 页下。
②《出三藏记集》卷一三《安世高传》，第 509 页。
③《出三藏记集》卷一三《康僧会传》，第 514 页。
④《明报应论》，《弘明集》卷五，《大正藏》第 52 卷，第 33 页下。
⑤《弘明集》卷一三，《大正藏》第 52 卷，第 86 页下、87 页上。

道轮回、地狱罪罚等等,已经是社会上普遍熟悉的佛教基本常识。他又引用经典说:"盖生死之原本,罪苦之所由,消御之方,皆具载众经。经云:'心作天,心作人,心作地狱,心作畜生。乃至得道者,也亦心也。'凡虑发乎心,皆念念受报,虽事未及形,而幽对冥构。"①这里"经云"引用失译《般泥洹经》:"得道者,亦心也。心作天,心作人,心作鬼神、畜生、地狱。"②这表明当时如郗超这样的士族居士对于经典中有关地狱的记述已经相当熟悉。同样,孙绰《明佛论》里也说道:"众变盈世,群象满目,皆万世以来精感之所集矣。故佛经云:'一切诸法,从意生形。'又云:'心为法本,心作天堂,心作地狱。'义由此也。是以清心洁情,必妙生于英丽之境;浊情滓行,永悖于三涂之域。"③这里"一切诸法,从意生形"④,出支译《佛说维摩诘经》卷上;"心为法本"云云,同上郗超所引《般泥洹经》;又昙无兰译《五苦章句经》里说到"一切壮无过心。心是怨家,常欺误人。心取地狱,心取饿鬼,心取畜生,心取天、人。作形貌者,皆心所为"⑤,意思相同。孙绰显然同样熟悉经典中的地狱观念。后来的宗炳说:"夫心不贪欲,为十善之本,故能俯绝地狱,仰生天堂,即亦服义蹈道,理端心者矣。"他又说:"至于启导粗近,天堂、地狱,皆有影响之实。亦犹于公以仁活招封,严氏以好杀致诛。畏诛而欲封者,必舍杀而修仁矣。励妙行以希天堂,谨五戒以远地狱,虽有欲于可欲,实践日损之清途,此亦西行而求郢,何患其不至哉!"⑥这里则又强调天堂、地狱之说对于"启导粗近"即对于民众教化的作用。而天堂、地狱作为一对概念形成鲜明对比,乃是适应中土人士习惯的

①《弘明集》卷一三,《大正藏》第 52 卷,第 87 页上。
②《般泥洹经》卷上,《大正藏》第 1 卷,第 181 页上。
③《弘明集》卷二,《大正藏》第 52 卷,第 11 页上。
④《佛说维摩诘经》卷上,《大正藏》第 14 卷,第 523 页上。
⑤《五苦章句经》,《大正藏》第 17 卷,第 545 页上。
⑥《宗答何(承天)书》,《弘明集》卷三,《大正藏》第 52 卷,第 18 页中、下。

表现方法。接着他举出历史人物作例证：汉代于定国的父亲为狱吏，执法公正，一门繁盛；而严延年寒中论囚，流血数里，坐怨望弃世。这则是用本土文献中的报应实例来验证佛教的报应之说了。

净影慧远逢周武帝毁佛，对武帝进行谏净，也提到地狱罪罚。周武帝曾攻击佛教违背孝道，"远曰：'佛亦听僧冬夏随缘修道，春秋归家侍养，故目连乞食饷母，如来担棺临葬。此理大通，未可独废。'帝又无答。远抗声曰：'陛下今恃王力自在，破灭三宝，是邪见人。阿鼻地狱不拣贵贱，陛下何得不怖？'帝勃然作色大怒，直视于远曰：'但令百姓得乐，朕亦不辞地狱诸苦。'远曰：'陛下以邪法化人，现种苦业，当共陛下同趣阿鼻，何处有乐可得？'帝理屈言前，所图意盛，更无所答"①。这里慧远的说法和前引康僧会告诫吴主孙皓的话类似，周武帝显然并不相信地狱罪罚之说。又隋唐之际的慧因曾说："妄想颠倒，知何不为？吾被阎罗王召夏坐，讲《大品般若》，于冥道中，谓经三月；又见地狱众相，五苦次第。非夫慈该幽显，行极感通，岂能赴彼冥祈，神游异域。"当时"陈仆射徐陵，高才通学；尚书毛喜，探幽洞微，时号知仁，咸归导首"②。这是一位有地位、有影响的和尚，他所述为自己禅观所见，并没有做更多的发挥，宣教时得到著名官僚文人徐陵等人的辅助。

值得注意的还有，当时对佛教进行批判的一方，亦着力攻击天堂地狱、祸福报应之说。例如何承天就说："若据外书报应之说，皆吾所谓权教者耳。凡讲求至理，曾不析以圣言，多采谲怪，以相扶翼，得无似以水济水耶？……致饰土木，不发慈愍之心；顺时搜狩，未根惨虐之性。天宫华乐，焉赏而上升？地狱幽苦，奚罚而沦陷？昌言穷轩轾，立法无衡石，一至于此。"③他认为"报应"之说本是"权

---

① 《续高僧传》卷八《随京师净影寺释慧远传》，《大正藏》第50卷，第490页下。
② 《续高僧传》卷一三《唐京师庄严寺释慧因传》，《大正藏》第50卷，第522页上、中。
③ 《重答颜永嘉》，《弘明集》卷四，《大正藏》第52卷，第24页上、中。

教"即施行教化的方便之计,实际上是谲怪之谈、不可验证的。晋宋以来弘法文献汗牛充栋,相关辩论不断掀起热潮,而如果就义学沙门和士族居士的言论看,有关地狱信仰的说教和辩护又显得稀少和薄弱。这当然体现了作为中国知识阶层思想传统的理性态度。更重要的是地狱是否存在乃是属于信仰实践层面的问题,不需要通过论辩来解决。

总之,中国佛教的"地狱"观念乃是中外佛教宗教思想与信仰相交流的成果。

二

东晋以降,真切、细致地描写地狱的佛典大量传译,极大地丰富、补充了中土思维中作为"它界"重要部分的死后世界的观念。中土发展起来的与"泰山治鬼"之说以及"灵魂不死"观念结合的地狱观念,方位、结构、具体情境等等更加"落实",使得人们对于死后世界的感知更加清晰起来。加上佛教僧尼出于宣教目的大肆宣扬,包括利用唱导等通俗活泼、群众喜闻乐见的形式,又制作出众多包含这方面内容的伪经等等,具有浓烈现实色彩又极富形象性的地狱以及灵魂在那里接受罪罚的观念在民众中广泛、迅速地普及开来;再进一步,融入本土巫觋传统、鬼神信仰、幽明交通方术等,遂形成地狱巡游的构想①。

按佛教教理,地狱作为轮回的一道,人只能被动地沦没,并不是生人可以随意游览的地方。自由地出入三界需要有特殊神通。

---

① 欧洲文学里从维吉尔(Publius Vergilius Maro)到但丁(Dante Alighieri)有许多名著写到地狱巡游。前面说过,佛教里的地狱思想与欧洲古代宗教信仰有关联。

如佛弟子目犍连,经典里有他与舍利弗入定同赴地狱,与提婆达多、六师外道等相会并听其诉说受难事①;又失译《鬼问目连经》里记述目连答饿鬼所问因缘②。这是因为目连"神通第一",在佛弟子中这也是难以具有的能力。

但是在中国巫觋传统中,人世与冥间是可以相交往的。《左传》里记载不少鬼魂现身人间故事。广泛流行的招魂习俗也是要把鬼魂召回人世。在1986年甘肃天水放马滩出土的一枚秦简上曾发现一个死而复生的故事,记叙秦昭王三十八年(前269)秦国邸丞赤向御史报告昭王七年(前300)犀武的仆从大梁人丹自杀身亡,经主人司命史公孙强求情,得以复活,并述说阴间见闻,告诫人们如何祭墓祭神事③。有关简文辨识与文中涉及的年代,研究者看法分歧很大,但可以肯定是公元前四或三世纪战国后期的秦国的④。中土上古的巫筮担负着人、神交通功能,神仙家和辞赋家也有幻游他界的设想,战国、秦、汉时期活跃的方士就以沟通仙、凡炫惑人主。这都替巡游地狱情节提供了某种模式。

具体构想之一是设想某人死而复生,向人世传达地狱残酷景象。今存时间最早的是三国吴戴洋故事,传说他年十二,遇病死,五日而苏,天使曾命为藏酒史,上蓬莱、昆仑诸山,既而遣归⑤。这个故事

---

① 《根本说一切有部毗奈耶破僧事》卷一〇,《大正藏》第24卷,第150中—151页上。

② 《鬼问目连经》,《大正藏》第17卷,第535页中—536页中。

③ 夏德安(Donald Harper):《战国民间宗教的复活问题》,《简帛研究译丛》第1辑,第27—43页,陈松长、熊建中译,湖南出版社,1996年。李学勤认为此件是秦始皇时期的,参阅《放马滩简中的志怪故事》,《文物》1990年第4期。

④ 参阅《天水放马滩秦简》,中华书局,2009年。相关研究成果参阅何双全《天水放马滩秦简综述》,《文物》1989年第2期;李学勤《放马滩简中的志怪故事》,《文物》1990年第4期;张修桂《天水〈放马滩地图〉的绘制年代》,《复旦学报》(社会科学版)1991年第1期;雍季春《天水放马滩木板地图研究》,甘肃人民出版社,2002年;夏德安《战国民间宗教的复活问题》。

⑤ 参阅《晋书》卷九五《戴洋传》,第2469页。

里还没有明确的地狱观念。西晋时有传说僧人竺叔兰无病暴亡，三日而苏，自云死后被驱入竹林中，见猎伴为鹰犬所啮，流血号叫；又值牛头人，欲叉之，由于他是佛弟子，得以救免①。这个传说里没有明指地狱，但业报观念已经很清楚了。幽明交通、巡游地狱传说更多出现在东晋。较早的有昙始，据说他于晋孝武太元（376—396）末年往辽东宣化，为高句骊闻道之始，于"义熙初，复还关中，开导三辅。始足白于面，虽跣涉泥水，未尝沾湿，天下咸称白足和上。时长安人王胡，其叔死数年，忽见形还，将胡遍游地狱，示诸果报。胡辞还，叔谓胡曰：'既已知因果，但当奉事白足阿练。'胡遍访众僧，唯见始足白于面，因而事之"②。又"释慧达，姓刘，本名萨河，并州西河离石人。少好田猎，年三十一，忽如暂死，经日还苏。备见地狱苦报，见一道人云是其前世师，为其说法训诲，令出家，往丹阳、会稽、吴郡觅阿育王塔像，礼拜悔过，以忏先罪。既醒，即出家学道，改名慧达"③。刘萨河传说后来流传甚广，被赋予更丰富的情节和内涵。还有东晋时王坦之与沙门竺法师甚厚，每共论幽明报应，后竺死经岁，忽然来报罪福不虚④。这里同样没有指明地狱，但与冥界沟通的观念同样已很清晰。这类故事可以说是后来地狱巡游传说的雏形。

晋、宋志怪里有不少鬼魂传说。较早的如《搜神记》里"胡母班"（卷四）、"李娥"（卷一五），《列异传》里"蔡支""蒋济"，《幽冥录》里"陈良"以及《晋书》里戴洋等人。不过这些故事里没有地狱设想，只是区分人与鬼的幽冥二界，并认为鬼魂会作用于人世，或致福，或降灾，二界能够相交通。

到公元四世纪，地狱巡游成了流传的热门话题。相当一批传说记录在鲁迅所谓"释氏辅教之书"里，被当作宣教材料。作为典

---

①《出三藏记集》卷一三《竺叔兰传》，第520页。
②《高僧传》卷一〇《宋伪魏长安释昙始传》，第385—386页。
③《高僧传》卷一三《晋并州竺慧达传》，第477页。
④许嵩《建康实录》卷九，第196页，孟昭庚等点校，中华书局，1987年。

型的，人们常常举出宋刘义庆《幽冥录》里的赵泰传说。这个故事使用的是当时志怪小说常见的把传说组织到事实框架之中的写法，显示当时人对传闻轶事还没有与真实事件分辨清楚。当然这样也是为了取信于人。故事说赵泰于太始五年（359）七月十三日夜半忽然心痛而死，停尸十日后复活，自说冥游事：初死时，被捉入铁锡大城勘问，以无恶犯，被任为水官监作吏；后转水官都督总知地狱事，从而得以按行地狱，备谙地狱之苦：

> 给马，东到地狱按行，复到泥犁地狱，男子六千人，有火树，纵广五十余步，高千丈，四边皆有剑，树上然火，其下十十五五，堕火剑上，贯其身体，云："此人诅咒骂詈，夺人财物，假伤良善。"泰见其父母及一弟在此狱中涕泣。见二人赍文书来，敕狱吏，言有三人，其家事佛，为有寺中悬幡盖烧香，转《法华经》，咒愿救解生时罪过，出就福舍……

然后他又访问佛度人的"开光大舍"和经地狱考治、受更变报的"受变形城"；在开光大舍见到泰山府君对佛作礼，这是把传统的"泰山治鬼"说融入故事之中了；在受变形城又看到男女分别以善恶事状托生为虫豸、鸟兽和鬼趣：

> 泰按行毕还，主者问："地狱如法否？卿无罪，故相浼为水官都督；不尔，与狱中人无异。"泰问："人生何以为乐？"主者言："唯奉佛弟子，精进，不犯禁戒为乐耳！"又问："未奉佛时罪过山积，今奉佛法，其过得除否？"曰："皆除。"①

后来主者召都录使者检其纪年之籍，发现他尚有算三十年，遂被遣还魂。在这个故事里，冥界的社会组织与人间相同，人情事态也和人间类似，地狱是按人间牢狱的状态夸张地加以描写的，故事中融入了中土传统的"泰山治鬼""算纪"观念，又使用了"泰山府君""水

①鲁迅辑《古小说钩沉》第3集，《鲁迅辑录古籍丛编》第1卷，第256—258页。

官""都录使者"等本土式官称。

这个故事的构想鲜明地反映了它出现当时宗教观念的进展。

首先是受"身"和"变形",这是佛教的"中有"和本土灵魂不死观念相结合的产物。"人我空"本是佛教的基本信条,因此不承认"人我"作为主体存在。但是轮回又必须有受体,因此设想在有情五蕴解散到重新受生之间有个"中有"状态,梵名"补特迦罗",又译为"中阴""中蕴"。而在中国灵魂不灭观念的理解里,则认为存在不灭的"身"。伪经《问地狱经》里说:

> 阎罗王城之东、西、南面列诸地狱,有日月光而不明净,唯黑耳狱光所不照。人命终时,神生中阴。中阴者,已舍死阴,未及生阴。其罪人者,乘中阴身,入泥犁城。泥犁城者(梁言寄条城,又云闭城也),是诸罪人未受罪之间,共聚是处,巧风所吹,随业轻重,受大小身。臭风所吹,成就罪人粗丑之形。香风所吹,成就福人微细之体。①

在这样理解的基础上,把地狱当作实现轮回的具体场所,而轮回则是"身"的"变化"。这全然是中土神魂不灭构想的发挥。

其次是"泰山""司命"与佛教里的阎罗相结合,形成治理地狱机构的主宰。佛教里本有"地狱主"阎罗,其译名和含义颇多歧义。在《长阿含经》里,阎罗王是与阎浮提洲"千四天王、千忉利天、千焰摩天、千兜率天"②等并列的天神一类,王宫在阎浮提南大金刚山内。他在地狱受到惩罚,发愿出家修行。而宋法云《翻译名义集》记述说:

> 琰魔,或云琰罗,此翻静息,以能静息造恶者不善业故;或翻遮,谓遮令不造恶故;或阎磨罗,《经音义》应云:"夜磨卢迦,

①宝唱《经律异相》卷四九,《大正藏》第53卷,第259页中。
②《长阿含经》卷一八《第四分世纪经》,《大正藏》第1卷,第114页下。

此云双，世鬼官之总司也；亦云阎罗、焰魔，声之转也；亦云阎魔罗社，此云双王，兄及妹皆作地狱主，兄治男事，妹治女事，故曰双王。或翻苦乐并受，故云双也。"《婆沙》、《显扬》并《正法念》，皆言鬼趣所收；《瑜珈》，地狱趣收。又《瑜珈论》"问：'焰摩王为能损害，为能饶益，名法王？'答：'由饶益众生故。若诸众生执到王所，令忆念故，遂为现彼相似之身，告言汝等自作，当受其果，由感那落迦，新业更不积集，故业尽已脱那落迦，是故焰摩由能饶益诸众生，故名法王。'"①

这里引用了《大毗婆沙论》《显扬圣教论》《正法念处经》《瑜伽师地论》和玄应《一切经音义》等经论，从解说看，作为"地狱主"的阎罗基本是在冥界施行救济，还没有作为管理者的意味，更不是凶恶残忍的魔王式人物。又有另外的记载说"此赡部洲下，过五百逾缮那，有焰魔王国，纵广亦尔"②，阎罗则有他自己的国土。然而早在东晋僧伽提婆所出《增一阿含经》里已经有阎罗王在地狱里施行惩罚事，说到"或复有众生，身、口、意行恶，造不善行，诽谤贤圣，命终之后，生地狱中。是时，狱卒将此罪人示阎罗王，并作是说：'大王，当知此人前世身、意行恶，作诸恶行已，生此地狱中。大王，当观此人，以何罪治？'是时，阎罗王渐与彼人私问其罪"，又令诸天使按问，问毕，便敕狱卒，速将此人往著狱中，"是时狱卒受王教令，将此罪人往著狱中。地狱左侧极为火然，铁城铁廓，地亦铁作，有四城门，极为臭处，如似屎尿，所见染污，刀山剑树，围绕四面，复以铁疏，笼而覆其上"③等等。而东晋帛尸梨蜜多罗翻译的《佛说灌顶拔除过罪生死得度经》里则说：

救脱菩萨语阿难言：阎罗王者，主领世间名籍之记。若人

---

①《翻译名义集》卷二，《大正藏》第 54 卷，第 1085 页下—1086 页上。
②《翻译名义集》卷二，《大正藏》第 54 卷，第 1086 页上。
③《增一阿含经》卷二四《善聚品》，《大正藏》第 2 卷，第 674 页中—675 页中。

为恶,作诸非法,无孝顺心,造作五逆,破灭三宝,无君臣法;又有众生不持五戒,不信正法,设有受者,多所毁犯。于是地下鬼神及伺候者,奏上五官。五官料简,除死定生,或注录精神,未判是非。若已定者,奏上阎罗。阎罗监察,随罪轻重,考而治之。世间痿黄之病,困笃不死,一绝一生,由其罪福,未得料简,录其精神,在彼王所,或七日,二、三七日乃至七七日,名籍定者,放其精神,还其身中,如从梦中,见其善恶。其人若明了者,信验罪福。是故我今劝诸四辈,造续命神幡,然四十九灯,放诸生命。以此幡灯、放生功德,拔彼精神,令得度苦,今世后世,不遭厄难。①

这则是关于阎罗作为地狱王施行惩罚的记述,已经可以看到后来"七七斋"的滥觞。所说"五官",应和《大楼炭经》里阎罗王与老、病、死"三天使"及《阎罗王五天使经》里的"天使"有关。正是这后一种作为地狱统治者的阎罗王的形象,很容易与中土治鬼的泰山神统一起来。而既然把冥界当作人世的延伸,阎罗自然可以被设想为冥王,他手下就应当有一套臣仆胥吏和相应的机构,如官府、牢狱等处所。

再次,关于地狱里的官属"水官监作吏""水官都督"是中国宗教产物。道教神谱里有上元天官、中元地官、下元水官"三官"。"三官"信仰本是基于中土对于天、地、水的自然崇拜形成的,进而发挥为"五官":

> 五官者,一鲜官禁杀,二水官禁盗,三铁官禁淫,四土官禁两舌,五天官禁酒(出《净度三昧经》)②。

《净度三昧经》是中土伪经。又夺算夺纪也是道教说法:管理生人

---

① 《佛说灌顶拔除过罪生死得度经》卷一二,《大正藏》第21卷,第535页下—536页上。

② 《经律异相》卷四九,《大正藏》第53卷,第259页中。

年算的"都录使者"，实际是"司命"别名。《抱朴子内篇·微旨》篇说："凡有一事，辄是一罪，司命夺其算纪，算尽则死。"①纪三百日，算三日。

这样，关于赵泰巡游地狱故事乃是佛教的六道轮回、报应观念与中国传统的冥界观念、灵魂不死信仰、巫觋方术和后来道教的某些观念相结合的产物。这种传说乃是当时民众信仰实态的极其真切的反映，又进一步推动了信仰的传布。它们无论是思想内容还是思维方式，都具有相当的典型意义；讲佛教"中国化"，讲佛、道二教的交流与融合，它们都极具价值。

在南北朝时期，地狱巡游作为佛教传说的一种题材，成为"释氏辅教"的有效手段。这种故事和当时一般志怪传说结构方式一样，把幻想内容纳入到现世真实环境之中，像是在记述某时、某人的真实经历；也体现民间传说某一母题采取一定形式加以表现的规律，具体情节是固定的，大体是：

（1）暂死"入冥"——这种设想本是中土传统中固有的。

（2）经过"冥判"——设想冥间有与人世相类似的统治机构。这直接或间接地保留有"泰山治鬼"观念的痕迹；但确信生前作业，身后受报，则是佛教观念。

（3）巡游地狱——故事中人物由于不同缘由得到这种机会；地狱的描写基本根据佛典记述加以敷衍。

（4）复活还魂，回到阳间——往往是因为阳寿未尽或作福得报，这全然是中土传统想法。

（5）说明故事传说缘由——这是取信于人的做法，也是志怪、传奇作品的通用程式。

其中描写冥判，表明善恶报应之不爽，寄托着在冥间实现人世公正的愿望；地狱巡游极力渲染刀山剑树、牛头马面之类恐怖，则

① 王明《抱朴子内篇校释》（增订本）卷六，第126页，中华书局，1985年。

寓有诅咒世间恶人、人世暴虐的意味。描绘中极尽夸饰,增强了它的威吓力量,人们即使不一定相信地狱实有,也能够起到相当的震慑作用。这样的故事情节虽然是程式化的,但仍留有在艺术上加以发挥的余地。

与赵泰传说类似的有康阿得故事:内容记述康阿得死,三日还苏,自说死后被捉入几重黑门,见府君,发现尚有余算三十五年,也是因为未到死期被放还。这种命由天定、行为善恶可以增算减算等观念,纯然是道教的。然后写到他按行地狱:

> 府君曰:"今当送卿归,欲便遣卿按行地狱。"即给马一匹,及一从人,东北出,不知几里,见一城,方数十里,有满城上屋,因见未事佛时亡伯、伯母、亡叔、叔母,皆着杻械,衣裳破坏,身体脓血。复前行,见一城,其中有卧铁床上者,烧床正赤。凡见十狱,各有楚毒,狱名"赤沙"、"黄沙"、"白沙",如此"七沙",有刀山剑树,抱赤铜柱,于是便还……①

后来写他来到"福舍",见佛弟子福多者升天,福少者住其中;又见到事佛后亲属。这里"七沙"地狱的名目出于中土杜撰(竺法护译经里有"雨黑沙地狱");"福舍"是佛典里不见的虚构;升天则是神仙观念;"府君"应是指中土传说的泰山府君;地狱官府的面貌,从建筑到吏役,是按现世官府描绘的。就这样,巡游故事的构想又是相当随意的。这种随意性更多出于艺术虚构,已流露出下面讲的信仰被"蜕化"的苗头。

在《幽冥录》关于舒礼的故事里,写他病死被送诣太山,因为曾佞神杀生,罪应上热熬地狱。太山府君"使吏牵著熬所,见一物,牛头人身,捉铁叉,又礼著熬上,宛转,身体焦烂,求死不得。已经一宿二日,被极冤楚",以其仍有余算八年,被放生还,"遂不复作巫

---

① 《鲁迅辑录古籍丛编》第1卷,第266页。

师"①。这里描写主人公受到地狱刑罚，情节已超出单纯的巡游；明
确地狱就是"太山"，也是"中国化"提法；对"巫神"加以抨击，则是
当时佛、道斗争的反映。

　　王琰《冥祥记》等不同类型的典籍里关于释慧达即刘萨荷（或
作"河"）的记述更为曲折生动，前面已经提到过。早出的《冥祥记》
主要写他"暴病而死。体尚温柔，家未殓，至七日而苏"；自述死后
经历，见到地狱情状：

　　　　因随沙门俱行。遥见一城，类长安城，而色甚黑，盖铁城
　　也。见人身甚长大，肤黑如漆，头发曳地。沙门曰："此狱中鬼
　　也。"其处甚寒，有冰如席，飞散著人。著头，头断；著脚，脚断。
　　二沙门云："此寒冰狱也。"荷便识宿命，知两沙门，往维卫佛
　　时，并其师也。作沙弥时，一犯俗罪，不得受戒。世虽有佛，竟
　　不得见从。再得人身，一生羌中，一生晋中。又见从伯在此狱
　　里，谓荷曰："昔在邺时，不知事佛。见人灌像，聊试学之；而不
　　肯还直，今故受罪。犹有灌福，幸得生天。"次见刀山地狱。次
　　第经历，观见甚多。狱狱异城，不相杂厕。人数如沙，不可称
　　计。楚毒科法，略与经说相符。

以下又写他亲聆观音说法，说法的内容是为亡人设福、忏悔罪过、
制作塔寺、礼拜经像等，并受嘱出家作沙门，至洛阳、临淄、建业、鄮
县、成都礼拜阿育王塔，至吴中礼拜阿育王使鬼神所造石像。因为
他曾射杀鹿、雉、燕，应受汤镬之罚；但以罪轻，又为福力所扶持，终
得附形苏活，遂精勤奉法，出家为沙门，法名慧达。最后说"太元
末，尚在京师。后往许昌，不知所终"②。刘萨荷传说内容十分丰
富，包括观音信仰、佛塔信仰、阿育王信仰以及边疆各民族间和南、
北佛教传播情形等等。其中地狱罪罚观念是重要内容，表明相关

①《鲁迅辑录古籍丛编》第1卷，第201页。
②鲁迅辑《古小说钩沉》第3集，《鲁迅辑录古籍丛编》第1卷，第351—354页。

信仰在民众奉佛实践中的地位。这一传说流传很广，在唐道宣《集神州三宝感通录》里有记载，在敦煌写卷里保存有《刘萨诃和尚因缘记》(P. 3570, P. 2680, P. 3727)，敦煌第98号窟、第61号窟存描绘有关传说的壁画，第72号窟有他的画像和瑞相变。在有关他的情节复杂的故事里，地狱的恐怖描写乃是主人公后来活动的基本动机。

《洛阳伽蓝记》"崇真寺"条关于比丘惠凝"死一七日还活，经阎罗王检阅，以错名放免"的传说具有特殊意义。惠凝在地狱里与五比丘同被检阅，其中一人是宝明寺智圣，坐禅苦行，得升天堂；一比丘是般若寺道品，以诵四（十卷）《涅槃》，亦升天堂；有一比丘云是融觉寺昙谟最，讲《涅槃》《华严》，领众千人，阎罗王云："讲经者，心怀彼我，以骄凌物，比丘中第一粗行。今唯试坐禅诵经，不问讲经。"结果阎罗王敕付司，即有青衣十人，送昙谟最向西北门，屋舍皆黑，似非好处。有一比丘禅林寺道弘，自云教化四辈檀越造一切经、人中像十躯。阎罗王曰："沙门之体，必须摄心守道，志在禅诵，不干世事，不作有为。虽造作经像，正欲得他人财物；既得他物，贪心即起；既怀贪心，便是三毒不除，具足烦恼。"亦付司，仍与昙谟最同入黑门。有一比丘灵觉寺宝明，自云出家之前尝作陇西太守，造灵觉寺，寺成后弃官入道，虽不禅诵，礼拜不缺。阎罗王曰："卿作太守之日，曲理枉法，劫夺民财，假作此寺，非卿之力，何劳说此。"①亦付司，青衣送入黑门。这个相当曲折有趣的传说应当出自佛门，其中对于讲经、造像等"有为"功德加以否定，而提倡禅诵，表明北方佛教重视坐禅修持一派的观念，也反映了民间注重信仰实践的风气。故事构思突出阎罗审判，已是后来十殿阎王的雏形。

这样，地狱巡游故事主题多种多样，创作者（传说者）的意图又并不全是单纯地宣扬地狱信仰，往往另有寓意。这就使这一母题

---

① 范祥雍校注《洛阳伽蓝记校注》，第79—81页，上海古籍出版社，1982年。

的意义与价值大为扩展了。而当作者（传说者）专注于利用某种传说来表达个人主观意念的时候，信仰的意味也就随之淡化，必然更注重艺术表现了。

三

后世面向民间的通俗宣教和民间传说中，有关地狱的内容占重要地位。同样内容也大量反映在传奇、笔记和后来的小说、戏曲里。文人创作往往从民间汲取这方面素材；而通过文人的手笔，这些故事增强了艺术性，也得以更广泛的传播。唐代如唐临《冥报记》、张鷟《朝野佥载》、牛僧孺《玄怪录》、戴孚《广异记》、段成式《酉阳杂俎》，宋代如苏轼《东坡志林》、张邦基《墨庄漫录》、洪迈《夷坚志》，还有宋初所编小说总集《太平广记》等，都包含许多这一题材作品。后出的文人创作（有些是经他们记录的传说）故事情节往往更为生动，并被赋予更积极的意义。

如牛僧孺的《玄怪录》是唐传奇鼎盛时期具有代表性的作品集，其中具有典型意义的地狱巡游故事《崔环》，描写主人公元和五年（810）五月遇疾身亡，被追入冥府判官院，判官原来是他的父亲，传语曰："何故不抚幼小，不务成家，广破庄园，但恣酒色！又虑尔小累无掌，且为宽恕，轻杖放归……"在冥吏送归途中，过一大林，冥吏乘机往取贿赂；在等待中，崔环误入"人矿院"，见其中杻械枷锁者数千人，有付砲狱者、付火狱者、付汤狱者。崔环被误拽受锻，卧大石上，大锤锤之，骨肉皆碎；经冥吏来寻，知是判官之子，主狱将军及诸鬼皆惧，乃请濮阳霞以药末掺于矿上团扑，成人形送回，时濮阳霞：

> 以手承其项曰："起！"遂起来，与立合为一，遂能行。大为

二吏所贵。相与复南行。将去，濮阳霞抚肩曰："措大，人矿中搜得活，然而去不许一钱？"环许钱三十万。霞笑曰："老吏身忙，当使小鬼枭儿往取，见即分付。"遂行。①

像这样的作品，地狱罪罚只是情节一部分，主题远远超出了单纯"辅教"意义。其中描写阴间官吏贿赂公行，谄上骄下，明显具有讽世意味，表达上亦富于幽默感。另一篇有名的故事《杜子春》情节更为曲折生动，据考与玄奘《大唐西域记》里的"烈士池"传说有关系。故事写杜子春在道人指点下于华山云台峰下炼丹，被嘱"慎勿语，虽尊神、恶鬼、夜叉、猛兽、地狱，及君之亲属为所囚缚，万苦皆非真实，但当不动不语耳，安心莫惧，终无所苦。当一心念吾所言"。他看守丹炉，见到身长丈余的将军催斩争射、毒蛇猛兽争攫于前、流电吼雷山川开裂、妻子被鞭扑烧煮寸寸锉碓，以至自己被杀下地狱：

> 斩讫，魂魄被领见阎罗王。王曰："此乃云台峰妖民乎？"促付狱中。于是镕铜、铁杖、碓捣、砲磨、火坑、镬汤、刀山、剑林之苦，无不备尝。然心念道士之言，亦似可忍，竟不呻吟。

这样，狱卒告受罪毕，被配送到宋州单父县丞王勤家为女，生而多病喑哑；后与进士卢珪成婚，生一男；一日，卢抱儿与言，以其无语，乃持儿两足，"以头扑于石上，应手而碎，血溅数步。子春爱生于心，忽忘前约，不觉失声云：'噫！'噫声未息，身坐故处，道士者亦在其前"②，炼丹终于失败了。在这篇故事里，地狱恐怖被当作构造情节的因素，其中表现"爱生于心"的情欲与神仙幻想的对抗，另有深刻寓意。

这样，地狱情节被广泛地表现在文学艺术、民间传说之中，表

---

① 牛僧孺编《玄怪录》卷三，第28—30页，程毅中点校，中华书局，1982年。
② 牛僧孺编《玄怪录》卷一，第3—4页。

达多样的主题。

　　在中土创作的地狱巡游故事里,目连救母传说具有典型意义。一方面这个传说流传极其广泛而久远,其情节综合了佛教地狱信仰的基本内容;另一方面情节中佛、道二教观念相交织,又贯穿儒家伦理,乃是佛教的地狱观念"中国化"的典型体现。

　　目连救母事初见于《盂兰盆经》。这部经典不见梵文原典,亦无西藏语译本,核之具体内容,中外学术界一般以为是中土伪撰;当然也有人坚持经录上的判断,认为是真经,并进而论证出于部派佛教昙无德派(法藏部)比丘之手。但它至迟于齐、梁时期开始流传是可以肯定的,证据是已被僧祐《出三藏记集》所著录;在宗懔《荆楚岁时记》及其杜公瞻注里也已记录了其时流行"盆供"的习俗。《盂兰盆经》所述情节还很简单,讲目连得六通,欲报父母哺育之恩,以道眼观视世间,见亡母生饿鬼道;即以钵饭往饷其母,但饭未入口即化成火炭;目连悲号白佛,请佛救济;佛告以在僧自恣日设盆供养,现在父母、七世父母、六种亲属等即得脱三途之苦。在这部经里,只说到目连给饿鬼送饭,地狱巡游情节还没有具体展开。

　　如上所述,在佛典里,目连在佛诸弟子中"神通第一",有出入三界、和饿鬼交往的能力。关系到救母情节,《根本说一切有部毗奈耶药事》卷四记载目连从摩利支世界救母事和《撰集百缘经》卷五《目连入城见五百饿鬼缘》①,但对照《盂兰盆经》所述,后二者虽有出入地狱情节,但观念上却根本不同:目连从摩利支世界救母,是以四谛真理除其意乐、随眠种性;目连见五百饿鬼,则是依世尊之教,使之舍贪欲而得道法。其中所讲都是以佛法促成精神济度,而目连母亲或饿鬼得到解脱,又都是以主观发心为前提,而不是纯然依靠他力。然而在《盂兰盆经》里,是目连以其诚孝去解救转生

_____

①分别见《大正藏》第24卷第16页和第4卷第224页。

为饿鬼、在地狱里受苦的母亲,其母亲得到解救并不是由于自己"觉悟",而是依靠孝子目连的努力。这就把中土伦理和佛教业报观念融合在一起,实现了家族中的他力救济,从而地狱罪罚观念的基本精神被转化了。

《续高僧传·慧思传》里慧思对周武帝毁佛进行谏诤,已经说到"目连乞食饷母"①。这个"乞食"情节不见于《盂兰盆经》,显然另有包括"乞食"情节的更为复杂的故事在当时已在流传。在敦煌文书中发现有同样被判断为"伪经"的《净土盂兰盆经》和一系列内容大体相同的目连救母题材的变文(P. 2193《目连缘起》、S. 2614、P. 2319《大目乾连冥间救母变文并图一卷并序》及数个残卷、北京成字 96 号《目连变文》,参阅王重民等编《敦煌变文集》,人民文学出版社,1957 年),则体现目连救母故事在唐代流传的新形态。《净土盂兰盆经》所述情节和变文里的故事相类似,变文显然是根据这部经文加以演绎的。唐道宣《大唐内典录》卷九、武周明诠《大周刊定众经目录》卷一四都著录有《净土盂兰盆经》,标明"未知所出";《开元释教录》卷一八《疑惑再详录》记述较详,谓"一卷五纸。右一经,新旧之录皆未曾载,时俗传行,将为正典,细寻文句,亦涉人情,事须详审,且附疑录"②,明确把它当作疑伪经记载。又正如《开元录》所说,其中更多地关涉"人情",即被充实以世俗观念。其主要内容有三部分:第一部分是讲目连宿世因缘,故事大体同于《盂兰盆经》;第二部分是叙说目连施行教化传道事迹,讲目连以救母因缘广说七月十五日造盆献供事,十六大国国王、夫人、居士举行盛大供养;第三部分是目连母子过去世本事,即往昔五百劫前定光佛出世时罗陀国婆罗门家小儿罗卜解救堕为饿鬼的母亲青提夫人故事。这后一部分即是变文所述。作为流行在民众间的说唱文学作

———————

① 《续高僧传》卷八《隋京师净影寺释慧远传》,《大正藏》第 50 卷,第 490 页下。
② 《大正藏》第 55 卷,第 671 页下—672 页上。

品，变文的情节更为复杂，描写更加细致，内容更加世俗化，作为艺术创作也更为完整了。

这个目连救母故事在宣扬因缘业报、地狱罪罚的本来意义之外，在描述中地狱恐怖与人情温馨相互照应，报应的铁律、地狱的牢固更烘托出目连那种为寻母、救母而不畏艰辛、百折不挠的仁孝精神。目连诚挚的孝心终能战胜业报规律，成为无坚不摧的救济力量，救母故事的意义从而被进一步升华了：这个意在宣扬佛教报应观念的古老传说演变成儒家道德和美好人性的颂歌。目连传说内容的这种发展、变化，具体而生动地显示了佛教地狱信仰与中土思想传统相融合的轨迹。

唐宋以后，在民众间，在各种各样的文学艺术作品里，目连救母故事广泛传播开来。众所周知，《东京梦华录》里有关于中元节上演目连杂剧的记载。历代戏曲中有众多以目连传说为题材的，如宋《目连杂剧》、元佚名《行孝道目连救母》、明《目连救母劝善记》、清张照《劝善金科》等；直至晚近各地方剧种里也有许多目连戏。民间创作如宝卷里有《目连三世宝卷》、鼓词里有《目连僧救母》等。各地民间传说也有众多目连故事。

至于以地狱巡游为情节的文学艺术作品更是不计其数。比如敦煌所传拟名《唐太宗入冥记》的就写唐太宗巡游地狱故事，后来情节被纳入到《西游记》等作品里。

蒲松龄在《聊斋》里说：

　　呜呼！幸有阴曹兼摄阳政。不然，颠越祸多，则卓异声起矣，流毒安穷哉！①

蒲松龄有感于人世不公、许多残忍罪恶之事不得惩罚，对于小说里表现冥界有主宰施行报应、主持公道表示庆幸。这表明地狱信仰

---

① 《全本新注聊斋志异》卷六《潞令》，第 712 页，人民文学出版社，1989 年。

曾寄托了人们真挚的意愿和幻想,凝聚着人们精神上的渴求。也正因此,在佛道二教共同推动下,它成为中国人宗教信仰的主要内容,牢牢地扎根在民众意识之中,影响着人们的心理、伦理和精神生活。作为历代文艺创作的母题,创造出许多具有思想意义和艺术价值的作品。

　　　　　　　(本文是作者于 2010 年 12 月 13 日在香
　　　　　港中文大学文化及宗教研究系和台湾"中央
　　　　　研究院"中国文哲研究所在香港中文大学举
　　　　　办的"中外宗教与文学里的他界书写国际学
　　　　　术会议"上的发言稿)

明晰"文学"观念：佛教的贡献

一

佛教开始对中国思想文化发挥重大影响是在东晋"十六国"时期，这又正是中国文学发展史上所谓"文学的自觉"时期①。佛教对于促成这种"自觉"起了十分重要的，甚至是关键性的作用。当然文学的发展、演进有复杂的思想、文化背景，有其内在原因，但来自佛教的外在影响也是十分重要的。

在中国，直到魏晋时期，"文学"作为独立的意识形态的观念并不明晰。这种状况，与周秦以来牢固的所谓"实践理性"、人本主义传统有关系。文化被统一到政治、伦理体系之中，形诸文字的著作按性质划分，往往是政治、哲学、历史、文学相混同的。依据居统治

---

① 关于"文学的自觉"，日本学者松本雅明把晋诗人嵇康、陶潜，宋诗人颜延之、谢灵运等人"独立于儒教道德，追求独创的美"（《松本雅明著作集》第10卷《中国古代史研究》第20章《游牧民族の活動と六朝文化》，第438页，弘生书林，1988年）与整个文化包括书画、雕刻、工艺、建筑等的变迁联系起来。就是说，这是整个中国历史发展中意识形态的演进成果的一部分。

地位的观念，文章基本被当作经术的附庸，写作则重现实、重伦理、重人事，强调发挥"经夫妇，成孝敬，厚人伦，美教化，移风俗"①的社会效用，从而"恶淫词之掘法度"②，反对"增益实事""造生空文"③。要求"征实""诚实""实录"等等，追求文字修饰被轻视、被贬斥，从而也就不会有现代学术意义的"文学"概念。不过这作为传统，对于文学发展自有其不容忽视的重大积极意义，并形成了吉川幸次郎所指出的中国文学"重视非虚构素材"的"特长"④。但是这种传统留给艺术虚构和想象的空间是有限的，对于追求作为文学创作区别于其他意识形态重要特征的形式美和语言美也造成限制。这种观念影响深远。即使到后来，中国的散文基本还是官僚士大夫的应用文字；本来出于悬想的志怪小说则被看作是真人真事的纪录；以至称赞杜甫作品为"诗史"，视《红楼梦》为社会生活的"百科全书"等等。这样，在中国，"文学"观念的形成与明晰比较另一些国家与民族，比如同是所谓"轴心时代"文明发祥地的希腊、印度是大为滞后了。这也成为中国戏曲、小说等"纯文学"形式发展迟缓的一个原因。

中国历史上"文学"观念发生根本变化在魏晋以后。重要标志是晋代荀勖的"四部分，文集立"；晋宋之际的范晔著《后汉书》，在"正史"中首次于《儒林传》之外另立《文苑传》。这都表明文学创作从文化之文、文章之文、学术之文独立出来。日本著名中国学家塚本善隆评论东晋以后思想界曾说：

> 江南贵族知识社会那些名噪一时的玄理、清谈大家，不一定是大哲学家或大宗教家，毋宁说是利用内、外学众多古代经

①《毛诗序》，《毛诗正义》卷一，《十三经注疏》上册，第 270 页。
②扬雄《扬子法言》卷二九《吾子》。
③张衡《论衡》卷二九《对作篇》，第 442 页。
④吉川幸次郎《中国文学论》，《我的留学记》，第 168 页。

典来悬想、创作出形而上学作品的大文学家。①

这里所述情况关系到整个意识形态、思维方式的重大转变。玄学重点讨论的"自然好学""声无哀乐""言不尽意"等课题，都是关系人性及其表达的问题，与作为作家主观意识表现的文学创作本来就紧密关联。东晋以后江南兴盛的玄学成为玄想能力、文字技巧的竞赛，从而玄学家成了文学家，连思辨玄理都"文学化"了。体现"文学"的这种新发展，先后出现了从陆机《文赋》到刘勰《文心雕龙》等一系列专门论"文"的著作。在文章写作实践上，则不再片面追求"美刺""言志"，不再局限于"无邪""辞达"，艺术构思、语言技巧、表现方法等等在凸显文学创作特征方面取得了多方面进展。这样，"文学的自觉"酝酿、成熟起来。

正是这一时期，作为社会与思想发展的主要动向之一的宗教空前活跃。自东汉末年，外来佛教开始在中国有规模地传布，本土宗教民间道教教派蓬勃兴起。从终极目标看，它们都表现出挣脱现实传统观念的努力，都追求个人得救、实现人性的圆满。其中外来佛教作为不同于本土传统的另一种文化背景的产物，不仅输入了新的信仰，又带来全新的思想理论体系，对于中国文化发挥了长远而重大的影响，其中文学所接受的影响亦十分巨大。这种影响体现在方方面面，其中一个重要方面就是佛教的一些新观念促进了前面说的"文学的自觉"，有力地推动了中国"文学"观念发生转变。

二

佛教追求现实背后的"诸法实相"，提出不同于感官常识的另

---

① 塚本善隆《支那佛教史研究　北魏篇》，第 45 页，清水弘文堂，1969 年。这里"内学"是印度佛教学术分类的佛学，相对的世俗学问则是"外学"。

一种"真实"观念。对于文学创作,这种观念直接关系到如何区别"生活真实"与"艺术真实",实际也关系到如何认识"文学"的本质。

中国古代居统治地位的认识论建立在朴素反映论的基础上,主张"多闻""多见"①,要求"原察百姓耳目之实"②;"缘耳而知声可也,缘目而知行可也"③。而"真"字古义,训诚、确、慎。又据《说文解字》:"真,仙人变形而登天也。"段注:"此真之本义也。经典但言诚实,无言真实者。诸子百家乃有真字耳……亦充实上升之义也。"④后来翻译佛典,赋予"真"字以全新的意义,并构造出"真实""真谛""真如""真际""真理""真相""真知"等等一批与"真"的概念相关联的双音词。

现存最早的汉语佛典是东汉安世高翻译的。他所译《阴持入经》卷下说:

> 无休息离息,已寂而寂,满寂散解,心善行转至要,一切报断,成具甚真,身明质净。⑤

这里是说进入禅定,"成具甚真"。这是一种修道境界的"真"。又早期译籍《四十二章经》⑥说道:

> 佛言:"辞亲出家为道,名曰沙门,常行二百五十戒,为四真道。"
>
> 佛言:"众生以十事为善,亦以十事为恶……不信三尊,以

---

①《论语注疏》卷七《述而》,《十三经注疏》下册,第2483页。

②孙诒让《墨子闲诂》卷九《非命上》。

③王先谦《荀子》卷一六《正名》。

④段玉裁《说文解字注》八篇上,第384页下。

⑤《大正藏》第15卷,第180页下。

⑥关于《四十二章经》是否翻译佛典和所出时代,学术界尚无定论。今本《四十二章经》有大约十种异本,大体可分为古本(各种《藏经》)和《宝林传》本两大系统。吕澂具体考核今传本内容,认为抄自《法句经》,且文词雅丽,不似汉代作品,断定年代最上限不能超过晋惠帝末年(306)至成帝末年(342)(转下页)

邪为真。"①

"四真道"，后来译为"四谛"（苦、集、灭、道），是佛陀初转法轮的四个要点。这里所说的"真"是指佛道或符合佛道，如上录第二段，"真"与"邪"相对待。同样，三国时期支谶出《道行般若经》，是最早译出的大乘经之一，其中说：

> 如法者，为随法已于作真。为是作，即非邪作，是菩萨摩诃萨所作。②

这里讲修行"如法"，要求行于"真"，也与"邪"对举。如此等等，这些早期佛典所求的"真"，或者称"正真道""正真觉道""无上正真最上觉道"（《道行般若经》）、"正真慧"（《般舟三昧经》）、"无上正真道意"（《六度集经》）等等，都是指佛法，是和中土传统内容截然不同的"真实"。大乘佛教教理所主张的"真"则是指"般若空"。对"般若空"的简明概括有《金刚经》结尾处的"六如偈"：

> 一切有为法，如梦、幻、泡、影，如露亦如电，应作如是观。③

根据大乘基本教理，现象界的一切都是因缘生、无自性、刹那灭的，处在生、住、灭、异的流转变化之中，是如梦、如幻等等虚幻不实的。

（接上页）这三十余年间（《中国佛学源流略讲·附录·四十二章经抄出的年代》，《吕澂佛学论著选集》第 5 卷，第 2857—2867 页，齐鲁书社，1991 年）；镰田茂雄则认为今本作为单经名目大约出现在宋、齐间（《中国佛教通史》第 3 卷，第 191 页，关世谦译，佛光文化实业有限公司，1986 年）。但是除了上述，襄楷上书、三国时的《法句经序》、东晋郗超的《奉法要》都曾引用此经本。因此可以判定应当存在原本《四十二章经》（或者不叫这样的名称），是中国佛教早期流传的经抄译本，后来在传写过程中屡经改易，窜入新的内容，包括禅宗《宝林传》引录时加入了"学道见性""无修无证"等词句。

①《大正藏》第 17 卷，第 722 页上、中。
②《道行般若经》卷三《摩诃般若波罗蜜沤恕拘舍罗劝助品》，《大正藏》第 8 卷，第 438 页中。
③《金刚般若波罗蜜经》，《大正藏》第 8 卷，第 752 页中。

因此"凡所有相，皆是虚妄，若见诸相非相，即见如来"。这样，常识的"实在"是虚妄的，"诸法实相"是"空相"，乃是绝对的、本质的"真实"。大乘佛教千经万论阐述的核心就是这样一种中土传统未见的、更具形而上意味的"般若空"的"真实"观。

这种"真实"观被文人接受，作为认识方法运用于创作实践。东晋佛教居士、文人孙绰在《喻道论》里说：

> 缠束世教之内，肆观周、孔之迹，谓至德穷于尧、舜，微言尽乎《老》、《易》，焉复睹夫方外之妙趣，冥中之玄照乎！悲夫，章甫之委裸俗，《韶》、《夏》之弃鄙俚，至真绝于漫习，大道废于曲士也。①

这是说佛道远高于中国的尧、舜、周、孔之道，因为后者是所谓"世教"，而佛法乃是"方外之妙趣，冥中之玄照"。这是要求把握现实事相的"世教"之外的"至真"。这种观念运用在写作上，则不必去追求现象的"征实""实录"，而注重超越"世教"的"妙趣"与"玄照"。这在创作中是一种全新的思想内容和思维方式。

支遁是名僧，又是所谓"披着袈裟的名士"。他的《八关斋诗序》说：

> 余既乐野室之寂，又有掘药之怀，遂便独住，于是乃挥手送归，有望路之想。静拱虚房，悟外身之真，登山采药，集岩水之娱。遂援笔染翰，以慰二三之情。②

这里是说自己写诗，要表现"身外之真"，即超然悬悟的境界。这显然也是与中国传统诗论的"真实"观不同的。

画家宗炳是佛教徒，与慧远结交，精于佛说，曾与何承天辩论，作《明佛论》，盛赞佛教，鼓吹"神不灭"论。他说：

> 周、孔所述，盖于蛮触之域，应求治之粗感，且宁乏于一生

---

① 《广弘明集》卷三，《大正藏》第 52 卷，第 16 页中。
② 《广弘明集》卷三〇，《大正藏》第 52 卷，第 350 页上。

> 之内耳。逸乎生表者,存而未论也。若不然也,何其笃于为始
> 形,而略于为终神哉。登蒙山而小鲁,登太山而小天下,是其
> 际矣。①

他不满于周、孔,认为其内容局限于"一生之内"的粗迹;他追求的
是"逸乎生表"之"神"。所以他论画理说:

> 夫圣人以神法道,而贤者通,山水以形媚道,而仁者乐,不
> 亦几乎!②

他认为描绘山水不能仅"以形写形",而应当是体"道"的,即形而下
的图像应当表达形而上的"道"和"理",做到会理畅神,尺幅千里。
这就必须"神超理得","万趣融其神思",描绘出形迹之外的、表达
更高一层的"真实"意境。

诗人陶渊明在作品里也一再提出"真"的观念。他追求"抱朴
含真"③,表示要"养真衡茅下"④,又说"真想初在襟,谁谓形迹
拘"⑤,"此中有真意,欲辨已忘言"⑥,等等。他所谓"真"也显然与
传统的世俗理解不同。或以为陶渊明的"真"在观念上出自道家,
但是其区别"真""俗"的思维方式应当说是佛教的。

谢灵运是接受佛教深刻影响的诗人。他写《入道至人赋》,描
写"荒聪明以削智,遁肢体以逃身""超尘埃以贞观,何落落此胸襟"
的"入道而馆真"的"至人"⑦。他写山水诗,不是模山范水,追求形

---

①《明佛论》,《弘明集》卷二,《大正藏》第 52 卷,第 9 页下。
②《全上古三代秦汉三国六朝文·全宋文》卷二〇,第 3 册第 2545—2546 页。
③《劝农诗》,逯钦立辑校《先秦汉魏晋南北朝诗·晋诗》卷一六,中册第 969
　　页,中华书局,1983 年。
④《辛丑岁七月赴假还江陵夜行途中诗》,《先秦汉魏晋南北朝诗·晋诗》卷一
　　六,第 983 页。
⑤《始作镇军参军经曲阿诗》,《先秦汉魏晋南北朝诗·晋诗》卷一六,第 982 页。
⑥《饮酒诗二十首》之六,《先秦汉魏晋南北朝诗·晋诗》卷一七,第 998 页。
⑦《全上古三代秦汉三国六朝文·全宋文》卷三〇,第 3 册第 2600 页。

似,而能够通过描绘自然来表现他所理想的超然的人格和境界。

　　刘勰的著名佛学论文《灭惑论》有下面一段话:

　　　　至道宗极,理归乎一;妙法真境,本固无二。佛之至也,则
　　空玄无形,而万象并应;寂灭无心,而玄智弥照。幽数潜会,莫
　　见其极,冥功日用,靡识其然。①

这里说"妙法真境"的"真实",一方面与万象并应;另一方面又玄照
无形,也是一种超越现实形迹的绝对境界。刘勰在《文心雕龙》里
辨析真伪,要求"习亦凝真"②、"要约而写真"③、"壮辞可以喻其
真"④等等。这些所谓"真",显然和王充《论衡·艺增》《语增》各篇
里所要求的"真实"不同,包含抽象的、形而上的内涵,思路是与佛
法相关联的。

　　这样,佛教教理输入一种不同于传统认识的"我法两空"的"真
实"观念,思维逻辑则否认现象的"真",追求"本质"的"真"。这种
观念当然是唯心的、颠倒的,但作为认识论和思维方式又具有辩证
内涵。影响到文学理论与创作,对于追求超越"生活真实"的"艺术
真实"有所启发。而这种观念上的转变乃是实现所谓"文学的自
觉"的一个关键。

三

　　范泰、谢灵运上宋文帝书里有一个著名论点:

―――――――――

①《弘明集》卷八,《大正藏》第 52 卷,第 51 页上。
②范文澜注《文心雕龙注》卷六《体性》,下册第 506 页,人民文学出版社,
　　1961 年。
③范文澜注《文心雕龙注》卷七《情采》,下册第 538 页。
④范文澜注《文心雕龙注》卷八《夸饰》,下册第 608 页中。

> 六经典文,本在济俗为治耳。必求性灵真奥,岂得不以佛
> 经为指南耶。①

熊十力说：

> 佛家哲学,以今哲学上术语言之,不妨说为心理主义。所
> 谓心理主义者,非谓是心理学,乃谓其哲学从心理学出发。

他比较西洋哲学与佛学的区别,又指出前者"无佛家观心与治心一
段功夫"②。"心性"理论本是先秦以来传统学术比较薄弱的方面。
外来佛教的"心性"论在中国思想史上发挥了多方面影响,推动了
相关理论的发展。而对于表现人和人的生活、心理的文学创作,这
种影响尤为显著。

《内经素问》："心者,生之本,神之变也。"③这是说"心"是生命
的根本,是主思维的器官;《孟子·告子上》："心之官则思。"即"心"
的功能是"思"即意识活动。这都是中国的传统看法。而根据佛教
的缘起观念,"心""识"与一切事物一样,是因缘和合的产物。因而
在"肉团心""思虑心"之外,又有"集起心""清净心",进而又推导出
"万法唯心"论。佛教教理中有关"心"的生成、作用的主张,是中国
传统理论中不见的。又如前引熊十力所指出,是与西方重心理分
析的心理学说不同的。

支译《维摩经》提出：

> 一切诸法,从意生形。④

同一处鸠摩罗什的异译是："一切法生灭不住,如幻如化。"⑤玄奘译

---

① 《何令尚之答宋文皇帝赞扬佛教事》,《弘明集》卷一一,《大正藏》第 52 卷,第
　 69 页中。
② 熊十力《佛家名相通释》,第 6、7 页,中国大百科全书出版社,1985 年。
③ 《黄帝内经素问》卷三《灵兰密典论第八》。
④ 《佛说维摩诘经》卷上,《大正藏》第 14 卷,第 523 页上。
⑤ 《维摩诘所说经》,《大正藏》第 14 卷,第 541 页中。

文是："一切法性，皆分别心所起影像。"①对比之下，可以发现支译文用了"产生"的"生"字来表达心的"缘起""集起"的意思。这不仅是一个更为"落实"的译法，也体现中土思维重现实的特征。后来《大乘起信论》所谓"心生则种种法生，心灭则种种法灭"也是同样。关于心生万物观念，晋译《般泥洹经》说：

> 心作天，心作人，心作鬼神、畜生、地狱，皆心所为也。从心行得起诸法，心作识，识作意，意转入心。心也者取为长。心志为行，行作为命。贤愚在行，寿夭在命。夫志、行、命三者，相须所作好恶，身自当之。父作不善，子不代受；子作不善，父亦不受。善自获福，恶自受殃。今佛为天上天下所尊敬者，皆志所为，是故当以正心行法。②

这样，佛教教理阐发的"缘起"之"心"与中国传统的"心识"之"心"不同。所谓"万法唯心""三界所有，唯心所作"等等，均强调人的主观心性的创造功能。

支娄迦谶所译《般舟三昧经》是宣扬大乘禅观的早期经典。"三昧"异译作"定"，指经过修证得到的专注一境、心不散乱的精神状态；"般舟三昧"又称"佛立三昧"，意谓修此禅定则佛立现前。这是宣扬观像念佛的重要经典，其中说：

> 菩萨如是持佛威神力，于三昧中立，在所欲见何方佛，欲见则见。③

根据佛教"心性本净"说，以心性洁净故，自我观照，进入清净禅定状态，则可自见其影；清净心与佛性合一，佛即映现于自心。经中又说做四件事即可迅速得到这种三昧，第一件就是"作佛形像，若

---

① 《说无垢称经》，《大正藏》第 14 卷，第 563 页中。
② 《般泥洹经》卷上，《大正藏》第 1 卷，第 181 页上。
③ 《般舟三昧经》卷上《行品》，《大正藏》第 13 卷，第 905 页下。

作画"①。后来《文心雕龙》上说"心生而言立，言立而文明"②，在"心"之前还提出"圣人之道"，这是儒家的立场；但"心生"的观念是佛教的。正是肯定了心的集起作用，在文学创作中才能够不同于传统要求文学作品表达社会政治、伦理教化等理念，而更注重主观心性的感悟和抒写。

　　前面已提到支遁，他作为佛教徒，度过优游山水的生活，采取高蹈出世立场，做到所谓"任心独往，风气高亮"③。他主张"绥心神道，抗志无为"，晚年更"宴坐山门，游心禅苑"④。他作《逍遥论》，提出解释《庄子》"逍遥"新义，要求忘怀于得失，窒欲净心。他所宣扬的"达人""至人"，当然有佛教义理为标准，但也体现了摆脱世情束缚、争得心性自由的精神追求。

　　直接提出个人心性在文学创作中的意义与作用的是慧远。他在庐山主持的僧俗结社的成员曾一起创作"念佛三昧诗"，作品久佚，今仅存一首，从内容看是抒写体悟禅悦的心境的，创作方式显然与中土传统的言志、述情原则不同。慧远辑录这些诗并写诗序，对其创作方法有所说明：

　　　　夫称三昧者何？专思寂想之谓也。思专则志一不分，想寂则气虚神朗。气虚则智恬其照，神朗则无幽不彻。斯二乃是自然之玄符，会一而致用也。是故靖恭闲守，而感物通灵，御心惟正，动必入微。此假修以凝神，积功以移性，犹或若夫尸居坐忘，冥怀至极，智落宇宙而暗蹈大方者哉！

这里描绘的是一种内心绝对沉冥的状态，在这种状态下体悟到佛

①《般舟三昧经》卷上《四事品》，《大正藏》第13卷，第906页上。
②范文澜注《文心雕龙注》卷一《原道》，上册第1页。
③余嘉锡《世说新语笺疏》上卷上《言语》刘注引《沙门高逸传》，第122页，中华书局，1983年。
④《高僧传》卷四《晋剡沃州山支遁传》，第160、161页。

理的真实。他又具体说明心识、感官与外物的关系:

> 明则内照交映而万像生焉,非耳目之所至而闻见行焉。
> 于是睹夫渊凝虚镜之体,则悟灵根湛一,清明自然。察夫玄音
> 之叩心听,则尘累每消,滞情融朗。非天下之至妙,孰能与于
> 此哉!①

这样,对"真理"的认识,全然是心识的作用,感官见闻被内心所支配。达到这样的境界能否真能写出好诗姑且不论,但慧远作为创作原则提出的这种重视内心感悟的看法确实是有关文学创作的新理念。

谢灵运是竺道生的佛性新说的支持者。如上所述,他明确主张到佛教教理中寻求"性灵真奥"。他的《归途赋序》说:

> 昔文章之士,多作行旅赋,或欣在观国,或怵在斥徙,或述
> 职邦邑,或羁役戎阵,事由于外,兴不自已,虽高才可推,求怀
> 未惬。今量分告退,反身草泽,经途履运,用感其心。②

这里举出写作行旅赋的四种缘由,都是"事由于外,兴不自已",即有感于外物而作。他认为这样尽管能够表现"高才",但不能抒发心怀。他主张写作要"用感其心",即要起到感发心神的作用。他的《山居赋序》又说:

> 古巢居穴处曰岩栖,栋宇居山曰山居,在林野曰丘园,在
> 郊郭曰城傍。四者不同,可以理推。言心也,黄屋实不殊于汾
> 阳;即事也,山居良有异乎市廛。抱疾就闲,顺从性情,敢率所
> 乐,而以作赋。③

这里"黄屋"指帝王的车盖,象征王位。《庄子·逍遥游》上说,"尧

---

①《念佛三昧诗序》,《广弘明集》卷三〇,《大正藏》第 52 卷,第 351 页中。
②《全上古三代秦汉三国六朝文·全宋文》卷三〇,第 3 册第 2599 页。
③《全上古三代秦汉三国六朝文·全宋文》卷三一,第 3 册第 2604 页。

治天下之民，平海内之政，往见四子藐姑射之山，汾水之阳，杳然丧
其天下焉"。"汾阳"指隐士的居处。这里是说依"理"推，山居固然
与市廛不同，但就内心感受说，身居王位或隐居山林是一样的。这
个"理"乃是万法平等的佛理，使人想起《世说新语》记载竺法深逸
事，名士刘惔问他："道人何以游朱门？"回答说："君自见其朱门，贫
道如游蓬户？"①谢诗里常常提到"赏心"观念，显然也受到佛教"心
性"理论的启示。他在《拟魏太子邺中集诗八首序》里总括说"天下
良辰、美景、赏心、乐事，四者难并"②，所说不只是一种赞叹外物的
心情，更注重抒写内心感受的主观体验。这种创作意识，与单纯地
强调感物而动、饥者歌食、劳者歌事的传统观念截然不同。谢灵运
以后，如谢朓、江淹、沈约等都提倡"赏心"。这是一种更注重主观
心性抒写的创作观念。就六朝诗歌创作的思想内涵与价值说，总
体看较汉魏时期是衰败了，特别突出地表现在反映现实缺乏深度
和广度方面；但如就创作方法说，这一时期作者们普遍注重主观心
性的抒发，积极发挥虚构、玄想的功能，又表现出明显的优长。后
来一旦有可能填补前一方面缺憾，创作中积极地发挥主观心性的
创造作用，做到主客观双方辩证地促进与交融，就会创造出全新
的、更高的艺术境界。这就是唐诗、宋词的境界。

四

　　与上述主要关系文学创作内容的"真实""心性"观念相关联，
佛教教理对于艺术表现发挥重大影响的，还有关于"形象"创造与

---

①余嘉锡《世说新语笺疏》上卷上《言语》，第108—109页。
②《先秦汉魏晋南北朝诗·宋诗》卷二，第1181页。

语言运用的一系列主张。

佛教的"形象"概念一般指相互关联的两方面内容:一是直观的具象即塔寺、造像等,这在艺术中是所谓"造型艺术"作品;一是经典中大量使用的形象表现方式。而涉及文学、艺术创作中形象的创造与利用在理论上则发挥出丰富、深刻的内容。

在翻译佛教经典里,"形象"概念最早出现在支娄迦谶于汉灵帝光和二年(179)所译《道行般若经》里,其中说:

> 譬如佛般泥洹后,有人作佛形像。人见佛形像,无不跪拜供养者。其像端正姝好,如佛无有异,人见莫不称叹,莫不持香花缯彩供养者。①

他同年又出《般舟三昧经》,现存一卷和三卷二本,同样使用了"形象"概念。中国本土文献里最初出现肖像意义的"形象"一词在《东观汉记》里,这部书写作于汉灵帝时期②。现在不能确切判断汉语里有关人的"形象"概念是否从佛典借用,但翻译佛典开始大量使用它并促进了它的流通则是可以肯定的。

佛教在中土传播,正值印度和西域制作佛像风气大兴的时候。《四十二章经》里说到汉明帝永明年间(58—75)"遣使者张骞、羽林中郎将秦景、博士弟子王遵等十二人,至大月支国,写取佛经四十二章,在第十四石函中,登起立塔寺"③,只说到塔寺,还没有提到佛像。但在《理惑论》里记述同一件事,则加上了"于南宫清凉台及开阳城门上作佛像。明帝存时预修造寿陵,陵曰'显节',亦于其上作

---

① 《道行般若经》卷一○《昙无竭菩萨品》,《大正藏》第 8 卷,第 476 页中。
② 《东观汉记·高彪传》:"画彪形象,以劝学者。"《吕氏春秋·慎大览·顺说》篇所谓"不设形象,与生与长";又王充《论衡·解除篇》"今作形象,与礼相违,实神之实,故知其非"云云,"形象"一词不是指人,而是指具体事物或鬼神。
③ 《四十二章经》,《大正藏》第 17 卷,第 722 页上。

佛图像"①一节文字。后来东晋袁宏《后汉纪》、宋范晔《后汉书》亦有类似表述。又《三国志》裴松之注记载笮融治广陵等三郡"大起浮图祠"②事，则是有关中土造像的最早文字纪录。证之以四川麻浩崖、山东沂南、内蒙古和林格尔等地陆续发现的东汉时期佛像和有佛像的画像石、画像砖等，表明造像风气在东汉后期已经流行。到东晋"十六国"时期，南、北统治者大力提倡佛教，造寺立像作功德风气更盛。据传"昔竺乾有康僧会者，初入吴，设像行道。时曹不兴见西国佛画，仪范写之，故天下盛传曹也"③。曹不兴被认为是中土第一位佛画家。此后晋代卫协、张墨、司马绍等，特别是名画家顾恺之，都善佛画。宋何尚之说："塔寺形象，所在千计，进可以系心，退足以招劝。"④著名文学家沈约则说："夫理贯空寂，虽熔范不能传；业动因应，非形相无以感。"⑤佛教造像对中国造型艺术乃至整个文学艺术发展的影响是十分巨大、深远的。

佛典里涉及"形象"有许多说明，对于加深"形象"的认识、发挥文学艺术创作的"形象性"，提供了启发与借鉴。这又和前面讨论的"真实"观念相关联。

《增一阿含经》记载关于佛像起源的缘由，据说佛陀在祇树给孤独园说法，"四部之众，多有懈怠，替不听法，亦不求方便使身作证"，佛陀只好到三十三天为亡母摩耶夫人说法。其时"四部之众，不见如来久"，优填王与波斯匿王亦"渴仰欲见"，"遂得若患"，"优填王即以牛头旃檀作如来形像，高五尺"，波斯匿王闻知，亦以紫磨

①周叔迦辑撰，周绍良新编《牟子丛残新编》，第15页。
②《三国志》卷四九《吴书·刘繇传》，第1185页。
③郭若虚《图画见闻志》卷一《论曹吴体法》。
④《答宋文帝赞扬佛教事》，《弘明集》卷一一，《大正藏》第52卷，第69页上。
⑤沈约《竟陵王造释迦像记》，《全上古三代秦汉三国六朝文·全梁文》卷三〇，
　第3册第3123页。

金作五尺如来形象，"尔时阎浮里内始有此二如来形像"①。这个创造佛像因缘传说反映一种观念，即当初制作佛像是为了再现佛的色身来启发、坚定信仰心，并借助它来思念佛陀、追忆佛陀。这种观念提升为理论，实际是造型艺术的一条重要原则：依据现实人的真实面貌来创造他的形象。

而佛教造像又不以模拟生人形貌为最终目的，在它们身上应寄托更为深远的思想内涵。竺法护出《无极宝三昧经》里有一句极富辩证意义的说明：

> 见佛像者为作礼。佛道威神岂在像中？虽不在像中，亦不离于像。②

因为形象本是用泥土、石头、金属等制作或画在墙壁、布帛等材料上面的，佛当然不在像中；但绝对的、无限的佛法却又通过相对的、具体的造像表现出来，因而又不离于像。《法华经》大力宣扬形象崇拜，有偈说：

> 又诸大圣主，知一切世间，天、人、群生类，深心之所欲，更以异方便，助显第一义。③

这里所谓"第一义"即大乘深义，而"异方便"则指般若等六波罗蜜，还包括善软心，供养舍利，造佛塔，画佛像，以花、香、幡、盖供养佛塔、佛像，歌赞佛功德，礼佛等等。这段话表明，造像虽然只是方便施设，却有显扬"第一义"的功用，所以又有偈说"若人为佛故，建立诸形像，刻雕成众相，皆已成佛道"④。《华严经》作为大乘早期经典，其中也多论及形象的意义和作用。八十《华严》卷一有偈曰：

---

① 《增一阿含经》卷二八《听法品》，《大正藏》第 2 卷，第 705 页下—706 页上。
② 《无极宝三昧经》卷上，《大正藏》第 15 卷，第 512 页上。
③ 《妙法莲华经》卷上《方便品》，《大正藏》第 9 卷，第 8 页下。
④ 《妙法莲华经》卷上《方便品》，《大正藏》第 9 卷，第 8 页下。

> 彼诸如来灭度已，供养舍利无厌足，悉以种种妙庄严，建立难思众塔庙。造立无等最胜形，宝藏净金为庄严，巍巍高大如山王，其数无量百千亿。①

这是说如来灭度以后，信徒们以无限美好庄严，造立百千万亿形象来加以供养。又《观佛三昧海经》有解释说：

> 云何名为观诸佛境界？诸佛如来出现于世，有二种法以自庄严。何等为二？一者先说十二部经，令诸众生读诵通利，如是种种，名为法施；二者以妙色身示阎浮提及十方界，令诸众生见佛色身具足庄严、三十二相、八十种随形好、无缺减相，心生欢喜。②

又说：

> 佛告阿难：汝从今日持如来语遍告弟子，佛灭度后，造好形像，令身相足，亦作无量化佛色像，及通身光，及画佛迹，以微妙彩及颇梨珠安白毫处，令诸众生得见是相。但见此相，心生欢喜，此人除却百亿那由他恒河沙劫生死之罪。
>
> 若有众生于佛灭后，造立形像、幡、花、众香，持用供养，是人来世必得念佛清净三昧；若有众生知佛下时种种相貌，系念思维，必自得见。③

这是说，佛陀在世时已有意以色身教化众生，认为这与宣说教法起着同样作用；那么佛灭度后制作、礼拜佛的形象，实际也是在宣扬佛的教义，发挥教化作用。这又正如《超日明三昧经》里记载佛告居士所说，"有四事常不离佛"，其中之一就是"常念如来，立佛形

---

①《华严经》卷二四，《大正藏》第 10 卷，第 128 页下—129 页上。
②《序观地品》，《大正藏》第 15 卷，第 647 页中。
③《观四威仪品》，《大正藏》第 15 卷，第 675 页下、678 页中。

像"①。当然，这是把后起的"形象"观念附会为佛陀生前的教诲了。

正因为造像在显扬佛法方面具有如此重大意义，从而也就成为重大功德。大乘佛典里有许多宣扬这种功德的内容。如《作佛形像经》说：

> 作佛形像，后世得福无有穷极尽时，不可复称数。四天下江海水尚可斗量枯尽，作佛形像其得福过于四天下江海水十倍，后世所生为人所敬护。作佛形像譬若天雨水，人有好舍，无所畏……②

本经又详细叙说这种福报，包括身体完好、生富贵家以及离恶道、升梵天等等。这部经是早期翻译经典，经录里附在后汉录。《华手经》里也说到菩萨若于四衢道中，多人观处，起佛塔庙，造立形象，即是作佛功德因缘。此外如《造立形象福报经》《大乘造像功德经》等许多经典同样都大力宣扬造像功德。

这样，又可以总结出涉及文学艺术创作的另一原则：形而下的具体形象是体现形而上的佛道的，即造像是以有形表无形、以相对表绝对的，在物质的、有形的形象中寄托着无限的精神内涵。前面说到画家宗炳已经明确意识到"山水以形媚道，而仁者乐"③的道理。谢灵运写山水诗，更有意在自然景物中寄托更深一层意蕴，创造出"虑澹物自轻，意惬理无违"④的境界。范晔在狱中写给侄子的信里，也表示反对"事尽于形，情急于藻"，要求作文章表达"事外深致"⑤。这些都表明，六朝时人们对于文学艺术所创造的形象需要

①《超日明三昧经》卷上，《大正藏》第15卷，第536页下。
②《作佛形像经》，《大正藏》第16卷，第788页下。
③宗炳《画山水序》，《全上古三代秦汉三国六朝文·全宋文》卷二〇，第3册第2545—2546页。
④《石壁精舍还湖中作诗》，《先秦汉魏晋南北朝诗·宋诗》卷二，中册第1165页。
⑤《宋书》卷六九《范晔传》，第1830页。

表现"道""意"等更深一层内涵已有相当明晰的自觉。这样的看法显然是与前述佛教造像观念相通的。

又《观佛三昧海经》，前面已引用过，是集中宣扬观佛观念的。其中说：

> 未来世中，诸善男子、善女人等，及与一切，若能至心系念在内，端坐正受，观佛色身，当知是人心如佛心，与佛无异。①

又说：

> 佛告阿难："我涅槃后，诸天、世人，若称我名及称南无诸佛，所获福德，无量无边，况复系念、念诸佛者，而不灭除诸障碍耶？"②

这些都是强调"系念思索，心不散乱"地念佛的神秘作用。这部经典用更大篇幅描写观佛时的心理状态，实际是宗教幻想的境界，共计写了六十三观，一一观想佛顶、佛发、佛额直到佛足等等相好。在观想过程中，激发起对于佛陀的伟大超凡的想象。如在观"降魔时白毫光相"时，就出现了佛与魔王、地狱作斗争以及地狱、恶鬼恐怖的联想；观"如来成佛时大人相"，就出现了广大美丽的化佛世界。这样，观照具体形象，系念佛的境界，思维也沉浸在宗教幻想之中了。

《离垢施女经》里离垢施女对佛发十八问，其中一项是作佛形象的作用，佛答曰：

> 作佛形像坐莲华，细捣众华具施寺，不求他阙怀愍伤，则得化生莲华中。识念十方诸群黎，劝助众德令解脱，若能习是德称行，则得化生尊导前。③

---

① 《观佛三昧海经》卷一《六譬品》，《大正藏》第 15 卷，第 646 页上。
② 《观佛三昧海经》卷三《观像品》，《大正藏》第 15 卷，第 661 页上。
③ 《离垢施女经》，《大正藏》第 12 卷，第 95 页上。

这里说的是幻想中见佛。《般舟三昧经》里则说：

> 其有比丘、比丘尼、优婆塞、优婆夷，持戒完具，独一处止，心念西方阿弥陀佛……一心念若一昼夜，若七日七夜，过七日以后见阿弥陀佛，于觉不见，于梦中见之。①

这里则说梦中见佛，似乎是更合乎情理的。

著名净土经典《观无量寿经》集中宣扬观想念佛的禅观，一一描述观想西方净土的十六观。把幻想当作真实，乃是宗教思维的重要形式，是形成信仰的主要心理基础。而在艺术思维里，人的想象采取真实形态，创造者和接受者同样把艺术形象当作某种真实事相来接受。这一点体现宗教与艺术在思维方式上的共通性，也是宗教幻想与艺术想象的相通之处。从而翻译佛典中有关"形象"的理论，涉及形象的创造和表现、形象的形式与内涵、形象的主观意义和客观意义等诸多方面，对于中土人士认识文学艺术的形象性规律也就具有重大的启迪和借鉴意义。六朝时期文学理论如陆机《文赋》、刘勰《文心雕龙》、钟嵘《诗品》以至萧绎《金楼子》等涉及文学形象性的论述，虽然内容各异，也都不同程度地受到佛教有关形象教理的影响。当时画论创作的情形也同样，并与文学理论的发展相关联。

五

与"形象"创造相关联的还有语言。一般所谓"文学语言"是一种修饰性语言，具有象征符号的性质。翻译佛典提供一种新的写

---

①《般舟三昧经》卷上《行品》，《大正藏》第 13 卷，第 905 页上。

作模式,佛教教理有关于语言功能的看法对于文学创作同样多有启发。

　　佛典具有浓厚的文学性质,有些即是相当优秀的文学作品。这些经典在中国初传,其繁富形容和高度夸饰的表现方法即曾震慑人心。《牟子理惑论》记录当时人的印象和引起的争论,保守方主张"至实无华,至辞无饰""事莫过于诚,说莫过于实",批评佛经"深妙靡丽""辞说廓落难容",特别指责"佛经说不指其事,徒广取譬喻";答辩方说:"事尝共见者,可说以实,一人见一人不见者,难以诚言也。"这是个很重要的看法,即对于事实不了解的人是不能用"诚实"的语言解说的,即使是中国的"诸子谶纬,圣人秘要",也"莫不引譬取喻"①。这实际具有肯定语言象征功能的意义,是与传统注重"辞达"的观念全然不同的看法。

　　"言意"关系本是玄学讨论的重要论题。讲"言不尽意"或"寄言出意",重点在说明玄理的"空"或"有"不可能用常识的语言来表达。佛学在这个问题上采取了类似玄学的思路,但又依据"真谛""实相"观念提出新的论证,发挥出新的内容。

　　大乘教理的绝对的"空"本是"言语道断"、非名言可以表达的。西晋竺法护所译《光赞般若》上说:

　　　　般若波罗蜜无言无说、无教无化,不可得故。于菩萨者无言无说、无教无化,亦无所有亦不可得。般若波罗蜜亦无所有亦不可得,是故,舍利弗,一切诸法亦无所有亦无得者,不可得故。②

后来《金刚经》总结出一个公式:

　　　　佛说……即非……是名……

------

① 《牟子丛残新编》,第4—15页。
② 《光赞般若波罗蜜经》卷九《分曼陀尼弗品》,《大正藏》第8卷,第206页上。

如有一段经文说"佛说般若波罗蜜,即非般若波罗蜜,是名般若波罗蜜"①,意思是,既然为佛所"说",就不是真谛,而只是假"名"。什译《维摩诘经》的《入不二法门品》写到三十二位菩萨各说"不二法门"之后,文殊师利说:"如我意者,于一切法无言、无说、无示、无识,离诸问答,是为入不二法门。"而维摩诘默然无言,文殊师利叹曰:"善哉! 善哉! 乃至无有文字语言,是真入不二法门。"②这些都是关于语言有限性的相当深刻的认识,对于后来有关言、意关系的理论和实践起了一定作用。禅宗又使用"指月"比喻:"月"非"指",而"指"示"月",这种"指""月"关系相当贴切地说明了语言的象征与"工具"意义。而且从对于佛教义理的理解说,全部三藏十二部经都是佛陀的方便说法,实际都是一种譬喻,一种象征。

玄学讲"言不尽意",又讲"寄言出意",强调的是"言"与"意"的离异:玄理深不可测,非名言可以表达。而佛教所讲则侧重在强调"意"即"绝对真实"的佛法乃是永恒的实在,只有通过虔修才能达到;但"言"作为一种方便,又是表达"意"的现实手段。这则包含"意"与"言"相合的意味。后来到禅宗,提出禅本"不立文字,教外别传",但所"传"又离不开"言",则对于言、意关系的认识和实践又有进一步的发展。

前述诗人陶渊明沉迷于"此中有真意,欲辨已忘言"③的境界,谢灵运山水诗在模山范水中"体道""蕴真"等等,都追求"意在言外""言有尽而意无穷"的艺术效果。这也成为后来中国美学所推崇的一类境界。中国文学的一大特色在重视语言的修饰。古代许多哲学、史学等学术文章由于修饰语言而具有文学价值,被看作是文学作品。佛教教理所阐发的语言观念,对于文学创作中的语言功能、运用等方面多所启发。这方面学界已多有论说,不赘。

────────────

① 朱棣《金刚经集注》,第 56—57 页,上海古籍出版社,1984 年。
② 《注维摩诘所说经》卷八《入不二法门品》,《大正藏》第 14 卷,第 551 页下。
③ 《饮酒诗二十首》之六,《先秦汉魏晋南北朝诗·晋诗》卷一七,第 998 页。

　　以上谈论了汉魏以降佛教教理中的四个观念，真实、心性、形象、语言，都是与文学艺术创作活动密切相关联的。这些观念在理念上与实践中对于文学领域发挥了重大影响。其中一个重要方面，就是推进了魏晋以来的"文学的自觉"，而这种"自觉"对于文学作为独立意识形态的发展，进而对于不断开拓文学创作的新境界起了重要作用。

　　　　　　　　（本文是作者 2009 年 9 月 24 日在台湾大
　　　　　　学中文系主办的"文学典范的建立与转化"国
　　　　　　际学术研讨会上的发言稿）

早期中国佛法与文学里的"真实"观念

一

陈寅恪论及南北朝研究说:

> 治魏晋南北朝思想史,而不究家世信仰问题,则其所言恐不免皮相。①

这里所谓"思想史",应当作广义的理解,即应包括文学史和文学思想史。魏晋南北朝时期是佛教开始广泛弘传中国并发挥巨大影响的时期,在文学领域造成的影响是巨大的、多方面的。值得注意的是,在中国文学发展史上,佛教输入的这一兴盛期又正是所谓"文学的自觉时代"②。正是在这一时期,"四部分,文集立",标志着"文学"在理念上最终从文化之文、学术之文、文章之文独立出来③。当

---

① 陈寅恪《陶渊明之思想与清谈之关系》,《金明馆丛稿初编》,第 200 页。
② 鲁迅《魏晋风度及文章与药及酒之关系》,《而已集》,《鲁迅全集》第 3 卷,第 504 页。
③ 关于"文学的自觉",日本学者松本雅明把晋诗人嵇康、陶潜,宋诗人颜延之、谢灵运等人"独立于儒教道德,追求独创的美"《松本雅明著作集》(转下页)

然这一进展有文学发展的内在原因。不过在佛教开始广泛影响文坛的环境之下，其推动作用也是不容忽视的。纵观晋宋以来的历史，佛教的影响深入到文学理论、文学创作的方方面面。其中思想观念的影响是重要层面。外来的佛教教理包含许多新的观念，是中土传统中不见的；特别是那些涉及意识形态的，更与文学思想和创作实践密切关联。在佛教被文坛普遍接受的形势下，这些观念启发、推动文学思想的变化，对于形成"文学的自觉"发挥了重要作用。

作为例证，试讨论一个概念——"真"或"真实"。佛教赋予这个概念以中土传统前所不见的全新内容，在一代文学思想的演变中起了相当重要的作用。

求"真"是艺术的根本原则，是艺术感染力、艺术价值之所在；而生活真实不同于艺术真实。这是文学理论的基本常识。但是，"艺术真实"观念却是在文学发展中逐渐明确起来的，这也是所谓"文学的自觉"的重要内涵。魏晋以前，人们对于文学创作中"生活真实"与"艺术真实"分疏得并不清楚，表明当时对于文学的本质还缺乏"自觉"。与另一些民族相比较，在中国，独立的文学观念的形成是大为滞后的。而佛教输入，佛教教理提供了与中土传统截然不同的"真""真实"观念，有力地启发、推动了人们明确不同于"生活真实"的"艺术真实"，从而对于促进"文学的自觉"，以至对于整个文学发展起了重要作用。

悟解、体认"诸法实相"即"空"相乃是大乘佛教的要义。佛教里一个关键概念是"真"，与之相关的还有"真实""真谛""真如""真际""真理""真相""真知"等等一大批与"真"相关的概念。大量外来的翻译经论、中国佛门龙象的著作对佛法中"真"的观念进行了

（接上页）第 10 卷《中国古代史研究》第 20 章《遊牧民族の活動と六朝文化》，第 438 页）与整个文化包括书画、雕刻、工艺、建筑等的变迁联系起来。就是说，这是整个中国历史发展中意识形态的演进成果的一部分。

十分充分的讨论和发挥。但这是不同于中土传统意识中的"真"。而什么是"真"、要表现什么样的"真",又正是文学思想与文学创作的关键问题。

在中国重现实、重理性、重人事的传统中,求"真"乃是文学创作的基本原则。写作强调"兴、观、群、怨",强调"经夫妇,成孝敬,厚人伦,美教化,移风俗"①的社会功能与作用,重"实录""征实""诚实","恶淫辞之淈法度"②,反对"增益实事""造生空文"③就是应有之义。这是一种基于朴素反映论的求"真"观念,是先秦以来形成的传统文学观的核心内容之一。在这种观念指引下,文学创作追求忠实地反映现实生活,这就形成吉川幸次郎所说中国文学"重视非虚构素材"的"特长"④。然而不可否认,这种"真实"观念留给艺术虚构和想象的空间是有限的。先秦以来的文学创作不能独立于文章、独立于学术与历史,与这种观念的牢固传承有关系。实际上即使到魏晋之后,中国的散文还基本是士大夫的应用文字,本来是出于悬想的志怪小说也被当作是真人真事的记录。熊十力鄙薄自汉以后的"诗文家",说"诗人除少数触景抒情、表现其闲适、悠远、冲澹之生活为不容菲薄者外,自余感遇之作,得君而喜、失官而戚。散文如序、传、碑、志诸作,亦以记述职官、赞扬荣宠,居其大半"⑤。这样的论断不无偏颇与极端之嫌,但也确实道出了中国文学传统重现实、重真实的特征及其带来的偏颇。称赞杜甫为"诗史",把《红楼梦》看作是某种社会生活的"百科全书",也正是基于这样的观念。当然,这样的求"真"作为传统又是中国文学的一大优长。

而佛教主张现实中的"凡所有相,皆是虚妄",要求超离常识的

①《毛诗序》,《毛诗正义》卷一,《十三经注疏》上册,第270页。
②扬雄《扬子法言》卷二《吾子》。
③张衡《论衡》卷二九《对作篇》,第442页。
④吉川幸次郎《中国文学论》,《我的留学记》,第168页。
⑤熊十力《仲光记语之二》,《十力语要初续》,第188—189页。

"真",追求另一种"诸法实相"。这当然是一种宗教玄想。但是把现实的"真"当作表象,认为在其背后有本质的"真",从而区别两种"真"而追求更高一层的"真",这无论是作为认识论还是作为思维方式都是具有深刻辩证内涵的。这样的看法与逻辑,给在观念上体认和在实践中追求区别于现实表象的"真"而追求"艺术真实"以重要启发和指引。

《说文解字》解释:"真,仙人变形而登天也。"段注:"此真之本义也。经典但言诚实,无言真实者。诸子百家乃有真字耳……亦充实上升之义也。"①朱骏声《说文通训定声》上说:"仙人变形而登天也,从匕,从目,从乚。乚,隐也。八,所乘载也……案六经无真字。"②顾炎武指出:

> 五经无"真"字,始见于老、庄之书。《老子》曰:"其中有精,其精甚真。"《庄子·渔父》篇:"孔子愀然曰:'敢问何谓真?'客曰:'真者,精诚之至也。'"《大宗师》篇曰:"而已反其真,而我犹为人猗!"③

"真"字《老子》(王弼本)凡三见,《庄子》(郭象注本)凡六十七见,亦见于多种先秦其他子书。使用最多,也最具典型意义的当属《庄子》。耳熟能详的是其中关于"真人"的描述,详见内篇《大宗师》"且有真人而后有真知。何谓真人? 古之真人,不逆寡,不雄成,不谟士……登高不栗,入水不濡,入火不热,是知之能登假于道者也若此。古之真人,其寝不梦,其觉无忧……真人之息以踵,众人之息以喉……不知说生,不知恶死……"云云。这是庄子所悬想的超越时间、空间限制的"人"的一类(另外还有"神人""德人""圣人"等等),是"仙人"观念的滥觞。郭庆藩解释这里的第一句:"有真人而

---

① 段玉裁《说文解字注》八篇上,第384页下。
② 朱骏声《说文通训定声》"坤部第十六",第828页上,中华书局,1981年。
③ 顾炎武《日知录》卷一八,第816页。

后天下之知皆得其真而不可乱也。"①陈鼓应则说："只有知识能到达与道相合的境界才能这样。"②这是由"真人"引申出义为体道的"真"。又同出于《大宗师》："嗟来桑户乎！嗟来桑户乎！而已反其真，而我犹为人猗！"这里的"反其真"，陈鼓应释"谓尔已返归自然"③；陈启天则直接释"真"为"道""自然"④。《庄子》外篇《刻意》："能体纯素，谓之真人。"成疏："体，悟解也。妙契纯素之理则所在皆真道也，故可谓之得真道之人也。"《秋水》："无以人灭天，无以故灭命，无以得殉名。谨守而勿失，是谓反其真。"郭庆藩云："真在性分之内。"成疏："复于真性。"这里"真"也有"道"的意思。《田子方》："其为人也真，人貌而天虚，缘而葆真，清而容物。"⑤"其为人也真"成疏："所谓真道人也。""缘而葆真"成疏："缘，顺也；虚心顺物而恒守真宗，动而常寂。"这样，道家这种"真"的观念，理论层面归结为"道"，信仰层面发展为"仙"，当然都是和文学有密切关联的，不在本文讨论的范围之内。

段玉裁解"真"说"经典但言诚实"；朱俊声则说："（真）〔假借〕为慎，犹诚也。"⑥这是"真"的本义。如《老子》第二十二章："其精甚真，其中有信。"王弼注："信，信验也。物反窈冥则真精之极得，万物之性定，故曰其精甚真，其中有信也。"这里"真"作形容词用，意为真确。同样《荀子》："真积力久则入。"杨倞注："真，诚也；力，行

---

①《庄子集释》卷二。
②陈鼓应注译《庄子今注今译》，第 176 页，中华书局，1983 年。
③陈鼓应注译《庄子今注今译》，第 195 页。
④参阅《庄子浅说》。"真"谓"自然之道"是道家的说法。《汉书·杨王孙传》："欲裸葬，以反吾真。"颜师古注："真者，自然之道也。"
⑤俞樾《庄子平议》："郭注以'人貌为天'四字为句，殆失其读也。此当以'人貌而天虚'为句……《淮南子·氾论篇》：'若逊虚而出入。'高注曰：'虚，孔窍也。'训孔窍，故亦训心。"
⑥朱骏声《说文通训定声》"坤部第十六"，第 828 页上。

也；诚积力久则能入于学也。"①又《非十二子》："此真先君子之言
也。"②"真"谓实在，确实。《文子·精诚》："夫抱真效诚者，感动天
地，神逾方外。""真"训诚。《韩非子·解老》："修之身，其德乃真。
真者，慎之固也。"③"真"义同慎。这样，诚、确、慎，是另一种"真"的
观念。后来王充说："虚妄显于真，实诚乱于伪，世人不悟是非，不
定紫朱。"④他力辟虚妄，主张征实，所追求的是符合常识认识的
"真"。到荀悦《前汉纪》："孔子曰：'政者，正也。夫要道之本，正己
而已矣；平直真实者，正之主也。'"⑤这里"真""实"连用，构成双音
词。上述"真"的用例，都是合于上述传统的朴素反映论的真实观
念的。

　　佛教教理本是不同于中土传统的另一种思想体系。《心经》
谓："般若波罗蜜多……能除一切苦，真实不虚。"这里所谓"真实"
指的是唯一不变、与万法同一的般若智，是与人们感知的现象界相
对待而言的。它即是"真如""法界""涅槃"，在佛称"法身"，在众生
称"佛性"；在草木瓦石、山河大地称"法性"。这种"真"又称为"真
谛""真理"。翻译佛典为表达外来全新的概念要创造"名相"，译师
们使用各种不同方法，其中之一就是借用汉语已有词语，或者把汉
语词作为词素来构造新词。这样创造出来的词作为外来语新词，
其意义是全新的。例如翻译佛典里的"法""性""心"等，本是汉语
固有词（上古汉语基本使用单音词，形、音、义是合一的），但已是反
映重要佛教概念的名相。佛教的整个思想体系就是靠这些词语构
建起来的。翻译佛典时楷定这些名相往往利用汉语这些词的本
义，"真"正是这样一个词；又佛典翻译大量使用双音词，把同义的

①《荀子》卷一《劝学》。
②《荀子》卷三《非十二子》。
③《韩非子》卷六《解老》。
④张衡《论衡》卷二九《对作篇》，第442页。
⑤荀悦《前汉纪》卷中《前汉孝元皇帝纪》。

"真"与"实"结合起来,成为新词"真实",而其含义已和汉语本义全然不同①。它所表达的是佛教义理,是截然不同于中土传统"真实"观的认识。它把建筑在朴素反映论基础上的"真"的观念颠覆了。作用于文学领域,则对于如何认识世界和反映生活有了新的原则与追求。

二

现存最早汉语佛典是东汉安世高翻译的。他的《阴持入经》卷下说:

> 无休息离息,已寂而寂,满寂散解,心善行转至要,一切报断,成具甚真,身明质净。②

这里是说进入禅定,"成具甚真",这是实现一种修道境界。又早期译籍《四十二章经》③:

> 佛言:"辞亲出家为道,名曰沙门,常行二百五十戒,为四

---

① 关于汉语词的双音化与佛典翻译的关系,参阅梁晓虹《佛教词语的构造与汉语词汇的发展》,第 175—176 页,北京语言学院出版社,1994 年;孙昌武《佛教对中国语言和语言学的贡献》,Ed. by Christoph Anderl & Halvor Eifring: *Studies in Chinese Languege and Culture*,pp. 319 — 330, Hermes Academic Publishing,Oslo,2006。

② 《大正藏》第 15 卷,第 180 页下。

③ 关于《四十二章经》是否翻译佛典和译出时代,学术界尚无定论。今本《四十二章经》有大约十种异本,大体可分为古本(各种《藏经》)和《宝林传》本两大系统。吕澂具体考核今传本内容,判定应当存在原本《四十二章经》(或者不叫这样的名称),是中国佛教早期流传的经抄译本,后来在传写过程中屡经改易,窜入新的内容,包括禅宗《宝林传》引录时加入了"学道见性""无修无证"等禅宗内容。

真道。"

　　佛言："众生以十事为善,亦以十事为恶……不信三尊,以邪为真。"①

"四真道",后来译为"四谛"(苦、集、灭、道),是佛陀初转法轮的要点。这里所说的"真"是指佛道或符合佛道,"真"与"邪"相对待。同样,支谶所译《道行般若经》,是最早译出的大乘经之一,其中说:

　　如法者,为随法已于作真。为是作,即非邪作,是菩萨摩诃萨所作。②

　　须菩提随怛萨阿竭教,怛萨阿竭本无,过去本无,当来本无,今现在怛萨阿竭本无,等无异,是等无异为真本无。菩萨得是真本无如来名,地为六反震动。③

前面一段讲修行"如法",要求行于"真",也与"邪"对举;后一段里"怛萨阿竭"是梵语 tathāgata 音译,即"如来",其中讲"本无"(这是早期对般若空的一种"格义"的理解),讲"真本无","真"义谓"真确"。这些都同于上述《庄子》等书用法。三国时期康僧会的著名译本《六度集经》也一样,如:

　　昔者菩萨,其心通真,睹世无常,荣命难保,尽财布施。④
　　群生危者吾当安之,背真向邪者,吾当令归命三尊。⑤
　　经说沙门一心守真,戒具行高,志如天金。⑥

----

①《大正藏》第 17 卷,第 722 页上、中。
②《道行般若经》卷三《摩诃般若波罗蜜沤惒拘舍罗劝助品》,《大正藏》第 8 卷,第 438 页下。
③《道行般若经》卷五《摩诃般若波罗蜜道行经本无品》,《大正藏》第 8 卷,第 453 页中。
④《六度集经》卷一《布施度无极章》,《大正藏》第 8 卷,第 1 页。
⑤《六度集经》卷二《布施度无极章》,《大正藏》第 8 卷,第 6 页中。
⑥《六度集经》卷三《布施度无极章》,《大正藏》第 8 卷,第 11 页下。

　　　　昔者菩萨为清信士,所处之国,其王行真,劝导臣民,令知三尊,执戒奉斋者捐赋除役。黎庶巨细见王尚贤,多伪善而潜行邪。王以佛戒观察民操,有外善内秽,违佛清化,即权令而敕曰:"敢有奉佛道者,罪至弃市。"讹善之徒,靡不释真,恣心从其本邪。菩萨年者,怀正真弘影之明,闻令惊曰:"释真从邪,获为帝王,寿齐二仪,富贵无外,六乐由心,吾终不为也。虽一餐之命,得睹三尊至真之化,吾欣奉之。"①

　　　　清净无垢,心明睹真,得无不知,天龙鬼妖所不能惑。②

　　　　为王者背佛真化而兴妖蛊,丧国之基也。③

这样,早期佛典翻译用"真"字,还是借用汉语本义。当时佛法被称为"正真道""正真觉道"、"无上正真最上觉道"(《道行般若经》)、"正真慧"(《般舟三昧经》)、"无上正真道意"(《六度集经》)等等,"真"是真确的意思。这样借用传统固有词语来表达佛教概念,就"格义"方式说还是初级的做法。

　　随着佛典翻译渐多,对外来教义的介绍更为真切,同样是利用固有词语,但却被赋予全新的意义。这对于中国人接受、理解佛教是个发展过程,许多词语的意义发生重大演化。正是在这个过程中,中国人对于佛法的理解加深也逐渐真确了。使用"真""真实"一类名相的状况就是如此。

　　《金刚经》概括大乘精义的"六如偈"说:

　　　　一切有为法,如梦、幻、泡、影,如露亦如电,应作如是观。

根据大乘基本教理,现象界的一切都是虚幻不实的,都因缘生,无自性,刹那灭,处在生、住、灭、异的流转变化之中。因此"凡所有相,皆是虚妄,若见诸相非相,即见如来"。这样,常识的"实在"是

---

①《六度集经》卷四《戒度无极章》,《大正藏》第 8 卷,第 16 页下。
②《六度集经》卷七《禅度无极章》,《大正藏》第 8 卷,第 39 页上。
③《六度集经》卷八《明度无极章》,《大正藏》第 8 卷,第 44 页下。

虚妄的,"诸法实相"即般若空乃是绝对的、本质的"真"。而把握这种"真",不是靠感性提升到理性的认识过程,而是靠内心神秘的感悟即禅悟。这显然是一种逻辑上的颠倒,但却又具有宝贵的辩证因素:一是肯定现象的"真"的背后有更高一层的本质的"真";再是肯定体悟这种"真"靠人的内心活动。这在认识论上是具有重大意义的进展:一方面是肯定在一定现实条件下人对于现象界认识的局限性,另一方面又强调人的认识的主观、能动作用。这种观念在思维方法的发展上是具有重大的意义与价值的:它实际是肯定对于认识活动来说现象和本质是不同的,从现象到本质的认识是个逐步深化的过程,而揭示事物的本质乃是认识的根本任务。对于文学创作,接受这样的观念则在信仰和认识两个层面有所开拓:信仰层面是接纳般若空观为核心的大乘教理,把相关内容纳入到创作之中,开拓作品表现的境界;更重要的是在认识层面,追求现象背后的本质的"真",从而形成文学思想中不同于传统的"真实"观。

汉灵帝时期支曜所出《成具光明定义经》里说:"(居)贪有之室,照空无之本,于受有之体,明非身之真。"①这里"非身"是"无我"的早期异译,"非身之真"即"人我空"。该经又说:"若俗之人开学小慧,缚在四倒,闻佛弟子说度世法、生死之要,便往难却,不谅真正。"②这里"真正"也是指"人我空"教理。晋武帝时无罗又所出《放光般若经》里说:"诸法断者,当来、过去亦断。如是断者,是则为净,是则为快,是则为真实,是则为空。爱尽无猗,无余无尘,是则为泥洹。"③"须菩提言:'假令诸法如梦如幻,菩萨云何行般若波罗蜜。世尊! 梦以幻化非真实者,不真实法不能行六波罗蜜,乃至十

---

① 《大正藏》第 15 卷,第 451 页下。
② 《大正藏》第 15 卷,第 456 页上。
③ 《放光般若经》卷一二《摩诃般若波罗蜜随真知识品》,《大正藏》第 8 卷,第 82 页上。

八法亦不能行。'"①这里"真实"已作为双音词使用,义指荡除过去、现在、未来的"空"。就是说,大乘经典广泛传译的汉末以来,在翻译佛教文献里,"真""真实"已被用于表达般若空观念。

后来鸠摩罗什开创新译大乘经,基本也都是用"真实"来表达般若空的终极义理的。《法华经》被称为大乘"经王",其所阐明主题之一就是"空"相乃"诸法实相"。其《方便品》说:"甚深微妙法,我今已具得,唯我知是相,十方佛亦然。舍利弗当知,诸佛语无异,于佛所说法,当生大信力,世尊法久后,要当说真实。"②这里所谓"真实"指般若空的"微妙法"。又《法师品》:"此经开方便门,示真实相。是《法华》经藏,深固幽远,无人能到,今佛教化成就菩萨而为开示。"③卷六《随喜功德品》:"我今应当教,令得至道果。即为方便说,涅槃真实法。世皆不牢固,如水沫泡焰,汝等咸应当,疾生厌离心。"④这里的"真实相""真实法"都指"般若空"。

大乘教理的辩证思维荡相遣执,主张我、法两空,而空亦空。什译《维摩诘所说经》上说:"佛身者,即法身也,从无量功德智慧生……从真实生,从不放逸生,从如是无量清净法生如来身。"⑤《大乘义章》卷二说:"法绝情妄为真实。"这些是说佛法生于"真实"。般若类基本典籍《摩诃般若波罗蜜经》则说:"须菩提报舍利弗:'菩萨摩诃萨行般若波罗蜜,为行无真实法。何以故?是般若波罗蜜无真实,乃至一切种智无真实故。菩萨摩诃萨行般若波罗蜜,无真实不可得,何况真实?乃至行一切种智,无真实法不可得,何况真

①《放光般若经》卷二〇《摩诃般若波罗蜜诸法等品》,《大正藏》第 8 卷,第 140 页上。

②《法华经》卷一《方便品》,《大正藏》第 9 卷,第 5 页下。

③《法华经》卷四《法师品》,《大正藏》第 9 卷,第 31 页下。

④《法华经》卷六《随喜功德品》,《大正藏》第 9 卷,第 47 页上。

⑤《维摩诘所说经》卷上《方便品》,《大正藏》第 14 卷,第 539 页下。

实法？'"①注释《大般若经》的《大智度论》里也说："诸佛说何实，何者是不实。实之与不实，二事不可得。如是真实相，不戏于诸法，怜愍众生故，方便转法轮。"②这则是把"真实"也排遣掉了：超离"实"与"不实"的"无真实"乃是真正的"真实"。这种否定的思维方式把对真理的探求又加深了一步。后来的大乘经都强调这种"真实性"，如《华严经》上说：

> 令一切众生乘无比智乘，随顺修行一切法界，见真实性，是为菩萨摩诃萨以诸宝乘奉现在诸佛及灭度后舍利塔庙善根回向。③

> 深解一切诸佛法，了达诸法真实性，于法性中无所著，永离诸法虚妄相。④

《大般涅槃经》上说：

> 菩萨摩诃萨，观内六入空无所有，如彼空聚。何以故？虚诳不实故，空无所有作有想故，实无有乐作乐想故，实无有人作人想故。内六入者亦复如是：空无所有而作有想，实无有乐而作乐想，实无有人而作人想。唯有智人，乃能知之，得其真实。⑤

> 云何名为如法修行？如法修行，即是修行檀波罗蜜乃至般若波罗蜜。知阴、入、界真实之相。亦如声闻、缘觉、诸佛同

---

①《摩诃般若波罗蜜经》卷一九《度空品》第 8 卷，第 360 页中。
②《大智度论》卷七《初品中佛土愿释论》，《大正藏》第 25 卷，第 109 页下。
③《大方广佛华严经》卷一六《金刚幢菩萨十回向品》，《大正藏》第 9 卷，第 503 页上。
④《大方广佛华严经》卷一九《金刚幢菩萨十回向品》，《大正藏》第 9 卷，第 520 页下。
⑤《大般涅槃经》卷二三《光明遍照高贵德王菩萨品》，《大正藏》第 12 卷，第 500 页下—501 页上。

于一道而般涅槃。①

这样,"真实"乃是如法修行的道果,是修习者的终极追求。

大乘中观学派教理挽救般若荡相遣执太过的缺失,立真、俗二谛。其基本观点如龙树所说:

> 众因缘说法,我说即是空,亦为是假名,亦是中道义。
>
> 诸佛依二谛,为众生说法,一以世俗谛,二第一义谛。若人不能知,分别于二谛,则于深佛法,不知真实义。②

这里意思是说:诸法因缘所生,本来性空;但是假名的"有"亦不可否定,因此性空、假有二者皆是法性的体现,是为"中道"。龙树又说:

> 诸佛说有我,亦说于无我,若于真实中,不说我、非我。③

这样,中观学派立真谛(胜义谛)即诸法性空之理,又立俗谛(世谛)肯定现象界为名言施设的假相。"真"相对于假、俗、伪等义而言,最究竟者为真,假则为方便、一时之义;而真谛和世谛都是佛慧的体现,二者双用双遣,非空非有的中道才是绝对的"真实相"。鸠摩罗什译《禅法要解》说:

> 定有二种:一者观诸法实相,二者观诸法利用。譬如真珠师,一者善知珠相贵贱好丑,二者善能治用。④

昭明太子解释二谛义说:

> 又谘:未审俗谛之体既云浮幻,何得于真实之中见此浮幻?令旨答:真实之体,无浮幻惑者。横讲谓之为有,无伤真

---

① 《大般涅槃经》卷二三《光明遍照高贵德王菩萨品》,《大正藏》第 12 卷,第 511 页中。

② 《中论》卷四《观四谛品》,《大正藏》第 30 卷,第 33 页中。

③ 《中论》卷三《观法品》,《大正藏》第 30 卷,第 24 页下。

④ 《禅法要解》卷上,《大正藏》第 15 卷,第 290 页中。

实，体自玄虚。

　　又谘：真实本来无相，正应以此物，何得隐斯真实，强言生相。令旨答：真实无相，非近学所窥，是故接诸庸浅，必须言以相。①

这样，真实乃是玄虚的"空"，却又现浮幻之相。对于"庸浅"者而言，"言以相"及承认"假有"还是必需的。后来僧肇根据中观学派教理，作《不真空论》，对于"真实"观再作新的发挥，把认识又提高一步。他说：

　　是以圣人乘千化而不变，履万惑而常通者，以其即万物之自虚，不假虚而虚物也。故经云："甚奇，世尊，不动真际，为诸法立处。"非离真而立处，立处即真也。然则道远乎哉？触事而真；圣远乎哉？体之即神。②

他基于中观学派立场，根据"假有"与"真空"相统一的"中道"观念，认为就"真际"的本质说，万物是"自虚"即是"不真故空"的，进而明确提出"立处即真""触事而真"的"真实"观，这就避免了"般若空"荡相遣执太过的偏颇，肯定现象界的意义。

　　对中国佛教的发展说，僧肇如此统一"真""俗"，既充分发扬了佛法关注现世的一面，又体现中国传统思维重现实、重人生的特征。这种观念给后来的禅宗提供了重要理论依据。

三

　　这种具有深刻辩证意义的"真实"观，对于文人影响的直接方

---

①《令旨解二谛义》，《昭明太子文集》卷五。
②《不真空论》，《肇论》，《大正藏》第 45 卷，第 153 页上。

面是对佛教义理的体认和表达。从晋宋时期开始,多有文人倾心佛说,并在作品中从不同方面、以不同方式表现佛教内容的。从这样的层面接受佛教的"真实"观,大体又可分为两种类型:一种限于观念层面,意识到人生无常,现实事相如幻如化,因而去追求宇宙、人生的终极意义,往往走所谓"返本归真"、回归自然的道路,这种观念层面的影响往往又是佛、道交融的;另一种则更进一步树立信仰,在作品中宣扬佛理,鼓吹佛家出世之道。这些都对于创作内容有所开拓。这种开拓的意义与价值需要具体分析,另作别论。

而对于文学发展意义更重大的是在思维方式层面的影响,即作家领悟般若的"真"、性"空"的"真"、涅槃的"真",进而意识到现实事相背后另有本质的"真",在创作中则发挥主观意识的能动作用,在现象的"真实"之外去追求、表现更深刻的本质的真实。这在理论上就属于超越"生活真实"、追求"艺术真实"的范畴了。"艺术真实"又体现在内容和形式两个层面:就内容层面说,要求创作出来的作品不是对现象的肤浅的摹写而具有更丰富、深刻的内涵;就形式层面说,则涉及文学创作中"形象"与"美感"两大要素。这些方面的观念与实践,正是所谓"文学的自觉"的根本内容。

孙绰是古代文人中最早接受佛法并有较为深刻理解的人之一。他的《喻道论》是中国文人所写的宣扬佛教的最早的文章之一。他说:

> 缠束世教之内,肆观周孔之迹,谓至德穷于尧舜,微言尽乎《老》、《易》,焉复睹夫方外之妙趣,冥中之玄照乎! 悲夫,章甫之委裸俗,《韶》、《夏》之弃鄙俚,至真绝于漫习,大道废于曲士也。①

---

① 《弘明集》卷三,《大正藏》第 52 卷,第 16 页中。

这里称赞佛道远高于中国的圣人尧、舜、周、孔，因为后者是所谓"世教"，而佛法则是更高一层的"至真"的"方外之妙趣，冥中之玄照"。晋、宋以来许多文人像这样把佛法当作更高一层的"真实"，追求高蹈出世，宣扬万法皆空、人生无常等等。

东晋支遁是所谓"名僧"，实际是披着袈裟的名士。他作为佛教徒，作有《大小品般若对必要抄序》，对大乘教理有相当深入的了解。他善诗文，所作乃是古代最早的宣扬佛法的作品。他是般若学"即色"宗的代表，作《即色游玄论》，已佚，《世说》刘孝标注引《妙观章》，一般认为可代表他的观点：

> 夫色之性也，不自有色。色不自有，虽色而空。故曰色即是空，色复异空。①

这是关于"般若空"的一种玄学化理解，具体内涵此不具论。直接与文学创作相关联的，是如"即色游玄"标题所述，主张在具体事相之上另有玄妙的道理在。他又有《八关斋诗序》说：

> 余既乐野室之寂，又有掘药之怀，遂便独住，于是乃挥手送归，有望路之想。静拱虚房，悟外身之真，登山采药，集岩水之娱。遂援笔染翰，以慰二三之情。②

这里则具体说到自己写诗的原则：要表现"身外之真"，即超然玄悟的现实之外的境界。这显然与中国传统诗论的"真实"观不同。余嘉锡说："支遁始有赞佛咏怀诸诗，慧远遂撰念佛三昧之集。"③支遁和慧远是最早在诗文中表现山水题材的。他们在山水描绘中抒写切身感受。对他们来说，山水作为感知和表现对象，借用来表达"真"的境界，显然不是以模山范水为目的的。

---

①余嘉锡《世说新语笺疏》上卷下《文学第四》，第223页。
②《广弘明集》卷三〇，《大正藏》第52卷，第350页上。
③余嘉锡《世说新语笺疏》上卷下《文学第四》，第265页。

东晋著名画家也是文人的宗炳是佛教徒,与慧远结交,精于佛说。他曾与何承天辩论,作《明佛论》,盛赞佛教,鼓吹"神不灭"论。他说:

> 周孔所述,盖于蛮触之域,应求治之粗感,且宁乏于一生之内耳。逸乎生表者,存而未论也。若不然也,何其笃于为始形,而略于为终神哉。登蒙山而小鲁,登太山而小天下,是其际矣。①

即是说,传统的周孔义理没有达到本质的"真实",因为其内容只限于"一生之内"的粗迹。他追求的是"逸乎生表"之"神",即超越现象界之外的精神。他论画,有一段十分深刻的话:

> 夫圣人以神发道,而贤者通,山水以形媚道,而仁者乐,不亦几乎!②

他认为描绘山水不能仅"以形写形",而应当是体道的,即形而下的图像应当表达形而上的"道"和"理",从而做到会理畅神,尺幅千里。这就必须"神超理得","万趣融其神思",描绘出形迹之外的、表达更高一层"真实"的意境。这种观念是通于文学创作的。

诗人嵇康、阮籍、陶渊明在作品里都一再抒写"真"的境界,表现"真"的观念。他们都不是佛教信徒,所表达的内容与前述诸人不同。限于篇幅,这里只简单地讨论陶渊明。他的作品里"真"字凡十见。有些作副词用,不属于本文讨论范围,而如他追求"悠悠上古,厥初生民,傲然自足,抱朴含真"③,表示要"养真衡茅下"④,

---

① 《明佛论》,《弘明集》卷二,《大正藏》第 52 卷,第 9 页下。
② 《全上古三代秦汉三国六朝文·全宋文》卷二〇,第 3 册,第 2545—2546 页。
③ 《劝农诗》,《先秦汉魏晋南北朝诗·晋诗》卷一六,中册第 969 页。
④ 《辛丑岁七月赴假还江陵夜行途中诗》,《先秦汉魏晋南北朝诗·晋诗》卷一六,中册第 983 页。

又说"真想初在襟，谁谓形迹拘"①，"此中有真意，欲辨已忘言"②等
等，则显然具有哲理意义。陶渊明生活在佛教兴盛的环境里，有诸
多接触佛教和佛法的机缘，他的诗歌里表现的对于人生无常的强
烈自觉，对于现实社会的虚伪、虚幻的激愤，都具有佛道的浓重意
味，但他不是佛教信仰者。对于他的作品里那些具有哲理意味的
"真"的意义，福永光司做过精辟、细致的分析，总结为六点：天地自
然世界的存在方式；朴素自然的田园隐逸生活；在实践日常生活之
中、就目前事相感受到纯粹的愉悦心情；在醉酒中体会到一种忘我
心境；在天地自然运行中使自身归于"无"——"无心"境界；总之，
不自由的人在不自由中自由生活的智慧③。这样，陶渊明的所谓
"养真""含真""真想""真意"等，显然不是指现象界表面的真实，而
是观念的、形而上的超越境界。这有道家本体论的意味，思路上又
是和上面所说佛教求"真"的观念相通的。值得注意的是，陶渊明
接受佛教的这种方式，不只对于中国文人具有典型意义，对于中国
佛教的发展也造成巨大影响。佛教"中国化"的一个重要内容是扬
弃大乘"般若空"对于解脱、出离的追求而回归到现世，即实践僧肇
所谓"立处即真"，终于形成明心见性的禅宗。从这样的意义上说，
陶渊明的诗已经体现中国佛教特有的"禅"的精神。如福永光司
指出：

　　　　在天地自然中的一草一木，流水、行云、飞燕、归雁、飘风、
　　积雪等等之中，让人感到他看破"天地之心"的"真"的思想与
　　禅家的"如"或"真如"思想有密切关联。从而结合这种共同

---

① 《始作镇军参军经曲阿诗》，《先秦汉魏晋南北朝诗·晋诗》卷一六，中册第
　982 页。
② 《饮酒诗二十首》之六，《先秦汉魏晋南北朝诗·晋诗》卷一七，中册第
　998 页。
③ 参阅《陶淵明の真について——淵明の思想とその周邊》，《東方學報　京
　都》第三十三册，1963 年。

性、关联性来考虑禅家常常利用诗偈来歌唱自己悟境的情形，
就让人感到他们与陶渊明在精神史上具有更为紧密的关系。①

正是这样，陶渊明也替唐宋许多诗人"习禅""明禅"风气开了先河。

谢灵运则是又一种情况，他是虔诚的佛教徒。他写《庐山慧远
法师诔》，说"予志学之年，希门人之末"②；慧远传里也说"陈郡谢灵
运负才傲俗，少所推崇，及一相见，肃然心服"③。慧远当时已是七
十余岁的高僧，请青年谢灵运作庐山《佛影铭》，可见后者所受器重
和二人相契之深厚。他参与"改治"《大涅槃经》，又可见他对于佛
理的修养。他作《辨宗论》，汤用彤评论说：

> 康乐承生公之说作《辨宗论》，提示当时学说二大传统之
> 不同，而指明新论乃二说之调和。其作用不啻在宣告圣人之
> 可至，而为伊川谓"学"乃以至圣人学说之先河。则此论在历
> 史上有甚重要之意义盖可知矣。④

谢灵运所肯定的竺道生一派"新论道士"的佛性新说乃是印度佛教
的佛性思想与儒家心性理论相融合的产物，开创所谓"有宗"一系
教理，是中国佛教心性学说的重大发展，也是唐代禅宗和宋儒性理
学说的滥觞。谢灵运赞同这一派理论，表明他的佛学思想是代表
当时佛学发展的先进潮流的。他明确意识道："六经典文，本在济
俗为治耳。必求性灵真奥，岂得不以佛经为指南耶？"⑤他的认识落
实到创作上，成为文学史上彰显佛教影响文坛取得创作实绩的第

---

① 《陶淵明の真について——淵明の思想とその周邊》，《東方學報　京都》第
　　三十三册，第 71 页。
② 《全上古三代秦汉三国六朝文·全宋文》卷三三，第 3 册第 2619 页。
③ 《高僧传》卷六《晋庐山释慧远传》，第 221 页。
④ 《谢灵运〈辨宗论〉书后》，《汤用彤学术论文集》，第 294 页，中华书局，1983 年。
⑤ 何尚之《答宋文帝赞扬佛教事》，《弘明集》卷一一，《大正藏》第 52 卷，第 69
　　页中。

一人。谢灵运在文学史上的主要贡献是山水诗创作,沈约评论其
成就说:

> 有晋中兴,玄风独振,为学穷于柱下,博物止乎七篇,驰骋
> 文辞,义殚乎此。自建武暨乎义熙,历载将百,虽缀响联辞,波
> 属云委,莫不寄言上德,托意玄珠,遒丽之辞,无闻焉尔。仲文
> (殷仲文)始革孙(绰)、许(询)之风,叔源(谢混)大变太元之
> 气。爰逮宋氏,颜(延之)、谢腾声。灵运之兴会标举,延年之
> 体裁明密,并方轨前秀,垂范后昆。①

这里指出谢灵运的作品"标举兴会",是说他在模山范水之外另有
感兴。他抒写山居求道的乐趣,把山林作为修道场所,山水、隐逸、
求道三者在他的观念里统合起来,从而在所描摹的形迹之外表现
另一种"真意"。例如他的《山居赋》,描写卧疾山顶,顺适性情,得
山居之乐,中有云:

> 敬承圣诰,恭窥前经,山野昭旷,聚落膻腥。故大慈之弘
> 誓,拯群物之沦倾,岂寓地而空言,必有贷以善成。钦鹿野之
> 华苑,羡灵鹫之名山,企坚固之贞林,希庵罗之芳园。虽粹容
> 之缅邈,谓哀音之恒存,建招提于幽峰,冀振锡之息肩。庶灯
> 王之赠席,想香积之惠餐,事在微而思通,理匪绝而可温……
> 谢丽塔于郊廓,殊世间于城旁,钦见素以抱朴,果甘露于道场。
> 苦节之僧,明发怀抱,事绍人徒,心通世表,是游是憩,倚石构
> 草,寒暑有移,至业莫娇。观三世以其梦,抚六度以取道,乘恬
> 知以寂泊,含和理之窈窕。指东山以冥期,实西方之潜兆,虽
> 一日以千载,犹恨相遇之不早……安居二时,冬夏三月,远僧
> 有来,近众无阕。法鼓即响,颂偈清发,散花霖蕤,流香飞越。
> 析旷劫之微言,说象法之遗旨,乘此心之一豪,济彼生之万理。

---

① 《宋书》卷六七《谢灵运传》,第 1778—1779 页。

启善趣于南倡,归清旸于北机,非独惬于予情,谅佥感于君
子……①

他又写《入道至人赋》,描写"荒聪明以削智,遁肢体以逃身","超尘
埃以贞观,何落落此胸襟"的"入道而馆真"的"至人"②。这是超越
现世束缚的人,是他所理想的人格和人生境界。日本学者矢渊孝
良指出,他的作品里常常"否定以'事'、'物'为代表的世俗事相的
世界,赞美以'道'、'理'为代表的超俗的本原的世界"③。而这"道"
与"理"体现的往往正是竺道生所发挥的新的佛学思想。另一位日
本学者荒牧典俊有评论说:"正由于这'新'思想,在左迁永嘉的山
水里他才能看到'表灵''蕴真'(《登江中孤屿》)的内涵,进而在栖
隐始宁时肯定追求'乘恬知以寂泊'(《山居赋》)的自我的存在。"④
"蕴真"一语出《登江中孤屿》:

> 江南倦历览,江北旷周旋。怀杂道转迥,寻异景不延。乱
> 流趋正绝,孤屿媚中川。云日相辉映,空水共澄鲜。表灵物莫
> 赏,蕴真谁为传。想像昆山姿,缅邈区中缘。始信安期术,得
> 尽养生年。⑤

"蕴真""馆真"的"真"即是陶渊明所谓"此中有真意"的"真"。谢灵
运现存诗可确定写作年代的有六十余首,基本创作于永初三年
(422)初任永嘉太守之后,即是他被迫害落拓时期。他优游山水寻
求寄托,又结交僧人探讨佛理。有昙隆法师,本来居止庐山,谢灵

①《全上古三代秦汉三国六朝文·全宋文》卷三一,第3册第2606—2608页。
②《全上古三代秦汉三国六朝文·全宋文》卷三〇,第3册第2600页。
③矢渊孝良《謝靈運山水詩の背景——始寧時代の作品を中心にして——》,
　《東方學報 京都》第五十六册,第123页。
④荒牧典俊《南朝前半期における教相判釋の成立について》,《中國中世の宗
　教と文化》,第381页,京都大学人文科学研究所,1982年。
⑤《六臣注文选》卷二六。

运回到会稽时招致上虞徐山。他们同游始宁西南的崓山和剡县的嵊山等名山水，诗人追忆其时情景说：

> 缅念生平，同幽共深，相率经始，偕是登临。开石通涧，剔柯疏林，远眺重叠，近瞩岖嵌。事寡地闲，寻微探赜，何句不研，奚疑弗析。帙舒轴卷，藏拔纸襞，问来答往，俾日余夕……①

这样，对他来说，就如禅宗典故：当进入禅悟境界，见山不是山，见水不是水。山水不再是平常的山水，所要表现的是山水背后的"真"。后来白居易的《读谢灵运诗》说：

> 吾闻达士道，穷通顺冥数。通乃朝廷来，穷即江湖去。谢公才廓落，与世不相遇。壮志郁不用，须有所泄处。泄为山水诗，逸韵谐奇趣。大必笼天海，细不遗草树。岂唯玩景物，亦欲摅心素。往往即事中，未能忘心喻。因知康乐作，不独在章句。②

这里也是指出谢灵运山水描写中的深刻内涵。他的诗既体现庄子的"逍遥""齐物"观念，又抒写信仰佛教、游放山林的修道情趣，在山水胜景的生动描绘中融入更深一层体验和感受。他的诗多有描摹自然景物的十分生动的句子，如"白云抱幽石，绿篠媚清涟"（《过始宁墅诗》）、"池塘生春草，园柳变鸣禽"（《登池上楼诗》）、"扬帆采石华，挂席拾海月"（《游赤石进帆海诗》）等等，这些诗句不仅描绘出如画的境界，那种对待自然的物我一如的体验更能感动人心。他在作品里经常用到"赏心"一语："含情尚劳爱，如何离赏心"（《晚出西射堂诗》）、"我志谁与谅，赏心为良知"（《游南亭诗》）、"赏心不可忘，妙善冀能同"（《田南树园激流植楥诗》）等等；他又曾感慨"天

①《昙隆法师诔》，《广弘明集》卷二三，《大正藏》第52卷，第267页上。
②朱金城笺校《白居易集笺校》卷七，第1册第369页。

下良辰、美景、赏心、乐事，四者难并"①。诗人所谓"赏心"，不只是一种玩赏的眼光和态度，而是物、我无碍，心、物交融的轻安愉悦的心态。这显然与佛家宇宙观和人生观有着直接关系。

刘勰指出："宋初文咏，体有因革，庄老告退，而山水方滋。"②谢灵运正是实现这一转变的代表人物。缪钺评价谢灵运在文学史上的贡献说：

> 魏晋以来对于文学之新理想，在能以玄理佛义融于五言诗体中，造成特美，此理想至谢灵运而实现（余别有《六朝五言诗之流变》一文，阐述此义，载拙著《诗词散论》中）。③

而从一定意义说，谢灵运表现这种"玄理佛义"正是追求更深一层的"真"。作为文学史上真正的"慧业文人"，他的诗歌创作影响极其深远，其中重要方面就是在山水描摹中努力表现"蕴真"的境界。

刘勰作为僧祐俗弟子，早年在佛寺读书，又参与僧祐著述。他的文学观从思想倾向说基本是儒家的，但在许多方面显然受到佛教影响，特别是在认识论和方法论层面。例如《文心雕龙》里有这样一段话：

> 次及宋岱、郭象，锐思于几神之区；夷甫、裴颜，交辨于有无之域，并独步当时，流声后代。然滞有者，全系于形用；贵无者，专守于寂寥；徒锐偏解，莫诣正理；动极神源，其般若之绝境乎。④

这里讲论说技巧，涉及玄学思辨。刘勰明确指出玄学"贵有""贵

---

① 《拟魏太子邺中集诗八首序》，《先秦汉魏晋南北朝诗·宋诗》卷三，中册第1181页。
② 范文澜注《文心雕龙注》卷二《明诗》，下册第67页。
③ 《清谈与魏晋政治》，王元化名誉主编《释中国》，第3册第2060页，上海文艺出版社，1998年。
④ 范文澜注《文心雕龙注》卷四《论说》，上册第327页。

无"两派的偏颇，认为都是"偏解"而非"正理"，真理的极致则是佛教的般若思想，实际是把它当作文学创作表达的最高境界。他的著名佛学论文《灭惑论》有下面一段话：

> 至道宗极，理归乎一；妙法真境，本固无二。佛之至也，则空玄无形，而万象并应；寂灭无心，而玄智弥照。幽数潜会，莫见其极，冥功日用，靡识其然。①

这里所谓"妙法真境"的"真实"，一方面与万象并应；另一方面又玄照无形，也是一种超越现实的绝对境界。他在《文心雕龙》里辨析真、伪，要求"习亦凝真"②、"要约而写真"③、"壮辞可以喻其真"④等等，这些所谓"真"，显然和王充《论衡·艺增》《语增》各篇里所要求的"真实"不同，包含有抽象的、形而上的思想内涵。

这样，就文学观念的发展与转变说，由于佛教输入了关于"真""真实"的全新观念，启发与推动了与传统"求是""征实"观念不同的另一种"真实"观的形成，即不再是追求朴素地凭感性反映客观事相的"真"，而是揭示超越现象的本质的"真"。本来佛教大乘教理所肯定的"真实"，是般若智的"空"，作为认识论这种观念是颠倒的、荒谬的。但如上所分析，作为思维方式却又是具有辩证内涵的，即明确区分出本质与现象，区分出相对的"事实"与绝对的"真实"。这是佛教教学在认识领域的巨大贡献，影响到中国文学思想的进展，则在重视"征实""实录"的传统中注入另一种"真实"观念。文学创作反映现实生活不应当、也不可能像镜子一样忠实映照，而要经过作者主观意识的创造；在创造过程中作者要超越现象去追求、表现更本质、更具典型意义的内容，而这内容是体现一定思想

---

① 《弘明集》卷八，《大正藏》第 52 卷，第 51 页上。
② 范文澜注《文心雕龙注》卷六《体性》，下册第 506 页。
③ 范文澜注《文心雕龙注》卷七《情采》，下册第 538 页。
④ 范文澜注《文心雕龙注》卷八《夸饰》，下册第 608 页。

内涵、又是具有美感意义的。这就是文艺理论中十分重要的"生活真实"与"艺术真实"的关系问题,扩展开来又涉及作者创作的主观意图和作品体现的客观意义的关系。对于这些重要问题,佛教和中国佛教义学有关"真谛""真实"的思想理论对于中国文学思想建设起到了积极的推进作用,在理论与实践层面给文学发展提供了多方面的启发和借鉴。

熊十力是主张所谓"新唯识"的,涉及艺术创作,他说:

> 吾人必须荡除执著,悟得此理,方乃于万象见真实,于形色见天性,于器得道,于物游玄……总之,真正画家必得深造其理,而不缚于所谓现实世界,不以物观物,善于物得理,故其下笔,微妙入神,工俟造化也。岂唯画家,诗人不到此境,亦不足言诗。①

实际上《诗》《骚》《左》《国》等,自古以来成功的创作实践都体现这样的道理。但在观念上、理论上明确这一点则要到魏晋以后,外来的佛教教理对于推进这一发展起了重要作用。

（本文是作者 2009 年 9 月 27 日在台湾
"中央研究院"中国文哲研究所的讲演稿）

①熊十力《十力语要》卷一,第 9 页。

禅·禅宗·禅与诗

关于中国文化,陈寅恪作出了这样的判断:

> 二千年来华夏民族所受儒家学说之影响,最深最巨者,实在制度法律公私生活之方面,而关于学说思想之方面,或转有不如佛道二教者。①

又钱穆的一个判断同样有很大的启发意义。他说:

> 孔子根据礼意,把古代贵族礼直推演到平民社会上来,完成了中国古代文化趋向人生伦理化的最后一步骤……因此我们若说中国古代文化进展,是政治化了宗教,伦理化了政治,则又可说他艺术化或文学化了伦理,又人生化了艺术或文学。这许多全要在古人讲的礼上面去寻求。②

根据这个判断,可以考察中国宗教和政治、伦理的关系,和文学、艺术的关系,包括和禅与禅宗、禅与文学的关系等等。

佛教输入中土本是古代中外规模宏伟、历时长久的文化交流。在中国具有高度发达的文化传统土壤上,佛教实现"中国化",创建

---

① 陈寅恪《冯友兰〈中国哲学史〉下册审查报告》,《金明馆丛稿二编》,第251页。
② 钱穆《中国文化史导论》(修订本),第73—74页,商务印书馆,1994年。

起一批宗派。禅宗可说是其中"中国化"最为彻底的宗派,是大量融入中国传统文化内容、具有丰富文化内涵和高度思想价值的宗派,因而对思想、文学、艺术诸领域持续发挥了重大影响。宋代的程颐慨叹说:

> 今人不学则已,如学焉,未有不归于禅也。①

这当然是极端的说法。不过就宋代及其以后文化、学术说,禅宗的影响确是十分普遍、深入的。陈善又曾记载一个掌故:

> 王荆公尝问张文定(方平):"孔子去世百年,生孟子亚圣,后绝无人,何也?"文定言:"岂无? 又有过孔子上者。"公问:"谁?"文定言:"江南马大师、汾阳无业禅师、雪峰、岩头、丹霞、云门是也。"公暂闻,意甚不解,乃问曰:"何谓也?"文定曰:"儒门淡薄,收拾不住,皆归释氏耳。"荆公欣然叹服。②

这也的确是当时社会现状的真实一面,即有相当一批才华卓著的知识精英进入禅宗丛林,成为禅宗发挥影响的动力。这段逸事又颇能反映当时文人习佛的一般风气和造成风气的理由。

禅:印度禅与中国禅

印度"禅数之学"是中土早期所传佛教主要内容之一,这是"数息观""不净观"等"五停心观"的"小乘禅"。后来又输入"大乘禅",

---

① 《二程遗书》卷一八《刘元承手编》。
② 《扪虱新话》,转引胡应麟《少室山房笔丛正集》卷三〇,上海书店出版社,2009 年。

如西晋竺法护翻译《维摩经》，里面就有"菩萨以意净故，得佛国净"①观念，提出"于生死劳垢而不造，在禅行如泥洹"②，反对坐守枯禅。不过当时印度禅法在中土影响微弱，因此道安为安世高所译禅籍作批注，发出"每惜兹邦禅业替废"③之叹；到慧远也还说"每慨大教东流，禅数尤寡，三业无统，斯道殆废"④。五世纪初鸠摩罗什来到长安，抄撰众家禅要，成《禅法要解》二卷，杂采大、小乘各部禅法，其中解释禅定说：

> 定有二种：一者观诸法实相，二者观诸法利用。譬如真珠师，一者善知珠相贵贱好丑，二者善能治用。⑤

吕澂评价说："大小乘禅法融贯的关键，在于把禅观与空观联系起来，罗什所传就是同实相一起讲的。""禅学虽出于小乘系统，却以贯串着大乘思想而是大小乘融贯的禅了。这与安世高所传是不同的。鸠摩罗什如此，佛陀跋陀罗也是如此。"⑥

　　但即使是鸠摩罗什来华以后，中国佛教一般持守的基本仍是保守的禅法。例如与鸠摩罗什同时来华的佛陀跋陀罗，后来被罗什弟子排斥南下，其弟子道场寺慧观主张定慧相合以定真如，把五门观统一到不净观；另一弟子玄高"隐居麦积山。山学百余人，崇其义训，禀其禅道"，后来被摈斥来到河北林阳堂山，徒众三百，禅

---

① 《佛说维摩诘经》卷上《佛国品》，《大正藏》第14卷，第520页中；鸠摩罗什译本《维摩诘所说经》卷上《佛国品》作"随其心净，则佛土净"，《大正藏》第14卷，第538页下。

② 《佛说维摩诘经》卷上《弟子品》，《大正藏》第14卷，第521页下，鸠摩罗什译本《维摩诘所说经》卷上《佛国品》作"不舍道法而现凡夫事……不断烦恼而入涅槃"，《大正藏》第14卷，第539页下。

③ 《十二门经序》，《出三藏记集》卷六，第253页。

④ 《庐山出修行方便禅经统序》，《出三藏记集》卷九，第344页。

⑤ 《禅法要解》卷上，《大正藏》第15卷，第290页中。

⑥ 《中国佛教源流略讲》，《吕澂佛学论著选集》第5卷，第2557页。

慧弥新,多有灵异,据说"磬既不击而鸣,香亦自然有气,应真仙士往往来游,猛兽驯伏蝗毒除害"。玄高学徒之中优异者百有余人,其中有玄绍,"学究诸禅,神力自在",据说他也灵异异常,"手指出水,供高洗漱,其水香净,倍异于常。每得非世华香,以献三宝"。而玄高门下灵异如绍者达十一人之多①。同时北方又有佛陀跋陀、菩提流支、勒那摩提三大家,也宣扬禅法。跋陀弟子僧稠,受到魏、齐皇室优礼,他行"四念处","受十六特胜法,钻仰积序,节食鞭心,九旬一食,米惟四升,单敷石上,不觉晨宵,布缕入肉,挽而不脱。或煮食未熟,摄心入定,动移晷漏,前食并为禽兽所啖,又常修死想"②。这样的禅法显然体现守旧的一面,在文化领域没有也不可能造成大的影响。这除了决定于中国文化的一般形势,还在于无论是小乘"八正道"的"正念""正定",还是大乘"六波罗蜜"的"羼提波罗蜜"(禅定),在中国人看来,都和庄子的"心斋""坐忘",方术里的"呼吸吐纳"之类相通,无多新意。

以上是印度禅。

鸠摩罗什来到长安,在姚秦王朝支持下译经,并授徒讲学,开创义学研究之风。其门下僧肇、竺道生成就为大。僧肇被认为是在中国正确理解大乘"般若空"的第一人。他用"穷理尽性"解说佛义,如在《注维摩诘所说经》中说:"佛者,何也?盖穷理尽性、大觉之称也。"③如此用"性""理"解释佛说,正是佛教教理与中土观念相融合的体现。而竺道生则被称为"第一位自成佛学体系的中国人"④。他更频繁地讲佛"理",如"佛为悟理之体","菩提既是无相理极之慧"(《注维摩诘所说经·弟子品》),"以佛所说,为证真实之

①《高僧传》卷一一《宋伪魏平城释玄高传》,第 409—410 页。
②《续高僧传》卷一六《齐邺西龙山云门寺释僧稠传》,《大正藏》第 50 卷,第 550 页上。
③《注维摩诘所说经》卷九《阿閦佛品第十二》,《大正藏》第 38 卷,第 410 页上。
④韦政通《中国思想史》下册,第 532 页,上海书店出版社,2003 年。

理"（《大般涅槃经集解·纯陀品》），"无物之空，理无移易"（同上《德王品》）等等。他在印度佛教涅槃佛性学说基础上，日久潜思，校阅真俗，提出"阐提有性""顿悟成佛""佛无净土""善不受报"等新义，发展佛性新说，从而开创中国禅学的滥觞。后来谢灵运作《辨宗论》，阐发"新论道士"的观点，这"新论道士"指的就是竺道生。他说：

> 释氏之论，圣道虽远，积学能至，累尽鉴生，方应渐悟。孔氏之论，圣道既妙，虽颜殆庶，体无鉴周，理归一极。有新论道士，以为寂鉴微妙，不容阶级，积学无限，何为自绝？今去释氏之渐悟，而取其能至；去孔氏之殆庶，而取其一极。一极异渐悟，能至非殆庶。故理之所去，虽合各取，然其离孔、释矣。余谓二谈救物之言，道家之唱，得意之说，敢以折中自许。①

按汤用彤的解释：

> 中国传统谓圣不能至固非，而圣不能学则是。
>
> 印度传统谓圣可至固是，而圣能学则非。
>
> 生公去二方之非，取二方之是，而立顿悟之说，谓圣人可至，但非由积学所成，要在顿得自悟也。自此以后，成圣成佛乃不仅为一永不可至之理想，而为众生均可企及之人格。②

这样，竺道生的佛性新说作为儒、释兼弘的结果，一方面发挥了大乘"众生悉有佛性"教理，另一方面又牢牢植根于中土传统思想土壤上。所以如日本学者小林正美所说，"他的顿悟成佛说的特异的思想，从而开拓出中国佛教独立发展的道路"③。竺道生把外来佛教作为修持方法的禅，发展为中国佛教的禅学、禅思想。后来佛教

---

①《广弘明集》卷一八，《大正藏》第 52 卷，第 224 页下—225 页上。
②《谢灵运〈辨宗论〉书后》，《汤用彤学术论文集》，第 293 页。
③《竺道生佛教の思想》，《六朝佛教思想の研究》，第 148 页，创文社，1993 年。

义学师说中的"涅槃师""楞迦师"再加以发挥,独具特色的中国佛教禅法和禅观逐渐完善起来。

"楞迦师"的代表人物是菩提达摩。他依据新翻四卷《楞伽》经意,提出"二入四行"说。据道宣记载内容是:

> 入道多途,要唯二种,谓理、行也。藉教悟宗,深信含生同一真性,客尘障故,令舍伪归真,疑住壁观,无自无他,凡圣等一,坚住不移,不随他教,与道冥符,寂然无为,名理入也。行入四行,万行同摄:初报怨行者,修道苦至,当念往劫舍本逐末,多起爱憎,今虽无犯,是我宿作,甘心受之,都无怨对。经云:"逢苦不忧,识达故也。"此心生时,与道无违,体怨进道故也;二随缘行者,众生无我,苦乐随缘,纵得荣誉等事,宿因所构,今方得之,缘尽还无,何喜之有?得失随缘,心无增减,违顺风静,冥顺于法也;三名无所求行,世人长迷,处处贪着,名之为求,道士悟真,理与俗反,安心无为,形随运转,三界皆苦,谁而得安?经曰:"有求皆苦,无求乃乐也。"四名称法行,即性净之理也。①

这里"理入"讲的是禅观、禅理。所谓"深信含生同一真性",即是相信众生悉有佛性,这是大乘涅槃佛性说的基本观点,显然承袭竺道生思路而来。"行入"的"行",已不同于印度禅僧侣主义、形式主义的禅修,按胡适的说法:

> 达摩的四行,很可以解做一种中国道家式的自然主义的人生观:抱怨行近于安命,随缘行近于乐天,无所求行近于无为自然,称法行近于无身无我。②

①《续高僧传》卷一六《齐邺下南天竺僧菩提达摩传》,《大正藏》第50卷,第551页中一下。
②胡适《楞伽宗考》,姜义华主编《胡适学术文集·中国佛教史》,第101页,中华书局,1997年。

这样,达摩禅"理""行"兼重,而无论是"理"还是"行",又都是"三教"兼容的。

达摩之后,一批楞伽师撰著许多《楞伽》抄疏。不同于印度禅的中国禅逐渐成熟起来。

禅宗：宗义的演变

隋唐时期中国宗派佛教兴起,作为义学师说一派的禅学发展为与诸宗并立的禅宗。禅宗的形成当然有中国佛教发展的内在逻辑,又是中国思想学术发展的整体形势决定的。即到唐代,中国思想学术探讨的重点由"天人之际"向人的性理转化,体现在居于思想意识统治地位的经学则是汉学向宋学的转变。在思想史的内容这一具有根本意义的转变之中,禅宗是先驱,也是重要的推动者。这也从根本上决定了禅宗在中国思想、学术史上的地位及其重大的意义与价值。

早期楞伽师还是"藉教悟宗",根据四卷《楞伽》讲"如来禅"。发展到禅宗,则抛开外来宗主讲"祖师禅";又用自造的经典——祖师和禅宿的语录取代外来翻译和本土制作的千经万论,从而摆脱了传统经教的束缚,给自宗发展开辟了广阔天地,特别凸显出宗义的开放性和创造性。禅宗发展"自性清净"的佛性说,主张"自性自悟",把成佛作祖的根据归结到每个平凡的个人,肯定人的能力的无限性和实现这能力的自主性。后来宋人归纳出十六个字,所谓"不立文字,教外别传,明心见性,顿悟成佛",作为禅宗宗义的简明概括。

禅宗在唐初至两宋之际的五百年间逐渐丰富发展,宗义变化很大。

第一阶段以后来被确立为四祖的道信及其弟子弘忍、再传弟子神秀为代表。道信所著《入道安心要方便法门》是禅宗立宗的纲领性文献。弘忍接受道信付法传衣,在黄梅双峰山东冯茂山另立东山寺,徒众七百余人,称"东山法门"。后来神秀从弘忍出家,为东山寺上座。弘忍死后,神秀在荆州当阳山玉泉寺传法,学者甚多,以九十余岁高龄被武则天征召到洛阳,受到朝野钦重。这一系的禅法后来被南宗贬低称"北宗",其宗义重在"修心"。弘忍说:

> 诸祖只是以心传心,达者印可,更无别法。①

后来慧能的《坛经》记载神秀作偈,比喻心如明镜,要勤勤拂拭,清除染污。今传《坛经》诸本形成状况疑点甚多,所载神秀与慧能立意相对照的两首偈很难视为原作,但神秀名下的偈确实体现了"北宗"禅"凝心入定,住心看净,起心外照,摄心内证"宗义。这种宗义廓除一切经典教条和烦难修证,把佛性的实现变成心性修养功夫,把彼岸的追求变成现实的理想。不过依这种宗义,实现内心清净仍需要清除染污的努力即要经过一番修证的过程。这种理论实际和《大乘起信论》中所阐发的生灭心转化为真如心、唯识学中的转识成智的传统教理相通。

第二阶段以弘忍弟子慧能及其弟子神会为代表。这是所谓"南宗禅"。慧能于龙朔元年(61)到黄梅东山寺为踏碓行者。相传一日弘忍命弟子书偈以呈示禅解,慧能所作比"上座""教授师"神秀更高明,弘忍遂付法传衣。这个情节难以考信,前面已经提到。但弘忍门下发展出两种不同禅观,慧能一派的禅观得到更大发展是肯定的。慧能说法记录有《坛经》一卷,是后来南宗禅的典据,今存诸异本中最早出的敦煌本大约是中唐时期写定的,据考最为接近慧能思想原貌。其弟子神会对于树立南宗顿教宗旨贡献为大,

①《宗镜录》卷九七,《大正藏》第48卷,第940页上。

禅门中南、北二宗分立也是从他开始,其说法记录今存敦煌本《南阳和尚问答杂征义》《南阳和尚顿教解脱禅门直了性坛语》《菩提达摩南宗定是非论》等。他是荷泽人,所传法系称"荷泽宗"。南宗禅以"见性"和"顿悟"为两大纲领。所谓"见性",就是见自性本自清净。《坛经》上说:

> 自性常清净。日月常明,只为云复盖,上明下暗,不能了见日月星辰。忽然惠风吹散卷尽云雾,万象森罗,一时皆现。①

这就意味着每个人自性清净心本自具足,与见闻知觉无关。因此不必如北宗主张的那样看心看净,认为那都是障道因缘,而体道只要顿悟即可,不须勤勤拂拭。《坛经》上又说:

> 此法门中,何名坐禅? 此法门中,一切无碍,外于一切境上念不起为坐,见本性不乱为禅。何名为禅定? 外离相曰禅,内不乱曰定。
>
> 故知不悟,即是佛是众生;一念若悟,即众生是佛。②

就是说,佛与众生只有悟与不悟的区别,顿悟则无修、无作、无念,随所住处恒安乐,随其心净则佛土净,一切计较思虑都是不必要的。这样就把看心、净心、守心的修养变成了清净心性的自觉功夫了。

第三个阶段以马祖道一和石头希迁为代表。马祖晚年在洪州(今江西南昌市)弘法,称"洪州禅"。慧能弟子著名的有青原行思、南岳怀让、荷泽神会、南阳慧忠、永嘉玄觉等人。神会以后荷泽一系并未大显,得到广泛弘传的是青原、南岳二系。二系中最重要的人物是南岳怀让弟子马祖道一、青原行思弟子石头希迁。两个人马祖主江西,希迁主湖南,称"并世二大士"。道一弟子知名者百余

①郭鹏《坛经校释》,第39页,中华书局,1983年。
②郭鹏《坛经校释》,第37、58页。

人,分散四方,北上京城,影响很大;希迁住南岳衡山南寺,称"石头和尚",一门注重山居修道。他们活动在中唐,造成禅宗鼎盛局面。马祖一系更重视哲理思辨,注重发挥禅思想;石头一系更重视修禅实践,把禅贯彻到人生日用之中。这一时期禅思想的重大发展,主要是马祖一系对所谓"平常心"的肯定。慧能与神会认为人的自性本自具足,把佛心等同于平凡的人心,但却仍主张有"悟"与"未悟"之别。就是说,未悟的平常心还不是佛心。但到了道一及其弟子们,则直指平常心就是清净心。他们提出所谓"平常心是道"①,认为行住坐卧、应机接物、穿衣吃饭,莫非佛道。因此道不要修,但莫污染即得。这样不仅礼佛、读经等等是无益的,就是存有求道成佛的一念也是错误的。马祖法嗣南泉普愿提出"还我本来面目";百丈怀海说求佛人是"骑牛觅牛";兴善惟宽说"心本无损伤,云何要修理";石头希迁法嗣丹霞天然说"成佛之一字,永不喜闻",等等。因为肯定平常心就是佛心,所以每个人都要作主人公,作唯我独尊、不受外惑的人。禅发展到这一阶段,又把心性修养功夫变成了任运随缘的生活。这一派观念进一步发挥,形成丛林中呵佛骂祖、背经离教、戒律荡然的狂放禅风。禅宗的这一发展,体现中唐思想变动的一个侧面。当时正处在社会大转变时期,儒学内部有所谓"复古运动",实则是对古旧传统进行批判的改造。禅宗如此肯定自性,纯任主观,反对教条和偶像,无疑具有在宗教形式之下要求思想解放的意义,成为当时整个思想战线上十分激进的部分。

第四个阶段大体从晚唐算起。南宗禅发展到马祖、石头以下三四辈,激进、峻急的宗风流荡忘返,慢教、轻定风气发展到极端,以致动摇了宗教信仰的基础;而只是排遣、破坏,缺少积极的建设,必然沦于虚无和颓唐。挽救这种颓势,则不得不转变发展方向,向

---

①《景德传灯录》卷二八《南泉普愿和尚语》,日本禅文化研究所影印东禅寺本,
　1990 年。

传统回归了。这时的禅宗已不再是佛门中的新兴势力,社会基础已发生巨大变化。晁公武指出:

> 尝考其世,皆出唐末五代兵戈极乱之际,意者乱世聪明贤豪之士,无所施其能,故愤世疾邪,长往不返。而其名言至行,譬犹联珠叠璧,虽山渊之高深,终不能掩覆其光彩,而必辉于外也。①

这是说,当时唐王朝腐朽衰败,分崩离析,社会矛盾激化,许多官僚士大夫遁入禅门。那些有势力的禅宿聚集门徒,依附于割据方镇或得到地方权豪支持,丛林逐渐贵族化了。这样,一方面已经没有孕育新鲜思想生机的可能,另一方面法系的斗争也愈演愈烈,遂形成不同派系并立、竞争的局面。到宋代被总结为"五家七宗"。所谓"五家"指南岳一系分立的沩仰宗和临济宗,青原一系分立的曹洞宗、云门宗、法眼宗。实际唐末五代禅宗不只这"五家",许多大大小小的派系托庇于地方权势之下。如临济宗得到河北三镇之一成德镇王氏一族支持;法眼宗则受到南唐李氏、吴越钱氏的庇护等等。至北宋,从临济宗分立出杨岐、黄龙二派,遂成为"七宗"。北宋时期贵族官僚居士阶层广泛习禅,禅宗各派继续受到朝廷、亲贵和官僚士大夫的支持。这一时期禅门各派系在思想上已鲜有发挥,丛林中师资请益,斗机锋、说公案成为风气,言句技巧花样翻新,又严重地形式化了。就禅宗历史发展说,前期宗义内容新颖,见解独创,富于批判、创造精神,具有思想解放的意义,是处在时代思想发展前列的;到这一时期已不再注重思想的创新,理论发展已经停滞,本来自由活泼的禅风也变得僵化、教条化了。至南宋,只有临济、曹洞二宗传承较盛,其余各派皆先后衰败了。不过禅宗数百年发展,积累了丰富的思想资源,对于后来的思想、文化一直持

---

① 《郡斋读书志》卷一六。

续地发挥巨大影响;特别是在文学艺术领域,即使是那些形式化的言句技巧,也被当作借鉴,成为文学创作的资源。下面将对此再加以说明。

从佛教发展总体看,禅宗打破佛门传统的僧侣主义和教条主义,推动了思想的创新与活跃;建设开放的丛林取代"方外"的寺院,把接受众人供养的僧宝转化为平凡的普通人;禅僧走向社会,广泛参与思想与文化的创造;禅宗的修持方法避繁琐而求简洁,又善于利用形象、象征、比喻等活泼、生动的表达方式,具有强烈的艺术色彩。因而它不仅成为中国佛教诸宗中具有强大生命力、思想影响深远的宗派、"中国化"最为彻底的宗派,也是对文学艺术发挥最大影响的宗派。

禅、诗相通:观念与表达

牟宗三曾说:

> 就哲学言,佛教的启发性最大,开发的新理境最多,所牵涉的层面也最广。[1]

针对文学领域也可以如是说。而就禅宗发挥影响的具体状况说,唐宋以来文学的"理"与"境"的开拓受其启发很大,涉及面也极广。而这又正是中国的诗歌艺术发展的鼎盛时期。苏轼曾说"台阁山林本无异,故应文字不离禅"[2],诗歌创作受到影响尤其显著。唐宋诗的繁荣、唐宋诗风的转变、唐宋诗艺术技巧的丰富与提升,都和禅宗有直接而重大的关系。

---

[1]牟宗三《中国哲学十九讲》,第237页,上海古籍出版社,1997年。
[2]《次韵参寥寄少游》,王文诰辑注《苏轼诗集》卷五〇。

在观念层面,禅是实践的。禅宗不仅仅提供一种新颖的宗义、禅解,这种宗义、禅解贯彻到人生践履之中,又体现为一种人生观,一种生活方式,一种心态,一种解粘去缚、潇洒超脱的人格。它给在等级森严的专制制度和伦理秩序重压下生存的人们提供了精神解脱的出路、心灵安慰的归宿。这特别适应在仕途上挣扎的一般士大夫阶层的心理需求。杜牧《将赴京留赠僧院》诗说:

> 九衢尘土递追攀,马迹轩车日暮间。玄发尽惊为客换,白头曾见几人闲。空悲浮世云无定,多感流年水不还。谢却从来受恩地,归来依止叩禅关。①

杜牧写过《杭州新造南亭子记》,严厉批评"佛炽害中国六百岁"②,可是他在痛感生涯蹉跎之际,也作逃归禅门之想。他之前的韩愈是中唐时期兴儒辟佛的主帅,中国历史上反佛的旗帜,但他贬官潮州,结识石头法嗣大颠,在给友人孟简的信里说:"有人传愈近少信奉释氏,此传之者妄也。潮州时,有一老僧号大颠,颇聪明,识道理,远地无可与语者,故自山召至州郭,留十数日,实能外形骸,以理自胜,不为事物侵乱。与之语,虽不尽解,要自胸中无滞碍,以为难得,因与来往。"③这段话里所谓"胸中无滞碍"云云,实际正是禅理的内容,表明反佛的韩愈对当时流行的禅宗的心性观念也是认同的。杜牧、韩愈这类具有强烈反佛意识的人尚如此,可见禅的影响力之强大、广泛。禅师们常说"如人饮水,冷暖自知"④,禅的心灵证悟给诗歌增添了独特、新鲜、深刻的内容。

在表达层面,禅又是艺术的。禅的表现与艺术相通,禅自身成为一种艺术。顾随说:

---

① 《全唐诗》卷五二六,第 6028 页,中华书局,1960 年。此诗或许浑作。
② 《樊川文集》卷七。
③ 《韩昌黎文集》卷一八。
④ 希运《筠州黄檗山断际禅师传法心要》,《大正藏》第 48 卷,第 384 页上。

　　禅者何？创造是。禅者何？象征是。何以谓之创造？试看作家为人，纵然千言万语，比及要紧关头，无一个不是戛然而止，一任学人自己疑去悟去，死去活去……何以谓之象征？祖师开口无一句一字不是包八荒而铄四天，绝不是字句所能限。所以者何？象征也。是故棒不可作棒会，骂不可作骂会，一喝亦且不可作一喝会。遗貌取神，正复大类屈子《离骚》之美人香草，若其言近而指远，语短而心长，且又过之。①

有一种看法，认为"人类生活在一个象征的世界里"，"象征是文化的建构"②。这里所谓"象征"显然是广义概念，大体是譬喻、形象的同义语。顾随说的"象征"也可作这样的理解。禅门自诩唯传"佛心"。神会说："六代祖师，以心传心，离文字故。"③因而对禅的证悟，必须摆脱对外在经教的依附，破除常识清解，打破"文字障"。禅也不是一般的、常识的语言所能表达的，必须所谓"绕路说禅"，即使用"象征"的方法，也就是一种艺术表现的方法。禅宿接引学人，常拿前辈掌故作为参悟对象，如官吏断案，以测量学人水平，叫作"公案"；师弟子间参悟请益，对答商量，采用形象、比喻、暗示、联想的语句相互测试、启发，谓之"机锋"。丛林中说公案、斗机锋成为风气，结果"不立文字"的禅却最讲究发挥语言文字功能。一代代禅宿创造出众多歌赞、偈颂、语录、灯录等等，它们可看作是文学作品，被称作"禅文学"。这是典型的宗教文学，成为一代文学创作中极富特色、成就突出的部分。

　　在禅的"象征"表现中，诗歌是经常使用、取得成就的体裁。利

---

①顾随《揣钥录》，《顾随说禅》，第 47 页。

②菲奥纳·鲍伊《宗教人类学导论》(Fiona Bowie：*The Anthropology of Religion：An Introduction*)，第 45、46 页，金泽、何其敏译，中国人民大学出版社，2004 年。

③《南阳和尚顿教解脱禅门直了性坛语》，《胡适校敦煌唐写本神会和尚遗集》，第 232 页，胡适纪念馆，1982 年。

用诗颂乃是禅宿表达禅解、学人对答勘辩的主要手段。这是发扬佛门经典广用偈颂的传统，又有世俗繁荣、昌盛的诗歌创作作为借鉴。特别是禅宗兴盛的唐宋时期又正是中国诗歌的黄金时代。前面已经讲到传说中造成南、北分宗的神秀、慧能的两个偈。神会等历代祖师大都热衷创作诗颂。后来宗门里问答勘辩，一问一答，往往像是联句作诗。如夹山善会弟子洛浦元安善偈颂，有僧问："瞥然便见时如何？"问的是如何"见"道。答曰："晓星分曙色，争似太阳辉。"又问："恁么来不立、恁么去不泯时如何？"答曰："鬻薪樵子贵，衣锦道人轻。"问："经曰:'饭百千诸佛不如饭一无修无证者'，未审百千诸佛有何过？无修无证者有何德？"曰："一片白云横谷口，几多归鸟夜迷巢。"问："日未出时如何？"曰："水竭沧溟龙自隐，云腾碧汉凤犹飞。"①这里的答话全用象征的诗语，意思全靠对方自己去推测、体会。如最后一问所谓"日未出"，应是指禅法尚未出世，光明未现；回答说大海虽然枯干但蛟龙仍在，云雾虽然遮天但凤鸟仍飞，意谓禅法是绝对的、永恒的存在，不论是否有人发现它、领悟它。又如有僧问："如何是西来意？"这是禅门勘验的常用题目。答曰："飒飒当轩竹，经霜不自寒。"僧拟再问，答曰："只闻风击响，不知几千竿。"②这实际是"西来无意"的传统回答，四句话组合起来恰是一首意境浑融的五绝。又有僧问吉州禾山："如何是和尚家风？"答曰："满目青山起白云。"③又有僧用同样的问题问钦山文邃，答曰："锦帐银香囊，风吹满路香。"④回答都像是精致的诗句。这样，禅与诗在表达方式上相通，加上文人习禅成为风气，禅僧与文人密切交往，禅对于诗坛也就能够发挥更重大的影响。

---

① 《景德传灯录》卷一六《澧州乐普山元安禅师》。
② 静筠二禅师编撰《祖堂集》卷九《落浦和尚》，第341页，孙昌武等点校，中华书局，2009年。
③ 《景德传灯录》卷一七《吉州禾山无殷禅师》，《大正藏》第51卷，第339页上。
④ 《景德传灯录》卷一七《澧州钦善文邃禅师》，《大正藏》第51卷，第340页中。

禅对诗歌创作艺术的影响

　　诗、禅一致,诗与禅相互影响。元好问说:"诗为禅客添花锦,禅是诗家切玉刀。"①他这一说法的着眼点在表达方面:双方相互提供表现艺术的资源和技巧。考察禅对诗歌艺术的影响,可归纳出以下几个主要方面:

　　第一,禅宗主张"自修自作自性法身""自身自性自度"②,这是一种纯任主观的观念。禅如此肯定自性的绝对价值,体现为诗则追求自我本性的表现。盛唐时期的高仲武曾说"诗人所作本诸心"③。他本人与禅宗关系不得其详,但他这种观点显然是与当时流行的禅的观念相通的。到中唐马祖道一的洪州禅,讲"平常心是道",把禅落实到人生日用之中,更进一步使诗境和禅境融而为一。德山宣鉴法嗣岩头全奯说:

　　　　若欲得播扬大教去,一个一个从自己胸襟间流将出来,与他盖天盖地去摩。④

这样,从胸襟中自然流出的是禅,是道,体现为文字则是诗。这样的诗不重传统的"言志""缘情""体物",而重在发露心性,创造意境。创造出主、客观交融的意境本是唐诗的一大成就、一大特色,这方面正有禅的观念、禅的表达方法在起作用。如杜甫,被称为

---

①元好问《答俊书记学诗》,《遗山先生文集》卷一四。
②郭鹏《坛经校释》,第38、44页。
③高仲武《大唐中兴间气集序》,《全唐文》卷四五八,第4684页,中华书局,1983年。
④静筠二禅师编撰《祖堂集》卷七《岩头全奯》,第339页。

"诗史",是说他的诗反映现实如一代信史。但是他的创作得益于佛教不渺,主要是禅宗。他天宝十四载(755)所作《夜听许十一诵诗爱而有作》诗中已明确说"余亦师粲、可,心犹缚禅寂"①。晚年在夔州所作《秋日夔府咏怀奉寄郑监李宾客一百韵》诗又说"身许双峰寺,门求七祖禅"②。全面分析他的诗,并不是一味"沉郁顿挫"地写实的。比如早年的《游龙门奉先寺》:

> 已从招提游,更宿招提境。阴壑生虚籁,月林散清影。天阙象纬逼,云卧衣裳冷。欲觉闻晨钟,令人发深省。③

浦起龙分析说:"题曰游寺,实则宿寺诗也。'游'字只首句了之,次句便点清'宿'字。以下皆承次句说。中四,写夜宿所得之景,虚白高寒,尘府已为之一洗。结到'闻钟'、'发省',知一霄清境,为灵明之助者多矣。"④宋人韩元吉则认为:"杜子美《游龙门寺》诗:'欲觉闻晨钟,令人发深省。'子美平生学道,岂至此而后悟哉!特以示禅宗一观而已。是于吾儒实有之,学者昧而不察也。"⑤无论是"灵明之助"还是"禅宗一观",都是肯定诗中所表现的心性涵养境界。特别是避乱到蜀中一段时间,他摆脱了官场困扰和逃难困顿,度过较安逸的生活,身心得到安顿,诗风一变。如下面这首《江亭》:

> 坦腹江亭卧,长吟野望时。水流心不竞,云在意俱迟。寂寂春将晚,欣欣物自私。故林归未得,排闷强裁诗。⑥

抒写暂避战乱的闲适情怀,"水流"一联抒写出物我一如的超旷境界。理学家张九成说:

---

① 仇兆鳌《杜少陵集详注》卷三。
② 仇兆鳌《杜少陵集详注》卷一九。
③ 仇兆鳌《杜少陵集详注》卷一。
④ 浦起龙《读杜心解》卷一之一《五古》,第2页,中华书局,1961年。
⑤ 韩元吉《深省斋记》,《南涧甲乙稿》卷一六。
⑥ 仇兆鳌《杜少陵集详注》卷一〇。

陶渊明辞云:"云无心而出岫,鸟倦飞而知还。"杜子美云:"水流心不竞,云在意俱迟。"若渊明与子美相易其语,则识者往往以谓子美不及渊明矣。观其云"云无心","鸟倦飞",则可知其本意;至于"水流"而"心不竞","云在"而"意俱迟",则与物初无间断,气更混沦,难轻议也。[1]

杜甫写这类诗涵泳心性,体察人情物理,化为美感诗情,以深婉的情致和精巧的艺术语言抒写出心灵的隐微。

白居易是把禅"生活化"的典型。禅宗给他提供了一种理想的人生方式、精神境界和美感理念。这与禅宗自身的发展形态有直接关系。在白居易时代,马祖道一一系"洪州禅"大盛。白居易亲炙马祖一系禅宿。元和九年(814)冬,白居易授太子左赞善大夫,曾四次到兴善寺向马祖弟子惟宽问道,作《传法堂碑》,胡适说它"正合道一的学说"[2]。次年,白居易贬江州司马,有《晚春登大云寺南楼赠常禅师》诗,是写给马祖法嗣归宗智常的,中有"求师治此病,唯劝读《楞伽》"[3]之句。他晚年寓居洛阳龙门,与嵩山如满为空门友,如满也是道一高足。白居易在《病中诗十五首序》里说:"余早栖心释梵,浪迹老、庄,因疾观身,果有所得。"[4]他把老、庄与"释梵"等同看待,是从解决人生"疾患"的角度来对待二者的。他自己划分为"讽喻诗"之外的多数作品抒写闲适之情、乐天之趣、高蹈之志,都洋溢着禅意,体现为禅境。对白居易来说,禅主要不是作为信仰,而体现在人生践履的层面上。禅的观念、意趣、感受等等渗透到他的精神深层,表现为放舍身心、超绝万缘的旷达胸怀。他抒发心有所守、不慕荣利的高蹈情致,有时又流露出现实压迫下内心

[1] 蔡梦弼《杜少陵草堂诗话》卷二,何文焕辑《历代诗话续编》上册,第 209 页。
[2] 《白居易时代的禅宗世系》,柳田圣山编《胡适禅学案》,第 94、97 页,日本中文出版社,1981 年。
[3] 朱金诚笺校《白居易集笺校》卷一六,第 2 册第 986 页。
[4] 朱金诚笺校《白居易集笺校》卷三五,第 4 册第 2386 页。

矛盾的隐微，如此等等，是不能用灰心灭志的悲观、无所用心的颓废来概括的。白居易的这种人生观和生活方式在古代文人中又是具有相当的典型意义的。

严羽说"盛唐诸人惟在兴趣"，"唐人尚意兴"①。"兴趣""意兴"都属于主观层面，形成唐人诗歌创作的这一特征，禅发挥了重大作用。后来李贽主张抒写"童心"、"公安三袁"倡"性灵"、王士禛倡"神韵"、王国维倡"境界"，都从不同角度发挥唐诗的这一传统，也都和禅有密切关联。禅为诗歌创作开拓了抒写主观心性的开阔境界。

第二，诗歌中禅的影响，表现为"禅意""禅趣"。描摹清净、空灵、静寂、顺适、轻安愉悦的禅悟境界，形成一种独特的风格。刘禹锡论诗曾说：

> 因定而得境，故翛然以清；由慧而遣词，故粹然以丽。②

苏轼也说：

> 欲令诗语妙，无厌空且静。静故了群动，空故纳万境。③
> 我心空无物，斯文何足观。君看古井水，万象自往还。④

这样的艺术追求，不是激昂慷慨，不是空幻飘逸，往往被看作是消极、消沉以至悲观的表现。但是在充满焦虑、烦恼的人生中，在沉静中寻求安慰，在空灵中得到安宁，往往是不仅必要，而且有益；而探索内心矛盾，发露情感隐微，利用诗歌抒写出来，又确实是心性表现的一种深化、艺术上的一种创新。体现在创作中，王维山水诗是典型例子。王维是"当代诗匠，又精禅理"⑤。他在开元末年以殿

----

①郭绍虞校释《沧浪诗话校释》，第 24、137 页，人民文学出版社，1961 年。
②《秋日过鸿举法师寺院便送归江陵并引》，《刘宾客文集》卷二九。
③《送参寥师》，王文诰辑注《苏轼诗集》卷一七。
④《书王定国所藏王晋卿画着色山》，王文诰辑注《苏轼诗集》卷三一。
⑤苑咸《酬王维》，《全唐诗》卷一二九，第 1317 页。

中侍御使知南选,曾在南阳遇见神会并向其请益,后来并受神会请托写《能禅师碑》,表明他对南宗禅理解甚深。他中年后即亦官亦隐,与世浮沉,更是习禅的实践家。其作品多明禅理,许多篇章吟咏性情,模山范水,禅意诗情相交融。在《辋川集》《皇甫岳云溪杂题五首》《渭川田家》《山居秋暝》等名作里,他生动描摹山水田园风光,抒写内心恬静、和平的境界。他的成功处,不在模山范水穷形尽相的逼真,而在能够通过所写景物"离象得神,披情著性"①。他的五绝被胡应麟评论"却入禅宗","读之身世两忘,万念俱寂"②。王士禛又指出:

> 严沧浪以禅喻诗,余深契其说,而五言尤为近之。如王、裴辋川绝句,字字入禅。他如"雨中山果落,灯下草虫鸣","明月松间照,清泉石上流",以及太白"却下水精帘,玲珑望秋月",常建"松际露微月,清光犹为君",浩然"樵子暗相失,草虫寒不闻",刘眘虚"时有落花至,远随流水香",妙谛微言,与世尊拈花,迦叶微笑,等无差别。通其解者,可语上乘。③

这里联系李白等人的作品,举例说明王维诗"字字入禅"的特征。宋人黄庭坚对诗与禅均有深刻了解和亲切体验,他也有诗评论说:

> 丹青王右辖,诗句妙九州。物外常独往,人间无所求。袖手南山雨,辋川桑柘秋。胸中有佳处,泾渭看同流。④

这也明确指出王维诗句之妙,是因为胸中自有"佳处"。

　　第三,禅的独创性体现在思维方式上,而其思维方式正与诗歌创作相通。禅悟的心态类似写诗灵感的激发。过水睹影,拨灰觅

---

①陆时雍《诗镜总论》,丁福保《历代诗话续编》下册,第1412页,中华书局,1983年。
②胡应麟《诗薮内编》卷六《近体下·绝句》,第115页,中华书局,1958年。
③王士禛著,张宗柟纂集《带经堂诗话》卷三,第83页,人民文学出版社,1963年。
④黄庭坚《摩诘画》,《山谷外集诗注》卷一三。

火，见桃花，击瓦砾，种种悟道因缘，都是下意识的感触、超脱常识情解的神秘体验。表达这样的悟道所得，则多利用象征、比喻、联想、暗示等手法，机锋隽语，意在言外，耶律楚材所谓"公案助谈柄，卖弄滑头禅"①。沈德潜评苏轼诗：

> 苏子瞻胸有洪炉，金、银、铅、锡，皆归熔铸。其笔之超旷，等于天马脱羁，飞仙游戏，穷极变幻，而适如意中所欲出，韩文公后，又开辟一境界也。②

苏诗豪迈不拘又优游从容，平顺自然又深邃迥永，艺术构思正与禅的思维方式相通。比如《书焦山纶长老壁》诗：

> 法师住焦山，而实未尝住。我来辄问法，法师了无语。法师非无语，不知所答故。君看头与足，本自安冠履。譬如长鬣人，不以长为苦。一日或人问，每睡安所措。归来被上下，一夜着无处。展转遂达晨，意欲尽镊去。此言虽鄙浅，故自有深趣。持此问法师，法师一笑许。③

这是典型的"借禅以为诙"④之作，趣味盎然地表达了禅的"无念"、"无相"、无所执着的道理，也通于庄子的齐物逍遥精神。同样巧妙地表达禅机的还有《泛颍》诗。"元祐更化"时期苏轼继续受到排斥，由知杭州短暂入朝又移知颍州（今安徽阜阳市），诗曰：

> 我性喜临水，得颍意甚奇。到官十日来，九日河之湄。吏民相笑语，使君老而痴。使君实不痴，流水有令姿。绕郡十余里，不驶亦不迟。上流直而清，下流曲而漪。画船俯明镜，笑

---

①耶律楚材《琴道喻五十韵以勉忘忧近道》，《湛然居士文集》卷一二，第256—257页，谢方点校，中华书局，1986年。
②沈德潜《说诗晬语》卷下，王夫之等撰《清诗话》下册，第544页，中华书局，1963年。
③《东坡诗集注》卷二一。
④《闻辩才法师复归上天竺以诗戏问》，《东坡诗集注》卷二一。

问汝为谁。忽然生鳞甲,乱我须与眉。散为百东坡,顷刻复在兹。此岂水薄相,与我相娱嬉。声色与臭味,颠倒眩小儿。等是儿戏物,水中少磷淄。赵、陈、两欧阳,同参天人师。观妙各有得,共赋泛颍诗。①

这里所谓"观妙",指观察外物中的妙理,实即佛家事理圆融的境界。杨慎指出:

> 东坡《泛颍》诗:"散为百东坡,顷刻复在兹。"刘须溪谓本《传灯录》。按《传灯录》,良价禅师因过水睹影而悟,有偈曰:"切忌从它觅,迢迢与我疏。我今独自往,处处得逢渠。渠今正是我,我今不是渠。"②

这里具体指出苏诗通于曹洞禅,诗的立意确实利用了洞山偈的构想,又切合华严总别相摄、事理无碍的宗义。苏轼面对人生的波折起伏,总能用超脱的理致相排遣,表现出潇洒旷达的气度,正和他对于禅理的深刻体认有关(当然,他也受到老、庄较多影响,而具体表现上往往又是佛禅、庄禅合一的),诗作也清楚体现了禅的思维方式的影响。

第四,禅宗的语言浅俗易喻又富于理致,丰富了诗歌语言。胡适论禅宗语录说:

> 这些大和尚的人格、思想,在当时都是了不得的。他有胆量把他的革命思想——守旧的人认为危险的思想说出来,做出来,为当时许多人所佩服。他的徒弟们把他所做的记下来。如果用古文记,就记不到那样的亲切,那样的不是说话时的神气。所以不知不觉便替白话文学、白话散文开了一个新

---

① 《东坡诗集注》卷二。
② 《升庵诗话》卷三,丁福保《历代诗话续编》中册,第 697 页。

天地。①

这种影响同样表现在诸多诗人的诗作里。特别是"五家"分灯以后，各个派别都在启发学人的言句、手段上有功夫，"不立文字"的禅转而十分讲究文字，发展出一套独特的语言表达技巧。宋人又受到理学影响，诗歌创作重理致，以道理为诗，以学问为诗，相应地也就重视语言技术，以文字为诗。这正与禅门重文字的风气相合。诗人有意、无意地汲取禅的语言技巧，对丰富诗歌表现艺术起了积极作用。

释惠洪论诗说：

> 造语之工，至于荆公、东坡、山谷，尽古今之变。荆公曰："江月转空为白昼，岭云分暝与黄昏。"又曰："一水护田将绿绕，两山排闼送青来。"东坡《海棠》诗曰："只恐夜深花睡去，高烧银烛照红妆。"又曰："我携此石归，袖中有东海。"山谷曰："此皆谓之句中眼，学者不知此妙，语韵终不胜。"②

这里特别表扬王安石、苏轼、黄庭坚的"造语之工"，实际这正是宋诗的特征，体现禅宗锻炼文字的技巧。具体的例子，如禅语忌浅显直露，用语要耐人寻绎，以至简洁到只用一个字，让人参悟其中表达的深意。云门宗特别发挥了这方面技巧，有所谓"云门一字关"之说，即使用一个关键字来表禅解。唐代孟郊、贾岛等人诗风寒俭，注重推敲文字。禅宗的这种风气更助长了文坛追求"一字之工"。自晚唐时期流传的"一字师"故事就是这方面的典型表现。本身就是禅师的齐己有诗说："千篇著述诚难得，一字知音不易求。"③宗门进一步则有"诗眼"之说。后来更被黄庭坚以及后来的

---

①《传记文学》，《胡适精品集》第15卷，第205页，光明日报出版社，1999年。
②《冷斋夜话》卷五。
③齐己《谢人寄新诗集》，《全唐诗》卷八四四，第9538页。

"江西诗派"大加发挥。黄庭坚诗云：

> 拾遗句中有眼，彭泽意在无弦。顾我今六十老，付公以二
> 百年。①

他称赞杜甫"句中有眼"，同时又表扬陶渊明"意在无弦"，到其后学
却更重视前一方面。诗论中所谓"诗眼"，有两方面含义：一是评诗
的眼光，一是写诗的关键用字。体现在创作中是后一方面。前面
所说"云门一字关"就是指明禅的关键字。写诗同样有关键字，著
名的如杜甫诗里"轻燕受风斜"②里的"受"字、王安石诗里"春风又
绿江南岸"③的"绿"字。这种字用在诗里，可起到画龙点睛的作用，
是为"诗眼"。"诗眼"是对语言艺术久经锻炼的结果。作为诗坛风
气或思维方式，又和禅有关系。

又如禅宗有所谓"参活句"之说，也与诗歌创作相通。云门文
偃法嗣德山缘密说：

> 但参活句，莫参死句。活句下荐得，永劫无滞。一尘一佛
> 国，一叶一释迦，是死句。扬眉瞬目，举指竖拂，是死句。山河
> 大地，更无诸讹，是死句。④

这里举出的所谓"死句"，有"言句"，有表禅解的动作，有禅的观念，
当初都是创造，都富创意。但一经口耳相习，形成程式，就成为"死
句"了。他还总结出著名的"云门三种句"：涵盖乾坤句，截断众流
句，随波逐浪句。所谓"活句"，一方面思路要活络，表达不粘不滞，
不即不离；另一方面要"绕路说禅"，忌直白，忌浅露，多用比喻、象
征之类手法，形成活泼生动、舒卷自如的风格。

---

① 黄庭坚《赠高子勉》，《豫章黄先生文集》卷一二。
② 《春归》，仇兆鳌《杜少陵集详注》卷一三。
③ 王安石《泊船瓜州》，《临川文集》卷二九。
④ 《五灯会元》卷一五，苏渊雷校点，下册第 935 页，中华书局，1984 年。

　　这样，禅宗使用语言艺术取得了显著成就，禅宗的语言丰富了诗的语言，推进了诗歌语言艺术的发展，从而对于推动唐诗向宋诗的诗风的转变起了重要作用。

　　中国古典诗歌到唐代臻于鼎盛，宋代又有新的发展，其成就的取得，多方面得益于同时兴盛的禅宗。直到明、清，禅宗对诗坛的这种影响仍相沿不衰。到如今这仍然是留给诗歌以至整个文学创作的遗产、可资借鉴的宝贵资源。这也是禅宗在中国文化史上的一个重大贡献。

（本文是作者 2009 年 10 月 23 日在香港
中文大学文化及宗教研究系、中国语言及文
学系、人间佛教研究中心、中国古籍研究中心
联合举办的学术讲座上的讲演稿）

文化史上的鸠摩罗什

今天在这里介绍中国历史上的一位高僧鸠摩罗什,讲一些有关佛教方面的知识之外,还有另一层意思,即提醒大家,像鸠摩罗什这样的人物,其贡献不仅仅限于佛教领域,实际上他对于整个中国文化的发展做出了很大贡献,造成了相当大的影响,可是人们往往忽略了。这就让我们觉悟到,历史确实有很多领域是有待后人重新研究的;而开拓这些领域,需要树立起更开阔的学术视野,还要有勇于探索的精神。

众所周知,鸠摩罗什是中国佛教史上"旧译"阶段的开拓者,是所谓"四大译师"之一(另三位一般指陈真谛、唐玄奘和不空)。他作为佛教史上众多译师的典范,创造出规模巨大、成就斐然的翻译业绩,影响沾溉后人,得到高度推崇。但如从更开阔的历史发展背景看,译经只是他的辉煌成就的一部分。他处在中国佛教大发展的关键时刻,所主持的译场不只是翻译机构,也是教学机构、文化机构。他的事业、他的成就远远超出译经之外,在广阔的文化领域同样做出了重大贡献。全面认识和评价这些贡献,对于深入了解佛教史、文化史都是十分重要的。

鸠摩罗什(343? —413?)①,意译童寿,系出天竺,生于龟兹(今

---

①根据《广弘明集》所载署名僧肇《什法师诔文》推算,鸠摩罗什生于晋康帝建元二年(344),卒于后秦弘始十五年(413),为学术界一般所取。但该文不见于前此文献,或疑为后人伪撰。关于卒年,慧皎《高僧传》本传记载,(转下页)

新疆库车县）。祖父达多，名重于国；父鸠摩炎，将嗣相位，辞避出家，来到龟兹。龟兹王甚敬慕之，请为国师，妻以其妹，遂生罗什。

　　龟兹位于丝绸之路北道，是塔克拉玛干沙漠北缘的绿洲国家。两汉时期，已经和中原建立起密切联系。到西晋，龟兹更发展为西域五大国（另外四国是车师、鄯善、疏勒、于阗）之一，为凉州刺史所辖。根据历史记载，当时这已是一个经济相当发达、物产十分富饶的国家。又据《晋书·西戎传》记载：

> 　　龟兹国西去洛阳八千二百八十里，俗有城郭，其城三重，中有佛塔庙千所。人以田种畜牧为业，男女皆剪发垂项。王宫壮丽，焕若神居。
>
> 　　武帝太康中，其王遣子入侍。惠、怀末，以中国乱，遣使贡方物于（前凉）张重华。（前秦）符坚时，坚曾遣其将吕光率众七万伐之，其王白纯距境不降，光进军讨平之。①

（接上页）"以伪秦弘始十一年（公元四〇九年）八月二十日卒于长安，是岁晋义熙五年也……然什死年月，诸记不同，或云弘始七年（公元四〇五年），或云八年（西元四〇六年），或云十一年（西元四〇九年）。寻七与十一，字或讹误，而译经录传中，犹有一年者，恐雷同三家，无以正焉"（汤用彤点校本，第54页，中华书局，1992年）。据《出三藏记集》卷一四《佛驮跋陀传》，跋陀大约于弘始十一年离开长安去庐山，应是在罗什死后；又同书卷九，罗什弘始九年再治《坐禅三昧经》，翻译《自在王经》，则罗什亡殁在此两年之间，故应以慧皎传记为是。又《出三藏记集》卷一一《成实论记》谓该书是罗什于弘始十三年至十四年九月应尚书令姚显之请所译，但其时尚书令为姚弼而非姚显，该记内容不足为据。关于罗什生年，署名僧肇《诔文》谓"岁七十"，可推算为公元343年或344年。但据《出三藏记集》罗什传，吕光破龟兹，见"其年尚少，乃凡人戏之，强妻以龟兹王女"（苏晋仁、萧炼子点校本，第532页），时当建元二十。如果按生于公元343年计，不当谓"年尚少"。又据《出三藏记集》记载推算罗什三十五岁破戒，则应生于公元350年。以上参照日本学者诹访义纯说，详《鸠摩羅什の生涯と譯經事業》，《人物中國の佛教·羅什》，第113—118页，大藏出版，1982年。
①《晋书》卷九七《四夷传》，第2543页。

由此又可知在"十六国"时期，龟兹与河西以至中原地方政权有着更紧密的关系。

佛教传入包括龟兹在内今新疆地区的年代难以确考。根据人名冠以国姓的习惯，东汉、三国时期来华的外国僧人均来自中亚安息（安世高、安法贤等）、月支（支娄迦谶、支曜、支谦等）、康国（康巨、康孟祥、康僧会等）和南亚天竺（竺佛朔、竺律炎等）等国。到西晋，文献上始见龟兹国僧人来华。龟兹国王白姓，其地来华僧人例带帛姓。僧传上记载自龟兹来华的有帛法祖、帛法巨（炬）、白延①等人，时在西晋惠帝、怀帝时期。他们参与译经，多有贡献。后来更著名的则是活跃在石赵的佛图澄。这表明从那时起，包括龟兹的今新疆地区已经成为佛教传入中土的更为接近的源头。

罗什时期的龟兹佛教，有根据僧纯亲自寻访的纪录说：

> 拘夷国（即龟兹国）寺甚多，修饰至丽。王宫雕镂，立佛形像，与寺无异。有寺名达慕蓝（百七十僧），北山有寺名致隶蓝（六十僧）、剑慕王新蓝（五十僧）、温宿王蓝（七十僧）。右四寺佛图舌弥所统，寺僧皆三月一易屋、床坐，或易蓝者。未满五腊，一宿不得无依止。王新僧伽蓝（九十僧。有年少沙门字鸠摩罗，乃才大高，明大乘学，与舌弥是师徒，而舌弥《阿含》学也）。
>
> 阿丽兰（百八十比丘尼）、输若干蓝（五十比丘尼）、阿丽跋蓝（三十尼道）。右三寺比丘尼统，依舌弥受法戒。比丘尼，外国法不得独立也。此三尼寺，多是葱岭以东王侯妇女，为道远集斯寺，用法自整，大有检制。亦三月一易房，或易寺。出行非大尼三人不行。多持五百戒，亦无师一宿者辄弹之。②

---

① 《出三藏记集》卷二、《高僧传》卷一记载有白延者于魏高贵乡时译出《首楞严经》等，乃是误传，实即前凉帛延。

② 《比丘尼戒本所出本末序》，《出三藏记集》卷一一，第410—411页。

这里"蓝"即僧伽蓝，分为僧尼两类。达慕蓝的"达慕"应即达摩（dharma，法）的异译；剑慕，据汤用彤认为即羯末的异译，羯末法即杂法；致隶蓝即著名的雀离大寺①。又日本学者诹访义纯还原"致隶"为巴厘语 There，即上座，"致隶蓝"即上座寺②。几个尼寺的名称还不得还原。从这段所记述龟兹佛寺和僧尼之众多，可以知道当地佛教发展的规模。文中直接提到鸠摩罗什，可见当时他在那里已有声望。

　　鸠摩罗什的父亲鸠摩炎避地来到龟兹，大约也鉴于这里是佛教中心。后来他的母亲亦出家修道。罗什七岁出家，家庭环境显然起了相当大的作用。他起先师从的老师是善《阿含》的小乘学者佛图舌弥，"从师受经，口诵日得千偈，偈有三十二字，凡三万二千言。诵《毗昙》既过，师授其义，即自通解，无幽不畅"③。《阿毗昙》是小乘论书，这是说罗什首先钻研的是小乘教理。年九岁，他母亲携带他长途跋涉，越过雪山，去到罽宾。那里是当时又一个佛教中心。这次迁徙大概出于罗什教养的考虑。

　　罽宾位于今喀布尔河下游和克什米尔一带，国都善见城（今巴基斯坦斯利那加），本来是贵霜王朝统辖的地方。公元二世纪初伽腻色迦王在位时期国势达到极盛。他是一位著名护法君主，第四次结集佛典、编辑《阿毗达摩大毗婆沙论》就是其时在这里进行的。因此这里传统上是小乘佛教盛行的地方。在十六国时期，随着这里的佛教和中原交流密切，有许多罽宾僧人来华。例如符坚末年来到关中的僧伽跋澄，善《阿毗昙毗婆沙》，建元十九年（383）由他口诵经本译出；大体同时入关的僧伽提婆尤善《阿毗昙心》，后来到南方，译出《中阿含经》；又佛陀耶舍，罗什幼年在沙勒国从授《阿毗昙》《十诵律》，后来罗什到长安，劝姚兴迎请，亦来到长安。他有赤

①汤用彤《汉魏两晋南北朝佛教史》上册，第198页，中华书局，1983年。
②《人物　中國の佛教・羅什》，第104页。
③《出三藏记集》卷一四《晋长安鸠摩罗什传》，第530页。

髭,善解《毗婆沙》,时人号为"赤髭毗婆沙",因为是罗什之师,亦称"大毗婆沙",后来译出《昙无德律》和《长阿含经》;又僧伽罗叉,曾参与提婆《中阿含》译事;昙摩耶舍,隆安(397—401)中来到广州,后来亦到长安,受到姚兴礼重,与天竺沙门昙摩崛多共译《舍利弗阿毗昙》,南游江陵,止于辛寺,大弘禅法;此外还有弗若多罗等人。这些人宣扬、翻译的主要是部派佛教三藏。这都显示当时罽宾小乘佛教的繁荣形势。刘宋以后陆续还有不少罽宾僧人来到中土活动,罽宾佛教乃是这一时期西方佛教输入中土的主要源头。这也显示当时中土所受小乘佛教的影响。先于罗什来华的佛图澄也曾游学罽宾。

　　罗什在罽宾遇到名师盘头达多。他是罽宾王从弟,说一切有部论师,萨婆多部第四十八代传人①。他才明博识,名播远近,罗什尊之为师,从学《中》、《长》二《阿含》和《杂藏》(《小部》,部派佛教的五部《阿含》之一,中土未翻)。这些都是小乘佛教教学的基本内容。当时罗什的名声传入罽宾宫廷,国王迎请入宫,集合外道论师,命相互辩难。罗什折服外道,使国王越发敬异,日给腊鹅一只,粳米、面各三斗,酥六升,又差大僧五人、沙弥十人营事洒扫。

　　罗什在罽宾三年,十二岁,他的母亲领他回龟兹。途经沙勒(疏勒,今新疆喀什市),留居一年。他在这里又研习了《阿毗昙八犍度论》(《阿毗达摩发智论》)和有部《六足》(《集异门足论》《法蕴足论》《施设足论》《识身足论》《界身足论》《品类足论》)。沙勒王同样举行大会,请他讲《转法轮经》,这是小乘基本经典之一。说法之暇,他寻访外道经书,博览《四围陀》、五明(声明、工巧明、医方明、因明、内明)诸论以及阴阳、星算和文词制作、问答等,从而不但在佛学方面,在一般知识领域也打下了全面、坚实的基础。需要指出的是,在一般认识上,小乘佛学和大乘佛学教理上是截然对立的。

————————

①《出三藏记集》卷一二《萨婆多部师资记目录序》,第470页。

实际上二者在逻辑发展上有着有机关联。对于罗什来说，小乘有部的素养成为他接受、研究大乘的有利条件。如日本学者横超慧日所指出："无论是《般若经》的翻译还是解释，持有对于有部论《阿毗昙》的正确素养都是不可欠缺的条件。从这个角度看，在中国，在罗什以前，早已有如东晋支道林、苻秦道安等许多《般若经》的热心研究者，但把《阿毗昙》作为辅助学问掌握的学者却一位也没有。就这一点而言，罗什来到作为根据地的罽宾钻研有部，其后又接近大乘，并经过刻苦努力转向大乘，这在中国佛教史上，无论从哪一方面看，都应当说是无与伦比的第一人。"①

在沙勒，罗什遇到本来是莎车王子的僧人须利耶跋陀和须利耶苏摩二人。其中苏摩才艺绝伦，弘扬大乘，罗什宗奉之。苏摩为说《阿耨达经》。这部经相当于西晋竺法护所出《弘道广显三昧经》。其中佛陀对答阿耨达龙王问，宣扬大乘空观。罗什这时候初闻阴、界诸入皆空无相的道理，很觉怪异。他认真研核大小乘不同观点，往复移时，终于明了理有所归，对苏摩说："吾昔学小乘，譬人不识金，以瑜石为妙矣。"②他又广求义要，从苏摩受诵《中论》《百论》《十二门论》，从而打下大乘佛学的坚实基础。至此，他大、小乘兼通。当他和母亲回到龟兹的时候，国王亲自到北界温宿国（今新疆温宿县）迎接。他回国后，至年二十，受戒于王宫，又从卑摩罗叉学《十诵律》。后来罗什入关，卑摩罗叉也来到长安，二人得以重温师弟子之谊。《十诵律》在中土兴盛一时，和这段因缘不无关系。罗什这一时期广说诸经，得到远近宗仰。他住在新寺，于寺侧故宫里得到《放光般若》。这部经早在三国时期朱士行西行已在大漠南道于阗求得梵本，于太康三年（282）由弟子弗如檀送回洛阳，元康元年（291）无叉罗和竺叔兰在陈留译出。但在北道的龟兹此经却

①《翻譯者としての鳩摩羅什》，《人物　中國の佛教・羅什》，第46页。
②《出三藏记集》卷一四《鸠摩罗什传》，第531页。

长期湮没不闻。他用两年时间，广诵大乘经论，通其密奥。后来他在罽宾的老师盘头达多到来①，罗什为他说《德女问经》②，明因缘假空之义，二人往复辩难，经月余方使达多信服，礼罗什说："和上是我大乘师，我是和上小乘师矣。"③

从前引《比丘尼戒本所出本末序》可以知道，在罗什年轻的时候，其名声已经传到中国。而十六国少数族统治者大都崇信佛教，网罗高僧。这有信仰上的理由，更有政治上的作用。正是在这种形势下，前秦苻坚于太元四年（379）攻下襄阳，罗致释道安，后来道安建议他迎请罗什。道安是佛图澄弟子，如前指出后者同样来自罽宾，道安或许是从他那里知道罗什的。关于这一事件，僧传记载说：

> 什既道流西域，名被东川。时苻坚僭号关中，有外国前部王及龟兹王弟并来朝坚，坚引见，二王说坚云，西域多产珍奇，请兵往定，以求内附。至苻坚建元十三年（公元三七七年）岁次丁丑正月，太史奏云："有星见于外国分野，当有大德智人，入辅中国。"坚曰："朕闻西域有鸠摩罗什，襄阳有沙门释道安，将非此耶。"即遣使求之。至十七年（公元三八一年）二月，善善王、前部王等，又说坚请兵西伐。十八年（公元三八二年）九月，坚遣骁骑将军吕光、陵江将军姜飞，将前部王及车师王等，率兵七万，西伐龟兹及乌耆诸国。临发，坚饯光于建章官，谓光曰："夫帝王应天而治，以予（子）爱苍生为本，岂贪其地而伐之乎，正以怀道之人故也。联闻西国有鸠摩罗什，深解法相，善闲阴阳，为后学之宗，朕甚思之。贤哲者，国之大宝，若克龟兹，即驰驿送什。"光军未至，什谓龟兹王白纯曰："国运衰矣，

---

① 此据《高僧传》，《出三藏记集》谓罗什再到罽宾。
② 此经见《出三藏记集》卷四《新集续撰失译杂经录》，第 195 页。
③ 《高僧传》卷二《晋长安鸠摩罗什传》，第 49 页。

> 当有勍敌。日下人从东方来,宜恭承之,勿抗其锋。"纯不从而
> 战,光遂破龟兹,杀纯,立纯弟震为主。光既获什……①

这段具有戏剧性的记载,显然是有意突出鸠摩罗什,当有夸饰成分。但当时符秦政权重视鸠摩罗什,有意加以网罗是可以肯定的。

吕光虏获罗什,并无崇敬之意,更强妻以龟兹王女,罗什因而破戒。吕光降服西域三十六国,于太元十年(385)回军,携带大批虏获的珍宝奇货至凉州(今甘肃武威市)。这之前符坚南征,"淝水之战"战败,羌人姚苌建后秦,杀符坚。吕光遂于太元十一年(386)据凉州,称凉州牧、酒泉公,自立后凉,建元太安。但吕光无意弘道,从有关记载看,虽然他对罗什礼敬有加,但主要是把他当作善神通、卜算的僧人,并不重视其道德、学养。因此罗什在这里也就无所宣化。后凉神鼎元年(399),吕光病死,子绍袭位,接着光庶子纂杀绍自立;光弟宝之子超又杀纂,立其兄隆为主。后凉统治阶层自相残杀,政事败坏,导致后秦、南凉、北凉相继入侵,终至国灭,罗什遂东去长安。

罗什在凉州十几年,时光并没有浪费。这里地处丝绸之路要冲、东西方交流的枢纽。西晋末年,"天下丧乱,秦雍之民死者十八九,惟凉州独全"②。张氏在这里建立的前凉政权,始终忠于东晋王朝,击退前、后赵的进攻,一方面维护农牧业的发展,另一方面又把这里建设成在少数族纷纷立国的北方发展汉族文化的据点。又史称"凉州自张轨后,世信佛教。敦煌地接西域,道俗交得其旧式,村坞相属,多有塔寺"③,这里又是佛教发达地区和东、西佛教交流的津梁。罗什在这里的十几年间,虽然弘法事业没有大的进展,却有条件熟悉汉族文化,学习汉语,使他入居中原时拥有了其他外族译

①《高僧传》卷二《晋长安鸠摩罗什传》,第49—50页。
②《魏书》卷九九《张寔传》,第2194页。
③《魏书》卷一一四《释老志》,第3032页。

师鲜有其比的优势。这样,当他走上去长安的漫漫旅途的时候,无论是内、外学素养,还是中、外语言知识,也无论是对人情事态的了解,还是对中土风俗习惯的熟悉,都为他成就辉煌的译经事业准备下充足条件。

取代苻秦的姚秦,立国者姚苌本是苻坚部将。苻坚发动"淝水之战"惨败,他乘机进占长安,于太元十一年(386)即帝位,改国都长安为常安,建元建初,国号大秦,史称后秦。建初八年(393),姚苌死,死前嘱咐太子姚兴说:"汝抚骨肉以仁,接大臣以礼,待物以信,遇黔首以恩,四者既备,吾无忧矣。"①"十六国"少数族君主普遍以杀戮立威,刑法酷滥,能有这样见识的人是不多见的。姚兴为太子的时候,已聚集好学之士,研习儒家经典。即位之后,勤于政事,善纳群言,命郡国荐举清行、孝廉之士,"天水姜龛、东平淳于岐、冯翊郭高等皆耆儒硕德,经明行修,各门徒数百,教授长安,诸生自远而至者万数千人。兴每于听政之暇,引龛等于东堂,讲论道艺,错综明理……于是学者咸劝,儒风盛矣"②。一时间长安成为北方学术活动十分兴盛的地方。姚兴在位时期,击败前秦苻登(394),乘东晋衰乱攻占洛阳(399),又击败西秦乞伏乾归(400),然后经略西方,弘始三年(晋隆安五年,401)九月后凉遣使归降,使子弟及文武旧臣等五十余家入质长安。是年,十九年前道安向苻坚提出的迎请罗什的建议终于实现。罗什可能就在入质人群队伍之中。随同罗什东行的,还有专程去凉州就学于他的僧肇,后来成为他众多优秀弟子中的第一人。

姚苌、姚兴父子尊崇佛教,礼敬僧徒,特别是"兴既崇信三宝,盛弘大化,建会设斋,烟盖重迭,使夫慕道舍俗者,十室其半"③。《广弘明集》里收录有姚兴《与安成侯嵩书》、《通三世论》并《什法师

①《晋书》卷一一六《载记第十六·姚苌》,第2973页。
②《晋书》卷一一七《载记第十七·姚兴》上,第2979页。
③《高僧传》卷六《晋长安大寺释僧䂮传》,第240页。

答》、《安成侯姚嵩表》并《姚兴答》,可见当时后秦统治集团对佛教的热衷。姚兴终于完成苻坚招致罗什的夙愿,正是崇佛政策的具体体现。而由于罗什的活动,推动了佛典翻译和义学研究大发展,结果姚秦不但以辉煌的弘法事业著名史册,在整个中国文化史上也占有一席重要地位。

早已名震中华的鸠摩罗什来到长安,受到僧俗、上下热烈欢迎。后来成为罗什另一位著名弟子的僧睿记述说:

> 有鸠摩罗耆婆法师者,少播聪慧之闻,长集奇拔之誉,才举则亢标万里,言发则英辩荣枯……以秦弘始三年,岁次星纪,十二月二十日,自姑臧至长安。秦王虚襟,既已蕴在昔见之心,岂徒则悦而已。晤言相对,则淹留中日,研微造尽,则穷年忘倦。又以晤言之功虽深,而恨独得之心不旷;造尽之要虽玄,而惜津梁之势未普。遂以莫逆之怀,相与弘兼忘之惠。乃集京师义业沙门,命公卿赏契之士,五百余人集于渭滨逍遥园堂。鸾舆驻驾于洪涘,禁御息警于林间。躬览玄章,考正名于胡本;咨通津要,坦夷路于来践。经本既定,乃出此《(大智)释论》……若然者,真可谓功格十地,道侔补处者矣,传而称之,不亦宜乎!①

《晋书》记载:

> 兴如逍遥园,引诸沙门于澄玄堂听鸠摩罗什演说佛经。罗什通辩夏言,寻览旧经多有乖谬,不与胡本相应。兴与罗什及沙门僧略、僧迁、道树、僧睿、道坦、僧肇、昙顺等八百余人,更出《大品》。罗什持胡本,兴执旧经,以相考校,其新文异旧者皆会于理义。续出诸经并诸论三百余卷。今之新经皆罗什所译。兴既托意于佛道,公卿以下莫不钦附,沙门自远而至者

---

① 《大智论释序》,《出三藏记集》卷一〇,第386—387页。

五千余人。起浮图于永贵里，立波若台于中宫，沙门坐禅者恒有千数。州郡化之，事佛者十室而九矣。①

作为译场的逍遥园有相当规模，宋敏求《长安志》"逍遥园"下有注曰："姚兴常于逍遥园引诸沙门听梵僧鸠摩罗什演讲佛经，起逍遥宫，殿庭左右有楼阁，高百尺，相去四十丈……"又"永贵里有波若台"下注曰："姚兴集沙门五千余人，有大道者五十人，起造浮图于永贵里，立波若台，居中作须弥山，四面有崇岩峻壁，珍禽异兽，林木极精奇，仙人佛像，俱有人所未闻，以为希奇。"②如此规模的译场，为翻译工作提供了优越条件。从中也可见罗什译经盛况及其对弘法事业的规模。而最高统治者姚兴亲自参与，也表明罗什当时的崇高地位。

但在受到优礼的同时，罗什又一次被迫犯戒：

> 什为人神情映彻，傲岸出群，应机领会，显有伦匹者。笃性仁厚，泛爱为心，虚己善诱，终日无倦。姚主尝谓什曰："大师聪明超晤，天下莫二，若一旦后世，何可使法种无嗣？"遂以妓女十人，逼令受之。自尔以来，不住僧房，别立廨舍，供给丰盈。每至讲说，常先自说譬喻：如臭泥中生莲花，但采莲花，勿取臭泥也。③

这件事，还有在龟兹破戒事，成为罗什在戒律上不可弥补的过犯。他在龟兹曾从卑摩罗叉受律，后来卑摩也来到长安，问罗什说："汝于汉地大有重缘，受法弟子可有几人？"罗什答说："汉境经律未备，新经及律多是什所传出，三千徒众，皆从什受法；但什累业障深，故不受师敬耳。"④这样，罗什在长安实际是以居士身份活动的。但值

---

① 《晋书》卷一一七《载记第十七·姚兴上》，第2984—2985页。
② 宋敏求《长安志》卷五《后汉晋秦魏周章》。
③ 《高僧传》卷二《晋长安鸠摩罗什传》，第53页。
④ 《出三藏记集》卷一四《晋长安鸠摩罗什传》，第535页。

得注意的是，这并无害于他在佛教界的崇高威望，他后来以"高僧"留名于世，并永远受到人们的敬仰。

罗什圆寂于弘始九年（407）至十一年之间，就是说，他在长安的时间仅仅七八年。对于他规模宏伟、成就巨大、影响深远的翻译和讲学事业来说，这是相当短暂的时间。由此也可以知道他自这短时期中付出了多么过人的精力，做出了多么艰苦的努力。

罗什的成就当然主要是他的译经事业。佛典的翻译不仅是介绍宗教圣典，更具有多方面的文化意义。还应当从这方面认识罗什译经的意义。

罗什进入长安，立即投入译经工作。僧睿说：

> 鸠摩罗法师以辛丑之年十二月二十日，自姑臧至长安。予即以其月二十六日从受禅法。既蒙启授，乃知学有成准，法有成修。《首楞严经》云："人在山中学道，无师道终不成。"是其事也。寻蒙抄撰众家禅要，得此三卷……菩萨习禅法中，后更依《持世经》，益《十二因缘》一卷，《要解》二卷，别时撰出。[1]

僧睿是罗什来长安后接受的第一位弟子。次年（弘始四年）二月，他又陆续翻译了著名的《阿弥陀经》[2]等几部经典。"四年夏，于逍遥园中西门阁上，为姚天王出《释论》（《大智度论》），七年十二月二十七日乃迄。其中兼出经本、《禅经》、戒律、《百论》、《禅法要解》，向五十万言，并此《释论》一百五十万言"[3]。由于罗什所出译品水准高，流传广，又有弟子的可靠记录，虽然各种《经录》著录有差异，但翻译经典名目及其时间、过程今天基本可以确定无误地了解。

----

①《关中出禅经序》，《出三藏记集》卷九，第342页。

②《出三藏记集》著录作《无量寿经》。关于本经经题因为另有《无量寿经》，疑问颇多，详见藤田宏达《原始淨土思想の研究》第一章《淨土思想と相關资料》，第104—108页。

③《大智论记》（出论后记），《出三藏记集》卷一〇，第388页。

根据汤用彤研究成果,可列出他的主要译经目录如次:

弘始三年(晋隆安五年,401):抄集《众家禅要》三卷(汤以为或即《坐禅三昧经》);其后并出《十二因缘》及《要解》,年代不详。

弘始四年(晋安帝元兴元年):《阿弥陀经》一卷,《贤劫经》七卷,《思益梵天所问经》四卷,开始翻译《大智度论》,至七年完成。

弘始五年:开始翻译《大品般若》,次年校正迄。

弘始六年:《十诵律》(三分获二),《百论》。

弘始七年(晋义熙元年):《佛藏经》四卷,《杂譬喻经》一卷,《菩萨藏经》三卷,《称扬诸佛功德经》三卷,续译《十诵律》。

弘始八年:《法华经》八卷,《维摩经》三卷,《华手经》十卷。

弘始九年:《自在王菩萨经》二卷。

弘始十年:《小品般若》十卷。

弘始十一年:《中论》四卷,《十二门论》一卷。

弘始十三年至十四年:《成实论》二十卷①。

此外还有不详译出年代的《金刚般若经》一卷、《首楞严经》三卷、《遗教经》一卷、《十住毗婆沙论》十四卷、《大庄严经论》十五卷等。罗什译经数量,比起以前的竺法护和后来的玄奘并不算多②,但他所译的(或重译的)大都是在中国佛教史上占有重要地位的经典,加之译文水准杰出,因此就业绩说不让译经史上的任何人物。

从上述目录可以看出,罗什所译主要是大乘经典。而对于中国佛教建设产生巨大影响的是他系统传译了大乘中观学派著作——龙树《大智度论》、《中论》(青目注释)、提婆《百论》(世亲

---

① 以上目录参考汤用彤《汉魏两晋南北朝佛教史》上册,第213—216页。关于最后一项《成实论》的翻译,见《出三藏记集》卷一一佚名出论后记《成实论记》,不足据,考见前第260页注①。

② 据《出三藏记集》,鸠摩罗什译经三十五部二百九十四卷(其著录大体可靠,但不无问题),而竺法护一百五十四部三百零九卷,玄奘七十六部一千三百四十七卷。

释)。如前所述,罗什在姚兴支援下正式组织译场所翻译的第一部经典就是《大智度论》,工作持续进行了三年半。这是《大品般若》的论释书,原著篇幅很长,罗什译本翻译初品为三十四卷,二品以下只译出概略,计得百卷。《中论》和《百论》都是发挥中观思想的基本典籍。《中论》的颂为龙树所作,译本还包括青目的疏。龙树活跃于公元三世纪,南印人,本是著名的婆罗门学者,后来皈依佛教,成为中观学派代表人物,著述弘富,有"千部论主"之称。中观思想有鉴于大乘般若教理荡相遣执太过,使得信仰没有着落,为挽救其缺失,以有无双遣的形式论证缘起性空的道理。什译《金刚经》里有一个公式——"佛说般若,即非般若,是名般若",是说般若正智非名言所可表达,名言只是一种方便,是表达般若的假"名"。这已有中道观念的萌芽。中道思想继承般若的破斥方法,提出"二谛真假义",即如《中论·观四谛品》所表达的:

> 众因缘生法,我说即是无,亦为是假名,亦名中道义。未曾有一法,不从因缘生,是故一切法,无不是空者。①

即是说,诸法本是因缘所生,没有自性,因而性空;但名言概念的施设假名也不可否定。这样真空、假有就成为并立的二谛,领悟二者的关系,即是中道。据此,又以否定形式判定缘起为"八不",即:

> 不生亦不灭,不常亦不断,不一亦不异,不来亦不出。能说是因缘,善灭诸戏论,我稽首礼佛,诸说中第一。②

即是说,从缘起角度看来,万法是离开生灭、常断、一异、来去两边的,这即是"八不中道"。体悟"八不中道",也就证得了"如来法性实际涅槃"。正由于传入般若中观学派的新教理,才对大乘空观的真义有了更准确、透彻的理解,从而结束了中土早期玄学化的般若

---

① 《大正藏》第 30 卷,第 33 页中。
② 《中论·观因缘品》,《大正藏》第 30 卷,第 1 页中。

学。而中观学派挽救般若空观的偏失,具有浓重的现实品格,对于中国大乘思想发展起了巨大作用,隋唐宗派佛教深受其影响。

罗什对于大乘经典翻译的另一巨大贡献是重译一批重要典籍。前此的译本,有"滞文格义"的偏颇,也有翻译水准的局限。罗什"既览旧经,义多乖谬,皆由先译失旨,不与胡本相应"①。这类"旧经"有大小品《般若》、《法华经》《维摩经》《思益梵天所问经》等。这些都是长期对中国佛教发展产生巨大影响的经典。其中多数前有竺法护译本。竺法护是"古译"阶段成就最为突出的译家,译文"事事周密"②,"辞叙茂赡"③。罗什重译这些经典多借鉴他的译文,有些是基本相沿不改,这样在继承前人成果基础上更进一步,大为提高了译文水准。例如《法华经》,在竺法护译出《正法华》百年之后,随着人们对其中义理理解加深,罗什"每思寻其文,深识译者之失",重译之后,"真若披重霄而高蹈,登昆仑而俯眄矣"④。他的译文做到"曲从方言,而趣不乖本。即文之益,亦已过半。虽复霄云披翳,阳景俱晖,未足喻也"⑤。

罗什还广泛翻译了不同部类的大乘基本经典。般若类除了重译大小品《般若》,还译有《金刚般若波罗蜜经》一卷、《首楞严三昧经》二卷等⑥。前者是《般若》类经典的提纲,十分简洁明晰地阐述了般若空观,提供出理解大乘教理的钥匙。罗什的译文廉悍流畅,便于诵读。结尾处总括全经要旨的四句偈:"一切有为法,如梦幻泡影,如露亦如电,应作如是观。"把大乘十喻简化为"六如",更为

---

① 《出三藏记集》卷一四《晋长安鸠摩罗什传》,第 533—534 页。
② 道安《合放光光赞略解序》,《出三藏记集》卷七,第 266 页。
③ 《渐备经十住梵名并书叙》,《出三藏记集》卷九,第 331 页。此叙《出三藏记集》作"不详作者",汤用彤推断"当亦道安所撰"。
④ 僧睿《法华经后序》,《出三藏记集》卷八,第 307 页。
⑤ 慧观《法华宗要序》,《出三藏记集》卷八,第 306 页。
⑥ 本节经名勘定参照吕澂《新编汉文大藏经目录》。

精粹，符合中土表达习惯。净土经典有《阿弥陀经》一卷，这是中土西方净土信仰的基本典籍，后来又有求那跋陀罗（《小无量寿经》，缺本）和玄奘（《称赞净土佛摄受经》）等异译，但流行的仍是什译。什译文字极其简洁流丽、清晰顺畅，对比梵本，表达也相当忠实。宣扬弥勒净土信仰的有《弥勒下生经》和《弥勒成佛经》各一卷，则是弥勒信仰的基本典籍。华严类有他和佛驮耶舍共译的《十住经》四卷，相当于大本《华严经》的《十地品》，以前有竺法护译本《兼备一切智经》。论藏方面有《十住毗婆沙论》十四卷，这是解释华严《十地品》的。这些经典大都很重要，译本也都成为流行的经本。

　　禅法本来是罗什十分熟悉的。所以来到长安仅六天，僧睿就"从受禅法"，"寻蒙抄撰众家禅要，得此三卷，初四十三偈，是鸠摩罗罗陀法师所造，后二十偈，是马鸣菩萨之所造也。其中五门，是婆须蜜、僧伽罗叉、沤波崛、僧伽斯那、勒比丘、马鸣、罗陀禅要之中，抄集之所出也。六觉中偈，是马鸣菩萨修习之以释六觉也。初观淫、恚、痴相及其三门，皆僧伽罗叉之所撰也。息门六事，诸论师说也。菩萨习禅法中，后更依《持世经》，益《十二因缘》一卷，《要解》二卷，别时撰出"①。这里所谓"众家禅要"，即今传《坐禅三昧经》，未见梵本，当是集合诸家禅法而成。其内容指示一心精进修习禅法求得解脱涅槃，行五种对治法门（不净观门、慈心观门、思惟观因缘法门、阿那般那三昧法门、一心念佛三昧法门），最后阐明菩萨习禅法。从系统看，内容包含大、小乘禅法，显得驳杂，但在当时中土流行小乘禅的环境中，开始宣扬大乘禅，是具有开拓意义的。

　　此外，律藏他翻译了《比丘戒本》，还参与翻译了《十诵律》；论藏翻译了《成实论》，这被认为是由小乘空宗过渡到大乘空宗的著作，后来在中土产生巨大影响，形成"成实宗"；又《大庄严经论》，是马鸣所著优秀的譬喻文学作品集；还有印度佛教史上著名人物马

---

① 僧睿《关中出禅经序》，《出三藏记集》卷九，第 342 页。

鸣、龙树、提婆传记等。罗什死后,有外国沙门说他谙诵的经典,已翻译的不及十分之一,可见他掌握经典的丰富,也表明他从事翻译是经过严格选择的。这也是他的译品几乎每一部都流传久远的一个原因。

罗什译品优秀,还与他的翻译态度、从事翻译的方式等有关系。

他对待翻译工作态度极其严肃、认真。例如对于《百论》,罗什"器量渊弘,俊神超邈,钻仰累年,转不可测,常味咏斯论,以为心要。先虽亲译,而方言未融,致令思寻者踌躇于谬文,标位者乖忤于归致……(姚嵩)以弘始六年,岁次寿星,集理味沙门,与什考校正本,陶练覆疏,务存论旨。使质而不野,简而必诣,宗致划尔,无间然矣"①。就是说,罗什初来长安,曾翻译过这部论,但由于当时汉语还不够精通,因此后来又集合众人,仔细讨论,重新翻译,从而使译文达到更高水准。又例如初到长安翻译的《众家禅要》,本来完成于弘始四年(402),但直到九年,僧睿又"重求检校,惧初受之不审,差之一毫,将有千里之降。详而定之,辄复多有所正,既正既备,无间然矣"②。由于采取如此严肃认真的态度,加上具备必要的语言和相关知识,翻译品质也就得到了保证。

罗什先是在逍遥园,后在大寺,在朝廷支援下组织译场,发挥集体力量从事翻译。这是提高翻译水准的又一个得力措施。译场作为专门翻译机构的创立,在世界翻译史上也是具有重大意义的创举。罗什的译场人数众多,往往达两三千人,其中多有饱学之士;内部有详细的分工,诵出、核对原文、翻译、润饰文字直到确认、写定文本等都选择适当的人担任,各有专责;加上译场得到君主、亲贵的支援,各方面条件都得到充分保证。

①僧肇《百论序》,《出三藏记集》卷一一,第403页。
②《关中出禅经序》,《出三藏记集》,第343页。

对于提高翻译品质起到重要作用的还在于翻译中采用了不同语文的原典，不仅有梵文的，还有西域"胡语"的翻译文本或在西域结集的典籍，相互参照研核，从而得以更准确地厘清文意。前面引述僧睿记载在翻译《大品》过程中曾利用梵本和龟兹文（乙种吐火罗文）校定名相。隋阇那崛多和达摩笈多共译的《添品妙法莲华经》序文中说：

> 昔敦煌沙门竺法护于晋武之世译《正法华》，后秦姚兴更请罗什译《妙法莲华》。考验二译，定非一本。护似多罗之叶，什似龟兹之文。余检经藏，备见二本。多罗则与《正法》符会，龟兹则共《妙法》允同。护叶尚有所遗，什文宁无其漏……大隋仁寿元年辛酉之岁，因普曜寺沙门上行所请，遂共三藏崛多、笈多二法师于大兴善寺重勘天竺多罗叶本……聊记翻译，序之云尔。①

由此可见，直到隋代，还保存有《法华经》贝多叶梵本和龟兹文本；崛多等人校核后，发觉什译可能源于龟兹文本即经录里所说的"胡本"。文本问题牵涉印度佛教与西域佛教的关系、西域佛教在中国佛教发展中所起作用等一系列重要问题，值得认真研究。

罗什本人具有中国语文和中国文化的高度素养，译场里更集合了一大批有学能文的饱学之士，经过仔细讨论检核的译文必然是文质相应、流畅精核的。特别是他吸取前人翻译经验，适应当时佛教发展的实际要求，又考虑到读诵和接受的方便，在一定限度内采取了"意译"方法，这也成为他的译品的重要特点。如陈寅恪指出：

> 寅恪尝谓鸠摩罗什翻译之功，数千年间，仅玄奘可以与之抗席。今日中土佛经译本，举世所流行者，如金刚法华之类，

---

①《大正藏》第9卷，第134页下。

莫不出自其手。若言普及，虽慈恩犹不能及。所以致此之故，其文不皆直译，较诸家雅洁，应为一主因。但华梵之文，繁简迥不相同……盖罗什译经，或删去原文繁重，或不拘原文体制，或变易原文……①

以下陈寅恪举出具体例证，说明罗什译文增删变易之处。如《大庄严经论》即梵本《喻鬘论》译文，卷二"诸仙苦修行，亦复得生天"，"'诸仙'二字梵文原文本作 Kaṇva 等，盖 Kaṇva 者，天竺古仙之专名，非秦人所习知。故易以公名改作'诸仙'二字"；又卷四、卷六译文里有"须弥山"字样，"梵本一作 Mandara，一作 Vindhya，盖此二名非秦人所知，故易以习知之'须弥'，使读者易解。此变易原文之证也"②。这种"意译"方法，利弊可以讨论，但从接受角度看，无疑是利大于弊的。而且从一定意义上说，这也是佛教"中国化"在译经过程中的体现。当然"意译"必须是有限度的。所以胡适又曾指出罗什只能做到"中国话达得出的，都应该充分用中国话。中国话不能达的，便应该用原文，决不可随便用似是而非的中国字"③。因此他还采用一套音译办法。这样，罗什译文之精美流畅是空前的。他翻译的经典不但作为宗教圣典广泛流通，而且许多都成为佛教文学的精品，对于中国文学的发展造成巨大影响。

值得注意的是，罗什翻译过程中往往有意变易原意，有以下两种情况：一是如日本学者中村元所指出："鸠摩罗什在汉译佛教经典时，并未忠实地翻译了原文；或是大篇幅地改变了原文的内容，或是在译文中糅进了自己的思想。"他举出《维摩经》为例，将藏文译本（这是更忠实于梵本的译本）和其他汉文译本对照，发现"具有特别重要价值的部分"什译有若干迥异之处。例如"在肯定人们被

---

①陈寅恪《童寿喻鬘论梵文残本跋》，《金明馆丛稿二编》，第 209 页。
②陈寅恪《童寿喻鬘论梵文残本跋》，《金明馆丛稿二编》，第 210—211 页。
③胡适《白话文学史》，第 112 页。

烦恼所苦而迷妄生存的本身即为菩提这一点上，罗什的译本是最彻底的"，又"原文并未出现，而由译者插入的诸如'孝'、'忠孝'等词语比较多"，等等①。还有一种情况则如另一位日本学者汤山明对照《法华经》不同文字原本，举例指出罗什借鉴了中亚的文本："中亚佛教的受容，是追求经典的简明易懂，以取得民众的接受。而且这种受容有着它'解释性'的风土，即专门的僧侣迫于要求理论上的明白解释。罗什对此作了充分地咀嚼吸收，尽量发挥这种'解释性'的原则，有效地加以利用，对经律论书的普及做出了贡献。"②这两点则属于对原文或原意的改动、增删，不单是翻译技巧问题，又和对佛教教义、教理的阐发有关系，亦属于佛教"中国化"的范畴了。

这样，鸠摩罗什以其辉煌的业绩，开创了译经史上的一个新时期——"旧译"时期。这一时期佛经的翻译，伴随着佛教迅速"中国化"，为中国佛教的大发展提供了资源，对中国文化发展的影响也是不可估量的。

罗什的贡献和影响不只在译经一个领域，他的译场从事广泛、丰富而有成效的教学和研究活动，在更广泛的文化领域取得相当突出的成就，造成的影响也相当深远。

陈寅恪论及六朝时期的佛教说：

> 其时神州政治，虽为纷乱之局，而思想自由，才智之士亦众。佛教输入，各方面皆备，不同后来之拘守一宗一家之说者。尝论支那佛教史，要以鸠摩罗什之时为最盛时代。中国自创之佛宗，如天台宗等，追稽其原始，莫不导源于罗什，盖非

---

① 刘建《基于现实生活的思考——鸠摩罗什译本的特征》，《世界宗教研究》1994 年第 2 期。
② 姚长寿《从中亚地区对佛教典籍的接受情况来看罗什汉译〈妙法莲华经〉的特色》，《世界宗教研究》1994 年第 2 期。

偶然也。①

这是指出罗什对于中国佛教学术发展的贡献,特别是他对于创建
中国佛教宗派的"导源"之功。钱穆论及宋儒以下的讲学又说:

> 说到讲学的风气,最先亦由佛寺传来。宋、明儒的讲学,
> 与两汉儒家的传经,可说全属两事。②

就是说,学术史上汉儒向宋儒转变,体现为讲学方式,主要是受到
佛教的影响。魏晋以降,玄学衰落,南北各朝传经庠序多已有名无
实,相对应的则有佛教讲学大盛。这种具有宗教目的的讲学,不同
于汉儒经学的专注章句训诂,而特别注重对经义的了解和疏释,具
体方法则注重议论和辩难。这就形成佛家独具特色的义学。义学
的方法和学风成为促成中国学术转变的重要因素。

晋宋以来佛门说经讲学兴盛,《高僧传》描述说:

> 远公既限以虎溪,安师乃更同辇舆……其后荆陕著名,则
> 以翼(昙翼)、遇(法遇)为言初;庐山清素,则以持(慧持)、永
> (慧永)为上首。融(道融)、恒(道恒)、影(昙影)、肇(僧肇),德
> 重关中;生(竺道生)、睿(僧睿)、畅(玄畅)、远(慧远),领宗建
> 业;昙度、僧渊,独擅江西之宝;超进、慧基,乃扬浙东之盛。虽
> 复人世迭隆,而皆道术悬会。故使像运余兴,岁将五百。功效
> 之美,良足美焉。③

佛教这种大规模的讲学活动,与本土传统经学相比较,具有突出的
开放性格。如果说拘于章句训诂和家法传授的经学是个相当封闭
的体系,那么佛教教学则是个十分开放的体系。龙树造、鸠摩罗什
译《十住毗婆沙论》说到"我今为何事故住阿练若处,应成办其事,

①陈寅恪《大乘义章书后》,《金明馆丛稿二编》,第161页。
②钱穆《中国文化史导论》(修订本),第190页。
③《高僧传》卷八《义解论》,第343—344页。标点有改动。

长者何等为事"三十四项,最后四项是"依义不依语""依智不依识"
"依了义经不依不了义经""依法不依人"①。这就是所谓"菩萨学四
依",立意本来在调和不同层次结集成的经典的矛盾,但却给自由
发挥教义留出了广阔空间。而中土传翻的大、小乘经典异见歧出,
也要求接受时做出选择或解释,这也有助于在理解中消弭一般宗
教教理所具有的教条的、凝固的性质。加之中国学术先秦以来就
有百家争鸣传统,魏晋以后经学统治动摇,"三玄"之学兴盛,整个
学风转向开放和自由,也给义学的发挥与创新提供了启发和前提。
汤用彤指出:

> 佛教玄理既亦主得意忘象,则自推翻安世高系之小乘毗
> 昙,于是大乘义学因之兴盛,小乘数学由之消沉。故得意之说
> 虽亦会通内外,而与格义比附,精神上迥然有别。格义限于事
> 数,而忘言则超于象外。东晋佛徒释经遂与名士解儒经态度
> 相同。均尚清通简要,融会内外,同其大义,殊不愿执著文句,
> 以自害其意。故两晋之际有名僧人,北方首推释道安,则反对
> 格义;南方倾倒支道林,则不留心文句。于法开"深思孤发,独
> 见言表"。释慧远本不废儒经。然道既忘言,故读般若经而叹
> 儒道九流皆为糠秕,其所持理由疑与荀粲之言相同。②

就是说,注重"得意",客观上就是重视个人对于义理的独立发挥。
有人说"僧肇是中国佛教史上第一个趋向独立思考的人物"③。实
际上僧肇正是在这样的思想潮流中出现的。也就意味着,罗什的
教导在推动这一潮流发展中起了重大作用。

罗什译场的构成和运作,与隋唐时期朝廷官营译场不同。隋
唐时期的译场选拔具有专长的人才参加,是少数人的精干班子。

---

①《十住毗婆沙论》卷一六,《大正藏》第 26 卷,第 112 页中。
②《言意之辨》,《汤用彤学术论文集》,第 230 页。
③韦政通《中国思想史》下册,第 517 页。

罗什译经,参加者甚至达千人,在翻译佛典同时,还从事教学与研究。这种翻译方式已和"古译"时期大有不同。当初外来译师不通汉语,由中土人士助译译出,诵出原文和译成汉语的不是一个人。而罗什通晓经典内容又精通汉语,他既是主译者,又是经典讲解者和讨论主持人,而大多数参与者不仅协助翻译,还参与听讲和讨论。这样译场更像是一个大课堂,译经则更像是大规模的研讨会。僧睿记述翻译《大品》的情况说:

> 予既知命,遇此真化,敢竭微诚,属当译任……幸冀宗匠通鉴,文虽左右,而旨不违中,遂谨受案译,敢当此任。以弘始五年,岁在癸卯,四月二十三日,于京城之北逍遥园中出此经。法师手持胡本,口宣秦言,两释异音,交辩文旨。秦王躬览旧经,验其得失,咨其通途,坦其宗致。与诸宿旧义业沙门释慧恭、僧䂮、僧迁、宝度、慧精、法钦、道流、僧睿、道恢、道标、道恒、道悰等五百余人,详其义旨,审其文中,然后书之。以其年十二月十五日出尽。校正检括,明年四月二十三日乃迄。文虽粗定,以《释论》检之,犹多不尽。是以随出其论,随而正之。《释论》既迄,尔乃文定……①

这段文字写得十分清楚:"秦王(姚兴)"作为译经的支持者亲自参与译事,为护法檀越;"法师(罗什)"按"胡本"原文翻译成"秦言(汉语)";僧睿"属当译任",是执笔书写译文的人;释慧恭等五百余人参与译场,法师"交辩文旨",对译文加以讲解;参与译场的人"详其义旨",即在听讲中进行提问、讨论;最后对写定的文本再加检核。翻译过程中还拿来《大品》的《释论》即《大智度论》,两相对照,对译文加以校核。《大品》翻译开始于弘始五年(403)四月,《大智度论》译成于弘始七年十二月二十七日。翻译过程中的这种讲解和研讨

①《大品经序》,《出三藏记集》卷八,第 292—293 页。

成为培养后学的手段，罗什的众多优秀弟子就是在译场中成长起来的。

这样，罗什的译场培养出一批杰出人才，其中僧肇、竺道生最为杰出，成为卓越的佛教思想家。正是依据参与讲经和讨论的心得，他们写成注释书，今存鸠摩罗什、僧肇、竺道生的《维摩诘经》三家注和竺道生的《法华经疏》（这些都是现存最古老的经疏，已散佚，今存逸文）。写作这些经疏，采用了与本土传统经学不同的方法，体现不同的学风。也正是由僧肇和竺道生开启端倪，中国佛学由主要是译介、传习、接受外来经典，转而注重对专经、专论的研究；在研究中则更加注重探讨佛陀教法的深意，实际是根据个人理解作出发挥。这种经疏著述体裁，适应佛教"中国化"的形势，很快盛行起来。一批中国的论师，利用疏解外来经典的方式提出自己的观点，创造所谓"师说"，中国的佛教义学从而形成并兴盛。这样，译场的讲学和讨论，经典的注释、义疏，对于佛门的学风、著述方式，对于中土佛学的建设，以至对于整个中国思想、学术的发展都产生了极其深远的影响。中国思想、学术由汉学向宋学的转化也接受了这种影响。

罗什的另一方面贡献在文学领域。中国古代文学与佛教的发展本是紧密关联、相互促进的。

罗什的中外文素养之高在古代译家中是鲜有其比的。他翻译的《大庄严经论》本是优秀的譬喻文学作品集，《法华经》《维摩经》《阿弥陀经》等都被看作是佛教文学的杰作。胡适高度赞扬罗什的"译法"：

> 《高僧传》卷七《僧睿传》里有一段关于鸠摩罗什译经的故事，可以表现他对于译经文体的态度：
>
> 昔竺法护出《正法华经受决品》云："天见人，人见天。"什译经至此，乃言曰："此语与西域义同，但在言过质。"僧睿曰："将非'人天交接，两得相见？'"什喜曰："实然。"

> 这里可以看出罗什反对直译。法护直译的一句虽然不错，但说话确是太质了，读了叫人感觉生硬的很，叫人感觉这是句外国话。僧睿改本便是把这句话改成中国话了。在当日过渡的时期，罗什的译法可算是最适宜的法子。他的译本所以能流传千五百年，成为此土的"名著"，也正是因为他不但能译的不错，并且能译成中国话。①

这样，罗什译经，不单纯求"信"，更求"达"和"雅"。他又注意保存体现外来语文的语气文情。后来赞宁讨论外语译成汉语行文的矛盾和困难，称赞"童寿译《法华》，可谓折中，有天然西域之语趣矣"②。《维摩经》前有支谦和竺法护译本，已经相当流行，但其"理滞于文"，对比之下，什译本"其文约而诣，其质婉而彰，微远之言，于兹显然"③。什译本语言精美、流畅，宜于诵读，有利于在群众中普及、流传。重要佛典中土多经重译。如著名的《法华经》《维摩经》现存都有三个译本，又都出于著名译师之手，包括玄奘后出的更完整也更精确的译本。但古今流行的却是什译。讨论罗什翻译佛典的文学成就，包括玄奘这样的大译家也是难出其右的。由于他的译本广泛流行在文人士大夫间，成为后世文人的案头必读书，其对历代文学创作的影响是相当深远的。

再一个值得注意的方面是语言。众所周知，民族共同语的发展形态关系民族的思维方式。罗什的译籍丰富了汉语，对于民族思维的发展同样做出了重大贡献。

佛典翻译对于汉语词汇和构词方法的丰富与扩充是十分明显的。首先是创造出了大量双音词和多音词，这在汉语词结构由单音向双音和多音转化过程中起了重要作用。单音节的汉语每个字

---

①胡适《白话文学史》，第112页。部分引文下原标有着重点已省略。
②赞宁《宋高僧传》卷三《译经论》上册，第56页，范祥雍点校，中华书局，1987年。
③僧肇《维摩诘经序》，《出三藏记集》卷八，第310页。

（除虚字）的形、音、义合一，构成单音词。上古时期需要表达的内容相对单纯，行文基本使用单音词，如甲骨文和金文。我国古代早期辞书《仓颉篇》今存残文，其中只有个别双音词；汉代的《尔雅》所收录表达基本概念的词也基本是单音词；《说文》也以训释单字为体例。随着社会发展，思想观念越来越复杂，汉语词汇向双音节和多音节转化成为趋势。而汉语本身单音节特点也使依靠已有单音词扩充新语词成为可能。汉魏六朝是汉语史上双音词大量增加的时期，其中有一大部分是佛典翻译过程中创造的。佛典翻译遂成为促进汉语从单音向双音发展的重要动力。比较当时中土典籍，作为"旧译"开创者罗什的译文正以大量使用双音词为特征。比如什译《法华经·序品》九百余字，双音词一百七十多个；《譬喻品》七千七百余字，双音词约一千五百个。就是说，双音词占全部文字的三分之一以上。相对比之下，稍后的世俗文献刘义庆《世说新语·政事》篇一千四百余字，双音词却只有六十几个①。当然汉语的双音化是个客观历史过程，不是罗什一人的功劳，但他翻译佛典对这方面的贡献是应当肯定的。

佛典翻译的一个重要工作是勘定佛教名相即确定译名。如何准确地选择汉语词来表达佛教名相，是早期译家面临的一大难题，对于理解和阐释佛教义理关系亦十分重大。拣选出适当的词语，首先需要准确地理解外语原义，又要选择出适当的对应汉语词。这不只存在两种语文表述是否对等的困难，更与接受、理解外来佛教义理的水准有直接关系。一方面"古译"时期的译家确定名相在很多情况下不可能十分准确，使用所谓"格义"方法成为典型现象；另一方面当时不同译家所用译语又相当混乱，这对于接受者也会造成困惑。到鸠摩罗什时代，外来经典译本基本齐备，对佛教义理的了解更加准确，翻译工作也积累了许多经验教训，勘定、统一译

① 参阅梁晓虹《佛教词语的构造与汉语词汇的发展》，第175—176页。

名的条件成熟了。罗什熟悉中、外语文，又有杰出的语言才能，他在前人工作的基础上，根据对于外来教义的更准确、更深入的理解，选取适当的汉语构词方式来确定译语，从而使佛教的主要概念得以更准确、更适宜，也更加统一地表述。僧睿记述罗什翻译《大品》时说：

> 其事数之名与旧不同者，皆是法师以义正之者也。如"阴入持"等，名与义乖，故随义改之。"阴"为"众"，"入"为"处"，"持"为"性"，"解脱"为"背舍"，"除入"为"胜处"，"意止"为"念处"，"意断"为"正勤"，"觉意"为"菩提"，"直行"为"圣道"。诸如此比，改之甚众。胡音失者，正之以天竺；秦言谬者，定之以字义。不可变者，即而书之。是以异名斌然，胡音殆半。斯实匠者之公谨，笔受之重慎也。①

这是举例说明罗什在勘定译名方面的努力和成绩，包括纠正原译的讹误，使用梵本加以校定，适当地处理音译、意译等。名相的勘定与统一提高了译籍水准，对于中国佛教进一步发展所起的作用是不言而喻的。罗什所勘定的词语不仅为此后佛典汉译提供了规范，许多又被纳入民族共同语，成为汉语的宝贵财富。

名相辨析又与形式逻辑有密切关联。后者也是中国传统思维的薄弱方面。比如《论语》里一个"仁"字就有各种各样解说，严格说起来，作为逻辑判断的概念是不明确的。这在孔子乃是因材施教的体现；而就儒家传统说，讲究微言大义，也就可以忽略概念的细致辨析。这是和佛教把辨析名相当作立论重要手段大不相同的。罗什注重勘定佛教名相，在其门下僧肇和竺道生的著作里，名相辨析被作为论说学理的重要手段。如有关"诸法"的"真""实""性""理""有""无""体""寂"诸概念，有关"心"的"心""直心""真

---

① 《大品经序》，《出三藏记集》卷八，第 293 页。

心""净心""静心""圣心""神心""无心""悟心""虚心"诸概念,有关心的作用的"知""智""照""明""神"诸概念等等,在他们疏释经典中对其含义都做出了清晰界定,他们正是借助于对这些概念的辨析来立义明理的。后来宋代新儒学辨析"心""理""性""命"等,也是借鉴和发展了这样的方法。概念辨析本是逻辑分析的第一步。罗什在这方面亦有先导之功,也是他对于丰富和发展中土逻辑思维的重大贡献。

这样,罗什对于中国思想、文化发展的贡献是多方面的。不过在佛教史上,它们往往被他译经的辉煌成就所湮没了。深入发掘和认识他的多方面的成就,不只是为对他个人的评价讨回公平,对于研究中国学术史、文化史也是具有重大意义的。

〔本文是作者 2005 年 5 月 2 日在台湾暨南大学的讲演稿,修订稿《中国文化史上的鸠摩罗什》发表于《南开学报》(哲学与社会科学版)2009 年第 2 期〕

王梵志诗与寒山诗

王梵志、寒山其人

诗歌是文学创作的主要样式。中国是诗的国度，成就巨大。在漫长的中国历史上，从帝王将相到平民百姓，历代各阶层的人普遍地喜欢写诗、读诗。中国古今诗歌内容极其丰富多彩，在社会生活中的影响也很大。言志述情、写景体物、讽时刺事、怀古咏史，以至讲道论学等等，无不入诗。诗歌创作成果积累丰厚，从贵族官僚的曲终奏雅，到小儿女的风情艳语，风格也多种多样。其中有一类通俗诗，主要出自社会底层，起初流传在民众间，早期的如汉魏乐府，后来的如明清民歌，清新浑朴，韵味悠远。它们流传开来，被士大夫阶层模仿，给诗歌发展与创新提供了生机。在这类作品中，唐代有寒山和王梵志名下的两批相当浅俗的作品。它们作为通俗诗又不同于传统的民间创作，具有鲜明、独特的讽刺训喻色彩，在中国诗歌创作黄金时代的唐代出现，成为思想、艺术极富特色、具有独特价值的作品群。

这两部分作品中，王梵志名下的诗曾流行一时，但到宋代已经逐渐佚失，直到上世纪初，敦煌文书出土，其中包含多种王梵志诗写本，如今才得以了解其面貌；寒山名下的诗则传承不绝，历代颇受赞誉，并多有模拟之作。而有意思的是，上世纪中期，寒山诗重新被西方"发现"，翻译成多种文字出版，一时间广为流传，更被所谓"垮掉的一代"年轻人奉为瑰宝。寒山诗遭遇这种"幸运"，有西方社会方面的原因，需要另作分析；但不能不承认，这的确也是这些作品的生命力、永恒价值的体现。

中国人一向具有明晰的历史观念。重要的历史事件、有影响的历史人物，都会留下明确的文字记载。但如王梵志诗和寒山诗这样具有相当规模、又造成相当影响的作品群的作者，历史上留下的记录却神秘怪异，疑点重重。

关于王梵志，最早的记载见于晚唐严子休（冯翊子）的《桂苑丛谈》：

> 王梵志，卫州黎阳（今河南浚县）人也。黎阳城东十五里有王德祖者，当隋之时，家有林檎树，生瘿大如斗。经三年，其瘿朽烂，德祖见之，乃撤其皮，遂见一孩儿，抱胎而出，因收养之。至七岁能语，问曰："谁人育我？"及问姓名，德祖具以实告："因林木而生，曰梵天，后改曰志，我家长育，可姓王也。"作诗讽人，甚有意旨，盖菩萨示化也。①

《桂苑丛谈》是笔记小说体著作，多记录奇闻轶事。说王梵志是"菩萨示化"，又说生于林木，当然不可信为事实。现存资料里最早引述王梵志诗的是禅宗一个派别保唐宗的禅史《历代法宝记》，其中记载保唐无住（714—774）说法时曾引用"王梵志诗"："惠眼近空心，非开髑髅孔。对面说不识，饶你母姓董。"②又俄藏敦煌写本中一个卷子卷末有题记："大历六年（771）五月□日抄王梵志诗一百

①冯翊子《桂苑丛谈·史遗》，第75页，中华书局上海编辑所，1958年。
②柳田圣山校注《初期の禪史Ⅱ歷代法寶記》，第270页，日本筑摩书房，1984年。

一十首沙门法忍写之记。"①这是王梵志诗结集流传时代的最早记录。中唐著名诗僧皎然（720？—？）在其论诗名著《诗式》里论"跌宕格二品"，其中"骇俗"品举出郭璞、王梵志、贺知章、卢照邻四人诗为例，所引王梵志《道情诗》是："我昔未生时，冥冥无所知。天公强生我，生我复何为？无衣使我寒，无食使我饥。还你天公我，还我未生时。"②从这些材料可知中唐时"王梵志诗"当时相当流行。中唐著名佛教学者宗密（780—841）在其《禅源诸诠集都序》最后，说到"达摩宗枝之外"的禅，举出"志公、傅大士、王梵志之类"③，又可知当时禅门对王梵志诗相当重视。宗密说这些人"降其迹而适性"，表明已有王梵志等乃是菩萨显化的传说。又一个值得注意的情况是，在现存王梵志诗里，有几首诗被当作北周释亡名作品，又一首与署为宝志所作《大乘赞》基本相同（字句有改动），这也表明这些作品的"著作权"是有疑问、不固定的。

寒山的情况与王梵志类似，有关生平、事迹显然也出于传说。较完整的是晚唐杜光庭《仙传拾遗》里的记载：

> 寒山子者，不知其姓氏，大历（766—779）中，隐居天台翠屏山……好为诗，每得一篇一句，辄题于树间、石上，有好事者随而录之，凡三百余首……桐柏征君徐灵府集而序之，分为三卷，行于人间。十余年忽不复见。咸通（860—874）十二年，毗陵道士李褐……忽有贫士诣褐乞食……忽语褐曰："子修道未至其门，而好凌人侮俗，何道可冀？子颇知有寒山子邪？"答曰："知。"曰："即吾是矣。吾始谓汝可教，今不可也。修生之道，除嗜去欲，啬神抱和，所以无累也；内抑其心，外检其身，所以无过也；先人后

①苏联科学院东方学研究所列宁格勒分所所藏敦煌列 1456 号写卷，见陈庆浩《法忍抄本残卷王梵志诗初校》，《敦煌学》第 12 辑，1987 年。
②何文焕辑《历代诗话》，上册第 32 页。
③《禅源诸诠集都序》卷四，《大藏经》第 48 卷，第 412 页下。

己，知柔守谦，所以安身也；善推于人，不善归诸身，所以积德也；功不在大，立之无怠，过不在大，去而不二，所以积功也。然后内行充而外丹至，可以冀道于仿佛耳……"①

杜光庭是唐末五代著名道士，是兴盛的唐代道教教理的总结者。《仙传拾遗》是神仙传记作品，其中所描写的是作为道教神仙的寒山子。杜光庭早年曾入天台山学道，善诗文，这段文字里提到的徐灵府也是道士，同样曾活动在天台山，也善诗。晚唐诗人李山甫，诗僧贯休、齐己诗里也写到寒山，他们用的称呼都是"寒山子"，也是道士的名称。又在佛教记载里，禅宗曹洞宗祖师曹山本寂（840—901）曾注解过《寒山诗》：

　　复注《对寒山子诗》，流行宇内，盖以寂素修举业之优也。②

一说本寂是寒山诗集里禅诗的作者。又五代禅宗灯录《祖堂集》卷一六《沩山和尚》章有沩山灵祐（771—853）见到寒山的记载，则已把他当作佛门人物了。这些情况表明，晚唐五代确实已有《寒山诗集》流传，并造成相当影响，道教、佛教都力图利用这个"人物"。传世文献中还有据传是贞观年间台州刺史闾丘允所作《寒山子诗集序》，其中说寒山是隐居天台山上寒岩的"贫人风狂之士"，经常到国清寺止宿，另有拾得在国清寺"知食堂"，二人是朋友，叫呼快活，形似疯狂；他到任后前来寻访，寒山退入岩穴，其穴自合，拾得亦迹沉无所，"乃令僧道翘寻其往日行状，唯于竹木石壁书诗，并村墅人家庭壁上所书文句三百余首，及拾得于土地堂壁上书言偈，并纂集成卷"。文中还说他曾询问丰干禅师，后者回答说"寒山文殊，遁迹国清；拾得普贤，状如贫子"③。这篇序当系伪撰，故事显然是寒山及其同道拾得传说形成之后制作的。

①《仙传拾遗》，转引《太平广记》卷五五，第 2 册第 338 页。
②《宋高僧传》卷一三《抚州曹山本寂传》，上册第 308 页。
③《全唐文》卷一六二，第 1662—1663 页。

　　从上述情况可以推测，无论是王梵志，还是寒山，都是传说中的人物。应当是唐代流传的一批通俗诗，被集中到他们名下，然后逐渐形成相关传说，从而进一步"坐实"了这两个人物。即使确有王梵志、寒山其人，今存作品也不会全部为二人创作。这从下面所介绍的两个作品群内容和风格的驳杂多样也可以证明。不过这种传说本身却已经暗示名下的作品不同凡俗了。

王梵志诗

　　在敦煌卷子发现以前，文献里关于王梵志和王梵志诗只能见到零散材料。晚唐范摅《云溪友议》卷下《蜀僧喻》条录有王梵志诗十二首，其中一首即皎然《诗式》里引用的《道情诗》。《蜀僧喻》是讲南宗禅师玄朗（马祖道一弟子南泉普愿法孙）的，其中说：

> 　　或由愚士昧学之流，欲其开悟，别吟以王梵志诗。梵志者，生于西域林木之上，因以梵志为名。其言虽鄙，其理归真，所谓归真悟道，徇俗乖真也。①

这里同样记载王梵志生于林木传说，而且表明当时南宗禅师已经拿王梵志诗作为启发学人的资料了。这也合于前述宗密关于王梵志等人诗"警策群迷"的说法。在宋代，王梵志诗流传相当广泛。黄庭坚曾引用过两首王梵志诗：

> 　　梵志翻著袜，人皆道是错。乍可刺你眼，不可隐我脚。
> 　　城外土馒头，馅草在城里。一人吃一个，莫嫌没滋味。②

---

① 范摅《云溪友议》，第73页，古典文学出版社，1957年。
② 《诗话总龟后集》卷四三《释氏门》，下册第236、237页，阮阅编，周本淳校点，人民文学出版社，1987年。

南宋费衮《梁溪漫志》卷一〇《王梵志》条说："山谷以茅季伟事亲，引梵志翻袜之句，人喜道之。余尝见梵志数颂，词朴而理到，今记于此……"①接着转录诗八首，其中六首见于《云溪友议》，但章节长短、分合有所不同。宋人的《庚溪诗话》等作品里也录有另一些王梵志诗或断句。值得注意的是，这些王梵志诗全都不见于现存敦煌各种写本《王梵志诗集》。这表明当时流传有多种不同的"王梵志诗集"，篇章比如今所见者多得多。

在西陲敦煌留下多种王梵志诗写本，表明王梵志诗在晚唐五代流传的兴盛状况。前面提到包括一百一十首作品的俄藏法忍抄本残卷，是唐大历六年（771）抄写的，是今存年代确切可靠的《王梵志诗集》。

清人编唐人诗总集《全唐诗》，没有收录王梵志诗。敦煌卷子包含王梵志诗三十六个写本，可分为三卷本、前述法忍抄本和一卷本三个系统。随着敦煌写本陆续发现，相关研究逐步深入，至上世纪末，项楚根据所见三十五个卷子加以校订、辨伪、分篇，厘定王梵志诗三百二十一首，在出版过程中又增补法忍抄本所存，计得三百九十首，完成《王梵志诗校注》，庶可作为迄今所知王梵志诗的定本。

现存王梵志名下的诗，除散见于文献者外，从内容所涉及历史事件、典章制度、社会风俗等各方面综合考察、分析，三卷本的创作不会晚于唐玄宗开元（713—741）年间；法忍抄本里已有南宗禅观念，产生年代应稍后，因为有大历六年（771）记录，应当形成于盛唐后期；又据项楚考证，一卷本王梵志诗应是唐时流行的童蒙读本，有些篇章是根据《太公家教》改编的，编成于晚唐时期②。至于散见于禅籍、笔记小说、诗话里的王梵志诗和断句，情况更为复杂，应是

①费衮《梁溪漫志》卷一〇《梵志诗》，第117页，上海古籍出版社，1985年。
②项楚《王梵志诗校注前言》上册，第17—21页，上海古籍出版社，1991年。

王梵志诗流行过程中不断制作并附会到名下的，有些可能是宋人拟作。这种情况，也反映这类通俗诗形成过程的流动性质。所以项楚说：

> 所谓"王梵志诗"，从初唐直到宋初，陆续容纳无数白话诗人的作品于自己的名下；同时，其中的某些部分又分化出去，乃至成为广泛流传于民间的俗语。①

这样，王梵志诗的作者应是出于传说的人物，作品则应出自不同阶层，主要是社会下层的众人之手。

如前所述，王梵志诗中最有价值、能够代表其思想水平和艺术特征的是三卷本收录作品。仅从直观看，就可以发现其题材和主题相当驳杂。内容大体可分为宗教性的和世俗性的两部分。宗教题材的作品主要是佛教的。

王梵志诗表现世俗内容部分，大体又可以分为两类：一类是暴露民间疾苦的，另一类是表达伦理训喻的。自唐初到开元年间，唐王朝逐步繁荣、昌盛，社会上充满着乐观向上的气氛。在这一时期文人创作里，表现民间疾苦的作品较少；而王梵志诗却有不少篇章揭露社会矛盾，诉说民间疾苦，表达相当尖锐、深刻。这类诗无论是作为文学创作还是社会史料都弥足珍贵。如：

> 贫穷田舍汉，庵子极孤恓。两共前生种，今世作夫妻。妇即客舂捣，夫即客扶犁。黄昏到家里，无米复无柴。男女空饿肚，状似一食斋。里正追庸调，村头共相催。幞头巾子露，衫破肚皮开。体上无裈袴，足下复无鞋。丑妇来恶骂，啾唧搦头灰。里正被脚蹴，村头被拳搓。驱将见明府，打脊趁回来。租调无处出，还须里正倍。门前见债主，入户见贫妻。舍漏儿啼

①《"但存方寸地，留与子孙耕"考》，项楚校注《王梵志诗校注》附录，下册第894页。

哭,重重逢苦灾。如此硬穷汉,村村一两枚。①

　　　天下恶官职,不过是府兵。四面有贼动,当日即须行。有
缘重相见,业薄即隔生。逢贼被打煞,五品无人诤。②

前一首诗描写在均田制下,走投无路的"硬穷汉"竟殴打催租里正、
被逮捕到县府惩处、里正被迫代出租赋等情况,是一般史料不见记
载的现实生活的细节;写饿肚如斋戒、夫妇争吵等情状又流露痛苦
无奈的幽默。后一首诗写府兵制下的府兵终日生活在死亡边缘的
困苦处境。另有不少篇章揭露贫农、逃户、工匠、商人、府兵、乡头、
小吏、和尚、道士等普通民众迫于差科繁重、官吏横暴、无以聊生的
情景,发出了"生时有苦痛,不如早死好"③、"死即长夜眠,生即缘长
道"④的痛不欲生的呼声。这也成为下面分析的另一类诗所表达的
佛教信仰的社会基础。

　　王梵志诗表现道德训喻内容,宣扬安贫乐天、恪守孝道、知恩
图报等善行,揭露和抨击贪财、吝啬、愚痴、不慈不孝、嫌贫爱富等
恶行,表达的多是当时民间流行的伦理观念。道理看起来庸俗浅
显,但如深入考察就会发现,某些作品讽刺世态深刻而尖锐,情绪
激愤,言辞犀利,为文人作品所少见。如这样的诗:

　　　吾家昔富有,你身穷欲死。你今初有钱,与我昔相似。吾
　　今乍无初,还同昔日你。可惜好靴牙,翻作破皮底。⑤

这就极其冷峻地揭示了世情翻覆的事实,实际是道出了人世间荣
华富贵不能久持的规律;而"破鞋底"比喻之显豁、新颖,只能出自
衣破鞋穿的穷苦人之口。又如:

────────

① 项楚校注《王梵志诗校注》卷五,下册第651页。
② 项楚校注《王梵志诗校注》卷二,上册第186页。
③ 项楚校注《王梵志诗校注》卷一,上册第24—25页。
④ 项楚校注《王梵志诗校注》卷二,上册第216页。
⑤ 项楚校注《王梵志诗校注》卷五,下册第718页。

> 吾富有钱时，妇儿看我好。吾若脱衣裳，与吾叠袍袄。吾出经求去，送吾即上道。将钱入舍来，见吾满面笑。绕吾白鸽旋，恰似鹦鹉鸟。邂逅暂时贫，看吾即貌哨。人有七贫时，七富还相报。图财不顾人，且看来时道。①

这首诗揭露嫌贫爱富情状，生动而逼真，是对重财轻义之徒的辛辣讥刺和诅咒。另有些篇章描写人情之常，如老夫娶少妻、有子不孝、续娶造成家庭纠纷、小沙弥不守戒律等等，则是通过生活中一些具体事件或场景，在冷峻的幽默中表达深沉思索，流露出人生的睿智和豁达的见识。

上述这类世俗题材的作品，往往不同程度地体现四大皆空、轮回报应等佛教观念。从总体看，佛教信仰也是推动这类诗的创作和流通的主要动力。王梵志诗里佛教题材占相当大的比重，也是唐代佛教兴旺发达、在民间广有影响的体现。这些作品是从初唐到盛唐长时期形成的，所表现的观念和信仰必然十分驳杂。有些是直接宣扬一般佛教教义的，例如《身强避却罪》：

> 身强避却罪，修福只心勤。专意涓涓念，时时报佛恩。得病不须卜，实莫浪求神。专心念三宝，莫乱自家身。十念得成就，化佛自迎君。若能自安置，抛却带囚身。②

还有如《一身元本别》《以影观他影》《非相非非相》等，都是用浅俗的语言来解说粗浅的佛教义理。另有些是表现民众通俗信仰的，如《沉沦三恶道》《受报人中生》《生住无常界》《愚夫痴机杌》《出家多种果》《有钱不造福》《福门不肯修》等，宣扬罪福报应的不爽，鼓吹地狱的恐怖和对西方净土的向往，劝人行善兴福、出家修行等等，都相当真实地反映了当时民众信仰的实态。其中不乏具有一

①项楚校注《王梵志诗校注》卷一，上册第 14 页。
②项楚校注《王梵志诗校注》卷五，下册第 613—614 页。

定思想意义的篇章，如：

> 暂出门前观，川原足故冢。富者造山门，贫家如破瓮。年年并舍多，岁岁成街巷。前死后人埋，鬼补悲声送。纵得百年活，还入土孔笼。①

> 饶你王侯职，饶君将相官。娥眉珠玉珮，宝马金银鞍。锦绮嫌不著，猪羊死不餐。口中气新断，眷属不相看。②

如这样的作品，宣扬人命危浅、生死无常，又对那些自恃荣华富贵的王侯将相发出诅咒，也是对沉溺世间享乐的人的警醒。此外还有些劝导戒酒、戒肉、戒杀等的作品，不乏伦理价值。

较后出现的法忍抄本的某些篇章已经流露新兴的禅宗观念，如《吾有方丈室》：

> 吾有方丈室，里有一杂物。万象俱悉包，参罗亦不出。日月亮其中，众生无得失。三界湛然安，中有无数佛。③

这里写"方丈室"包罗万象，光亮明澈，无得无失，佛在其中，显然是比喻禅宗宣扬的清净自性的。大历年间这个抄本出现禅宗观念，正反映唐代佛教发展的轨迹，也是王梵志诗形成过程的证明。

王梵志诗里还有针对佛教进行抨击和批判的，如：

> 寺内数个尼，各各事威仪。本是俗人女，出家挂佛衣。徒众数十个，诠择补纲维。一一依佛教，五事总合知。莫看他破戒，身自牢主持。佛殿元不识，损坏法人衣。常住无贮积，家人受寒饥。众厨空安灶，粗饭当房炊。只求多财富，余事且随宜。富者相过重，贫者往还希。但知一日乐，忘却百年饥。不

---

① 项楚校注《王梵志诗校注》卷二，上册第 234 页。
② 项楚校注《王梵志诗校注》卷三，上册第 327 页。
③ 项楚校注《王梵志诗校注》卷七，下册第 786 页。

采生缘瘦,唯愿当身肥。今日损却宝,来生更若为。①

佛门的腐败本来是历史上的普遍现象。唐代寺院经济发展,僧团膨胀,酿成的社会问题相当严重。这一篇讽刺"俗人女""出家",只求衣食奉养,谋取财富,安乐度日,描绘出当时寺院腐败风气的一个侧面。又如《道人头兀雷》,描写一些和尚"每日趁斋家,即礼七拜佛。饱吃更索钱,低头着门出。手把数珠行,开肚原无物"②等等,也是揭露僧众不重修持、只图钱财的窳败风气。这类作品揭露教团内部戒律毁坏、僧尼堕落腐化,要求加以整肃,并不是反佛的。这实际反映了当时佛教内部的矛盾,因而有的学者称之为"佛教问题"诗。

一卷本写卷包括五言四句小诗九十二首。前七十二首类似一般训世格言,后二十首是佛教内容的,同样是格言式作品。

王梵志诗具有鲜明的艺术特色:语言朴素无华,多用口语;表达浅俗,基本不作修饰;富于哲理性,多有说理警句,往往出自亲切的社会、人生体验;对世态人情描述清晰、真切,用一种冷峻的眼光加以审视;而面对现实苦难,又怀抱一种内在的乐观态度,流露出幽默感等等。这种艺术风格是在一般文人作品中难以见到的,也成为其艺术上的可贵之处。

寒山诗

寒山诗的命运与王梵志诗不同,一直有集流传,影响也更为深远。宋代的苏轼、王安石、黄庭坚等文坛耆宿都欣赏寒山诗,给予

①项楚校注《王梵志诗校注》卷一,上册第 109 页。
②项楚校注《王梵志诗校注》卷一,上册第 104—105 页。

高度评价，并亲自拟作"寒山体"诗。后世又往往把寒山诗当作通俗诗、说理诗的典范，有意模仿者代不乏人。寒山诗在佛门亦广有影响，丛林中甚至以寒山诗句作为参悟对象，禅宿的偈颂写作也多受到"寒山体"的影响。

今传寒山诗三百余首。如前所述，另有拾得作为寒山的配角被创造出来，同时被创造出来的人物还有丰干，这就形成了三人交往的富于戏剧性的故事，并出现另外两人的诗。其中拾得名下篇数较多，今传五十七首（包括佚诗二首），丰干诗两首，写法、风格均与寒山诗一致，可作为一体看待。

如前所述，有关寒山传说显系无稽之词。从今传三百余首寒山诗的内容和风格也可以判定它们非一人一时所作。稳妥的看法是，不必否定存在过寒山其人，也不能排斥这个人是寒山诗作者之一，但今传寒山名下的诗应是自初唐到中唐长时期众人创作成果的结集。有人认为其主体的集成年代应在开元以后，胡适估计应迟至公元八世纪末，已是中唐时期。现存寒山诗里有一部分风格与王梵志诗类似，胡适判断"寒山、拾得的诗是在王梵志之后，似是有意模仿梵志的"①。但仔细比较，从内容看，寒山诗有更多篇章反映南宗禅观念，它们显然是在南宗禅兴盛之后所作。从表现形式看，寒山诗又有相当一部分显然较多修饰。如胡应麟指出，其中"施家两儿，事出《列子》；公羊鹤，事出《世说》；又如子张、卜商，如侏儒、方朔，涉猎广博，非但释子语也"②；另外还大量使用了《诗经》《庄子》《古诗十九首》《文选》以及陶渊明诗里的典故，因此可以推测作者群里有一些具有较高文化水平的士大夫。表达上更富文采，应是这些作品不像王梵志诗那样湮灭而得以流传下来的原因之一。又寒山、拾得诗里有些篇章直接点明创作意图，如寒山诗说

---

① 参阅胡适《白话文学史》，第 146—151 页。
② 《困学纪闻》卷一八《评诗》。

"家有寒山诗,胜汝看经卷","有人笑我诗,我诗合典雅。不烦郑氏笺,岂用毛公解","都来六百首,一例书岩石"等等,以及拾得诗说"我诗也是诗,有人唤作偈。诗偈总一般,读时须仔细",像是对已有作品的解说和评论,显然是作品主体部分形成后创作的。这同样可作为这些作品出于众人之手的证明。

寒山诗的内容同样驳杂多样,也可分为世俗的和宗教的两大部分。世俗内容的篇章主要是讽刺世相,劝喻世人,和王梵志诗大体类似。二者不同处在寒山诗多有倾诉下层士人的遭遇和不平、宣扬隐逸高蹈观念的。这也显示其作者群的层次与王梵志诗有所不同。这部分作品往往对人生世相表现出惊人的洞察力和尖锐的批判态度,刻画也相当生动、真切,表明作者确有相当丰富的人生经历,对于人世不平有深切体验。如:

> 我见百十狗,个个毛狰狞。卧者渠自卧,行者渠自行。投之一块骨,相与哇啀争。良由为骨少,狗多分不平。①

这首诗以狗群争骨来影射人世利禄纷争,对人情世态观察之细微、表情之激愤、讽刺之尖刻,是一般文人作品中少见的。

寒山诗有一个重要主题,就是抱怨贫困或对贫困表示同情,相对应地则是批判贪欲,对荣华富贵表示鄙弃、憎恶。如:

> 贤士不贪婪,痴人好炉冶。麦地占他家,竹园皆我者。努脺觅钱财,切齿驱奴马。须看郭门外,磊磊松柏下。②

这篇作品对豪夺兼并加以揭露、抨击;"努脺""切齿",用语真切而形象;结语对贪得无厌的富人加以诅咒,批判意义是很明显的。其中反映的显然是社会下层的价值观念和道德意识。由于把人间事态看得十分丑恶,不免流露出悲观态度、厌世情绪,如这样形容

---

① 项楚《寒山诗注》,第 158 页,中华书局,2000 年。
② 项楚《寒山诗注》,第 255 页。

人生：

> 人生在尘蒙，恰似盆中虫。终日行绕绕，不离其盆中。①
> 三界人蠢蠢，六道人茫茫。贪财爱淫欲，心恶若豺狼。②

如此漠视人生价值，后果则会向往出世逍遥，欣赏高蹈隐逸，以至到佛教中去寻求安慰。这也应是不得志的下层士大夫的想法。寒山诗里这类篇章文字更多修饰，也表明出自知识阶层手笔，如：

> 登陟寒山道，寒山路不穷。溪长石磊磊，涧阔草蒙蒙。苔滑非关雨，松鸣不假风。谁能超世累，共坐白云中。③

这样的作品讴歌徜徉山林、乐道逍遥的生活，境界与当时禅门流行的《乐道歌》类似，两者的心态是相通的。

寒山诗直接宣扬佛教的作品，也有一部分是劝人出家修道、造福行善的，多与一般通俗宣教一样，惧之以轮回报应，诱之以来世福利。如：

> 世有多解人，愚痴徒苦辛。不求当来善，惟知造恶因。五逆十恶辈，三毒以为亲。一死入地狱，长如镇库银。④

"镇库银"指镇压府库的银锭，用在这里，比喻身在地狱，永无出头之日。寒山诗里也有一批"佛教问题"诗。如：

> 语你出家辈，何名为出家。奢华求养活，继缀族姓家。美舌甜唇嘴，谄曲心钩加。终日礼道场，持经置功课。炉烧神佛香，打钟高声和。六时学客春，昼夜不得卧。只为爱钱财，心中不脱洒。见他高道人，却嫌诽谤骂。驴屎比麝香，苦哉佛

---

① 项楚《寒山诗注》，第 608 页。
② 项楚《寒山诗注》，第 604 页。
③ 项楚《寒山诗注》，第 79 页。
④ 项楚《寒山诗注》，第 245 页。

陀耶。①

和王梵志诗一样,这是揭露教团腐败、僧风败坏的。与王梵志诗不同的是,寒山诗中还有不少从禅宗立场对"教下"进行批判的,如:

> 我见凡愚人,多畜资财谷。饮酒食生命,谓言我富足。莫知地狱深,唯求上天福。罪业如毗富,岂得免灾毒。财主忽然死,争共当头哭。供僧读文疏,空见鬼神禄。福田一个无,虚设一群秃。不如早觉悟,莫作黑暗狱。狂风不动树,心真无罪福。寄语兀兀人,叮咛再三读。②

这里一方面对贪婪敛财的"愚人"加以揭露,又对以佛事行骗的庸僧肆意咒骂,结尾处要求"觉悟""心真",则是当时流行的南宗禅观念了。

寒山诗里包含不少直接表达南宗禅"心性"观念的篇章,显然和南宗禅的兴盛有直接关系。如这样的诗:

> 岩前独静坐,圆月当天耀。万象影现中,一轮本无照。廓然神自清,含虚洞玄妙。因指见其月,月是心枢要。③

如此以水、月关系来比喻清净自性,让人联想起著名永嘉玄觉的《永嘉证道歌》,其中有"万象森罗影现中,一颗圆光非内外","一月普现一切水,一切水月一月摄"④的比喻。一般认为《证道歌》写定于晚唐禅门之中,非玄觉一人所能作。联系起来看,两者同是反映当时禅门的思想潮流的。另外还有诗一再说到"吾心似明月,碧潭秋皎洁""心意不生时,内外无余事""不要求佛果,识取心中宝""明珠元在我心头"等等,都是表现南宗禅的清净心性的。

---

① 项楚《寒山诗注》,第 720 页。
② 项楚《寒山诗注》,第 593 页。
③ 项楚《寒山诗注》,第 733 页。
④《大正藏》第 48 卷,第 396 页上、中。

寒山诗形成期间较长，作者群更为复杂，再加上宋人编辑时应做过文字上的修饰，作品风格也更加多样。其中有个别骚体篇章，还有些精致的近体诗。而代表其独特风格和艺术成就的还是那些白话通俗诗。它们多采取五言古体，韵律较自由；表达力求浅俗，朴野无华，夺口而出；多作训喻，富于理趣；对世态人情的模写体察入微，真切生动；富于讽刺、幽默意味；更多地使用民间口语、俗谚和比喻、象征、联想、谐音、双声叠韵、歇后等修辞手段，如此等等，和王梵志诗类似，但整体比较起来更为精致，更富文采。这主要是前面所说作者群成分不同决定的。又寒山诗形成时间靠后，有可能借鉴当时诗歌发展包括王梵志诗的艺术成果。寒山诗比较王梵志诗另有一个鲜明特色是有更强烈的主观色彩。例如以第一人称"我"字开头的就有三十首，中间又多用"劝你""勉你""愿君""寄语""为报"等主观训谕句式。这种强烈个性化的表达方式，显示个人强烈的自信，正体现禅宗张扬主观的精神。寒山诗对于那些自以为是的"聪明"人、"利智"人极端鄙视，暗示自己才是真正的"智者"。如说到自己的诗歌：

> 下愚读我诗，不解却嗤诮。中庸读我诗，思量云甚要。上贤读我诗，把著满面笑。杨修见幼妇，一览便知妙。①

"杨修见幼妇"是《世说新语·捷悟》篇里的典故，意思是"绝妙好辞"。这里流露出利用自己的作品来教育世人、改变世风的强烈自觉，正体现那些自恃才大志高而仕途蹉跎的文人的高傲心态。这样，寒山诗在表现方法和语言运用方面都达到更高的艺术水准，创造出文学史上风格独特、影响深远的"寒山体"，成为中国诗歌史上特色鲜明的遗产。

寒山诗早已流传在海东的三韩和日本。如前所述，上世纪中

————————

① 项楚《寒山诗注》，第 357 页。

期寒山诗开始流行于西方,各种文字译本纷纷出版,并有众多研究论著问世。不论对这一现象如何诠释,总可以证明寒山诗确实包含永恒的思想、艺术价值,直到如今仍争得新的读者,并在中外思想、文化交流中发挥作用。

王梵志诗和寒山诗宗教的与文学的
价值与意义

要了解王梵志诗和寒山诗的价值及其历史意义,需要对中国社会和文学创作的一般情形有概括的认识。

在历史传统上,中国是等级专制社会,文学包括诗歌创作的主体是社会上层士大夫。当然,文学史上也留下了从汉魏乐府到明清民歌等民间创作,但不是主流。作为社会精英的士大夫的诗歌主要抒写的是这个阶层的生活和情趣。如日本著名汉学家吉川幸次郎所指出的,这种创作"是远离日常的",又"不需要积极的虚构"①。当然这样说并不是贬低这些作品的成就和价值。古代士大夫普遍积极地参与社会生活,写出大量具有丰富社会内容和深刻思想内涵的作品。由于他们学养高深,技巧娴熟,作品也就能够达到高度的精致优美。但是,除了少数例外(如杜甫曾长时期和难民一起流亡),这些作者终究身处社会上层,即使怀抱真挚的同情,也是置身事外来俯视民间。而对比之下,王梵志诗和寒山诗出自更广阔的作者群,基本是下层知识分子和普通民众的创作。这在近三千年的中国文学史上是极富特色、绝无仅有的一批作品。它们在宗教史、文学史以及一般社会史上具有重大价值,占有一席地位。

①吉川幸次郎《中国文学史之我见》,《我的留学记》,第167页。

　　就宗教史角度看，这两批作品相当一部分是宗教题材的，主要是佛教的。它们相当真切、全面地反映了唐代（这在整个古代社会同样具有典型意义）民间宗教信仰的实态。如今一般了解的唐代佛教，主要是兴旺发达的宗派佛教。这基本是属于上层僧团的学理的、思辨的宗教。宗派各有系统的宗义，在思想理论层面分别取得一定成果，对整体思想、文化造成重大影响。但同时在民众间还涌动着另一种强大的信仰潮流：对天堂（净土）的幻想，对地狱的恐怖，痛感人世无常，相信来世业报等等，这些佛教的浅易教义在王梵志诗和寒山诗里得到通俗、清晰的表现。这是唐代佛教中和注重学理的宗派佛教同时流行的另一个重要构成部分，是对民众生活发挥巨大影响的佛教。它们往往反映了一般佛教史上隐没的事态。例如在历史文献里多有关于僧侣干政、寺院兼并的记载，但是如王梵志诗和寒山诗中那些所谓"佛教问题"诗对于佛门腐败堕落、虚伪狡诈的细致、生动描写，是一般史料上难以见到的。又比较王梵志诗和寒山诗所反映的佛教观念和信仰的演变，可以清楚看出从初、盛唐到中、晚唐佛教发展的轨迹，包括禅宗的兴盛及其影响的扩展。如此等等，这两批诗就提供了形象地反映一代佛教发展面貌的不可多得的资料。

　　从文学成就角度讲，自佛教在中国传播，宣教中已注意利用通俗文艺形式，包括韵文的诗歌体裁。从现存材料看，自南北朝至隋唐，社会上流传众多宣扬佛教的通俗诗。这些作品内容、形式庞杂，艺术水准和语言技巧不同。如齐梁时期著名居士傅翕（大士）和义学沙门宝志，到唐代已是具有传奇色彩的人物，一些诗颂归到他们名下，显系伪托。这些作品基本是偈颂风格，较少文学意味①。

① 今存傅翕《善慧大师语录》四卷，题唐楼颖编，宋绍兴十三年（1143）经楼炤改编刊行，其中的诗颂多表现禅宗观念，当是后人所作；今存宝志作品，《隋书·五行志》《南史·梁武帝纪》《梁史·侯景传》录入"谶诗"计十四首，又《景德传灯录》卷二九收录《大乘赞》十首，后者也应是禅门作品。

而比较起来,王梵志诗和寒山诗作为广大民众与下层知识分子的创作,风格既迥异于当时佛门的通俗诗,也不同于传统的民歌体,表现出鲜明的独创性,成为有悖于诗坛传统规范的"另类"作品。这些作品貌似夺口而出,实则多是精心的撰作;它们的浅俗与一般民歌的平易浅显不同,作者显然是有意力辟典雅,以俗为雅,以求达到骇世惊俗的效果。他们丰富了多姿多彩的唐代诗坛,成为一代诗歌创作的重要收获,对后世也造成相当大的影响。"寒山体"成为后代许多诗人竞相模仿的一体。

作为史料,这些作品的价值是不言而喻的。唐代的社会制度、生活状态、风俗民情等,在这些作品里都有鲜明、生动的描述,特别是补充了许多具体细节,给人以切身的感受。例如对于唐代府兵制、租庸调法敝坏情形、下层士大夫的生活与心理、民众困苦无告的情景,都从独特的角度加以叙写,填补了社会面貌的具体图景。

从中国诗歌发展史总体看,王梵志诗和寒山诗的思想、艺术价值都不算很高。但它们在内容上和艺术上是富于独创的,作为一个类型的作品是空前绝后的。它们在百花齐放、名作如林的唐代诗坛上占据一席地位。因此王梵志诗在近千年之后重新被发现、被欣赏;寒山诗则在二十世纪走向世界,在更广大的范围内赢得一批批新的读者。

〔本文是作者 2005 年 10 月 13 日在捷克布拉格查理大学主办的关于中国宗教与文学的系列讲演(面向东南欧各国汉学家和博士生)第四讲的讲稿〕

附　录

评钱学烈《寒山诗校注》

　　近十年前,读到钱学烈先生的《寒山子与寒山诗版本》(《文学遗产增刊》第十六辑,中华书局,1983 年)一文,其材料的丰富、考证的详密以及其中反映的严谨踏实的学风,在脑海里留下了深刻的印象。最近,又高兴地读到同一作者的《寒山诗校注》(广东高等教育出版社,1991 年),并知道这位学者孜孜不倦,以十数年伏案之功,完成了这部著作,为唐代文学研究填补了一项空白,敬佩与赞许之情不禁油然而生。

　　近几十年来,寒山诗在国内学术界是被不公正地冷落了。它本是唐代文学中一个值得重视并曾产生过巨大历史影响的文学现象。《校注·前言》中提到了王安石、陆游、朱熹等人都十分推崇寒山诗;《附录》里集录的资料也说明寒山诗在宋以后广为流传的情形。还可以举出一些例子。苏轼也曾拟过寒山诗(《次韵定慧守钦长老见寄八首》,《东坡续集》卷五),并有"但记寒岩翁,论心秋皎洁"(《和寄天选长官》,《东坡续集》卷一;此诗又作道潜诗,见《参寥集》卷十一,题为《次阳翟尉黄天选见寄》)的赞语。黄庭坚认为"寒山为渊明之流亚"(见惠洪《又诗》,《石门文字禅》卷二七)。刘克庄称赞寒山诗"流出于肺腑者数十百首,一一如巧匠所斫,良冶所铸"(《勿失集》,《后村先生大全集》卷九八)。而张镃把寒山与陶渊明、李白、杜甫、白居易、苏轼、黄庭坚、陈师道并列为八,有诗云"作者无如八老诗,古今模轨更求谁"(《题尚友轩》,《南湖集》卷五)。至于佛教界,特别是禅宗丛林中,寒山诗往往被当作谈禅的"话头";如宋慈受怀深、元中峰明本等著名禅师都有拟作。直到清中叶,寒山诗仍流行于僧俗,诗坛上也有"寒山体"创作。现在可以姑且放下寒山诗的评价问题不论,如此重要的文学现象竟被搁置不顾,几部流行的文学史也没有具体述及,这不能不说是文学史研究中长期以来存在的缺憾。现在总算有了钱先生的这本《校注》,作为大陆研究的第一个成果,提供出一部寒山诗较完备可用的注本,是进一步研究寒山诗的良好开端。

《前言》还指出近年来寒山诗在国外流行,风气起于六十年代。1962年美国出版了布·华特生(BurtonWatson)所译寒出诗百首:此后不断出版了各种不同的英译本,其中包括瑞·平诺(RedPine)在1983年出版的全译本。法、德文译本自不待说(如PatrickCarr'e的法译本、StephanSchumacher的德译本),连小语种如荷兰语(W·L·Idema译)、比利时语(GeorgetteJaeger译)等也有了译本。日本在此期间也出了两种相当精洋的译注本(入矢义高注本和入谷仙介、松村昂译注本)。随着泽作的传播,研究著述也不少。台湾也出版了一些注本与研究论著,看起来是追随外国风潮之后的。对于这种已延续数十年的国外的"寒山诗热",人们作出各种解释。在我们这里得到不少人首肯的一种看法是寒山诗适应了资本主义的颓废思潮,因为寒山确乎被"嬉皮士"奉为祖师。但作为一种文化现象的历史效应的评价,这种解释还是过于简单化了。就笔者所知,目前西方研究寒山诗的人,多是笃实认真的学者。笔者的一位朋友,瑞士籍教授马克斯·瑞比(MaxA-Ribi)就曾拿着法文版《寒山诗》赞不绝口,他是一位严肃的比较文学学者。寒山诗在西方被"发现",为研究东方文化传统及东、西文化交流提供了众多课题;西方学者的工作更给寒山诗诞生地的中国的学者增加了压力。钱先生的书也是面对外国学者的挑战,做了中国学者应做的工作,在许多方面是做得不错的。

前面谈到《校注》是寒山诗研究的良好开端。这在溢美之风盛行书评界的目前，像是个不高的评价。而且下面还要提到《校注》中一些值得商榷之点。但如果实事求是地说，对待寒山诗这样的课题，做出像《校注》这样的工作，已是相当不易了。注诗本来很难，注寒山诗更难。这不只是因为可资借鉴的材料少，还由于寒山诗表达上的特殊性。寒山诗一向被称为通俗诗、白话诗，但它们的表现却大不同于中晚唐某些诗人的浅俗。这些诗的作者显然是被社会所排斥、对人生满怀激愤的人。他们（姑且用多数代词，理由见下）不是没有学问，不是不能典雅，而是有意以"浅俗"来与社会的"雅正"相对抗。所以在写法上又有奇谲拔俗的一面，用了许多生词、僻典。如"王婆子""鼠粘子"之类的词语，还没发现哪位古代诗人用在诗里。再加上用了许多佛家语，更增加了注释中的所谓"拦路虎"。这样，就是把三百多首诗大体读懂又谈何容易。所以《校注》者的成绩是应肯定的。

钱先生的《校注》工作是从基本的原文校勘做起的。这是提供出一个可用文本的第一步工作。校注者用以参校的版本比较完备〔现存日本的版本未用，重要的有宫内厅书陵部藏绍定二年（1229）宋刻本，这是目前有明确年代记载的最古刻本；还有大谷大学所藏日本正中二年（1325）宗泽禅尼刊五山版《寒山诗》。校注者大概尚无调查的机会〕，特别是用了有较高版本价值的朝鲜刻本。校注者本人是语言学家，有扎实的音韵学、训诂学基础，这更提高了校勘的科学性。在确定文本上，《校注》基本上是有成绩的。

在注释方面，钱先生用功最多。内、外典旁征博引，解释准确、清楚。有些生词僻典颇见探赜索隐之功。如《白鹤（三十九）》一首"白鹤衔苦桃"句，就引了《易林》《楚辞·七谏》《本草》等来解说；又有些常见词语如《登陟（二十八）》"苔滑非关雨"一句，出典引孙绰《游天台山赋》"践莓苔之滑石"。因为寒山子传说与天台山有关，孙绰本人又是主张儒释调和的人物,指明这一出典会让人加深对诗意的理解。特别是对于出自佛典的词语,许多注释里都作出了妥贴、详明的解释。如《低(四十三)》"恶衣排在后"句,《田舍(五十七)》"顽反早晚裂"句,分别从《大智度论》检出出典,使读者深入了解到这类看起来并不艰深的诗句的深意。注解佛典向称困难。赵殿成笺注王维诗,他本人是佛学专家,清热三藏,但仍有不少难令人满意之处;章士钊用几十年工夫治《柳河东集》,著《柳文旨要》却把释教碑部分省略一多半。钱先生的工作其难度可知。

另外,对每首诗作《解题》,点明思想内容要点;书前有长序,详细阐述了注释者的研究结论;书后附有一批有用资料。这都是《校注》的长处。

当然,既是开端的工作,就有可商榷之处。笔者仅提出自认为重要的两点:一是寒山其人的问题。古今学界传统上是肯定寒山实有其人的。近代学者胡适、余嘉锡等人都为确定寒山其人活动年代进行过考证。《校注·前言》在这方面又继续前人的工作,试图勾稽出寒山的生平,比前人做得更为细密。但从现在掌握的材料看,寒山子这个名字最早出现在晚唐,而寒山诗的集成更在宋代。作为历史人物的寒山事迹及寒山诗的传承情形都很迷茫。因此近年有一种认为寒山诗并非一人所作的意见。这种意见日本人持之最力。五十年代入矢义高就详细论证了这一看法(《寒山诗管窥》,《东方学报·京都》第二十八辑,1958 年);后来爱宕元更根据《宋高僧传》卷十《佛窟遗则传》,从六个方面比较了他与寒山事迹的相似之处,认为前者即寒山传说的原型。由于现存内容存在寒山诗的诸多矛盾,似难以认定它们是一人所作,后一种意见也就难以推翻。所以寒山其人是否可作为实际人物看待、寒山诗作者是否是一个人,是应该认真对待的问题。这是希望钱先生再做考虑的。

二是有关佛教语词的注释问题。寒山诗出于中晚唐,最后集成应已到北宋初。这正是禅宗盛行的时期。寒山诗大量反映了南宗禅思想，在解释时应利用南宗禅的材料。如《寄语（二百三十九）》一首，显然是表现自性圆满具足、指斥佛教传统的修行为舍本逐末，似应引用《六祖坛经》《神会语录》等材料相印证，与一般大乘经的观念了不相涉。再如《我今（八十二）》一首中"长年只这是"一句，对"只这是"这一词语《校注》从语义上做了正确解释，但还不够。"只这是"是禅宗重要话头，是云岩昙晟对洞山良价说的话（《五灯会元》卷一三），意为当下即是，一切见成。在五代时编成的《祖堂集》卷五《云岩和尚》章里又作"只这个汉是"。这样，寒山诗作者与云岩昙晟相互间以及各书间是如何借用的，就是一个有待细密比勘、考察的问题。寒山诗里还有不少见于禅师语录的禅语，归纳起来研究，会为确定寒山诗年代提供线索。这些都涉及佛教学术的专门领域，难以要求注释古代诗歌的人完全搞清楚。所以笔者在这里也是提出进一步提高研究水平的设想。

当然，还有些别的工作，如从文献中辑出未被收入集子的署名寒山的诗。这对提供完整的寒山诗版本也是必要的工作。现在钱学烈先生在研究中已作出很大成绩，也显示了自己的学识和功力。相信钱先生会实现禅宗大德"百尺竿头须进步"的古训，把更杰出的研究成果献给学术界。

（发表于《文学遗产》1993 年第 2 期）

《韩愈选集》前言

　　《韩愈选集》一书所选韩愈作品篇数约为其现存总数的七分之一。选注者希望这本书能有助于读者对这位中国文化伟人、文坛宗匠取得较全面、准确的了解。下面就集中几个问题，对韩愈简略地加以介绍。

历史转折期中的文化伟人

　　韩愈（768—824），字退之，河阳（今河南孟州市）人；郡望昌黎，称"韩昌黎"；曾任吏部侍郎，称"韩吏部"；又谥曰"文"，称"韩文公"。存《昌黎先生集》通行本四十卷，《外集》十卷，遗文一卷①。

　　从整个中国历史发展看，唐代是经济、政治、文化等层面发生的重大转折时期。在这三百年间，封建专制国家按等级名份分配土地的屯田、占田、均田制度被地主阶级自由兼并、占有土地的制度所取代；汉代以来豪强、门阀、氏族的大地主贵族专政则被代之

---

① 又存题韩愈、李翱纂《论语笔解》二卷（有摘出韩愈论述的一卷本），历代有关真伪意见莫衷一是，一般认为是后人整理、写定。

以地主阶级各阶层更广泛的品级联合统治。正是在实现这种变革的剧烈社会动荡中，一批没有门第背景、依靠文才政能进身的文人进入统治阶层，并成为整个社会政治、思想、文化诸领域的极其活跃的重要力量。韩愈所生活的中唐时期，朝廷颁行"两税法"，以法律形式确立了"户无主客，以见居为簿。人无丁中，以贫富为差"（《旧唐书》卷四八《食货志上》）的"赋于人"的制度，正标志着中国古代土地制度改变的一个转折点①。唐代"安史之乱"后动乱频仍，社会矛盾丛生，统治阶级内部连续不断的藩镇割据、朝官党争、宦官专政等长期、剧烈的斗争，实际上是地主阶级各阶层权利再分配、关系再调整的过程。韩愈就是作为出身于地主官僚较低阶层的文人的代表，被推到历史矛盾的漩涡中来的。

　　韩愈出生在"安史之乱"平定（763）后五年。颁行"两税法"的建中元年他十三岁；次年即爆发了历时四年的"建中之乱"。他出生于德宗末年，这正是以二王（叔文、伾）、刘（禹锡）、柳（宗元）为代表的部分朝官为推行后来失败的革新而与保守势力激烈斗争的时期。接着他又经历了宪宗一朝十余年间割据与削藩的反复较量，并亲身参与了平定淮西之役。到他逝世前，暂时的安定局面又被新的战乱所破坏，各种社会矛盾进一步把唐王朝拖向衰败与崩溃。这样，他所涉身的德、顺、宪、穆四朝，以所谓"元和中兴"为中心，是已在走下坡路的唐王朝由振作走向衰败的大转变关头。反映着社会一些阶层对自身利益的维护或一些阶层改造现实的理想，这也是唐代社会又一个思想、政治斗争十分复杂、激烈的阶段。韩愈一生基本上没有处在政治权力之争的关键位置上，但当时的社会动荡和政治局势却直接影响并决定着他的命运。他本人也以高度自觉和极大的热忱参与了时代的斗争。他的一生与现实重大矛盾紧密相联，常常自负"以天下为己任"的古代士大夫的性格特色，在他

─────────────

① 参阅侯外庐《中国封建社会史论》第 147 页，人民出版社，1979 年。

身上表现得更是十分鲜明与突出。

韩愈三岁而孤,就养于长兄韩会和嫂夫人郑氏。韩会能清言,善文章,有名声;在朝依附权臣元载。大历十二年(777),元载在朝廷斗争中失败,韩会受累,由起居舍人贬官岭南,韩愈随从南行。韩会不久染病殁于贬所,韩愈随郑氏夫人扶柩北归河阳故里。十岁的韩愈首次体验了流贬生活,这段艰辛给他留下深刻的印象。

建中二年(781),韩愈十四岁,河北成德镇李宝臣死,其子李惟岳求继袭,联合魏博镇田悦、淄青镇李纳等起兵反唐,大规模的割据战争又起。战乱继续扩大,以至"五盗(除上述三人之外,另有成德镇王武俊、淮西镇李希烈)僭拟于天王,二朱(朱滔、朱泚)凭陵于宗社"(《旧唐书》卷一三《德宗纪》),朝廷被迫逃亡至奉天(今陕西乾县)、梁州(今陕西南郑县)。韩愈一家也为避乱南下宣城(今安徽宣城市)。这又使他亲历战乱逃亡之苦。时代使藩镇动乱与他的一生结下了不解之缘。贞元十二年(796),他仕途不利,应董晋之辟到汴州(今河南开封市)任宣武军观察推官;十五年初董晋薨,愈护丧西归,行四日汴军即乱,家属陷于汴州。他迎家属暂居符离(今安徽宿县),又应张建封之邀至徐州(今江苏徐州市)任武宁军节度推官。次年张建封死,徐州军又乱。汴、徐二府处中原心腹之地,但已觊觎不安,变乱迭起。韩愈在短短的两年中两次险及于难,这使他对割据之患与悍将骄兵的危害有了进一步的了解。元和九年(814)淮西(淮西节度使,治蔡州。今河南汝南县)吴元济反,在朝廷主战与姑息两派意见的争执中,韩愈坚决站在主战的裴度等人一边;十二年,他以行军司马身份参与裴度幕府平定淮西。到他晚年的长庆二年(822),镇州(今河北正定县)兵乱,他受朝命亲赴宣慰,顺利复命。他在实际活动中一贯坚持的维护统一、反对割据分裂的立场,同样鲜明地表现在诗文之中。

韩愈七岁读书,十三而能文,大约在贞元二年十九岁时,自宣州赴长安求贡举。他的祖上本是北朝门阀:七世祖耆,为后魏常山太守，谥武安成侯；六世祖茂，为尚书令、征南大将军，赠安定桓王。
但在隋、唐时期阶级关系变动中，这个家族的地位已大大下降。韩
愈的祖父叡素，官至桂州都督府长史；父仲卿，任武昌、鄱阳令，秘
书郎。到了韩愈，只能靠政能文才"求举觅官"，寻找进身之路。他
在长安生活相当困顿，"穷不能存"（《殿中少监马君墓志》①），不得
不寄居在先世故交、中唐名将马燧府上；仕进也不顺利，经四次进士
试，至贞元八年（792）才在陆贽门下及第，参加吏部科目试三次（贞元
九、十、十一年）均落榜，这即是所谓"四举于礼部乃一得，三选于吏部
卒无成"（《上宰相书》）。因而才不得不应方镇征辟去做幕僚。

韩愈求举以及后来仕途坎坷的原因很多。朝中没有有力的党
援是个直接原因，在吏部调选中有一次已上名中书省，却被黜落。
他个性的狂傲不合流俗当然也是一个原因。但最根本的原因还在
于当时统治集团腐败，内部斗争加剧，有理想、有抱负的新进之士
已难于容身。德宗经过"建中之乱"，惧于强藩威势，对外惟务因
循，对内则心怀忌刻，"躬亲庶政"（《旧唐书》卷一三五《韦渠牟
传》）。贞元后期行政所任用者，不是卢杞、窦参、裴延龄等奸佞贪
暴之徒，就是卢迈、贾耽、赵憬等谨廉畏慎之辈。德宗更亲小劳，侵
众官，贞元后期多年不任宰相，"仕进道塞，奏请难行"（钱易《南部
新书》壬卷）。一些革新派朝官曾力图扭转颓势，改革弊政，并在顺
宗朝短期掌权；但寻被贬斥，造成所谓"八司马事件"。"八司马"中
如刘禹锡、柳宗元都是韩愈好友。宪宗朝号称"中兴"，一时颇有振
作气象，并任用了裴垍、李绛、裴度等能臣，但朝中保守腐败势力仍
然很大，朝官朋党相争也日趋严重。韩愈在政坛上长期屈沉，旋进
旋黜，主要是这种政治局势造成的。

贞元十七年（801），韩愈三十四岁，始选授国子监四门博士。
直到元和八年（813）四十六岁授尚书比部郎中、史馆修撰，在这十

---

① 本文引用韩文，均据东雅堂本。仅在引文后标举篇名，不出卷次。

二年间,除贞元十九年(803)短期任监察御史寻贬阳山(今广东阳山县)令,元和四年至七年(809—812)任都官员外郎分司东都、河南令、尚书职方员外郎外,基本上任学官。学官本是"冷曹",其时又值政治衰败,"太学荒坠日久,生徒不振"(《唐会要》卷六六《东都国子监》)。韩愈抱负不得施展,以至落入"冬暖而儿号寒,年丰而妻啼饥"(《进学解》)的极困顿的境地。

元和九年,韩愈四十七岁,转考功郎中、知制诰,始参与朝廷机要。在他生命的最后十年间,得机会积极参与朝政,但也一再经历波折。元和十一年迁中书舍人,以赞成淮、蔡用兵,为执政者所不喜,寻降为太子右庶子;十二年,随裴度平淮西,以赞助谋划功,迁刑部侍郎;十三年,转兵部侍郎;十四年初,以谏迎佛骨,触怒宪宗,险及死,贬潮州刺史(今广东潮州市),这已是他第三次到岭南;年末,转袁州(今江西宜春市);十五年,被召回朝,拜国子祭酒;长庆元年(821),再为兵侍;二年,宣慰镇州(今河北正定县,成德军节度使驻节地)乱军,回朝报命,转吏部侍郎;三年,为京兆尹、御史大夫,再为吏侍;四年,卒。终年五十七岁。

总观韩愈曲折的、坎壈的生涯就会发现,他在政治上十分积极,富进取精神,但实际功业却十分有限。他从没能在一个职务上安定过一两年的时间,贬降黜辱总伴随着他,流放岭南的长途他就走了三个来回。而正是这充满动荡与不幸的人生,锻炼了他的思想与才华,造就了他思想上、文学上的业绩,使他成为历史转折期中的文化伟人。

一身二任——儒与官

韩愈又是历史上评价多有分歧的人物。对于他的儒学,有人称颂他是张扬道统、功过孟子的"贤人之卓"（石介《尊韩》，《徂徕石先生全集》卷七），但也有人说他"以为文人则有余，以为知道则不足"（张耒《韩愈论》，《张右史文集》卷五六）；对于他的文章一般评价很高，但也多有批评，攻之者甚至说他"事理不辨，学理不精，发为文章，已弗能达，况根柢浅薄，有文无质哉"（田北湖《与某生论韩文书》，《国粹学报》第 1 年第 1 期。转引自舒芜等编《中国近代文论选》，人民文学出版社，1981 年），斥为"无稽""剿袭""谄佞"（陈登原《韩愈评》，《金陵学报》2 卷 2 期）。近人反尊孔、反道统、反旧文化，往往集矢于韩愈，并有"韩鬼欧台"之说。至于历史上评价他的政治立场，特别集中到他与"永贞革新"的关系，更是聚讼纷纭。产生如此矛盾的现象，除了由于评论者本身各有不同的立场、观点之外，更主要的是因为韩愈性格中充满了矛盾，表现在实践活动中矛盾更为突出。这其中决定他的人生与思想的一个重要矛盾就是：他是个坚信孔、孟"圣人之道"、努力以儒家大义律己行事的"儒"，又是热衷利禄、积极进取、作为统治集团一员的"官"。这本是古代士大夫身上普遍存在的矛盾，但在韩愈身上却表现得特别突出与尖锐。

韩愈一生追求仕进，走学优则仕的道路。早年求举不利，致书友人表明心志说：

> 方今天下风俗尚有未及于古者，边境尚有被甲执兵者。主上不得怡而宰相以为忧。仆虽不贤，亦且潜究其得失，致之乎吾相，荐之乎吾君，上希卿大夫之位，下犹取一障而乘之。若都不可得，犹将耕于宽闲之野，钓于寂寞之滨，求国家之遗事，考贤人哲士之终始，作唐之一经，垂之于无穷，诛奸谀于既死，发潜德之幽光。二者将必有一可。（《答崔立之书》）

这里反映韩愈思想上的一个特点：他不是如孟子所说达则兼济、穷则独善，而是一贯地积极用世，穷通之际只是所取方式不同而已。

后人常常责难他热衷于功名，如指出其《示儿》诗所言皆利禄事，这也确是事实。因为仕宦对于古代士大夫是实现人生价值的唯一出路。这样，韩愈在董晋幕府攀附宦官监军俱文珍（《送汴州监军俱文珍序》），在四门博士任上吹捧权臣京兆尹李实（《上李尚书书》），对贪浊的藩帅裴均、于頔、郑权等也多有谀词，贬潮州后又上表请封禅等等，就不奇怪了。这些多受人非议的行为，显示了韩愈作为朝廷命官思想性格的庸俗方面。

但他又绝不以一己的穷通作为人生理想的全部。他还要做传继儒道的圣人之徒，也就是大儒。他自诩"生平企仁义，所学皆周孔"（《赴江陵途中寄赠三学士》），"若世无孔子，不当在弟子之列"（《答吕毉山人书》），声称要济儒道于已坏之后，"使其道由愈而粗传"（《与孟尚书书》）。他在《原道》中，虚构了一个传道统绪：

> 曰：斯道也，何道也？曰：斯吾所谓道也，非向所谓老与佛之道也。尧以是传之舜，舜以是传之禹，禹以是传之汤，汤以是传之文、武、周公，文、武、周公传之孔子，孔子传之孟轲。轲之死，不得其传焉。荀与扬也，择焉而不精，语焉而不详。由周公而上，上而为君，故其事行；由周公而下，下而为臣，故其说长。

这样，他显然暗示自己上承孔、孟正统，为当世圣人。

人们常常批评韩愈这种抱负夸诞不实，以及虚拟"道统"的妄诞。但他信仰并努力实践儒道，确乎是他人生的原则之一。这就使他超越了仅为维护自身及本阶级利益的狭隘境界，立身行事有了更为正大、积极的依据。特别是儒家思想在长期发展中积累了许多具有进步价值的内容，韩愈努力汲取并发挥了儒家传统的这一方面，使他的思想与行动更富于积极意义。特别应指出的是，韩愈宗奉孔、孟圣人之道又有其特点，一方面他往往是着眼于解决当世现实矛盾，表现出一定的批判精神；另一方面又并不拘守章句教条,并能吸取百家杂说以丰富、改造儒学传统,如对于道、墨、法以至佛各家均有所取。他说孔子曾师老子(《师说》),孔、墨相为用(《读墨子》);批评"羞言管、商"(《进士策问》)的偏颇;对于佛教禅宗的心性学说也有所借鉴,"卒开后来赵宋新儒学新古文之文化运动",成了"唐代文化学术史上承先启后转旧为新关折点之人物"(陈寅恪《论韩愈》,《历史研究》1954 年第 2 期)。从一定意义上说,韩愈的儒学从总倾向看又是处在时代思潮发展的前列的。

韩愈具有庸俗官僚和积极的儒家思想家的两重人格,表现在他一生活动的各方面,则有着积极的与消极的、进步的与保守的表现。

首先看一看他在思想理论方面的成绩。

这方面他的主要贡献是张扬儒道,批判佛、老。特别是他勇犯人主之怒,倡言辟佛,表现出无畏的胆识与勇气,成为中国文化史上兴儒反佛的一面旗帜。但如具体分析其反佛内容,却集中在批评佛教所言业报无征、蔑弃忠孝、不事生产、混淆华夷等等方面,这都是自南朝郭祖深、荀济、唐初傅奕等人以来反佛的常言。实际他所侧重的,是佛教危害社会的伦理政治方面。当他谏迎佛骨、触怒宪宗时,裴度、崔群等为他缓颊说"非内怀至忠,安能及此",宪宗也承认"愈前所论,是天爱朕"(《新唐书》卷一七六《韩愈传》)。这表明他反佛是出于维护传统社会秩序和统治阶级利益的作为"官"的立场的。

但他主张的儒道又有着更为广泛深刻的内涵。他在《与孟尚书书》中引用孟子的话,说"杨、墨交乱,而圣贤之道不明。圣贤之道不明,则三纲沦而九法斁,礼乐崩而夷狄横,几何其不为禽兽也";他更谈到佛法传入中国以后的情形:

> 汉氏已来,群儒区区修补,百孔千疮,随乱随失,其危如一发引千钧,绵绵延延,浸以微灭。于是时也,而唱释老于其间,鼓天下之众而从之,呜呼,其亦不仁甚矣!

在《论佛骨表》里，他又强调佞佛"伤风败俗"，"口不言先王之法言，身不服先王之法服，不知君臣之义、父子之情"。韩愈的这种观点，显然是把汉代以来的社会动乱归因于儒学的衰败了。他不是从现实基础去探究思想意识变化的原因，而是从意识的变化追索社会变动的原因，这当然是一种因果倒置的看法。但在他的这种观点中包含着对悖理害道、多行不义的现实社会的批判，也是很显然的。而从他的正面主张看，他所提倡的"先王之道"是"仁与义为定名，道与德为虚位"，是以"仁义"为核心的。他在阐述思想纲领的文章《原道》里，具体发挥了儒家的"博爱"之道，指出这是士、农、工、贾四民的"相生养之道"，礼、乐、刑、政的作用在调节社会各阶层的关系，保证人类的生存发展。韩愈用这样的"先王之道"反佛，不只具有批判宗教唯心主义思想的意义，更具有政治上的批判现实黑暗的意义。

正如人们经常指出的，韩愈的反佛在理论上有很大局限，以至有人指出他是"攻其皮，嗜其髓"（袁宏道《祇园寺碑文》，刘大杰编校《袁中郎全集·碑记》）。但其批判又自有其强有力的方面。即是说，虽然他的辟佛在理论上未达到一定深度，他所攻驳的重点主要在佛教迷信的表面，然而宗教首先是群众的实际活动，其危害最明显地表现在实践方面，因此其批判在一定意义上又是正中要害的，这正如纪昀所记述：

> 抑尝闻五台僧明玉之言曰："辟佛之说，宋儒深而昌黎浅，宋儒精而昌黎粗。"然而披缁之徒畏昌黎不畏宋儒，衔昌黎不衔宋儒也。盖昌黎所辟，檀施供养之佛也，为愚夫妇言之也；宋儒所辟，明心见性之佛也，为士大夫言之也。天下士大夫少而愚夫妇多，僧徒之所取给，亦资于士大夫者，少资于愚夫妇者多。使昌黎之说胜，则香积无烟，祇园无地，虽有大善知识，能率恒河沙众，枵腹露宿而说法哉！（纪昀《阅微草堂笔记》卷一八《姑妄听之》）

这就辩证地指出了韩愈辟佛的现实作用。在反佛上理论批判比较软弱的韩愈却得到后人的高度评价,不是没有道理的。

其次,看看韩愈的政治活动。

韩愈文章中经常表达这样的意思:"布衣之士,身居穷约,不借势于王公大人,则无以成其志;王公大人,功业显著,不借誉于布衣之士,则无以广其名。"主张二者"其事势相须,其先后相资"(《与凤翔邢尚书书》)。这就把"士"放到了"王公大人"的附庸的地位。他在《答刘秀才论史书》中表示不敢以史事为褒贬,惧怕"不有人祸,则有天刑",柳宗元批评他是"近密地,食奉养……取以供子弟费,古之志于道者不若是"(《与韩愈论史官书》,《柳河东集》卷三一)。在《潮州刺史谢上表》里他劝唐宪宗封禅,表示要"铺张对天之闳休,扬厉无前之伟绩",佞媚之态可拘。也正是由于韩愈身上有着对权势利禄企羡屈从的一面,才有前面提到的那些结纳宦官、谄媚权奸的行为。

他在政治上的局限更特别集中地反映在对"永贞革新"的态度上。从出身背景、思想观念等方面看,他与革新派代表人物如柳宗元、刘禹锡并没有什么大的不同,他们之间也私交甚好。革新派实行的限制割据、打击贪官、减免赋税等措施大体也符合韩愈的主张。革新派也是以儒家仁义之道为推行改革的依据的。例如柳宗元主张的"以生人为主"的"大中"之道(《唐故给事中皇太子侍读陆文通先生墓表》,《柳河东集》卷九)就与韩愈的"相生养之道"在精神上大体一致。但由于人事的、性格的,更重要的是思想观念上的原因,韩愈却站到了革新派的反面。按他的缓进的、比较保守的立场,革新派是"群小用事",窃夺国柄。他因此被革新派排斥并被流贬岭南。在以后的诗文中他对改革派一再大张挞伐。这成了他一生活动中的消极方面。

但韩愈又立志做"处心有道,行己有方"(《答李翊书》)的"君子"。他的理想是"居官行道"。他早年写《争臣论》,明确批判"禄仕"，主张坚持"官守""言责"："有官守者，不得其职则去；有言责者，不得其言则去。"而他所坚持的又是"畏天命而闵人穷"（《争臣论》）的"仁义"之道。因此，他又常常对现实的腐败黑暗取批判态度，十分关怀民生疾苦。他赴吏部调选不利，上宰相书，对科举败坏、人才被抑进行批评；在御史台上疏谏天旱人饥，对统治者不恤民生也有所指斥；任都官员外郎时分判祠部，从中官功德使手中争回管理京城寺观的权力，"禁哗众以正浮屠"；任河南令，对魏、郓、幽诸镇在京留邸"贮潜卒以橐罪士"（皇甫湜《韩文公神道碑》，《皇甫持正文集》卷六），加以揭发查禁；任中书舍人，又以赞同平定淮西而被贬；以至后来从征淮西、谏迎佛骨、宣慰镇州等，都是坚持大义的行动。这又都反映了他政治活动的积极、进步方面。

韩愈政治态度与社会活动中的矛盾，往往使他在实际活动中左右支绌。他不为革新派所容，又为保守派所不喜，结果是"跋前踬后，动辄得咎"（《进学解》），一生充满波折坎坷。这是他的特殊处境与思想决定的人生悲剧。

再次，简略地看看韩愈的文学活动。

韩愈是依附于统治集团的文人，因此如前所述，他公开承认对统治阶级歌功颂德是自己的职责。他写了不少隐恶扬善的虚假不实之词，以至受到"谀墓"①的讥评。典型例子如洪迈所指出：

> 唐穆宗时，以工部尚书郑权为岭南节度使，卿大夫相率为诗送之。韩文公作序，言权"功德可称道"，"家属百人，无数亩之宅，僦屋以居，可谓贵而能贫，为仁者不富之效也"。《旧唐史·权传》云："权在京师，以家人数多，奉入不足，求为镇，有中人之助。南海多珍货，权颇积聚以遗之，大为朝士所嗤。"又

---

① 李商隐《齐鲁二生·刘叉》："后以争语不能下诸公，因持愈金数斤去，曰：'此谀墓中人得耳，不若与刘君为寿。'"（《樊南文集详注》卷八）

《薛廷老传》云:"郑权因郑注得广州节度。权至镇,尽以公家
珍宝赴京师,以酬恩地。廷老以右拾遗上疏,请按权罪。中人
由是切齿。"然则其为人乃贪邪之士尔,韩公以为仁者,何邪?
(洪迈《容斋续笔》卷四《郑权》)

这种批评确实也揭示了韩文的部分事实。但这又并不是韩文的全
部。韩愈创作的主导思想是"文以明道"。这个提法最初出现于
《争臣论》:

愈曰:君子居其位,则思死其官;未得位,则思修其辞以明
其道。我将以明道也。

他又表示:

愈之为古文,岂独取其句读不类于今者耶?思古人而不
得见,学古道则欲兼通其辞。通其辞者,本志乎古道者也。
(《题哀辞后》)
愈之志在古道,又甚好其言辞。(《答陈生书》)

这样,他把诗文写作看作是发扬儒道的大事业的一部分。因此他
又要求"行之乎仁、义之途,游之乎《诗》、《书》之源"(《答李翊书》),
自许要"诛奸谀于既死,发潜德之幽光"(《答崔立之书》)。也因此,
他又能坚持儒家仁义道德的原则性,确立起对现实的批判态度,写
出许多具有深刻思想意义的作品。举凡中唐时期的重大社会问
题,诸如强藩跋扈、朝政腐败、赋役繁重、佛道横流,以至贤才被抑
等等,在他的诗文中都有相当鲜明、深刻的表现。

　　以上,从几个侧面简单分析了韩愈在特定时代条件下一身而
兼为"官"与"儒"的矛盾,可以更清楚地看出他作为一个出身统治
阶级的有理想、有抱负的知识分子坚持经世济民的理想和操守所
做出的艰苦卓绝的努力及其所取得的成就。

裂文与道为两物

　　在中国思想史上，韩愈是儒学由汉学向宋学转变的重要人物，是一位卓有建树的思想家；而同时他又是中国文学史上屈指可数的伟大的文学家之一。他作为诗人与古文家的声望往往盖过了他儒学家的名声。实际上他在文学上的成就，又成为发扬他的儒学的最主要的手段。他以承继儒道为职志，而又能在文学上取得众多创获，与他对文、道关系的独特的、较为辩证的处理直接相关。

　　主张文要以儒道为内容，反对空洞浮靡的文风，不自韩愈始。这可以说是儒家文学观念在逻辑上的应有之义。但韩愈倡导"文以明道"，却注意到两个方面：一方面是主张文要明道，因此就要反对形成为"程式"的"绣绘雕琢"之文、"妖淫谀佞诪张之说"（《上宰相书》），韩愈把这些斥之为"类于俳优者之辞"（《答崔立之书》）。另一方面则为明道而重文，提出"辞不足不可以为成文"（《答尉迟生书》）。这样，他的观点就不同于历史上各种"文以载道""道胜言文"，以至"因文害道"等片面强调儒道的主张，而强调文的独立价值和它对于道的特殊意义。因此招致理学家朱熹指责他"裂道与文以为两物"（朱熹《读唐志》，《朱文公全集》卷七〇）。

　　韩愈虽自负"世无孔子，不当在弟子之列"，但在实际上他更热心做个"文人"。王守仁说："退之，文人之雄耳。"（《传习录》上，《王文成公全书》卷一）韩愈自叙说：

　　　　愈也，布衣之士也。生七岁而读书，十三而能文，二十五而擢第于春官，以文名于四方。（《与凤翔邢尚书书》）

　　　　今有人生二十八年矣。名不著于农工商贾之版，其业则读书著文，歌颂尧舜之道；鸡鸣而起，孜孜焉亦不为利……

（《上宰相书》）

这表明，社会地位决定了他作为"文人"的生涯。他对文章又确有特嗜，他说：

> 虽愚且贱，其从事于文，实专且久。（《上襄阳于頔相公书》）

> 性本好文学，因困厄悲愁，无所告语，遂得究穷于经传史记百家之说，沈潜乎训义，反复乎句读，砻磨乎事业，而奋发乎文章。（《上兵部李侍郎书》）

他的一些文章，如《答李翊书》《进学解》等更详细记述了自己长期刻苦研习文章的体会。后来许多人的批评也集矢于韩愈对文的畸重。程颐说他"倒学"，是"因学文日求所未至，遂有所得"（《二程语录》卷一一《遗书伊川先生语》）。杨时说：

> 若唐之韩愈，盖尝谓"世无仲尼，不当在弟子之列"，则亦不可谓无其志也。及观其所学，则不过乎欲雕章镂句，取名誉而止耳。（《与陈传道序》，《杨龟山集》卷四）

朱熹指出：韩、柳用力处"只是要作好文章"，"用了许多岁月，费了许多精神，甚可惜也"（朱熹《沧州精舍谕学者》，《朱文公文集》卷七四）。这些是道学家的批评。如从强调儒道的角度看，韩愈确实流于过度重文的偏颇。后来人也有类似看法，如程廷祚：

> 退之以道自命，则当直接古圣贤之传，三代可四，而六经可七矣。乃志在于沉浸酖郁，含英咀华，作为文章，戛戛乎去陈言而造新语，以自标置，其所操抑末矣。（《复家鱼门论古文书》，《青溪集》卷一○）

陈衍：

> 昌黎长处，在聚精会神，用功数十年，所读古书，在在撷其

> 菁华，在在效法，在在求脱化其面目。然天资不高，俗见颇重，
> 自负见道，而于尧、舜、孔、孟之道，实模糊出入。故其自命因
> 文见道之作，皆非其文之至者。(《石遗室论文》卷四)

这类相当普遍的批评，确也反映了韩愈的实际。

更值得注意的是，在韩愈对古代文章广取博采的继承中，他又
特别注重文学传统，而不是儒学传统。北齐高湝致杨遵彦书中说：
"经国大体，是贾生、晁错之俦；雕虫小技，殆相如、子云之辈。"(《隋
书》卷四二《李德林传》)在庸人的观念中，经学家、政治家、文学家
的不同文章类型已区别得很清楚，但韩愈所重不在董仲舒和晁、贾
的经术政论文章，而在两司马、扬雄等文人创作。他说：

> 汉朝人莫不能为文，独司马相如、太史公、刘向、扬雄为之
> 最。(《答刘正夫书》)

在《送孟东野序》里提到的历代"善鸣""能鸣"者中，汉代人中提到
的也是司马迁、相如、扬雄；唐代则提出了陈子昂以下到张籍九位，
都是文学家。他批评当世科举之文：

> 诚使古之豪杰之士若屈原、孟轲、司马迁、相如、扬雄之徒
> 进于是选，必知其怀惭乃不自进而已耳。(《答崔立之书》)

因此柳宗元也指出："退之所敬者，司马迁、扬雄。"(柳宗元《答韦珩
示韩愈相推以文墨事书》，《柳河东集》卷三四)近人陈衍则说："昌
黎虽倡言复古，起八代骈俪之衰，然实不欲空疏固陋，文以艰深。
注意于相如、子云，是其本旨。"(《石遗室论文》卷四)而且，韩愈对
儒经也多注意其文学价值，并把它们与司马相如等人文章相并列，
如《进学解》谈到学文：

> 沉浸醲郁，含英咀华，作为文章，其书满家。上规姚、姒，
> 浑浑无涯，周《诰》殷《盘》，佶屈聱牙；《春秋》谨严，《左氏》浮
> 夸，《易》奇而法，《诗》正而葩；下逮《庄》、《骚》，太史所录，子

云、相如,同工异曲……(《进学解》)

这显然是从文学表现上表扬儒典的价值的。

　　对于韩愈的这种倾向,后代人有各种评论。如王鏊说:

　　　　尝怪昌黎论文,于汉独取司马迁、相如、扬雄,而贾谊、仲
　　舒、刘向不之及。盖昌黎为文主于奇,马迁之变怪、相如之闳
　　放、扬雄之刻深,皆善出奇;董、贾、向之平正,非其好也。(《震
　　泽长语》卷下)

这是从风格论着眼的。方东树说:

　　　　退之论文,屡称扬子,而不及董子。盖文以奇为贵,而董
　　子病于儒。余闻之刘先生说如此。然窃以为退之所好扬子
　　文,亦谓其赋及他杂文耳。若《法言》、《太玄》,理浅而词艰,节
　　短而气促,非文之工者也。退之所好不在此。(《书〈法言〉
　　后》,《仪卫轩文集》卷六)

这是从文之工拙着眼的。方孝孺则批判说:

　　　　汉儒之文有益于世、得圣人之意者,惟董仲舒、贾谊;攻浮
　　靡绮丽之辞、不根据于道理者,莫陋于司马相如。退之屡称古
　　之圣贤文章之盛,相如必在其中,而董、贾不一与焉。其去取
　　之谬如此,而不识其何说也。(《答王秀才》,《逊志斋集》卷
　　一一)

这则是从更根本的儒学角度来批评韩愈重文的倾向的。

　　这样,韩愈在实践中重视与发扬的主要不是古代著述的传统,
而是文学创作的传统。他说:“凡自唐虞已来,编简所存,大之为河
海,高之为山岳,明之为日月,幽之为鬼神,纤之为珠玑华实,变之
为雷霆风雨,奇辞奥旨,靡不通达。”(《上兵部李侍郎书》)这表明他
之所重在“奇辞奥旨”。他没有留下系统的创作理论,但诗文中的
片言只语却能反映他的文学创作观念。例如他提倡文章“务出于

奇,以不同俗为主"(《国子助教河东薛君墓志铭》);要求"文丽而思深"(《与祠部陆给事书》),"海含地负,放恣横从"(《南阳樊绍述墓志铭》);主张"文章语言,与事相侔。惮赫若雷霆,浩瀚若河汉,正声谐《韶》、《濩》,劲气沮金石。丰而不余一言,约而不失一辞。其事信,其理切"(《上襄阳于相公书》)。这些体会有得之言,涉及文章风格、语言、表现方法、声韵等多方面,也透露出韩愈本人在创作艺术方面的努力。

唐代当时人也特别肯定韩愈"文章"方面的成就。如李翱《行状》说他"深于文章,每以为自扬雄之后,作者不出。其所为文,未尝效前人之言,而固与之并"(《李文公集》卷一一)。李汉更称赞他"先生于文,摧陷廓清之功,比于武事,可谓雄伟不常者矣"(《唐吏部侍郎昌黎先生韩愈文集序》,《全唐文》卷七四四)。到了明胡震亨说得更为绝对:

> 余曰:退之亦文士雄耳。近被腐老生因其辟李、释,硬推入孔家廉下,翻令一步那动不得。(《唐音癸签》卷二五)

当然,韩愈实际上在儒学上的贡献是不可忽视的。这一点已如上述。这里只从文学史的角度讲,指出他文、道并重,为明道而重文,促使他对文学创作做出多方面的巨大努力,从而取得诗文写作的巨大成就,在文学史上建立起不朽的功业。

起八代之衰与取八代之髓

韩愈在散文上的主要贡献,是倡道"古文",从理论到实践,全面地实现了文体、文风和文学语言的根本革新,造成了文学散文发展的又一个高峰。

一种具有代表性的观点是认为韩愈"文起八代之衰"(苏轼《潮州韩文公庙碑》,《东坡后集》卷一五)。这主要是指他以古文取代了东汉以来逐渐兴盛起来的骈文。桐城派的创始人方苞认为,所谓"古文"乃是"六经及孔子、孟子之书之支流余肆也"(《古文约选序例》,《方望溪先生全集·集外文》卷四);曾国藩则明确指出,古文者"韩退之氏厌弃魏、晋、六朝骈俪之文,而反之于六经、两汉,从而名焉者也"(《覆许仙屏》,《曾文正公全集·书札》卷一四)。这都从对流行的骈文摧陷廓清之功上肯定了他在转变文体与文坛风气上的贡献。

关于韩愈的文体"复古",涉及问题很多。这里只讨论一点,即韩愈倡道与创作"古文"得以成功,不仅是因为他善于继承与发扬上古秦汉散文优秀传统,并多方面学习古代各体文章的表现方法,也是因为他广泛汲取东汉以来散文发展,包括骈体文发展所取得的艺术成就。

造成"古文运动"的兴盛,本不是韩愈一个人的功劳。古文取代空洞浮艳、雕绣藻绘的骈文是在一定历史条件下文体与文学发展的历史潮流。旧史说:

> 大历、贞元之间,文字多尚古学,效扬雄、董仲舒之述作,而独孤及、梁肃最称渊奥,儒林推重。愈从其徒游,锐意钻仰,欲自振于一代。(《旧唐书》卷一六〇《韩愈传》)

清人赵怀玉也指出:

> 退之起衰,卓越八代,泰山北斗,学者仰之。不知昌黎固出安定(梁肃)之门,安定实受洛阳(独孤及)之业。公则悬然天得,蔚为文宗。大江千里,已滥觞于巴岷;黄河九曲,肇发源于星宿。(《独孤宪公毗陵集序》,《毗陵集》卷首,《四部丛刊》本)

这都说明,大历、贞元年间,倡道"古学"已形成风气。而如追溯渊源,提倡文体复古早已始于北朝;至隋代南北文风融合,改革文体、文风的要求更渐趋强烈,代表者有李谔、王通等人。入唐以后,批判六朝浮靡文风、提倡革正文体已是文坛一般主张。经陈子昂到开、天年间的李华、萧颖士、元结等人的努力,到中唐时期"古文"已渐成声势。韩、柳等人不过是顺应历史潮流取得杰出成就的佼佼者而已。

但应当承认,韩愈及其文坛盟友柳宗元在倡道与创作古文方面确实取得了远远度越前人与同时流辈的成就,而做到这一点又有多方面的原因,其重要一点在于他们总结了散文发展的历史经验,不是形式主义地拟古(如北朝苏绰仿《周书》作《大诰》,王通仿儒典作《元经》),更不是单纯追求实用而反藻饰(如隋文帝杨坚反对文表华艳,要求"实录"),也不如李华等人片面强调文必宗经;而是更辩证地理解并遵循文学自身的发展规律,对前人积累的艺术经验去粗取精、融液搜泽,将其有价值的成果纳入自己的创作实践,从而实现了"复"中有"变"的创新与发展。而从文学发展历史看,正是自魏晋以后进入了"文学自觉"的时代;文学创作中艺术表现上的许多进步,是在这一时期取得的。韩愈等人否定骈文,是实现了辩证的"扬弃",即舍弃了它的僵化的形式,而继承了它所取得的艺术成就。叶适"若夫言语之缛为辞章,千名百体,不胜浮矣。韩、欧虽掔之于古,然而益趋于文也"(《栎斋藏书记》,《水心文集》卷一一),就说出了这个道理。

阮元论骈文,谓"文体不可谓之不卑,而文统不得谓之不正"(《书梁昭明太子〈文选〉序后》,《揅经室三集》卷二)。他作为新"文笔论"的代表,为骈文争正统,看法往往流于偏颇,但其见解又是有合理内容的。骈文文体发展中把中国散文中固有的排比对偶、声韵词藻、使典用事等表现方法绝对化、程式化了。但这种"别于经传子史,通于诗赋韵言"(章学诚《文史通义》外篇卷三《杂说下》)的对偶用韵之文,确乎发展了中国散文的技巧,取得了独特的艺术成就。因此后人谓"骈体者，修词之尤工者也"（袁枚《胡稚威骈体文序》，《小仓山房文集》卷一一）。唐代作家大都严于指斥六朝文风，但唐代文学的伟大成就却又是在六朝文学发展的基础上取得的。韩愈的"古文"成就也是如此。后来不少人指出了这一点，如袁中道说：

> 昔昌黎文起八代之衰，亦非谓八代以内都无才人。但以辞多意寡，雷同已极。昌黎去肤存骨，荡然一洗，号为功多。（《解脱集序》，《珂雪斋文集》卷一）

刘开说：

> 夫退之起八代之衰，非尽扫八代而去之也。但取其精而汰其粗，化其腐而出其奇。其实八代之美，退之未尝不备有也。（《与阮芸台宫保论文书》，《刘孟涂文集》卷四）

刘熙载说：

> 韩文起八代之衰，实集八代之成。盖惟善用古者能变古；以无所不包，故能无所不扫也。（《艺概》卷一《文概》）

蒋湘南说：

> 浅儒但震其起八代之衰，而不知其吸六朝之髓也。（《与田叔子论古文第二书》，《七经楼文钞》卷四）

如此等等。韩愈的创作正可印证这些看法。

从行文体制上看。韩愈的"古文"已完全不同于先秦盛汉质朴无华的散行文体，在句式、声韵、词藻等方面都融入了骈体的技巧。他主张文章要"引物连类，穷情尽变，宫商相宣，金石谐和"（《送权秀才书》），要求"言之短长与声之高下者皆宜"（《答李翊书》），这都涉及骈体结句和声韵等技法。他的有些文章如《进学解》《送穷文》等，基本上用整句韵语；如《原毁》，则全篇以长排组成。他更把俪词偶语融入行文,取其严整流畅,音调谐合;他还灵活使用意对语不对,语对意不对,散行中兼用四、六偶句等方法,把骈俪消化在散体的语气文情之中。这样,他调动了骈体修辞的各种功能,增强了文章的表现力。包世臣曾指出:

> 凝重多出于偶,流美多出于奇。体虽骈必有奇以振其气,势虽散必有偶以植其骨。仪厥错综,至为微妙。(《文谱》,《艺舟双楫·论文》卷一)

韩愈在发挥骈、偶兼行的功能上就是如此深入化境的。

从文章体裁看。吴汝纶曾指出:先秦以来有集录之书、自著之言,前者出于《诗》《书》,后者出于《易》《春秋》,"及唐中叶,而韩退之氏出,源本《诗》《书》,一变而为集录之体"(《天演论序》,《桐城吴先生文集》卷三)。而这种单篇集录的创作体制正是形成于魏、晋以来"四部分,文集立"之后。也正由于创作单篇集录的文章,才发展了不同于秦汉著述形式的各种散文文体。包世臣又指出:

> 周、秦文体未备,是矣,魏、晋以后渐备,至唐、宋乃全。
> (《复李迈堂书》,《艺舟双楫·论文》卷三)

实际上,韩愈所运用与发展的散文体裁,基本是直承六朝的。刘开则指出:

> 文之义法,至《史》《汉》而已备;文之体制,至八代而乃全。
> (《与阮芸台官保论文书》,《刘孟涂文集》卷四)

因此,没有六朝各体散文的创造,就不会有韩愈各体散文的成就。例如韩文中艺术成就很高的碑传、记序、书信等体裁,都先后兴盛、完善于六朝。而在韩愈创作中,比起另一类论说、表状等文章,这些文体的作品显示出更强的艺术创造特性,更能突显他散文艺术的高水平。

从表现方法看。韩愈散文的艺术独创性表现得非常突出,重要一点是更强烈地发展了文学主观创造的特性，在这方面大大超越了先秦盛汉的传统。如袁宏道就曾指出：

> 古之为诗者，有泛寄之情，无直书之事；而其为文也，有直书之事，无泛寄之情，故诗虚而文实。晋、唐以后，为诗者有赠别，有叙事；为文者有辨说，有论叙。架空而言，不必有其事与其人，是诗之体已不虚，而文之体已不能实矣。（《雪涛阁集序》，刘大杰编校《袁中郎全集·序文》）

这里涉及诗的问题不论；关于文的用"虚"而"不能实"，正是发挥作家主观创造力的表现。朱宗洛在分析《送温处士赴河阳军序》时说：

> 如题是《送温处士》，便当赞美温生。然必实讲温生之贤若何，便是呆笔。作者已有送石生文，便从彼联络下来，想出"空""群"二字，全用吞吐之笔，令读者于言外得温生之贤，而乌公能得士意，亦于笔端带出。此所谓避实击虚法也。（《古文一隅》卷中）

如这里的"避实击虚"，不只是黏题不黏题的构思问题，更重要的是发挥作者想象、联想、虚构的能力，以实现艺术概括与创造的问题。韩愈善于架空虚说，别开生面，"文体均称，翻出异样采绘，照耀耳目"，"用意笔墨皆烟云"（恽敬《答来卿》，《大云山房言事》卷二）；批评他的人又说他的文章多"出于诡谲戏豫、放浪而无实者"（朱熹《读唐志》，《朱文公全集》卷七〇）。"诡谲"当然不足取，但"戏豫"追求趣味，"无实"有虚构成分，用之得当，乃是有艺术价值的写作手法。在韩愈写作中，这些都显示出他有意识地从事艺术创新的努力。而在这方面，他也是发展了六朝的传统的。六朝文的浮靡不实也是一种用"虚"，只是表现的内容多浅薄或颓唐而已。

清人王铁夫指出：

> 古文之术，必极其才而后可以裁于法，必无所不有而后可

以为大家。自非驰骛于东京、六朝沈博绝丽之途,则无以极其
才……韩、柳皆尝从事于东京、六朝。韩有六朝之学,一扫而
空之,融其液而遗其滓,遂以复绝千余年。(转引凌扬藻《蠡勺
编》卷三八《王铁夫论韩柳》)

这个看法是符合实际的。

以文为诗

韩愈诗奇崛高古,独创新境,“山立霆碎,自成一法”(蔡绦《西
清诗话》转引胡仔《苕溪渔隐丛话后集》卷三三),与孟郊诗一起创
中唐诗坛的韩孟诗派;而从诗歌史的发展看,“唐之少陵、昌黎、香
山、东野,实唐人之开宋调者”(钱锺书《谈艺录》第 2 页,中华书局,
1984 年补订本),则韩愈又是诗歌史上转变风气的、极富独创性的
关键人物。

后人概括韩诗特点为“以文为诗”。这当初本是一种贬抑性的
评语,据传出于陈师道:

> 退之以文为诗,子瞻以诗为词,如教坊雷大使之舞,虽极
> 天下之工,要非本色。①

释惠洪有记载说:

> 沈存中、吕惠卿吉甫、王存正仲、李常公择,治平中在馆
> 中,夜谈诗。存中曰:“退之诗,押韵之文耳,虽健美富赡,然终
> 不是诗。”吉甫曰:“诗正当如是。吾谓诗人亦未有如退之者。”

---

① 《后山诗话》。此书后人多疑其伪。参阅程千帆《韩愈以文为诗说》,《程千帆
诗论选集》,山西人民出版社,1990 年。

正仲是存中，公择是吉甫，于是四人者相交攻，久不决……予
尝熟味退之诗，真出自然，其用事深密，高出老杜之上……
（《冷斋夜话》卷二）

惠洪记述的评价是截然对立的，但诸人认为韩愈"以文为诗"的看
法却是一致的。全面评论韩诗，用这一简单的概括当然不够，但它
确能反映韩诗艺术的主要特征。而自宋人即开始的有关这一问题
的争论，则又关系到对唐、宋诗不同艺术风格的看法。沈存中等人
的辩论，表明由韩愈等开创、并由宋人发展的新诗风，当时尚未被
人们普遍承认。

唐诗重意兴情韵，宋诗主筋骨思理；重意兴情韵则多用兴象，
讲究韵味深长；主筋骨思理则多用议论，讲究思致细密。这样，宋
人"以文字为诗，以才学为诗，以议论为诗"（严羽《沧浪诗话·诗
辨》），概括起来就是"以文为诗"，韩愈实开此风气的先河。这应该
说是对以前的诗的规范的突破，是诗歌艺术的创获，是把中国古典
诗歌发展推向了新阶段。从这个意义上，是应当充分肯定韩诗的
贡献的。

韩诗"以文为诗"的直接表现是诗的"散文化"。赵秉文说他
"以古文之浑灏，溢而为诗，然后古今之变尽"（《与李孟英书》，《闲
闲老人滏水文集》卷一九）。方东树论七古说："观韩、欧、苏三家，
章法剪裁，纯以古文之法行之，所以独步千古。"（《昭昧詹言》卷一
一）。这实际也是杜甫"铺陈终始，排比声韵"（元稹《唐故工部员外
郎杜君墓系铭并序》，《元氏长庆集》卷五六）的技巧的发展。如韩
愈早年的《此日足可惜》一诗，记述离乱经过，琐细生动，仿佛杜甫
《北征》；《赴江陵途中寄三学士》诗，也同样使用了散文的叙事、描
摹技巧。陈沆又曾批评说："《谢自然》，送灵、惠，则《原道》之支澜；
《荐孟郊》、《调张籍》，乃谭诗之标帜，以此属词，不如作论。"（《诗比
兴笺》卷四）实际如此以论为诗，也是诗境的开拓。陈寅恪谓韩诗
"既有诗之优美，复具文之流畅，韵散同体，诗文合一，不仅空前，恐

亦绝后"(《论韩愈》,见前)。就其善于把古文之法用之于诗一点而言,这一评价是相当准确的。

韩愈"以文为诗",又使诗的内容大为扩大了,即把一般作为文的内容纳入到了诗里。欧阳修说:

> 退之笔力,无施不可,而尝以诗为文章末事。故其诗曰"多情怀酒伴,余事作诗人"也。然其资谈笑,助谐谑,敍人情,状物态,一寓于诗,而曲尽其妙。(《六一诗话》)

确实,韩诗融入许多奇特的、难以入诗的题材。例如《陆浑山火》写野火,《叉鱼》写捕鱼,都尽力铺排描摹,把景象形容得淋漓尽致;《永贞行》写政治事变,《寄卢仝》写讼案,都铺陈原委,叙事清晰;又如《石鼓歌》描写石刻,《岣嵝山》叙说访古,都是前人诗中不多见的内容。韩愈更把不是诗的内容纳入诗,如鼾睡、落齿、疟病等都被他写成了诗。后人指出他是"以丑为美"(刘熙载《艺概》卷二《诗概》),或评论他写非诗之诗。这使他真正做到了"胸中牢笼万象,笔下镕铸百家"(李重华《贞一斋诗说》)。

韩诗"以文为诗"的特点还表现在诗中多用"赋"。他改变了先秦以来诗歌多用比兴的传统,在创作中又不重掩抑收敛,少用省略含蓄,而且不避琐细,极力铺排。赵翼曾指出:

> 自沈、宋创为律诗后,诗格已无不备。至昌黎又斩新开辟,务为前人所未有。如《南山诗》内铺列春夏秋冬四时之景;《月蚀》诗内铺列东西南北四方之神;《谴疟鬼》诗内历数医师灸师诅师符师是也。又如《南山诗》,连用数十"或"字;《双鸟》诗,连用"不停两鸟鸣"四句;《杂诗四首》内一首连用五"鸣"字;《赠别元十八》诗连用四"何"字,皆有意出奇,另增一格。(《瓯北诗话》卷三)

多用铺陈则易于造成浅露冗长,使得诗的内在情韵不足。但韩愈却善于用表达的繁简详略、构思的移步换形、结构的波澜起伏等等加以补救，造成强烈的艺术效果。例如有名的《南山诗》，大幅地铺排山间四时景致，琐细地叙述自己游山经过，特别是五十一个"或"字组成的排比形容，把赋的铺陈技法发扬到了极点，也确实写出了南山的伟丽壮观。另一首写游山的诗《山石》，篇幅比《南山诗》短得多，则一步步叙写自己登山、入寺、进食、留宿直到清晨出山的过程，好像不施剪裁，寸步不遗；但由于其高超的描写技巧，独特的捕捉细节的本领以及内含的饱满的情致，使这篇作品成为意境鲜明、情致丰富的好诗。又如《洞庭湖阻风》写湖上风浪，《陆浑山火》写野火焚烧，由于极力铺张而造成了惊心动魄的效果。这种多用赋的技法，创造出与讲究"味外味""韵外深致"的一类诗全然不同的风格。

"以文为诗"还体现在诗的句法声韵上。中国古典诗发展到唐代，不但古、今各种诗体皆备，而且诗句的内部结构如对偶、音节、押韵的方式也已形成了规范。韩愈打破这些规范，采取与已定型的诗的格式不同的表达方式。这种突破也可以看作是把更为自由的文的写法活用于诗。在对偶方面，他往往自创新格，有的五言长古如《县斋有怀》通首皆对；有的五律如《答张彻》则包括起结句句作对，且全用拗体，这都因难见巧，令人转觉生峭；而在另一些诗中他又力避偶对，或在五言诗中用十字长句，以散漫形古奥。中国诗的节奏一般取两个音节一个音步的形式，韩愈常常有意改变这种习惯的格式，例如五言句中使用"一四""三二"的意义节奏，以显出一种生梗古朴的声韵效果。他还精心推敲用韵，如欧阳修说：

> 予独爱其工于用韵也，盖其得韵宽则波澜横溢，泛入傍韵，乍还乍离，出入回合，殆不可拘以常格，如《此日足可惜》之类是也；得窄韵则不复傍出，而因难见巧，愈险愈奇，如《病中赠张十八》之类是也。余尝与圣俞论此，以谓譬如善驭良马者，通衢广陌，纵横驰逐，惟意所之；至于水曲蚁封，疾徐中节，而不少蹉跌，乃天下之至工也。（《六一诗话》）

韩愈如此突破定格,是寻求表达上的"自由",但从一定意义上说又是有意造成"不自由"。突破定格并不是不要格式,而是在创造新格。"以文为诗"不是把诗写成散文,而是写出融入散文技法的新型的诗。在格律方面的努力,正是为达到这一目标。

中国传统诗还积累了一整套诗的语汇,形成了诗语的一般构造方式。韩愈在这方面也勇于突破。他好用奇字新语,如袁枚所说:

> 昌黎尤好生造字句,正难其自我作古,吐词为经,他人学之便觉不妥耳。(《随园诗话》卷三)

韩愈在诗语上往往是探幽索微,千锤百炼,自铸奇语;他还主张"横空盘硬语,妥帖力排奡"(《荐士》),即把精心结撰的奇词硬语平熨妥帖地运用于作品中。赵翼指出:

> 盘空硬语,须有精思结撰。若徒持摭奇字,诘曲其词,务为不可读以骇人耳目,此非真警策也……其实《石鼓歌》等杰作,何尝有一语奥涩,而磊落豪横,自然挫笼万有。(《瓯北诗话》卷三)

又例如《赴江陵途中寄赠三学士》《岳阳楼别窦司直》《荐士》《送无本师归范阳》等名篇,遣词造语都戛戛生新,诙诡奇崛,造成了独特的艺术效果。韩愈也有时故意摭撉奇字以哗众骇俗,如《南山诗》的"突起莫闲篐""堛塞生怐愗""达梆壮复奏",《陆浑山火》的"盉池波风肉陵屯""电光礌磭颏目暖",《征蜀》诗的"投奇闹碻磴,填隍儙傚僜"等等,眩耀奇字险语,务为不可读,则是大才欺人,不可为法了。

总之,可以概括为"以文为诗"的韩愈诗,富于矜创,成绩卓卓,在盛唐李、杜等诸大家之后,发展了诗的艺术技巧,并给未来诗的发展开拓出一个新生面。但韩愈的诗有时刻意求奇,流于险怪,这前面已经指出;又往往用游戏笔墨,矜其恛钉之巧;而更主要的是如沈德潜所说："昌黎豪杰自命，欲以学问才力跨越李、杜之上，然恢张处多，变化处少，力有余而巧不足也。"（沈德潜《说诗晬语》卷上）因而韩诗虽然恢宏奥衍，却不足于李、杜那种自然精美、变化万千的气象。至于"以文为诗"造成某些作品兴象情韵之不足，也是不争的事实。但这已是中国诗史上风格论应另行研究的课题了。

学奇于韩愈

对韩愈诗文风格的总评价，一般归结为"雄奇""奇伟""奇诡"等等，甚至说"奇者极于韩"（翁方纲《石州诗话》卷四录朱彝尊语）。

早自韩愈的同时代人已注意到他的这一风格特征。王建评论他：

> 序述异篇经总核，鞭驱险句物先投。（《寄上韩愈侍郎》，《文苑英华》卷二五四）

柳宗元读《毛颖传》，说他"怪于文"，认为其作品可救治"模拟窜窃，取青媲白，肥皮厚肉，柔筋脆骨"〔《读韩愈所著〈毛颖传〉后题》，《柳河东集》卷二一〕的疲软雕琢文风。皇浦湜说他的作品"茹古涵今，无有端涯，浑浑灏灏，不可窥校。及其酣放，豪曲快字，凌纸怪发，鲸铿春丽，惊耀天下。然而栗密窈眇，章妥句适，精能之至，入神出天"（《韩文公墓铭》，《皇甫持正文集》卷六）。稍后李肇指出：

> 元和已后，为文笔则学奇诡于韩愈……（《唐国史补》卷下）

司空图论诗与创作实践都是主蕴借含蓄的，但他这样称赞韩诗：

> 愚尝览韩吏部歌诗数百首，其驱驾气势，若掀雷扶电，撑

> 决于天地之间，物状奇怪，不得不鼓舞而徇其呼吸也。（《题
> 〈柳柳州集〉后》,《司空表圣文集》卷二）

关于韩愈尚奇的原因,赵翼这样解释：

> 李、杜之前,未有李、杜,故二公才气横恣,各开生面,遂独
> 有千古。至昌黎时,李、杜已在前,纵极力变化,终不能再辟一
> 径。惟少陵奇险处,尚有可推扩,故一眼觑定,欲从此辟山开
> 道,自成一家。（《瓯北诗话》卷三）

这只是强调韩愈主观上争奇斗胜的一面。但还应看到客观因素的
一面,即韩愈"尚奇"风格的形成与他的遭遇、性格和思想变化直接
相关。

如果综观韩愈创作风格的演变就会发现,无论是诗还是文,早
期作品平正古朴者居多,"尚奇"特色并不显著。雄奇变怪的追求
是在贬阳山之后才明显起来的。而到了晚年,随着境遇心情的转
变,诗文风格又渐趋平缓。特别表现在诗作上,元和十年（815）以
后雄肆奇古的长篇古诗很少写作了,而多写清新蕴借的小诗。这
个事实表明,韩愈尚奇,首先决定于他的心境。坎坷不平的人生经
历郁结下的愤懑之气无可发泄,加上他又具有争奇好胜、不安凡庸
的个性,都促使他在创作中形成奇崛不凡的美学特征。

这样,韩愈诗文的奇,就不仅如前已指出的奇在字句等形式方
面,更主要的是奇在内容,奇在境界。这就与形式主义地在词句上
求险怪不同。他的诗给人感受最深的是奇情、奇境,其感受与表现
现实的奇特角度与方式。那掀天的巨浪（《洞庭湖阻风》）、燎原的
大火（《陆浑山火》）、苦寒（《苦寒》）、酷暑（《郑群赠簟》）,还有那如
火伞的柿叶（《游青龙寺》）,如雪堆的李花（《李花二首》）,以至嶙峋
神秘的高山（《岣嵝山》）、荒寂无人的古刹（《山石》）,在如此不平凡
的景象里,在在都流露出诗人不平静的心声。韩愈的文章也是一
样。如《伯夷颂》的开端：

> 士之特立独行、适于义而已。不顾人之是非,皆豪杰之
> 士、信道笃而自知明者也。一家非之,力行而不惑者寡矣。

这一雄肆磊落的长句,千回百转,自胸中郁积而来,奇文正有奇情
为依托。如《进学解》《送穷文》《南海神庙碑》《柳州罗池庙碑》,以
及王适、张署、马继祖、柳宗元、张彻等人的墓志铭等一系列奇文,
都各有丰厚而独特的思想积蕴,奇突不凡的艺术表现正有相应的
思想感情为基础。

　　韩愈"尚奇"表现在艺术上又是丰富的、多样化的,并不是单纯
的、偏枯的险怪。张耒说:"韩退之穷文之变,每不循轨辙。"(《明道
杂志》)刘大櫆说:"文贵变……一集之中篇篇变,一篇之中段段变,
一段之中句句变,神变、气变、境变、音节变、字句变,惟昌黎能之。"
(《论文偶记》)丰富多样的奇变造成雄肆不羁的艺术风貌。例如写
山,有"孤撑有巉绝""岩峦虽犨崒"(《南山诗》)的山;有"出入高下
穷烟霏""山红涧碧纷烂熳"(《山石》)的山;又有"江作青罗带,山如
碧玉簪"(《送桂州严大夫》)的山,都同样工于描画,景象都很新奇,
但写法却很不相同。同是写孟东野,《醉留东野》与《荐士》不同;
《送孟东野序》与《贞曜先生墓志铭》迥异。纪念柳宗元的三篇文
章:墓志铭、祭文、神庙碑,从取材到用语也绝不相袭。另外,他的
不少诗文是专求艰奥硬涩的,但也有的文章如《祭十二郎文》琐琐
如道家常,有的诗如《寄卢仝》《泷吏》则多用口语、方言。这种浅白
实际也是出奇的一种途径。

　　韩愈诗文之奇还表现为一种气势。他发展了传统的养气理论
与文气说,提出:

> 气,水也;言,浮物也。水大而物之浮者大小毕浮。气之与
> 言犹是也,气盛则言之短长与声之高下者皆宜。(《答李翊书》)

古代一些人论文气谈得多飘渺恍惚,而韩愈在这里把它与文章的
外在表现直接联系起来。对韩愈来说,养根才能竢实,本深才能末

茂,具有对仁义之道的深切领会与坚定信心才能形成雄肆豪放之气。这种气质也正体现于他自己诗文的从构思立意到遣词造语之中。他在《送无本师归范阳》诗中说"无本于为文,身大不及胆",《东都遇春》诗中说"文章倚豪横",这也正是他的自身写照。有人作譬喻说,就像盖房子,柳宗元先要丈量自家四至,不敢侵占别人田地;韩愈则惟意所适,横斜曲直,肆意而成,不问是谁的地方。这很生动地说明了韩愈的气魄和他与柳宗元的不同。有了这种气魄就会勇于打破常规,出奇而生新。因而,饱满充溢、雄肆不凡的文气是"尚奇"的基础。韩愈有些文章论理并不那么严正,逻辑也欠细密,但由于有一种"霸气",却也能造成强悍的艺术效果。

以上,简单地就韩愈思想与创作的几个问题写出选注者的粗浅看法。

本选集的选篇力求兼顾作家思想、艺术的各方面,因此,既选了那些思想性、艺术性俱佳、长期被人们传诵的名篇,也选了在内容上或表现方法上有一定特色的作品(如《南山诗》《平淮西碑》);有些作品思想局限较大,但确实代表了作家思想的重要方面(如《永贞行》《潮州刺史谢上表》)也被入选;又所辑诸家评论,亦兼采褒贬不同看法。选注者希望能够给读者提供一部比较全面地了解韩愈全貌的选本。

本选集全部选篇出自《昌黎先生集》正集四十卷之内。该集为李汉原编。《顺宗实录》作为史书不选。《外集》未选,主要因为无可选之作。对于《外集》,历来多有人主张不可尽信。选注者认为应具体分析论定。如《明水赋》《通解》《上考功崔虞部书》《河南同官记》等已具见赵德《文录》,不必致疑;《送汴州监军俱文珍序》《答刘秀才论史书》等,证之韩愈生平亦合。《与大颠书》三首,自宋以来,聚讼纷纭,特别有欧阳修、朱熹断言不伪,增强了肯定意见的力量,值得慎重对待。但即使认为出于僧徒附会,也不能动摇韩愈与大颠结交论道的事实及其意义。

　　本选集按诗、文、赋三类，依写作年代排列（写作年代难于确考者，根据内容判断置于相应处），庶利于读者认识韩愈思想、艺术的发展脉络。

　　韩集版本多，异文多，校勘成果亦多。本选集以东雅堂本为底本，参照诸本作了校勘。东雅堂本曾受讥评，但校订文字在诸本中向称精审，且最为通行，并被多数选家遵用，故以此选为底本。校勘时还使用了台湾故宫博物院1982年影刊宋淳熙元年（1174）临安本，该本大陆学者罕见利用，弥足珍贵。为避免繁琐，谨在注文中列出重要的参校结果，分两种情况：一种是对底本作了校改的，在该校改文句注解解释字句前先予注出；再一种是或异文可供参考，或可以两存，或推想原文应有讹误的，在有关文句注解后面注出。参校中较多汲取了方崧卿（《韩集举正》，简称“方《正》”）、朱熹（《韩文考异》，简称“朱《考》”）、魏仲举（《五百家注昌黎文集》，简称“魏《集》”）、陈景云（《韩文点勘》，简称“陈《勘》”）、马其昶（《韩昌黎文集校注》，简称“马《校》”）、钱仲联（《韩昌黎诗系年集释》，简称“钱《释》”）、童第德（《韩集校诠》，简称“童《诠》”）、陈迩冬（《韩愈诗选》，简称“陈《选》”）等人的成果。必要处一一注明，不敢掠美。

　　本选集注释包括作品写作年代、背景的考证和词语的注释与文句的疏通。引证力求详悉，并标明出处，以利读者覆案。

　　本选集于每篇之后附有评笺。所集录者不仅有正面的肯定意见，亦有批评意见，这是遵照章学诚笺注应“醇驳兼收，虚实互致”（《东雅堂校刻韩文书后》，《校雠通义·外篇》）的意思，读者可比较参考。选注者也加有一些按语，往往是就某个问题的一得之愚，供读者讨论、批评。

　　　　　　　　　　　　（摘自《韩愈选集》，上海古籍出版社，1996年）

莫道才《骈文观止》序

　　道才副教授曾是我的学生。在大学读书期间即好学深思,刻苦谨严,已在朋辈中崭然现头角。毕业后回到家乡广西执教,不断传来在学术上做出成绩的消息。工作十年间,他潜心于骈文的研究,有《骈文通论》等著作问世,卓然成一家言,在学术界已广有影响。这次他主编《骈文观止》贡献给读者,也是他在研究中的又一新成果。

　　骈文之受到讥评,它在唐宋之后被"古文"所取代,自有其理由。但骈文在文学史上应占有一定的地位,具有相当的价值,也是应当充分估计的。这有道才等人的著作在,无庸在这里赘述。我只想指出道才主编的这部具有一定规模的骈文选本,在当前是十分适用和必要的,理由主要有三:

　　第一,弘扬祖国文化,继承文化遗产,骈文是其中重要的、不可或缺的一部分。文学史的学习和研究更不应忽视骈文。特别是当前在校读书的学生,学习有关骈文知识,需要有作品来参考。旧有的选本已不太适用,在浩如烟海的总集、别集里搜寻捡选,实际上不可能,迫切需要新的选本。道才主编的这个选本具有相当的规模,无论是作为一般读物,还是供学生在学习中参考都是适用的。

　　第二,骈文中有相当一部分是思想内容上有积极意义的文章。唐、宋以来,骈文普遍受到"雕琢""绮靡"或"形式主义""唯美主义"等讥评。这种看法之片面,人们是越来越清楚了。事实上,如伟大的文学批评著作《文心雕龙》就是用骈体写的，一代名臣魏徵、陆贽千古以来感奋人心的章疏也是骈文，至于六朝直到近代文人们精美的骈体文章更是数不胜数。道才这部选本选录了这类作品。人们阅读这部选本自会有所收获。

第三，骈文高度发挥了使用汉语文的技巧。柳宗元所谓"骈四骊六，锦心绣口"，本是出于讥讽口吻的。而实际上"骈骊"的"锦绣"文章是把汉语文特有的功能（方块字组成的整齐句式、对仗、谐韵、使典用事等）化作了文字技巧，并把它们发展到了极致。写得好的骈文精美绝伦，既有写作中借鉴的价值，又可供艺术欣赏。道才的选本也提供了这方面的材料。

选文难，选骈文更难。文章多，又缺少借鉴，其中的甘苦选者当最能明了。应当感谢道才等人做了这样艰苦而又枯燥的工作，也应感谢出版社负责人有眼力、有魄力出版这样的书。

（摘自莫道才主编《骈文观止》，文学艺术出版社，1997年）

学术的厚重

——《周勋初文集》笔谈

多年来,周先生每有新著,总会送我一本;而我每收到后,一定会认真阅读,并推荐给友人和学生。有的书如《当代学术研究思辨》在海外讲学时还曾作为教材或教材参考书使用。这主要是因为周先生的几乎每一部书或每一篇文章都有相当厚重的学术分量。

关于学术、学术分量等等,是我在阅读周先生著作时常常想到的。依常识见解,在所谓"学术线"以上的研究成果应具有两方面的内容:一是对于未发现的资料有所发现,再是对已发现的资料有所发明。随意抄撮、拼凑、"炒冷饭"的文字算不上"学术"成果;从严格意义上说,依据已有成果编撰出的一般教材、教学参考书,介绍文化知识的读物等等,都不能称为学术著作。而收录在《周勋初文集》里的文字,无论运用怎样严格的标准,都算得上是真正有学术价值的著作。这些著作学术分量的厚重是被公认的,其中体现的治学方法、治学态度更值得表扬。

周先生治学范围十分宽广。在资料的发掘、清理方面,仅就唐代文学领域而言,周先生用力甚勤,收获颇丰,无论是文献整理、年谱编撰还是资料考证等方面都做出了重要成绩。形成专书的,有关于传奇小说的《唐代笔记小说考索》、关于诗歌的讨论唐诗版本的一系列文章等。具体例子,可以举《高适年谱》。这部书正以资料详密为特征。其中如从《千唐志斋藏志》里发现高适姊高娍的墓志文，利用佛教方面的资料考定高适晚年的佛教信仰，如今都是学界熟知的善于发掘、利用新资料的著例。正由于诸多新资料的发覆、考订，使得这部年谱把高适研究推进了一大步。再如没有收入《文集》的《唐语林校证》一书，前此通行的版本是四库馆臣依据残本并从《永乐大典》辑佚编纂起来的，不仅文字乌马鲁鱼之处甚夥，更多有随意改动原文、割裂、拼凑之处；加之这部书历代被当作"小说家言"，也就没有人认真校勘、整理过。周先生广泛利用四部书，特别是总、别集，笔记，小说等各种文献，参考古今人研究成果，对全书的段落分合，文字的讹误、脱衍细加考订，特别是替千余条文字的百分之八十以上找出了原始出处，对《永乐大典》的佚文也一一加以复核、考订，从而在恢复原书面貌上前进了一大步。《唐语林》是重要的唐代史料，也是一部重要的笔记小说作品，周先生不仅提供了一个可靠的文本，其大量考证文字也是唐代历史和文学研究的重要成果。

在已有资料的发明方面，周先生眼光之锐敏、思路之新颖、见解之深刻往往让人叹为观止。他特别善于捕捉一般人忽略的"细节"，经过一番"探赜索隐，钩深致远"的功夫，得出具有普遍意义的结论。例如关于李白，古今人的研究成果汗牛充栋，但许多问题或由于记述纷杂，或由于资料不足，成为千古"谜"。周先生原在台湾出版、《文集》里首次在大陆面世的《李白之谜》一书，正是抓住李白生平活动的一些"细节"，如家人名字、婚姻状况、"剔骨葬友"的豪举、异端的思想行为等等，钩稽材料，与同时代人加以比较，细致地进行分析，从而阐明了有关李白人生经历、思想观念、文化背景等诸多方面的大问题。再如《韩愈的〈永贞行〉以及他同刘禹锡的交游始末》一文，讨论的也是一个资料有限而长时期聚讼纷纭的题目。周先生在注意到大的政治、社会背景的同时，更结合世态人情、人物个性等诸多因素，具体解析人物之间的因缘关系，得出的结论是持平、有说服力的。

　　作为学者,在资料和见识两方面都训练有素、都有所建树是很难得的。这也可以说是学人的理想境界。如开头说的,我十分珍爱周先生的文章、著作,这是一个主要理由。而如果觉悟到当前笼罩学术界的空泛、浮躁、虚侨的学风,周先生的著作就更可宝贵,出版、流通这样的著作也就更有意义。

　　　　　　　　　　　(发表于《中国典籍与文化》2002 年第 2 期)

禅史研究的丰碑

至今我还保存着当年(二十世纪八十年代)在日本阅读柳田先生著作(如法藏馆出版的《初期禪宗史書の研究》、筑摩书房出版的《講座禪》第三卷《中国禪宗史》等等)的笔记。柳田先生惠赠的大著也一直放在书房伸手可及之处。这些都是我从事研究工作的重要参考文献。多年来从柳田先生那里获得的教益是无穷无尽的。近年来中国佛教学术水准得以迅速提高,和与日本学界的交流有直接关系,而柳田先生就是影响和贡献重大的一位。

本人结识柳田先生,是在他荣任京都大学人文科学研究所所长的时候。我至今还记得当年和衣川贤次先生一起到先生研究室拜访的细节,先生谦和亲切的音容仍在目前。其后每次到日本,必定前往拜见,也必定受到热情的招待与指教。二十年间每次总是让我感受到先生学识之丰富和人格的魅力。先生对一个普通中国学者倾注下如此热情,应不只出于对我个人学业进步的期待,更体现帮助中国学术发展的愿望和热诚。

对于中国佛教禅宗进行社会学、历史学的研究,无疑是近代学术研究中成就斐然的领域之一。这一领域的先行者胡适终其一生倾注大量精力,无论是在方法上,还是在对于禅史的具体阐释上都做了奠基工作。胡适论学术研究,说过这样的话,自己主要是想通过所做的工作,指引人们一种方法。柳田先生的禅宗研究,正是运用科学的方法,对于具体课题作出更加细密、更加扎实的考论,从而不仅给进一步研究提供了丰富的资料,在方法论上也给人多所启发。我还记得初读《初期禅宗史书研究》(《初期禪宗史書の研究》)和发表在《東方學報　京都》上的《语录的历史》(《語錄の歷史》)等著作的感受:那样充实的材料,那样严密的论证,利用一个个事实的细节,细针密缕地编织出历史活动的鲜活画图。例如其中对早期禅籍的考辨和早期禅宗发展脉络的梳理,给胡适当年所批评的所传南宗禅史的偏颇作了论证和补充;通过对于《坛经》《宝林传》到《马祖语录》等灯史、语录的考订、阐释,对于南宗禅的兴起及其发展的历史层次作出细致的描述,如此等等,贯彻清晰的历史发展观念,把研究结论奠基在十分坚实的基础之上。这样,《初期禅宗史书研究》等著作就成为禅宗研究当之无愧的经典。对于像我这样探寻门径的研究者来说,更是指点迷津的入门书。

柳田先生著有一本名为《禅思想》(《禪思想》)的篇幅不大的书,收在《中公新书》里,初版于 1975 年。我手头的是 1982 年第八版,到如今不知道又重印多少次了。这本来是一本普及读物,却体现了先生有关禅宗研究的重要观念,即着力阐发禅的思想内涵、思想价值。当年胡适曾区分印度禅与中国禅(《论禅宗史的纲领》,1928 年),提出"中国禅学"这一概念(《中国禅学的发展》,1934 年),强调"中国禅"的思想理论价值及其在中国思想史上的地位与意义。这是具有历史眼光和学术视野的重要见解。而柳田先生自早年写作《初期禪宗史書の研究》,内容上既已超越历史资料的考辨,更对禅与禅宗的思想本质进行了深入探讨。他明确指出:禅宗成立的真正革命的动机,乃是最上乘的般若主义,即直指人心、见性成佛的立场。因而他着重阐发作为禅宗理论核心的心性学说的内涵与价值。他的《禅思想》一书,副标题是《考查原型》(《その原型をあらぅ》),利用四个篇章《髑髅章》《镜章》《轮回章》《疯癫章》(《髑髏の章》《鏡の章》《輪回の章》《風顛の章》)划分出禅史的脉络,结合具体史料,生动解析了从作为真正意义上的禅宗的前驱达摩到南宗禅的代表临济的禅思想的演变。这部以文库本面貌呈现的字数不多的书，集中体现了先生关于"禅思想"的见解。近年中国学界的有关研究，禅与禅宗的思想理论层面是重点之一，正是沿着柳田先生开启的方向前进的。

进而，柳田先生又着力阐发禅的文化内涵，从更开阔的文化层面阐发禅的价值和影响，多方面地开拓了相关领域的研究。也正是遵循柳田先生的思路和方法，本人这些年把禅与诗的相互影响及其成果作为研究课题，写出拙著《禅思与诗情》等。这完全是在柳田先生的直接启发和指导下做出的。

宋代以来，中国佛教诸宗衰微，教内外学术界对佛教的研究亦趋疏略，很长时期对于禅与禅宗的真正的具有学术意义的研究基本处于停滞状态。自上世纪初年，人们开始以现代科学方法研究佛教，特别是敦煌文献里禅籍的发现，更给予禅宗研究以巨大刺激和推动。前辈学者，中国的如胡适等人，日本的如宇井伯寿、铃木大拙等人，都在相关领域做了开拓性工作。后起学者群趋响应，短短几十年间，禅与禅宗的研究在学术界已蔚为大观，极大地改变了佛教史研究的面貌，从而也多方面地推进了中国学术史、中国文化史的研究。如果按辈分说，柳田先生应当排在胡适、宇井、铃木等人之后。他在继承这些卓越前辈业绩的基础上，继续拓展研究领域，成为一代禅宗史、禅思想、禅文化诸领域研究的佼佼者，为后世树立一方学术的丰碑。本人作为中国的后学，在柳田先生的指教和启示下从事工作，深刻意识到先生成就之巨大与影响之广远。如今贤者逝矣，感念先生恩惠，祈祷先生冥福，相信先生的辉煌业绩随着时间流逝会更被发扬光大。这大概也是对于一位献身学术、孜孜不倦的学者的最好的纪念。

（发表于柳田圣山先生追悼文集刊行会
《柳田聖山先生追悼文集》，日本禅文化研究所，
2008 年）

林幸谦《教育的创新与危机》序言

关于大学教育,关于大学的现状及其未来,已经成为全社会热议的话题。不仅中国为然。议论传之口耳,见诸报章,甚至出了许多专书。参与议论的,有执政柄的行政人员,也有一般公众。本书编者、也是采访者林幸谦先生多年在大学执教,是才艺双全的有心人和热心人。他凭一己之力,走访大陆、港、台诸名校,请当政者即本书标题所称"导航者"们畅谈高见,纪录后编辑成书。这些大学校长们的意见得自领导教育的切身体会,自然可圈可点,必定会引起人们的关注与兴趣。特别是可以设想,在他们的位置上,有可能把见解转化为行动,则关系事态大矣哉。

文集编竣,大概幸谦先生以为本人一直叨为"人之患",又曾在多所国内外大学教过书,因命为序。但我是一介凡夫,识见寡陋,深恐罹"佛头着粪"之讥。感于林先生编撰此书的勇于承担和不惜心力,也就斗胆操觚了。刍议戋戋,谨供障目。

近年世界上许多国家在议论教育改革,表明现状必有可"改"可"革"之处。各国大多又都已采取一些措施,如大陆的"大学合并"、日本的"法人化",等等。无论是议论,还是举措,由于关系社会诸多方面,更激发起公众讨论的热情。值得注意的是,本书所记录大学校长的言论,多表达对于现状不同程度的忧虑。而就个人所见,目前的大学教育,问题确实多多:席卷世界的经济大潮促使大学传统人文精神的衰败和缺失;世界一体化造成大学之间竞争

的白热化；大学内部学术伦理明显弱化；学生精神素质下降成为趋
势……如是种种"现状"，有的校长用"内忧外患"来形容。因而如
何走出困境，如何开创新机，也就是如何"改革"，遂成为大学校长
们焦思苦虑的问题。

本人虽身处教育机构的最底层，但依据在大陆和曾时间长短
不一服务过的亚、欧、美与中国香港和台湾多所大学的观察和体
验，对于各位校长所陈述，确也感同身受。而本人从一个教员的角
度，又深感当今大学教育改革已陷入"知易行难"的怪圈。就是说，
许多堪称经典的不易之论言之凿凿，但现状的走向却往往与之相
悖。而且已经形成的潮流几乎非人力所可扭转。

人们普遍承认办大学需要自由的思想、独立的精神，需要宽松
的环境，发挥校长、教员们的能动性，鼓励创造性和多样化；但实际
情况却是学校管理日趋严重的官僚化、行政化（当然这在不同国家
情况是不同的）。从人员任用和奖惩、资源分配和教学管理至各种
规章制度的制定和考评，等等，行政主导力量越来越大，而且管制
更日渐规范和细密。

人们都意识到经济浪潮对于大学的冲击，大学商业化、企业化
必然会极大地损耗、阻碍学术的进步、科学的发展；但实践中却又
普遍地追求立竿见影的"效益"，以投入和产出的比例作为评价学
校优劣的标准。各种大学排名都是以经济学上可比的数字为指
标。尽管这种排名久被人们诟病，但任何一所大学主政者以至师
生都不敢略微疏忽。

人们急切地呼吁大学人文精神的回归与提升，都赞同知识不
等于精神素质，培养学生的品格比传授学识更为重要；但现状是当
前整个教育，从幼稚园到研究院，重自然科学、轻人文教育已形成
风气，普遍忽视人文精神的培养，应付考试、发表论文成为学生的
紧箍咒，升学率、就职率几乎成为评价学校的唯一指标。

如此等等，也正是大学校长们表示焦虑的。本人所谓"知易行

难",不是指某个人,而是痛感对于大学教育的认识与现状之间的巨大差距。这让我想起马克思强调经济规律力量时说过这样的话:如果几何定律违背它也会被改变。现在的情形正有类于此。看起来不是人们没有意识到,更不是大学"导航者"们没有能力和魄力,而是整体社会环境,特别是经济效益的考虑在左右大学教育,力量强大到难以抗衡了。

当前人类面对自身发展的重大转折时期,教育负担越来越重大,因而更积极地改弦更张以适应社会发展,是对于教育的不可规避的要求。然而,改革首先面对的大问题就是:往哪里"改"? 怎么"改"? 是更加强行政主导,实行更严格的官僚化、企业化的管理,更用力地追求"多、快、好、省"的效益,还是在尊重和继承历史久远形成的大学传统的基础上,汲取近代国内外办大学的经验和教训,设计出一条真正有益于社会长远发展而又切实可行的方策?

幸谦先生访问的这些大陆、港、台名校的校长们,作为"导航者",凭着他们个人卓越的学识和切身的体验,一一对形势进行了清醒的评估,对改革提出了意见;有的人更拟定了振兴大学的计划。今天的中国正处在大变革之中。中国的领导者们比拟改革为摸着石头过河。校长们的这些议论就是他们为治理好大学触摸到的石头。它们弥足珍贵,是不言而喻的。

这也是本书的价值。幸谦先生编撰出这样一本书,实在是做了一件功德无量的事。这部书的出版,给大学改革的讨论提供了新的题目、新的内容,必定会对于推进改革有所贡献。而正在轰轰烈烈进行的大学改革,乃是整个社会变革的一个极其重要的部分。这种讨论意义之重大当然是不可估量的。

〔摘自林幸谦《教育的创新与危机》(《时代的盗火者》下卷),香港天地图书出版公司,2009 年〕

陶玉璞《玉璞观点——文学、艺术、思想的另类思考》序言

　　玉璞先生辑录大作五篇为一集,命我作序。讨论题目涉及宗教、文学、艺术诸领域,有些是我熟悉的,有些则所知甚少。我欣然执笔,是因为虽然和玉璞先生直接交谊仅短短两年,却高兴地发现彼此治学内容和方法颇有近似之处,又多得疑义相析之益,而他的这些论作又是值得赞许的。

　　做研究工作的人都有体会,写出一篇有水平的学术论文,难度并不下于成卷帙的著作;论文的有限篇幅决定文字要以少少许胜多多许,其价值也往往不下一部专著(当然不是说写一部专著就容易,或价值就低)。玉璞先生好学深思,业精于勤,这五篇文章都是他长年研究精心结撰的"观点"。就内容本人比较熟悉的三篇说,两篇讨论竺道生、谢灵运佛教思想,这是关系中国佛教史与思想史的大题目。作者自攻读硕士课程时期起研究谢灵运有年,有关论作颇为可观,这两篇可看作是研习有得的总结之作。论文一方面分析竺道生和谢灵运如何在中国传统文化土壤上创造性地发挥外来大乘佛教涅槃佛性说新义,从而在思想理论领域推陈出新,另一方面又分析两个人观念、方法的不同,揭示思想史发展中"必然"与"偶然"的规律。这后一方面,在思想史研究方法论层面提供了重要启示。又十年前,本人在日本早稻田大学一个研究会上作讲演,题目是《韩愈的为人和为文》,立意在揭示这位被奉为"准圣人"的

历史人物的"凡人"面目,并认为这正是他取得文学成就的关键之
一(后来这篇文字纪录稿曾发表在日本的一个学术刊物上)。不想
这种意见正和玉璞先生论韩愈的大作在认识上相呼应,读起来尤
感"于我心有戚戚焉"。总之,玉璞先生这五篇"观点"新意迭出,值
得推荐。

　　说到本书内容,又牵涉玉璞先生自序里所说的"杂"。现代人
文社会科学研究内容日趋细密,强调学业的"专"与"精"。而中国
传统学术则讲究"通"和"博"。相比较之下,这后一种治学路数的
优长如今已被更多的人意识到。我们读《观堂集林》《胡适文存》
《金明馆丛稿》等前辈大师著作,往往惊叹他们学识既广博又精深。
玉璞先生除了治文学,兼治思想史,又钻研书画篆刻,这五篇文章
内容即涉及佛教、经学、文学、书法等广阔领域。他也自许为"杂
家"。敝以为知识面渊博与兴趣广泛,应是他取得成绩的重要原因
之一。所以就治学方法而言,他的这本论集也给后学提供了有益
的启发和良好的借鉴。

　　因此,这部论文集篇幅的单薄又衬托出内涵之厚重。付梓之
际,不避"佛头着粪"之讥,写下如上心得。是为序。

(摘自陶玉璞《玉璞观点——文学、艺术、
思想的另类思考》,台湾台北允臣文化实业有
限公司,2012 年)

朝鲜王朝汉文典籍整理的新收获

——《足本皇华集》出版

　　赵季教授辑校的《足本皇华集》日前由凤凰出版社出版面世。这是一部明朝使臣出使朝鲜李朝、两国群臣诗文唱和的总集,包括自 1450 年(景泰元年)倪谦以颁登极诏使出使至 1633 年(崇祯六年)程龙以奉安岛众联属国救使出使凡一百八十四年间刊刻的二十四种《皇华集》。"皇华"取义《诗经·小雅·皇皇者华》序:"《皇皇者华》,君遣使臣也。送之以礼乐,言远而有光华也。"这些珍贵的诗文集,长时期未得到足够重视,也未经整理、点校。韩国和台湾曾先后出版包括二十三种《皇华集》的影印本,但缺天启元年(1621)刘鸿训出使的六卷本《辛酉皇华集》一种。当时傧接刘鸿训的朝鲜大臣李尔瞻后来获罪被杀,收录他署名的一批作品、诗文多达五百四十二首(篇)的这部书因而在朝鲜半岛绝版失传。此次赵季辑校《皇华集》,利用中国国家图书馆和中国科学院图书馆所藏加以补足,遂成为包括二十四种的真正的"足本"。

　　东亚历史上有所谓"汉字文化圈"之说。这个概念义指两个层面:一个层面是东亚一些国家、民族曾使用汉字来记录本民族语言或借鉴汉字创造本民族文字,另一个层面是这些国家、民族曾有利用汉文的久远传统,包括吟诗作赋的文学创作。在这两个层面,朝鲜和日本的成绩尤其突出。其中朝鲜的李氏王朝(1392—1910)是中国明、清两朝藩属,两国间保持长久友好交流关系。李朝积极接受中国的思想、文化，特别是在明朝时期，中国的思想、文化发挥了更为重大的影响。例如被称为"朝鲜的朱子"的李滉（号退溪，1501—1570），是著名哲学家，也是优秀诗人，在中国也很有名。李朝以汉字作为官方文字，留下大批汉文文献。这些文献大部分长久以来没有得到足够重视，包括《皇华集》这样的在中朝文化交流史、也是两国诗歌创作史上的重要典籍。此次《足本皇华集》整理、出版，乃是弥补这方面缺失的具有重大意义的举措，对于了解两国睦邻友好的历史，对于研究明代和朝鲜王朝以至东亚地区的历史、文化、文学都具有重大价值。

这是一部规模巨大、内容宏富的大书。全书总计收诗六千二百八十九首，赋二十篇，文二百一十七篇。诗以近体律、绝为大宗，种类齐全；赋有散体、骚体；文则包含序、跋、箴、铭、书、记、启、论、说、祭文、揭帖等各种文体。参与创作的中国、朝鲜双方计三百五十三人，其中不乏政坛、文坛上的重要人物。特别是朝鲜方面，几乎囊括相关朝代著名诗人。世祖朝有主编国家正史《高丽史》的名臣郑麟趾，有"文章道德一代尊仰"加集贤殿学士衔的申叔舟、"文澜豪纵"的成三问、"清颖英发"的李垲、"诗文俱美"的李承召、"雄放豪健"的金守温、"为诗专仿韩陆之体随手辄艳丽无双"的徐居正、"天资早成为文老健"的金寿宁等；同时或稍后则有成宗至明宗之间的文章泰斗金宗直及其门人曹伸、李胄，以学习苏、黄、陈师道而风靡一时的"海东江西诗派"朴訚、李荇等人，还有与徐居正同以"四杰"闻名的成侃、朴祥和申光汉；燕山君至明宗朝则有开创"退溪学"的李滉及徐敬德、曹植、李珥等，有"湖苏芝"之称的三大诗人郑士龙（湖阴）、卢守慎（苏斋）、黄庭彧（芝川）；宣祖朝号称"穆陵盛世"，这一时期诗坛受明前七子"诗必盛唐"说影响，弃宋而宗唐，有"三唐"之称的崔庆昌、白光勋、李达，还有"八文章"（李山海、崔岦等）、"湖南派"（全罗道诗人朴淳、高敬命等）及李芝峰、车天辂等著名诗人；光海朝则有柳梦寅、成汝学、许筠、权韠等大家；仁祖朝则有被称为"月象溪泽"的诗人月沙李廷龟、象村申钦、溪谷张维、泽堂李植"四大家"。这些人的创作代表李朝一代汉文诗歌创作水平，其创作连贯起来又几乎成为一代"诗史"。明朝使臣前后达四十人，亦多善诗能文之士，包括十五名翰林（倪谦、陈鉴、徐穆、唐皋、史道、龚用卿、华察、许国、韩世能、黄洪宪、顾天埈、朱之蕃、姜曰广、刘鸿训、杨道寅），状元出身的三名（唐皋、龚用卿、朱之蕃），探花二名（倪谦、董越），进士三十余人。这些人中仅个别人留有文集和奉使录，多数没有别集刊行，大量作品赖《皇华集》得以保存，弥足珍贵。

　　近年集中出版古代文献，特别是一些大规模的丛书、总集，多采用影印办法。这样的做法提供原始资料，保持资料原貌，可供研究者使用，但对于一般读者显然不便。而实际上做必要的校订、句读，也是基础研究的重要一步，关键在于做得是否仔细、正确，足资各领域专门研究者参考。赵季第一次对《皇华集》作了全面的点、校，给进一步研究提供便利，工作是有意义的。古籍点、校的这种开拓性的工作之难，经过尝试的人都知道。赵季所作的这种艰难琐细的工作，也是值得肯定的。

　　这部《足本皇华集》的辑校以李朝英祖四十九年（1773）《御制序皇华集》为底本，增补该书佚缺的《辛酉皇华集》（以中国科学院图书馆藏明朝鲜时期铜活字本为底本，以台湾珪庭出版社1978年出版的《皇华集》影印本为主要参校本），并广泛使用能够搜集到的明朝和朝鲜王朝的多种别集（目录具见书后所附《辑校参考书目》）。整理、点校遵循最大限度地保持本来面貌为原则，对于原书由于各种原因删削的诗文，参照其他资料予以补足；文字缺漏讹误的加以订正；理校处必有可靠依据；作了简明扼要的校记。书后附录辑校者制作的《皇华集诗人小传》《皇华集朝鲜境内地理路线简介》《皇华集评论资料》《皇华集诗人索引》四种计三十余万言，既是有助于阅读和研究的参考资料，也是辑校者研究朝鲜李朝诗歌史的一份可贵的成绩。

赵季近年从事海东三韩汉文文献的整理、研究,成果丰硕:校注李氏王朝南龙翼辑《箕雅》,这是一部自三韩时期到李朝肃宗朝诗人的汉文诗歌总集,2008 年由中华书局出版;2012 年,与刘畅、许敬震共同选编、点校的《韩国诗话人物批评集》(五册)由韩国宝库出版社出版;今年,与蔡美花主编的《韩国诗话全编校注》(十二册)由人民文学出版社出版;加上这部《足本皇华集》,在总结、介绍古代朝鲜汉诗方面已经颇具规模,其功甚著。

这种研究、介绍古代周边各国、各民族历史上积累的大量汉文典籍的工作,对于了解、研究中国文化海外传播的历史,中国与这些国家、民族的交流史,对于诸多学术领域的开拓与研究的价值、意义是不言而喻的。这方面的工作正在引起更多重视,但大量应做的工作实际还算刚刚起步。众所周知,新材料的发现和使用乃是学术进展的重要推动力。大量海外文献的介绍和使用必然会推进相关领域的开拓与研究,鉴于此,这部《足本皇华集》的整理、出版,赵季和他的合作者所做的工作是值得重视、表扬的。

(发表于《书品》2013 年第 2 期)

关于学术研究的资料与方法

——书评一束

　　以下辑录本人所写的三篇书评。所评著作的作者，一位是美国人，一位是中国台湾人，一位是现在澳门工作的大陆人。著作的内容，一部是古典文学的，一部是现代文学的，一部是佛教的，没有什么内在联系。但是三部书有共同点：一是三位作者都是成就卓著的资深学者，康达维、罗联添是扬誉国际的学界权威，对比之下贾晋华年纪轻些，但从出版第一本著作《皎然年谱》，到如今已过了二十年。二是三位都是认真从事学术工作的真正的学者，当今顶着"学者"头衔的人很多，但实在说真正意义的"学者"并不多见。三是三部著作内容、写法不同，但都材料丰富，考订翔实，论证严谨，在相关学术领域有所发现，有所发明。这样，三篇书评辑录在一起提供给读者，又是不无内容上和逻辑上的理由的。

　　尽可能认真地发掘、谨慎地利用可靠资料，是从事研究工作的必要准备，也是前提。所谓"实践是检验真理的唯一标准"，从事历史研究（人文社会科学的研究对象实际是人类活动的广义的"历史"）、揭示历史过程中人的"实践"，必须利用可靠的资料。当然资料的范围十分广阔：书面的、口头的；传世的、不断出土的；直接的、间接的，等等。不论从事什么课题的研究，发现、考证、分析相关资料都是第一位的工作。只有掌握了信实可靠的资料，研究工作才能进入第二步，即在确认资料真实可靠的基础上，弄清历史的事实

"真相";再进一步,才能够总结规律,作出评价。认真从事研究的学者总是追求把资料"一网打尽",但这是永远不可能达到的目标,而只能在所处条件下尽可能全面地掌握资料;也正因此,对事实真相揭示的研究工作也就永远没有止境,只能通过认真的工作不断接近那永远不可尽知的绝对的真相。这样,发现、搜集、考证资料就是永无休止的工作。而且,研究工作越是深入,新资料的发现、对已有资料的考订就越是困难,资料的限制往往成为整个工作的瓶颈。不过对于认真的研究者来说,作为发现真理的基础的一步,这种资料工作确实又有无穷的乐趣。下面介绍的这三部书,都在搜集、辨析、考证资料方面付出了大量精力,取得了丰硕成果。这样的工作,很大程度上决定了三部书的学术价值。

三部书写作体例和方法不同,但同样有共同点,举其荦荦大者,如都注重历史的叙述,不标新立异,不架空论说,不走偏锋,不走极端,不以艰深文谫陋,等等。学术研究方法众多,但是社会的、历史的方法始终是学术研究的基本方法。改革开放以来,不断输入的西方学术方法五花八门。但是,就西方学术界的实际情况而论,以资料考证为基础的社会的、历史的方法一直居于主流地位,而且是对于我们最具实用的借鉴价值的。这三部书的体裁,一种是书录,一种是年谱,一种是论著,但同样是扎实的学术著作,在研究和表述上同样坚持客观的、历史的立场,从而把立论建立在坚实可靠的基础之上,从而也保证了研究成果的质量。

目前我国的学术研究,资料和方法仍是薄弱环节,学风空疏浮薄严重。许多著作疏于资料的搜集、考订,借鉴西方传来的学术方法,生吞活剥、削足适履的现象相当普遍。造成这种风气的原因很多,此不赘述。这里介绍这三部书,意在提供借鉴。目前学术分科细密,三部书各属专门学科,但三位作者从事研究、著述的态度、方法对于我们是具有普遍借鉴意义的。因此归拢在一起加以介绍。遗憾的是,这三部书的前两部在大陆难以见到,希望通过简单的介

绍使读者了解大概；第三部贾晋华的《古典禅研究——中唐至五代
禅宗发展新探》，上海人民出版社将出简体字版，期待引起学界的
注意。

一、一部适用的导读书，一部精彩的研究著作
——康达维、张泰平《先秦两汉魏晋南北朝
中国古典文学参考资料汇编》

　　以英译《文选》蜚声国际学界的美国学者康达维和张泰平伉俪
编撰的《先秦两汉魏晋南北朝中国古典文学参考资料汇编》第一分
册，作为太史文（Stephen F. Teiser）等主编的《东方学研究丛书》
（*Handbook of Oriental Studies*）的一种出版，为学界提供了一部
翔实可靠的中国古典文学导读工具书，也是一部凝聚了两位学者
大半生心血的、具有高度学术价值的研究著作。

　　1988 年，笔者访问美国西雅图华盛顿大学，友人康教授坚邀住
在他府上。当时获赠他英译的《文选》第一、第二册。这正是《文
选》前面辞赋部分，是中国人阅读、理解都十分困难的部分。康先
生的英译不是简单的翻译，对于作品涉及的史实、人物、典章、制
度、名物、风俗等等详加考订，注释部分远超出原作译文多少倍，从
而成为西方学界《文选》研究的集大成著作。当年泰平正在主编一
份在美国西海岸广有影响的报纸《华声报》。我住在他们家楼上，
拂晓听下面汽车开动，泰平已经去报馆上班。早晨起来，康先生亲
自下厨准备早餐。他们的女儿永泰当时七八岁，腼腆怕生，为我来
访，寄住在友人家里。主人盛情可感，但我还是只住了一天，就坚
辞搬到旅店去了。

　　二十多年来，我们音书往来不断，也有不少见面机会。他们夫

妇忙于教学、研究，又热心为中、美文化交流奔波。康先生经常往返美、中之间，为中国文化、教育事业出谋献策；特别是参与组织有关"《文选》学"和辞赋研究的学术会议，对于推进我国相关领域的进展做出了切实的贡献。泰平十年前退出报馆，专门从事教学研究工作。近年她担任耶鲁大学出版的《中国文化与文明丛书》执行总编辑，与我国外文出版社和新世界出版社合作，邀请欧、美、日本和国内专家撰稿，现已出版《中国绘画三千年》《中国建筑》《中国文明的形成》《中国雕塑》《中国书法》《中国陶瓷》六种。这套书原拟只出中、英文版，目前已经或计划翻译成多种语言，英文版数种连续获得美国大学出版协会图书大奖。

编撰一部既适用而又具有学术水准的关于中国古典文学的资料工具书，康、张二位已筹划多年。康先生在华大从事中国文学史教学与研究四十年之久，多所创获，辛勤积累大量资料，有意加以总结。他和泰平遂在繁忙工作之间，历经数年，编撰了这部规模巨大的著作。这中间泰平执笔写作许多条目，在资料整理、组织并编纂成书方面也付出了巨大劳力。

《汇编》采取辞书条目体例，第一分册791页，按汉语拼音排序，从A到R；条目大体可分为人名（作者）、著作、文体、称谓四个类别，分别是215、48、22、23条，总计308条。主体是人名部分，每个人名（作者）之下先是总论，以下视这个人及其存留作品情况分别著录有关传记、作品、索引、翻译（白话翻译、外文翻译）、研究论著等资料；以下对较重要的作家的重要作品又分别著录相关文献，包括作品的文本、翻译、研究论著等。以"陆机"条为例，"陆机"标题下，标明生卒年、字"士衡"、"西晋作家"，然后是一篇有关家世、著作、履历、作品思想、艺术成就的全面评述；以下资料部分，首先著录陆机著述及其版本、他的作品的索引、白话翻译、日文翻译和各种文字的研究论著；然后再分别著录有关具体作品的资料，分《文赋》《赴洛道中作》至《平复帖》等十二部分，其中当然有关《文赋》部分内容最多，又分为"文本""注释""研究论著"、各种文字译文、白话翻译等项。另外的十一篇作品资料著录详略不一。"陆机"一条全文占十七个页面，译成中文应在一万字以上。

这样，这部书乃是全面、翔实的有关中国古典文学自上古至隋代研究的资料书。而更有数事值得注意：第一，就条目内容的范围说，所收远超出狭义的"文学"一类，还把许多与文学相关的、属于传统"子""史"类的内容包含在内（如应属于"子"部的吕不韦、董仲舒、陆贾、范缜等；属于"史"部的陈寿、褚少孙、《楚汉春秋》等），特别是被一般文史著述所忽略的有关宗教的条目占有相当篇幅（如慧远、葛洪、《抱朴子》《列仙传》《汉武帝内传》等）。第二，所搜集资料除了中文的，还有日、英、法、德、拉丁等文字的，从而提供了世界范围内空前广泛的有关研究线索。第三，这部书搜集资料直到2010年出版之前，编撰者注意新发现的材料和新的研究成果，例如"老子"条，著录了马王堆汉墓和郭店楚简的资料及其相关研究成果。以上几点都体现了近年学术发展的大趋势，也反映了编撰者开阔的学术视野和广博的知识积累。如果说对一个课题从事研究的准备是要"一网打尽"地搜集、研读已有成果，那么这部书无疑是迄今为止从事研究和教学的最为适用的基本工具书。

这部书又不同于一般成于众人之手的资料、工具书。虽然个别条目有另外几位参与撰作，但全书基本出于康、张两位手笔。因此这部书又成为集中反映两位学术成果的研究著作。二十世纪西方的中国研究，学派纷呈，影响也及于中国古典文学研究，观念、方法多种多样。但作为基础的是历史的、文献的研究，一直处在主流地位，而且是成绩最为突出、更多嘉惠于世界学林的部分。康先生大半生专注于《文选》和辞赋研究，如前面已经提到的《文选》英译所体现的，正以扎实的历史、文献研究见长，其成就在世界范围内是绝对领先的。值得特别提出的是，这部书有关辞赋条目，包括作家、作品、文体等有关资料内容丰富，史事考订精详，有关论述多有创见。这样,这部书又可作为精辟的断代文学史来读。

由于种种机缘,笔者多与国外学界交往。有个突出感觉就是,虽然这些年国内与外国学界交往逐步增多,但学术层面的认真交流还不多见;相对于外国学者普遍熟悉、利用、借鉴中文资料,国内对于国外学者的研究状况还了解有限,利用外文资料更少。所谓"拿来主义",对于学术各个领域都是适用的。如康、张两位这部书,即使单纯作为资料索引来使用,由于它相当全面地提供了世界各国研究论著的线索,也具有不可替代的价值。

一部辞书式的资料书,不可能面面俱到。这部书似有些不应忽略的内容应当补充。如《列子》,是对文学影响相当大的著作,各国研究成果也不少;又如属于文体的"金文""简牍",作为文学资料已多引起学界注意,亦可列为条目加以介绍。此书将来再版,似可通盘考虑,适当增加内容。

康先生的《文选》英译已出版三册,据闻另外的三册将继续撰作。这部《参考资料》,自汉语拼音 R 以下,因为包括 W、Y、Z 等字头的"王""杨""张"等大姓,篇幅估计应还有两册,现正在整理、编纂。期待这些成果早日面世。

二、为一代知识精英写照,替一代文化历史留影

——介绍罗联添新著《台静农先生学术艺文编年考释》

去年末,笔者访问台湾,罗联添教授有意赏饭,但身体欠安,适有台湾大学中文系邀宴,经弟子辈规劝,原意作罢。但他仍出席中文系的宴会,并怀抱两巨册《台静农先生学术艺文编年考释》相赠。三年前的二零零七年,罗先生(以下文中所有人物敬称略)曾寄赠

这部书的稿本。这次惠赐的是经过修订的定本。

如书名所示，罗联添是享誉海内外的古典文学研究专家，著述等身。他是台静农晚年入室弟子，亲炙师门四十余年。一九九四年从台湾大学退休，时已年近古稀。他以一个"老学生"身份，孜孜矻矻，总结先师一生业绩，历时十数年，直到八十二岁，终于完成这部洋洋六十万言的大著。这中间包含的师资厚谊、尊师重道的美德，真是让人无限感动。

如书名所示，著者撰作这部书立意在总结、表扬台静农"学术艺文"的成就。台静农是近现代文化史上卓有贡献的著名人物。他多才多艺：小说、新旧体诗无不能，绘画、书法、篆刻无不工，至于文史研究，更是当行本色，著述宏富，多所开拓和贡献。罗著取传记编年体，按年代对传主每一年行事、每一作品，包括论著、小说、诗歌、书画等的创作时间、背景，所关涉人物、事件均详为考索，对作品内容并摘要介绍，又辑录诸家评论，或自下断语，从而使这部书兼具人物评传和研究著作的规模，提供了一部认识和研究台静农一生经历、人品、交谊、性格和学术业绩、艺术成就的经典。

在二十世纪风雷激荡的中国，台静农不算是叱咤风云的人物。但他作为一代知识精英，享年望九秩，大体与世纪相始终，一生经历波折动荡而丰富多彩。年轻的时候，他思想左倾，文字激进，曾以"共党嫌疑"先后三次被北洋政府和国民党政府逮捕；抗战时期流落四川，携妇将雏，艰难谋生，沉潜学艺；抗战胜利后，受聘到台湾大学任教，生活、工作得以安逸，但眷恋故园，名所居"歇脚庵"，特别到年届衰暮，故友凋零，流离之意时时流露笔端。而他一生正如其晚年法书款识"身处艰难气如虹"，直至终老，奋进不息，学术艺文取得了辉煌成就，在文化史上树立起一方丰碑。这样一位在时代大潮里拼搏、进取的知识分子，他的生平际遇，他的思想感情，他抗争命运所做出的种种努力，都具有相当的典型意义。罗著精彩生动地展现了这样一个人物的风貌，为后来者树立楷模，也是为那一代知识精英写照。

　　台静农漫长的人生历程，经历近现代史上许多大事件，认识、结交了许多重要人物。罗著详细记述了他与这些人物的交往。其中关系密切的三个人记叙尤其详密而具有非凡的意义。一位是鲁迅，对于台静农，鲁迅是引导他走上文学之路的导师，早年在北京，鲁迅带领台静农等一批年轻人组织未名社，出版书刊，从事进步文化活动，成为当时北方文化界的一道风景，也决定了台静农一生的命运；一位是陈独秀，抗战时期，贫病交加的陈独秀住在四川江津，特殊的机缘使台静农与这样一位现代史上的风云人物密切往还，当时陈独秀在衰病中仍勤恳研究语言学，编撰《小学识字读本》，台静农对他多所襄助；一位是张大千，与台静农同是一代杰出艺术家，两人早年在北京相识，惺惺相惜，台静农到台湾后，张大千多数时间旅居海外，但他们常年密切交流，切磋艺事，留下许多佳作，成为艺坛佳话。另外如胡适、傅心畬、庄严以及众多政界、学界、艺术界名流，台静农与他们的交往，也多关乎一代史事。值得注意的是，后半生台静农住台湾，两岸阻隔，与大陆友好各在天涯，难通信息。直到七十年代，形势逐渐松动，始与老友李霁野、魏建功、启功等人互通信息。这是中国一代文人的特殊际遇、特有的伤心事。书中的相关记述深切感人。就这样，罗著也为近现代文化史留下了一份真实的纪录。

　　这部书更有两点值得表彰：一是学术内涵丰富，文化底蕴丰厚。就有关台静农研究而言，这部书除了作为主体的编年考释的本谱，前面有著者的长篇专论，后面有编辑佚文的《台静农别集》和参考资料等；又在本谱中凡所涉及的历史人物、诗文书画等，著者都作了简明精确的评价。这些文字涉及广泛，显示著者深厚的学术功底，也充分展现了老一辈学人治学博大精深而又严谨认真的态度。在如今学术普遍空疏剽陋的风气中，这部著作所体现的治学精神和朴实学风也树立起一个榜样。

　　再有一点，就是读这部书，其中描写的台静农那一代学人所表现的精神气质、文化素养，他们之间交友的深情厚谊，令人高山仰止。那一代人亲经动乱，许多人长期度过动荡艰窘的生活，但师友、同仁、弟子间生活中相互关怀、扶助，学术上相互切磋、提携，交往中那种风范、气度、学养、人品，已难见于今之人。读罗联添这部书，一页页翻过，痛感一代哲人挟着一代风流云散，留下来的影像，让人无限向往、怀念……

三、禅宗史研究的重大收获

——评贾晋华《古典禅研究——中唐至五代禅宗发展新探》

　　禅宗研究近年已成为"显学"。论著很多，专门的学术会议也开过不少，取得成绩是显著的。特别是考虑到由于人所共知的原因，我国宗教研究整体相当滞后，如今禅宗研究所取得的进展更是难能可贵。但是，正由于相关学术领域根底薄弱，进展必然艰难。贾晋华新著《古典禅研究——中唐至五代禅宗发展新探》，在禅宗史研究领域取得了多方面重要成果，推动相关研究取得重大进展，是近年相关学术领域不可多得的著作，值得重视。

　　众所周知，胡适是作为近代人文科学的禅宗研究的开创者，他又特别强调从事科学研究的资料与方法。他的禅宗研究，正是运用新鲜资料和科学方法的实践。而就当今禅宗研究而言，基础薄弱亦体现在资料和方法两个层面：禅文献堆积如山，但分梳出可靠的历史资料，特别是唐五代的早期资料，十分困难；至于方法，宗教的研究，涉及信仰、体验等层面，也很复杂。贾晋华这部著作，除了对于所谓"古典禅"的宗义与实践有重要发明之外，在运用资料、方法两个层面做出了新的突破。这也是她的研究取得成绩的重要原因。

"古典禅"（Classical Chan Buddhism）是西方学术界使用的概念，一般指马祖"洪州禅"以下到晚唐五代大体二百年期间的禅宗。柳田圣山著《纯禅の时代》正、续篇，讲"纯禅"，讲的也是这一时期的禅宗。对禅宗发展这一阶段的认识和评价，学术界意见不一。一种意见认为，到慧能、神会的南宗禅，禅思想的精义已发挥殆尽，以下只是张扬余绪而已；西方有的学者则有另外的看法，以为到宋代禅宗发展方臻于极盛。但是无论如何，历史事实是，正是自八世纪中期马祖及其门下活跃，造成一代兴盛的佛教中禅宗得以形成笼盖诸宗的局势，迤逦至于北宋，成为禅宗在历史上取得成果最为突出、对于思想及文化领域发挥影响也最为重大的时期。贾晋华这部书的主体《导论》之外分九章，内容大体是三部分：马祖道一及其弟子们的活动（《马祖道一的传教历程和时代背景》《马祖弟子疑案辨析》《机缘问答的出现和成熟》《归属于马祖道一及其弟子的文献考辨》）、"古典禅"的教义（宗义）及其实践状况（《古典禅教义及实践》《通向正统之路》）、洪州禅至晚唐五代禅宗的分化与融合状况（《洪州宗的崛起》《融合与分化：古典禅在晚唐五代的成立》《晚唐五代禅宗重要家系门风辨析》）。另有三个附录。最后是参考书目。著者仔细清理、考辨相关资料，细致地描绘从马祖道一及其弟子到晚唐五代禅宗发展的历史进程，把相关研究向前推进了一大步。

禅宗文献的发现和考订是深入研究的关键，也是难点。贾晋华首先着力文献的搜集、发现、考辨与分析。胡适曾指出，今存早期禅宗资料多经后人"妄改和伪造"，这是学界的共识。因此弄清禅宗历史的真实面貌，包括人物行履、传承关系，特别是今传语录、言句的真实性就成为从事研究第一位的工作。在这方面，经过国内外学者多年努力，已取得很大进展。可是早期禅宗可靠资料稀缺，搜集整理不易；各类文献记述零星杂乱，考证辨析艰难。贾晋华在这方面下了很大功夫，收获良多，做出了具有开拓性又带有总结意义的成绩。她搜集、利用的文献基本是"三组"：第一组唐五代碑文，第二组佛藏里的材料，第三组敦煌写本、唐和宋初诗文总、别集、史书、方志、笔记、杂著等。这三个方面的资料，前人都曾注意到。例如胡适就写过关于白居易《传法堂碑》的专文，肯定这篇文字是禅宗史上的重要史料；柳田圣山的《初期禪宗史書の研究》等著作也广用内、外典材料，进行比勘、考订，在揭示禅宗早期历史真实面貌方面做出了重要贡献。贾晋华则用力更勤，搜罗更广，仅唐五代碑文即达百余篇，其中包括新罗、高丽的二十余篇，大部分是学界没有注意到或很少使用的。由于遗存或出土碑志有是否可靠的问题，贾晋华又利用内、外文献对它们进行比勘，从而确认具体碑志的价值。例如关于仰山慧寂，《全唐文》收录陆希声《仰山通智大师塔铭》。由于《全唐文》辑录庞杂，多有后出文献误录的，这篇塔铭又出处不明，也就受到怀疑。贾晋华利用公乘亿《魏州故禅大德蒋公塔铭》、宋齐邱《仰山光涌长老塔铭记》、余靖《韶州重建东平山正觉寺记》，参照两《唐书》有关陆希声、郑愚记载，再核之以《祖堂集》等禅文献，且注意到《宝刻丛编》已著录陆碑，从而判断它是可靠的。如此从史源学角度全面地搜集资料并认真地加以分析考定，有力地保证了历史描述的真实性。同样，本来今传唐五代语录多经胡适说的"妄改和伪造"，可是在禅宗史研究中却长期存在不加分析地盲目使用和全面怀疑地加以否定两种偏向，虽然有人在辨识真相上做出努力，但很少人认真、系统地去做。即如十分重要、历来研究又较深入的马祖道一的语录，入矢义高编撰的《馬祖の語錄》堪称完备，但也没有在辨认马祖言句上用功夫。贾晋华利用所搜集资料，仔细加以考辨，认定在全部传世资料中，六则上堂示法和三则机缘问答比较可靠，其余言句和相关故事则可能是晚唐五代人所编造。她还对考定的一部分语录作了校注（附录一《马祖语录校注》,第 331—345 页)。对待"妄改和伪造"的资料,她又采取科学的分析态度,即承认陈寅恪所说的伪材料具有真价值,它们能够反映妄改、作伪的时代、作伪者的真实的思想观念。如此考察、辨析资料,就把论说奠基于可靠的基础之上,对于揭示历史真实面貌是具有决定作用的。

关于方法,贾晋华说自己用的是"综合历史考证和哲学阐释的研究方法"(第 5 页),实即历史的和逻辑的相结合的方法。这无疑是从事历史研究的科学方法。由于前述禅宗文献稀缺,对材料进行"哲学阐释"就更为必要。即在研究实践中不为成见所束缚,对材料进行比勘,发现疑问,进行分析,再搜寻相关资料来查证。禅宗史上许多问题历来纠缠不清,利用这样的方法从事研究,可望得出信实的结论。例如是否有两个荆州道悟,涉及云门、法眼二系的归属,是历来争议不决的有关晚唐禅史整体面目的问题。贾晋华对现有资料加以考察,发现《全唐文》所录符载《荆州城东天皇寺道悟禅师碑》实出释念常《佛祖历代通载》,且经删改而非原本;而托名邱玄素的《天王道悟禅师碑》乃利用荆州白马昙照事改编,作伪者可能是达观昙颖(第 52—65 页)。她的考证并不到此为止,又以更多材料证实如道悟、药山、丹霞等当时著名禅门弟子受法并不专主一家,丛林具有开放弘通的性格。这样就不仅澄清了两个道悟的难题,又高屋建瓴地对于晚唐禅宗派系提出了新的认识。贾晋华按传统把慧能、神会以下的荷泽、牛头、保唐、洪州等各派系称为"宗""宗派",而称洪州以下所分各派为"家系",又认为此家系并非传统所说的洪州、石头下的五家而是八家,"古典禅"则是教理上融会各派系形成的。关于这一时期禅宗实践活动形态,贾晋华详考洪州门下一百四十五位弟子及其中主要人物的活动(第 79—88 页),揭示晚唐五代禅寺的发展状况(附录二《晚唐五代禅寺考》,第 347—383 页),又具体分析宋初出现、归到百丈怀海名下的《禅门规式》(第 225—247 页),对照文献记录禅宗学人的具体实践,说明当时禅宗兴盛造成寺院的变化不在"不循"传统戒律，而主要表现在这些寺院成为传播、发展、兴盛禅宗的基地，进而它们不仅使禅宗家系得以传承，寺院建置与产业也得以承继。这样，利用历史的、逻辑的两相结合的方法进行考察，描绘出晚唐五代禅宗历史的一幅全新的面貌。

贾晋华这部书的另一个重点是阐明"古典禅"的教义（宗义）。她特别注重探讨其与佛教历史传统的关系，提出一些新的见解，多有胜义。例如她认为马祖所说的"'（大乘）一心之法'指如来藏理论"（第165页），指出他"进一步倡扬'本觉'"（第166页）思想，进而论证大乘如来藏思想乃是洪州禅的重要渊源，而马祖道一对它又有所发挥，进而就禅宗宗义的历史发展进行比较，做出论断："神会的无念基于大乘中观思想的否定形式，强调妄念之本质空幻不实。而马祖的不起念则以如来藏理论的真如法身妙有的肯定模式为基础，强调心性不生起妄念的内在能力。"（第170页）"早期禅通过观察而见出真心的内在本质，而马祖却强调通过此心的外在作用来凸显其本质。"（第174页）进而对于洪州的"平常心是道"的心性思想做出更深一层的解说，表明这一时期的禅宗并不是单纯呵佛骂祖、毁经灭教、与传统割裂的，从而肯定"古典禅既不是一个'反传统'的传统，也不是宋代禅僧所创造的一个神话。它屹立于禅宗发展史上的一个重要阶段，是一个充满活力和创造性的阶段，一方面继承发展了中国佛教和早期禅宗的丰富遗产，另一方面为宋代禅宗发展提供了教义的、实践的、祖统的和寺院建设的典范，产生了极为重大深远的影响"（第26页）。这样，这部书就别开生面地为马祖到晚唐五代的禅宗史做出了新的总结。这部著作里有关一些具体课题的讨论，如关于禅门机缘问答的形成及禅宗门风、关于《宝林传》作者是章敬怀晖的推测（第196—200页）、关于寒山诗作者是曹山本寂的认定（第401—406页），等等，都言之成理，提供进一步讨论的思路与基础。还有一点应提出表扬，就是这部书的文字精确历练，颇有文采，这是学术著作难得的长处，当与作者古典文学素养有关系。

学术研究重在发现与发明：发现事实真相，发明历史规律。著述有所发现与发明是确认学术价值的标准，而有重大发现与发明更为难能可贵。贾晋华的《古典禅研究——中唐至五代禅宗发展新探》就是这样一部著作。据我个人的了解，她取得这样的成绩，又决定于她的治学经历和治学态度。她治古典文学出身，一般文史领域打下了牢固基础；游学美国，得以熟悉、使用英、日、法等语文文献，多方汲取、借鉴国外研究成果；她多年持之以恒，专心向学，心无旁骛，对已有的成绩心怀谦谨，从不满足。她的英文著作《洪州禅研究》出版于二〇〇六年，其后不断补充、修订，在此基础上完成这样一部著作。

这部书如所有多出新意的著作一样，有可供讨论或需要进一步深入探讨之处。如前面提到的"推断"部分，论证尚有欠扎实之处，全书在内容上亦有补充、充实的余地。一个大的方面是洪州禅与道家的关系、对洪州禅的认识和评价，这是个不应回避的大课题，有深入探讨的必要。又涉及中国寺院经济，洪州禅终于从观念上和制度上把受人供养的"僧宝"变成自力更生的普通人，从而使寺院经济融入作为中国古代社会经济基础的小农经济体系之中，后来不管义学衰微、僧风窳败到什么程度，佛教在中国都能够保持一定的生命力而得以延续慧命，与洪州禅"实践"环节的"农禅"制度有关。作为学者，贾晋华正是精力健旺、发挥才华的年纪。可以期待她"百尺竿头"，更进一步，在学术领域做出更大的贡献。

（发表于《国际中国文学研究丛刊》第二
集，上海古籍出版社，2013年）

百年中国文化一道靓丽的风景

　　中华书局百年局庆，为了表示衷心的敬意和谢意，不避谫陋，写了八个字："春华秋实，大块文章。"李白当年形容桃李园的美景是"大块文章"，百年中华出版众多"大块文章"，堪称中国近现代文化领域一道靓丽的风景。

　　回忆自己一生读书、教书、写书（当然还有不能读、不能教、写了也不能面世的时期），与书厮守相伴，最主要、最重要的是中华书局出的书。由书结识人，遂结交中华书局上下、老少许多朋友。中华成为我大半生真正的良师益友。这些年世事变迁，老成凋谢，朋友已经不多。对于我，中华的书、中华这拨人就更值得珍重。

　　更早读中学的事不说，1956年上大学，一年级，马汉麟先生教《古代汉语》，开讲先介绍三本书：杨树达的《词诠》、王引之的《经传释词》、俞樾等人的《古书疑义举例五种》，都是这一年中华出的。三本书都是精装，书价合共五块多，当时是节衣缩食买下来了。这三本书我一生受用，打下了读古书的基础（直到去年，给入学新生讲课，还介绍过这三部书）。不过从第二年"反右"，我走了背运，这几本书，连同我真的是字面意义地节衣缩食积攒下来的包括中华出的《古诗源》《左传选》等其他的书，陪着我度过漫长坎坷颠沛的生活。1958年，我作为反面教员，曾在学校图书馆举办专门展览，我的包括那三本书的百多本书被拿去作"白专"的证据展出；大学毕业，身无长物，带着几箱书去东北接受改造，"文革"中这些书不能幸免,抄家时被当作罪证抄走;后来书被返回,所幸其中一些古籍倒没有遗失。陪伴我大半生的前面那三部书,如今就在我座椅背后、伸手可及的书架上。它们对于我,不仅仍是教学、研究的不可或缺的参考书、工具书,更是我命途多舛的人生的安慰和依恃。在当年名为"文化"实为"武化"的"革命"中,有时处在求生不得、求死不能、真像是"万劫难复"的境地,这些书给了我精神支持。今天的年轻人对待书,不会有这样的感受吧。

1979年,我得到"改正",回到大学教书。经济上逐渐宽裕,后来又陆续得到一些研究经费,有可能买更多的书。由于专业的需要,主要买古籍,中华的书为多。买中华的书,一是合用,中华出版的大量古代基本典籍是从事教学、研究必需的。我研究韩愈、柳宗元,中华出的《唐六典》《唐律疏议笺解》《唐尚书郎官石柱题名考》《登科记考》等提供了必要的资料;"古典文学研究资料汇编"里的《韩愈资料汇编》《柳宗元卷》和"中国古典文学基本丛书"所收别集,提供了很多方便。再是中华的书可靠,不论是今人新著,还是整理的前人旧作,版本、点校、注释、论说,大都体现当前国内外学术水准。例如标点本"二十四史"(因为仍有瑕疵、缺失,正在重做校订),一编在手,可取代相传所有版本。又就我所做的唐代文学说,如傅璇琮先生主编的《唐才子传校笺》,可以说总括了一代唐代文学研究的成果。当然这只是一些例子。我教学、研究使用的图书资料,很多是中华提供的(当然还有其他社出的);如果说这些年取得点滴成绩,很大程度也是受惠于中华的书。可以毫不夸张地说:中华出版的古籍体现了目前中国的学术水准,它们给从事教学、研究的学者和入门学徒设置了学术上的高起点。从这个意义上说,中华不只是出版机构,也是一个在中国学术领域发挥重大作用的学术机构。

从上世纪80年代起,中华出版多种我的书,包括著作、文集、古籍整理、翻译论著等。近三十年,我在中华总有待出的书稿,直到如今。在当今出版事业进入市场、大讲"经济效益"的环境中,我深知自己的书"不合时宜",每交出一部稿子,总是心存愧怍。但中华的朋友又总是慨然接受,认真地审阅、编校,印制出漂亮的书。1993年,许逸民先生担任责编,出版我翻译的日本学者小南一郎的《中国的神话传说与古小说》,其中插图、引文很多,校核、印制都相当麻烦,许先生当时身为古典文学编辑室主任,亲自操作。排印当中有个细节,就是书里的日文书名,在中国的出版物里大多没有使用日本汉字,此事显得细小,许先生注意到并一一加以订正。这体现了一种认真态度,实际也反映了学术水准。我和日本学者衣川贤次、西口芳男合作点校《祖堂集》,总编辑徐俊先生亲自审阅书稿,提出长篇修订意见;出版后发现问题,又专程来天津商讨修订事宜。前年中华出版拙著《中国佛教文化史》,早在十年前动笔,顾青先生就约定由中华出版。这种学术上的信任给予我很大鼓励和压力。应当提出表扬的还有中华的年轻一辈编辑。《祖堂集》的责编李森本来不是佛教专业出身,但她勇于承担,兢兢业业,经过无数反复,终于编辑成一部得到国内外学界好评的禅宗典籍。《中国佛教文化史》的责编是年轻编辑罗华彤。他用了两年时间编辑这一部书,仔细核对一条条引文,一个个人物、事件、年代等,更正了稿件里不少讹误。这体现了中华书局的工作态度,当今也只有像中华这样的出版社才肯为出书付出这样的劳力和代价。我曾经不止一次对中华的不止一位朋友说过,近年单纯讲"经济效益"的办法实在不利于学术,中华给我们这些人留下了一条生路。

这些年看出书数量统计数字,委实不少。但是学术书出版困难,真正有学术价值的新著不多也是事实。在这样的环境中,中华书局可以说是支撑中国文化健康发展的一个中流砥柱。近年已经有更多的人意识到,文化赋予社会发展与进步以持久的动力;中国立于世界民族之林所依靠的,除了政治、经济的实力,还有文化的实力。中华书局正是这样的动力,正在切切实实地做着增添这种实力的工作。

中华度过百年,在漫长的历史长河里这只是短促的瞬间。期待它随着年事渐长,多出好书,做出更大的贡献。

（发表于《中华读书报》2012年3月21日）

《文学遗产》——我的课外教材

　　常年执教，向学生传授治学经验，经常讲到的一点就是要养成翻阅学术刊物的习惯。学古典文学，一定要经常读《文学遗产》，还有《历史研究》《考古》《文物》等重要学术期刊。首要的提出《文学遗产》，理由很简单，因为它是古典文学专业水准最高的杂志；提出后几种，和我对"古典文学"的认识有关。按我的看法，古典文学是古代历史的一部分，因而尽可能全面地认识历史是从事古典文学研究的基础，我们有必要了解历史研究的新发现、新动态、新成就。

　　根据自己多年读书、教书的体会，我还经常告诉学生：课堂上用的、教材上写的，大体是自古及今历代学者研究得出的结论，教材要求科学性、系统性，但篇幅有限，只能提供有关学问的基础知识；一般学术著作上写的，是专家的研究心得，内容当然宝贵，但大体已是几年前的研究成果，特别是考虑到目前学术著作出版周期之长，多数应当是四五年甚至更长时期之前写成的；而学术刊物提供的则是最新的发现、最近的成果。追踪学术研究的最新动态，汲取最新的学术知识，应当注意学术刊物，特别是高水准的学术刊物。学古典文学，当然要读《文学遗产》。这些刊物的文章不会篇篇都是学术定论，会有许多作者个人的不成熟的意见，但它们提供的新发现、新知识、新见解则是教科书和一般专著不能见到的，这类刊物对于学习、研究的作用是不可替代的。

　　我可说是《文学遗产》货真价实的忠实读者。从二十世纪五十年代《光明日报》的副刊，到后来的期刊，"文革"停刊之后复刊，这个刊物我一直订阅不辍。而且当年每一期大都是一篇不落地从头读到尾。如今我年已衰迈，精力不济了，不是每一期都仔细看了，但仍然是少数经常翻阅的刊物之一。可以实事求是地说，我的学识，我在古典文学知识上的些许长进，特别是对于古典文学研究新的动态与成就的了解，在相当程度上是靠了《文学遗产》。

这种情况，和我个人特殊的经历有关。我一九五六年上大学，第二年就赶上"反右"，不经意间就成了批斗、改造的对象。我所在学校是五年制，剩下的四年，很多时间是在校内接受改造。记得一九五八年搞"科研大跃进"，北大学生编出观点全新的《文学史》，树为典型，敝校也大搞"科研"。革命师生们热火朝天地翻资料、写文章、编书，但我们这些"牛鬼蛇神"则接受劳动改造（有个有意思的细节值得"回忆"：为了保证"科研"顺利进行，上午课间操加餐，搞"科研"的师生发两个馒头，但劳动改造的人不给，大概是遵循孟夫子锻炼人要"饿其体肤"的古训。后来我们这些人拿"政策"力争，终于得到两个馒头）。因此这后来的几年没能读多少书。毕业后蒙宽大处理，我被分配到东北一个小城师范学校工作。政治环境宽松些就受命教书，大部分时间是在劳动、运动、批斗中度过的。我所在学校是"大跃进"产物，没有什么藏书。所以从"反右"到平反这二十多年间，我没有多少时间读书，也没有多少书可读。然而不管环境和境遇如何变化，"文革"停刊时除外，一直订阅的《文学遗产》成为我学术读物的重要部分。有些文章还反反复复地读过。回想被分配去东北的时候，简单的铺盖卷、几件洗换衣服之外，带的主要是装了几纸箱的书，包括从杂志创刊号起的一套《文学遗产》。后来平反了，我回高校教书，又把这些书刊装箱带回来。所以到如今，我保存了全套《文学遗产》（近几年的除外。又有事情值得"回忆"："文革"初期，一天夜里，红卫兵抄家，可怜见把我的"藏书"悉数装上箩筐抬走了。还真是侥幸小城孩子们胆量小，没有像大城市红卫兵小将那样把抄来的书烧掉。后来归还抄去的书，《红楼梦》之类的小说，唐、宋诗词选本等多数黄鹤杳然，但包括《文学遗产》在内的几种期刊，还有大多数线装书，出乎预料竟"完璧归赵"了。这才有本篇回忆的上述情节）。当年它们曾是我补课、进修的教材，后来是我教书和研究的参考书。对于我，它们不仅是宝贵的学术文献，更让我在满是波折的大半生中得到精神上的安慰与支持。

　　我珍惜这个刊物，还和另一方面情况有关，就是当年得到它们，读到它们，真是不易。我念高中是在安定门内的北京一中，当时家境艰窘，早晨吃早点，家母紧缩家用，给我的"预算"是每天一毛五分钱，可以在鼓楼前的早点铺吃一个火烧、一根果子，喝一碗豆浆，剩下两三分钱凑两天够买个鸡蛋。我很少奢侈地吃鸡蛋。一般也不吃果子，省五分；喝白浆，不喝糖浆或咸浆，省两分或一分。《文学遗产》和其他喜爱的书刊就是这样用攒下来的钱买的。后来上大学、到东北工作，一直钱紧，买书、订杂志必须是字面意义地节衣缩食。加上从来没有停止过的运动，一来运动自己必然是批斗对象，也就很少有时间读书。念大学时批"白专"，"拔白旗"，读书犯大忌。我本来是"白专"典型，罪状之一就是埋头读书，读古书，曾作为反面教材在敝校图书馆里"图文并茂"地专门展览过。可是积习难改，批判归批判，我还是想方设法偷偷地读。宿舍晚十点按时熄灯，我，还有几个有同好的人，搬个板凳，在走廊里读。昏黑的灯光下不觉就过了半夜。读得入神的时候，真好像"不知有汉，无论魏晋"了。与古书、古人为友，暂时忘记了自己戴罪的身份。就这样买来的书，自然十分珍贵；这样读过的书，印象也就特别深刻。平反之后，我回大学教书，条件改善了，家里书刊越积越多，小小的住房装不下了，经常要清理不常用的书和过时的刊物。但是包括《文学遗产》在内那些当年买的、读的书刊，摩挲起来，却无比地珍惜、亲切，带着五味杂陈的回忆，怎么也不忍心脱手，看起来要陪伴终生了。

　　《文学遗产》六十年,伴随着国家的发展与进步,眼看着这个刊物历经无数坎坷。不必讳言,刊物的水准也是起起伏伏。现在是庆祝华诞,过去那些不如意的事,过来人心知肚明,不必多说什么了。但经验教训还是应当总结、记取的。如今的社会环境,学术刊物不应再被当作思想教育、阶级斗争、"大批判"等的阵地了;许多人也逐渐意识到应当抵制经济大潮(这是客气的说法,直白地说,就是"钱""钞票")对刊物的侵蚀。敝以为一个学术刊物,持守"学术"很重要:一方面要让"学术归于学术",另一方面应当致力于不断提高刊物的学术水平。这样才能够发挥刊物对于推进学术发展和社会进步的作用。

　　最后,纪念文章,再写下一些题外的"回忆":"文革"结束,万象更新,《文学遗产》复刊,我是最早给刊物投稿的人之一。那时候,我是既没有什么出身背景与学术成果,又没有职称、官衔的真正的无名小辈,硬着头皮专程到北京拜访编辑部,遇见这个当时对于我还相当"神秘"的"权威"学术刊物的编辑王学泰先生。我们两个都是平反后刚刚步入学术圈。我写王维与佛教的关系,王先生对佛教也感兴趣,聊起来颇为投契。记得曾谈及十九世纪末"唯识学""复兴"情形,这在当时是个相当冷僻的题目。那时候关注佛教研究的人很少,和王先生交谈,简直是空谷足音,让我惊喜莫名。有一次拜访他,一个细节我还记得很清楚,当时他住在六铺炕外的一座高楼的高层,那座楼的电梯每隔两层停一次,所以下了电梯还要爬一层楼梯。这是我第一次进入改革开放后北京新建的高楼,第一次经历电梯这样的停法。从那时结交,到如今,三十多年过去了。我们都已垂垂老矣。每当追忆当年刊物编者与读者、作者那种惺惺相惜的关系,心里还是倍感温馨。这些年经的事多了,常常听人说起如今当编辑、编刊物的人应付各方关系的困难与无奈,只能徒然浩叹了。

　　再有，大概是二十世纪九十年代初，听说《文学遗产》发行有问题，要停刊。我当时正在日本，日本学者也听到这个信息，我们都表示忧虑不解。可见国外学术界对于这个刊物的重视。这些年来有机会与海外学界交流，外国学者对于中国学术状况的看法略知一二。不必否认他们中有些人对中国的学术研究持有偏见。但可以肯定地说，《文学遗产》是世界学界最为重视的中国学术刊物之一。我以为这不但给刊物的编者，也给所有关心、爱护这个刊物的读者、作者增添了一份信心，当然，也增添了一份责任。

　　拉拉杂杂写来，表白一个大半生与《文学遗产》相伴的读书人的心声，作为对它六十华诞的纪念，也是对它未来六十年或更长岁月的期许与祝愿。

（发表于《文学遗产》编辑部编《文学遗产
六千年》，社会科学文献出版社，2014 年）

新版后记

本论集原编天津教育出版社于二〇一三年出版。此次出版，从本人文集全盘考虑，篇目有增删。谨此说明。

孙昌武
二〇二〇年五月